Heibonsha Library

逝きし世の面影

平凡社ライブラリー

Heibonsha Library

逝きし世の面影

渡辺京二

平凡社

本著作は一九九八年九月、葦書房より刊行されたものです。

目次

第一章　ある文明の幻影

私はいま、日本近代を主人公とする長い物語の発端に立っている。物語はまず、ひとつの文明の滅亡から始まる。

日本近代が古い日本の制度や文物のいわば蛮勇を振った清算の上に建設されたことは、あらためて注意するまでもない陳腐な常識であるだろう。だがその清算がひとつのユニークな文明の滅亡を意味したことは、その様々な含意もあわせて十分に自覚されているとはいえない。十分どころか、われわれはまだ、近代以前の文明はただ変貌しただけで、おなじ日本という文明が時代の装いを替えて今日も続いていると信じているのではなかろうか。つまりすべては、日本文化という持続する実体の変容の過程にすぎないと、おめでたくも錯覚して来たのではあるまいか。

実は、一回かぎりの有機的な個性としての文明が滅んだのだった。それは江戸文明とか徳川文明とか俗称されるもので、十八世紀初頭に確立し、十九世紀を通じて存続した古い日本の生活様式である。明治期の高名なジャパノロジスト、チェンバレン（Basil Hall Chamberlain 一八五〇～一九三五）に「あのころ――一七五〇年から一八五〇年ごろ――の社会はなんと風変りな、絵のような社会であったことか」[*1]と嘆声を発せしめた特異な文明である。文化は滅びないし、ある民族の特性も滅びはしない。それはただ変容するだけだ。滅びるのは文明である。つまり歴史的個性としての生活総体のありようである。ある特定のコスモロジーと価値観によって支えられ、独自の社会構造と習慣と生活様式を具現化し、それらのありかたが自然や生きものとの関係にも及ぶような、そして食器から装身具・玩具にいたる特有の器具類に反映されるような、そういう生活総体を文明と呼ぶならば、十八世紀初頭から十九世紀にかけて存続したわれわれの祖先の生活は、たしかに文明の名に値した。

　それはいつ死滅したのか。むろんそれは年代を確定できるような問題ではないし、またする必要もない。しかし、その余映は昭和前期においてさえまだかすかに認められたにせよ、明治末期にその滅亡がほぼ確認されていたことは確実である。そして、それを教えてくれるのは実は異邦人観察者の著述なのである。日本近代が経験したドラマをどのように叙述するにせよ、それがひとつの文明の扼殺と葬送の上にしか始まらなかったドラマだということは銘記されるべきである。扼殺と葬送が必然であり、進歩でさえあったことを、万人とともに認めてもいい。だが、いったい何が滅びたのか、いや滅ぼされたのかということを不問に付しておいては、ドラマの意味はもとより、その実質さえも問うことができない。

　日本近代が前代の文明の滅亡の上にうち立てられたのだという事実を鋭く自覚していたのは、むしろ同時代の異邦人たちである。チェンバレンは一八七三（明治六）年に来日し、一九一一（明治四十四）年に最終的に日本を去った人だが[*2]、一九〇五年に書いた『日本事物誌』第五版のための「序論」の中で、次のように述べている。「著者は繰り返し言いたい。古い日本は死んで去ってしまった、そしてその代りに若い日本の世の中になったと[*3]」。これはたんに、時代は移ったとか、日本は変ったとかいう意味ではない。彼はひとつの文明が死んだと言っているのだ。だからこそ彼は自著『日本事物誌』のこと

●チェンバレン

を、古き日本の「墓碑銘」と呼んだのである。「古い日本は死んだのである。亡骸を処理する作法はただ一つ、それを埋葬することである。……このささやかなる本は、いわば、その墓碑銘たらんとするもので、亡くなった人の多くの非凡な美徳のみならず、また彼の弱点をも記録するものである」[*4]。

日本における近代登山の開拓者ウェストン（Walter Weston 一八六一〜一九四〇）も、一九二五（大正十四）年に出版した『知られざる日本を旅して』の中で次のように書いている。「明日の日本が、外面的な物質的進歩と革新の分野において、今日の日本よりはるかに富んだ、おそらくある点ではよりよい国になるのは確かなことだろう。しかし、昨日の日本がそうであったように、昔のように素朴で絵のように美しい国になることはけっしてあるまい」[*5]。「素朴で絵のように美しい国」という陳述は、むろん自然の景観も関わっているだろう。ウェストンは日本アルプスの美の紹介者であるから、たとえば英国の商人クロウ（Arthur H. Crow 生没年不詳）が一八八一（明治十四）年に木曾御嶽に登って、「かつて人の手によって乱されたことのない天外の美」に感銘を受けるとともに、将来いつか、鉄道が観光客を運び巨大なホテルが建つような変貌がこの地を襲うだろうことを思って嘆息したように[*6]、いやそのような予測ではなしに既成の事実として、「絵のように美しい」景観の喪失を嘆いた経験がしばしばあったはずだ。だがもちろんのこと、ウェストンの嘆きは景観の喪失にとどまるものではない。風景の中には人間がおり、その生活があった。「素朴で絵のように美しかった」のは何よりもまず、風景のうちに織りなされる生活の意匠であった。その意匠は永遠に滅んだのである。

クロウは木曽の山中で忘れられぬ光景を見た。その須原という村はすでに暮れどきで、村人は「炎天下の労働を終え、子供連れで、ただ一本の通りで世間話にふけり、夕涼みを楽しんでいるところ」だった。道の真中を澄んだ小川が音をたてて流れ、しつらえられた洗い場へ娘たちが「あとからあとから木の桶を持って走って行く。その水を汲んで夕方の浴槽を満たすのである」。子どもたちは自分とおなじ位の大きさの子を背負った女の子も含めて、鬼ごっこに余念がない。「この小さな社会の、一見してわかる人づき合いのよさと幸せな様子」を見てクロウは感動した。[*7]これは明治十四年のことである。ウェストンが宣教師として最初に日本の地を踏んだのは明治二十一（一八八八）年、クロウが須原で見たような生活の情景は当時まだ随所に残っていたに違いない。

チェンバレンやウェストンはむろん、古い日本の死滅をほぼ見届けた時点で右のように書いたのである。だが滅亡の予感は、実はそれより遥かに以前、幕末開国期にこの国を訪れた異邦人によっていち早く抱かれていた。たとえばハリス（Townsend Harris 一八〇四～七八）が、一八五六（安政三）年九月四日、下田玉泉寺のアメリカ領事館に「この帝国におけるこれまでで最初の領事旗」を掲げたその日の日記に、「厳粛な反省――変化の前兆――疑いもなく新しい時代が始まる。あえて問う。日本の真の幸福となるだろうか」[*8]としるしたのは、まさに予見的な例といってよかろう。このときハリスは、日本に上陸して二週間にしかなっていなかった。彼はこの国の根本的な変貌を予感してはいたが、喪われるのが何なのか理解していたわけではない。だがその二年後、下田に来泊したイギリスのエルギン使節団の一艦長に対して、彼は「日本人へのあたたか

●下田玉泉寺のアメリカ領事館（ヒュースケン画）

い、心からの讃辞」を洩らすとともに、「衣食住に関するかぎり完璧にみえるひとつの生存システムを、ヨーロッパ文明とその異質な信条が破壊し、ともかくも初めのうちはそれに替るものを提供しない場合、悲惨と革命の長い過程が間違いなく続くだろうことに、愛情にみちた当然の懸念を表明」せずにはおれなかったのである。[*9]
ヒュースケン（Henry Heusken 一八三二〜六一）は有能な通訳として、ハリスに形影のごとくつき従った人であるが、江戸で幕府有司と通商条約をめぐって交渉が続く一八五七（安政四）年十二月七日の日記に、次のように記した。「いまや私がいとしさを覚えはじめている国よ。この進歩はほんとうにお前のための文明なのか。この国の人々の質樸な習俗とともに、その飾りけのなさを私は賛美する。この国土のゆたかさを見、いたるところに満ちている子供たちの愉しい笑声を聞き、そしてどこにも悲惨なものを見いだすことができなかった私は、おお、神よ、この幸福な情景がいまや終わりを迎えようとしており、西洋の人々が彼らの重大な悪徳をもちこもうとしているように思われてならない」。[*10]

ヒュースケンはこのとき、すでに一年二ヵ月の観察期間をもっていたのであるから、けっして単なる旅行者の安っぽい感傷を語ったわけではない。同様に長崎海軍伝習所の教育隊長カッテンディーケ（Huijssen van Kattendijke 一八一六〜六六）が一八五九年、帰国に当って次のような感想を抱いたとき、彼はすでに二年余を長崎で過していて、この国の生活については十分な知見を蓄えていたのである。「私は心の中でどうか今一度ここに来て、この美しい国を見る幸運にめぐりあいたいものだとひそかに希った。しかし同時に私はまた、日本はこれまで実に幸福に恵まれていたが、今後はどれほど多くの災難に出遭うかと思えば、恐ろしさに耐えなかったゆえに、心も自然に暗くなった」[*11]。彼は自分がこの国にもたらそうとしている文明が「日本古来のそれより一層高い」ものであることに確信をもっていた。しかし、それが日本に「果して一層多くの幸福をもたらすかどうか」[*12]という点では、まったく自信をもてなかったのである。カッテンディーケの率いたオランダ海軍教育隊付の医師ポンペ（Pompe van Meerdervoort 一八二九〜一九〇八）には、日本に対する開国の強要は、十分に調和のとれた政治が行われ国民も満足している国に割りこんで、「社会組織と国家組織との相互関係を一挙に打ちこわすような」[*13]行為に見えた。彼は教育隊の帰国後も一八六二（文久二）年まで長崎に在留して、開国後の日本人の堕落をその身で経験し、かつ嘆いた人である。

ひとつの文明の崩壊はリュードルフ（Fr. Aug. Luhdörf 生没年不詳）という、一八五五（安政二）年に下田に来航したプロシャ商船の積荷上乗人によってさえも予感されていた。「日本人は宿命的第一歩を踏み出した。しかし、ちょうど、自分の家の礎石を一個抜きとったとおなじで、やがては全部の壁石が崩れ落ちることになるであろう。そして日本人はその残骸の下に埋没してしまうであろう」[*14]。

異邦人たちが予感し、やがて目撃し証言することになった古き日本の死は、個々の制度や文物や景観の消滅にとどまらぬ、ひとつの全体的関連としての有機的生命、すなわちひとつの個性をもった文明の滅亡であった。これは再度確認しておかねばならぬ肝要な事実である。チェンバレンが古き日本の「いわば墓碑銘たらんとするもの」と呼んだ『日本事物誌』は日本に関する小百科事典というべき体裁をとった書物だが、一九三四年に書かれた第六版の序文で「興味が消滅した項目は幾つか削除した」と断わらねばならなかったように、第一版出版（一八九〇年）以後四十年の歳月はすでに数々の〝things Japanese〟を滅ぼしていた。だがその一方、第一版執筆当時に存在した多くの日本的事物がいまなお健在であることは、アルファベット順に排列されたその目次を一瞥すればあきらかである。問題は個々の事象ではなく、それらの事象を関連させる意味の総体なのだ。そして文明とはそういう意味の総体的な枠組を指す以上、たとえ超高層ビルの屋上に稲荷が祀られ続けようとも、また茶の湯・生花の家元が不滅の生命を誇ろうとも、それらの事象はチェンバレンが「若き日本」と呼ぶ新たな文化複合、つまり新たな寄せ木細工の一部分として、現代文明的な意味関連のうちに存在せしめられているに過ぎない。文化は生き残るが、文明は死ぬ。かつて存在していた羽根つきは今も正月に見られる羽根つきではなく、かつて江戸の空に舞っていた凧はいまも東京の空を舞うことのある凧とおなじではない。それらの事物に意味を生じさせる関連、つまりは寄せ木細工の表わす図柄がまったく変化しているのだ。新たな図柄の一部として組み替えられた古い断片の残存を伝統と呼ぶのは、なんとむなしい錯覚だろう。

おなじことは民族の特性についてもいえる。チェンバレンが書いている。「ちょうど無鉄砲者のハル王子がひとたび王位に即くと、個人的相違はあったけれども、分別のあった父ヘンリー四世の血が体内に流れていることを明らかにしたのと同じように、近代日本の大変革を表面から下まで潜って研究した者には、日本は捨てた過去よりも残している過去の方が大きいことはきわめて明瞭である。革命そのものがきわめてゆっくりと成長し、成熟するまでに一世紀半もかかったというのみではない。国民の性格は依然としてそのままであり、本質的には少しも変化を示していないのである」[*15]。その例としてチェンバレンがあげたのは、知的訓練を従順に受けいれる習性や、国家と君主に対する忠誠心や、付和雷同を常とする集団行動癖や、さらには「外国を模範として真似するという国民性の根深い傾向」である。だがわれわれは、十六世紀後半から十七世紀初頭にかけて日本を見聞したポルトガル人やスペイン人が、日本人のものとして記述した数々の特性が、幕末期に来日した欧米人の口からまったくおなじ口調で繰り返されるのを聞くと、チェンバレンの指摘を待つまでもなく、ひとつの国民的特性なるものがどんなに変りにくく長い持続力をもつか、しばし呆然たらざるをえない。

だから問題は日本人の民族的特性にあるのではない。その特性がある観察者によっては口を極めて賞讃され、また別な観察者からは辛辣に罵倒されるにせよ、残念なことにその特性は当分滅びようがないのである。だがそれならばなぜチェンバレンは、「捨てた過去よりも残している過去の方が大きい」と言いながら、一方では「古い日本は死んだのである」と断言し、その屍の上に『日本事物誌』という墓碑を建立しようとしたのだろうか。彼は、ある民族の特性とある文明の心性とは、一見わかちがたく絡みあっているにせよ、本来は別ものであることを承知していたのだ。死んだのは文明であり、それが培った心性である。民族の特性は新たな文明の装いをつけて性懲りもなく再現するが、いったん死に絶えた心性はふたたび戻っては来ない。たとえば昔の日本人の表情を飾ったあのほほえみは、それを生んだ古い心性とともに、永久に消え去ったのである。
いわゆるジャパニーズ・スマイルについては、ハーン（Lafcadio Hearn 一八五〇～一九〇四）が一篇の弁護論を書いている。だがいまはこの高名すぎる弁護人ではなしに、フランス人画家レガメ（Felix Regamey 一八四四～一九〇七）の陳述を聞こう。レガメによれば、日本のほほえみは「すべての礼儀の基本」であって、「生活のあらゆる場で、それがどんなに耐え難く悲しい状況であっても、このほほえみはどうしても必要なのであった」。そしてそれは金であがなわれるのではなく、無償で与えられるのである。このようなほほえみ――後年、不気味だとか無意味だとか欧米人から酷評される日本人のてれ笑いではなしに、欧米人にさえ一目でその意味がわかったこの古いほほえみは、レガメが二度目の来日を果した一八九九（明治三十二）年には、「日本の新しい階層の間では」すでに「曇り」を見せ始めていた。少なくとも、レガメの目にはそう映ったのである。[*16]
滅んだ古い日本文明の在りし日の姿を偲ぶには、私たちは異邦人の証言に頼らねばならない。なぜなら、私たちの祖先があまりにも当然のこととして記述しなかったこと、いや記述以前に自

●レガメ像（明治９年／河鍋暁斎画）

覚すらしなかった自国の文明の特質が、文化人類学の定石通り、異邦人によって記録されているからである。文化人類学はある文化に特有なコードは、その文化に属する人間によっては意識されにくく、従って記録されにくいことを教えている。この場合、文化とは私のいう文明とほとんど同義である。幕末から明治初期に来日した欧米人は、当時の日本の文明が彼ら自身のそれとはあまりにも異質なものであったために、おどろきの眼をもってその特質を記述せずにはおれなかった。しかも、これまた文化人類学の定石通り、彼らは異文化の発見を通じて、自分たちの属する西洋文明の特異性を自覚し、そのコードを相対化し反省することさえあった。もちろん彼らの自文化に対する自負は、いわゆる西欧中心主義なる用語が示すように強烈であった。その意味では、ごく少数の例外を除いて、彼らのうちで、日本文明に対する西洋文明の優越を心から信じないものはなかった。だが、それゆえにこそ、そういう強固な優越感と先入観にもかかわらず、彼らが当時の日本文明に讃嘆の言葉を惜しまず、進んで西欧文明の反省にまで及んだことに、われわれは強い感銘を受けずにはおれない。

しかし、幕末・明治初期の欧米人の日本見聞記を、在りし日の日本の復元の材料として用いようとするとき、私たちはただちに予備的な検討を強いられる。つまり日本の知識人には、この種の欧米人の見聞記を美化された幻影として斥けたいという、強い衝動に動かされて来た歴史があって、こういう日本人自身の中から生ずる否認の是非を吟味することなしには、私たちは一歩も先に進めないのが実情といってよい。

チェンバレンによれば、欧米人にとって「古い日本は妖精の棲む小さくてかわいらしい不思議の国であった[*17]」。今日の日本知識人はこういう言葉を聞くと、反射的に憤激するか頭から冷笑するように条件づけられている。なぜなら、それは古い日本への誤った讃美であって、事実として誤っているばかりか、それ以前に反動的役割を果しかねないからである。チェンバレン自身、そのような日本人の心的機制についてはよく知っていた。彼は書いている。「新しい教育を受けた日本人のいるところで、諸君に心から感嘆の念を起させるような、古い奇妙な、美しい日本の事物について、詳しく説いてはいけない。……一般的に言って、教育ある日本人は彼らの過去を捨ててしまっている。彼らは過去の日本人とは別の人間、別のものになろうとしている[*18]」。

彼はその好例として、英国の詩人エドウィン・アーノルド（Edwin Arnold 一八三二〜一九〇四）が一八八九（明治二十二）年に来日したとき、歓迎晩餐会で行ったスピーチが、日本の主要新聞の論説でこっぴどく叩かれた話を紹介している。[*19] アーノルドは日本を「地上で天国《パラダイス》あるいは極楽《ロータスランド》にもっとも近づいている国だ」と賞讃し、「その景色は妖精のように優美で、その美術は絶妙であり、その神のようにやさしい性質はさらに美しく、その魅力的な態度、その礼儀正しさは、謙譲ではあるが卑屈に堕することなく、精巧であるが飾ることもない。これこそ日本を、人生を生甲斐あらしめるほとんどすべてのことにおいて、あらゆる他国より一段と高い地位に置くものである」と述べたのだが、翌朝の各紙の論説は、アーノルドが産業、政治、軍備における日本の進歩にいささかも触れず、もっぱら美術、風景、人びとのやさしさと礼儀などを賞めあげたのは、日本に対する一種の軽視であり侮蔑であると憤激したのである。

チェンバレンは、こういう日本人の反応にはそれなりの正当性があることを承知していた。「西洋が中国に対してとった行為は偉大なる教訓であった。もし日本人が、長く国家を保全し成功するための最上策は、強国になろうとする決意と、諸外国民とあまり違わない人間になろうとする努力にあるということを見抜かなかったとしたら、日本人は本当に盲目であるといってよいだろう」[*20]。だから彼は「日本人が彼ら自身の道を進む」ことを承認する。しかし、彼の関心はあくまで「夢に描く古い日本」の上にあった。墓碑銘という哀切な言葉は、そういうこれまた切ない彼自身の位相から発された言葉だったのである。

チェンバレンがこのように論じたのが一九〇五年であることに、もう一度注意しておこう。つまり古い日本を賞讃されることに抵抗をおぼえる心的機制は、けっして戦後の産物ではないのだ。だが当時の日本知識人が歩もうとしていた進歩と強国への道は、今日の彼らの末裔にとっては恥ずべき過去のひとつにすぎない。日本の美化を拒否するという心的機制自体、ひとつの進化の歴史をもつのである。今日の日本知識人が「妖精の棲む小さくてかわいらしい不思議の国」というアーノルド的イメージを否認するのは、明治三十年当時とは違って進歩という価値基準のためではない。それはもはや信奉されざる用済みの基準である。彼らがそういうイメージ、とくにハーンやモラエス（Wenceslau de Moraes 一八五四〜一九二九）によって流布されたイメージに根深い嫌悪感と軽蔑をおぼえるのは、むろん、それが日本の伝統主義者や民族主義者の主張する誤った民族的な一体観や自負心を助長すると考えるからである。そこで彼らは思考の制度という概念をもち出す。つまり彼らによれば、当時西欧では、オリエンタリズムあるいはジャポニズムという思考の制度、私流に平たくいえばイデオロギーが花盛りで、西欧人の日本観はそういう眼鏡を通して形成された美しき幻影にほかならず、日本の実像をなんら示すものでないのはもちろん、それ自体西欧人の西欧中心的世界像ないし人種主義的偏見のいわば反転したネガにすぎないのである。

オリエンタリズムという用語法を今日的な意味で確立したのは、エドワード・サイード（Edward W. Said 一九三五〜二〇〇三）だろう。[*21] 彼によればオリエンタリズムとは、「オリエントの人間のもつ人間的リアリティ、ひいては社会的リアリティ」、つまりはその「民族主義、階級闘争、愛、怒り、人間的営為」にまったく関心をもたず、また現実と符合するかどうかとも無関係に、「オリエントを支配し再構成するための西洋のスタイル」として、系統的に産出されて来た表象・言説・学問であって、「思考を西洋か東洋かという仕切りに流しこ」み、西洋のゆるぎない中心性にもとづいて、東洋の後進性を繰り返し説くことを任務とする高度に政治的な制度とされる。オリエンタリズムとは、「東洋人をば、あたかも（法廷で）裁かれるような存在として、……あたかも（学校や監獄で）訓練を施されるような存在として、またあたかも（動物図鑑において）図解されるような存在として描出するもの」である。

サイードのいうオリエントがアラブとイスラムに限定されており、サイード自身、パレスティナに生れ、エジプト・アメリカで教育を受けた〝オリエント人〟であり、「合衆国における親PLO派知識人の代表的存在[*22]」であったことは、この際念頭においてしかるべきだろう。彼がオリエンタリストの業績一切を、オリエントそのものとまったく無関係な、支配者としての西洋の自己確立のための悪質かつ手のこんだ虚像として、殲滅的に否定し去るのも、オリエンタリストたちがアラブ・イスラムを、非合理、劣等、幼稚、異常、エネルギーと自発性の欠如、追従と裏切り、虚偽、不誠実といったすさまじい人種差別的用語で叙述して来た歴史を、サイードとともに省りみるとき、かならずしも極論とはいえぬ正当さを感じないわけにはいかない。

サイード流のオリエンタリズムのコンセプトは、ご多分に洩れず最新の知的ファッションとして日本の知識層に受容され、開国期から明治期までの欧米人の日本イメージを否定し無化するのに好都合の視点として愛用されつつある。なるほど、サイードが「オリエントとは、古来、ロマンスやエキゾチックな生きもの、纏綿たる心象や風景、珍しい体験談などの舞台であった」というとき、事態は欧米人の日本イメージにおいても同様だったことを否認することはできない。またオリエンタリズムの諸特徴、対象の初期の過大評価から生ずる逆転、過去に蓄積されたテクストへのイメージの依存、そして近代のオリエントがテクストに似ていないことから生ずる失望といった諸特徴は、そのまま十九世紀日本に関する欧米人の言説にあてはめることができる。

しかし、サイードのオリエンタリズム概念が、一個の理論的範疇として見るとき、安易にそのまま日本のケースに適用することを許さない重大な問題点を含んでいることに、彼らは気づいていないかもしくは気づかないふりをする。サイードのオリエンタリズム批判は、西欧的な基準からオリエントを把握し批判することの虚偽を徹底してあばくものである。オリエントを客体として疎外し、それを自らと対照し区別することによって獲得された西欧のアイデンティティ、それこそオリエンタリズムの正体である以上、サイードによれば、西欧的基準からのオリエント批判は、オリエントに住む人間の現実と一切関わりない空言であり虚偽にすぎない。西欧の中心性普遍性なるものは、人間的現実を人種・文化・心性という根拠のない抽象によって分割し、西洋対東洋という現実には存在しない認識論的区別を構成することによってもたらされた虚偽観念なのである。彼が「今や『東洋《オリエント》』と『西洋《オクシデント》』といった呼称を完全に否定する、極端な立場をとるまでに至っている[*23]」のは、そのためである。

だとすると、少なくともサイードの概念を援用するかぎり、論者は欧米人の十九世紀日本に関する言説のほとんどを拒否しなければならない。なぜなら、讃美するにせよ罵倒するにせよ、彼らが自らの属する文化の普遍性と中心性を前提としていたことは明らかだからだ。そのような西洋中心主義を免れていたごく少数の欧米人とても、西洋と東洋という区別にもとづく思考に立脚しており、サイード的見地からすれば、その言説の虚偽性になんら変るところはない。ところが今日の日本の論客は、彼らの日本讃美をオリエンタリズム的幻影として否定する一方、彼らの日本批判については鬼の首を取ったように引用し、まったく無批判に受容しているのだ。要するに彼らは、日本がポジティヴに評価されることに拒否感を抱き、一方日本に対するネガティヴな評価には共感する心的機制を植えこまれているのであって、好意的なものであれ悪意的なものであれ、西欧的アイデンティティに立脚するオリエント観を一切拒否するサイードのラディカリズムとは本質的に無縁なのである。

たとえばサイードは保守党の指導者バルフォア（Arthur James Balfour 一八四八〜一九三〇）が一九一〇年英国下院で行った演説において、オリエントには「自治の存在した痕跡などまったく見当ら」ず、「彼らの偉大なる幾世紀はおしなべて専制、つまり絶対的な政府のもとで経過した」と述べたことをもって、悪質なオリエンタリズムの一例とする。しかし日本の知識層は、初代駐日英国公使オールコック（Rutherford Alcock 一八〇九〜九七）が主著『大君の都』において、日本に関する同趣旨の発言を再三繰り返したのに対して、共感こそすれ一度も反発したことはなかった。東洋的専制（oriental despotism）とは日本知識層にとって、マルクスやウェーバーといった権威を通して共感的に受容された親しい概念だったのだ。ここには、西洋の激しい敵意と攻撃にさらされ、とくに近代にはいって植民地ないし従属国として徹底的に客体化された歴史を背景として、西洋的なオリエント観を一切拒否せねばおのれの生きる地平を拓くことができぬサイードのようなイスラム知識人と、西洋の経験を普遍かつ中心的なものとして受容することによって、鬼子としてではあるが西洋列強の一員になりおおせた近代日本の文脈内で、つねに西洋的価値観を準拠枠として来た日本知識人との決定的なくい違いが露呈されている。サイードのオリエンタリズム批判を原理的に貫徹すれば、戦後の米国の占領による日本の徹底的な改造も、まさに露骨なオリエンタリズムそのものとして拒否されねばならない。そのことをよくするものが、日本知識層のなかに何人いるだろうか。彼らの感覚からすれば、そのような拒否は、おのれに右翼民族主義者としての汚名をなすりつける所業である。つまりわれわれは、西洋が東洋を含む世界を編成してきた普遍主義的見地を、一切拒否できる立場におかれてはいないのだ。今日の論壇におけるサイードの受容ぶりは、このような矛盾に対する根本的な鈍感さの上に成り立っており、その意味で無責任な知的ファッションに堕すものというべきである。

サイードはオリエンタリズムを克服するために、西洋と東洋といった西洋側からおしつけられた区分を撤廃し、脱中心化され非総体化・非体系化された多元的な平面を提唱する。彼の視点は民族・文化・宗教の区別それにもとづく心性の弁別自体を有害な虚偽観念としてしりぞけ、世界像という構成体のかわりに、個々人の人間的現実にもとづく理解をめざそうとするものだと主張される。女性・黒人といったマイノリティが自己決定と表現を獲得することへの共感という点をとっても、彼の言説は八〇年代を風靡した脱構築主義といちじるしく整合的である。それがわが国の論壇で圧倒的に歓迎されたのは怪しむべき現象ではなかった。だがこのような脱構築は、西洋中心の世界編成に対する真の反措定になりうるのだろうか。それはたかだか西洋近代主義へのひとつの反動にすぎず、それ自身の中に一種の近代主義をかくし持っているという意味で、近代を真にのりこえる展望を拓く能力を欠いていたのではなかったか。

というのは、アラブ・イスラムを非合理で停滞的なものとして固定するオリエンタリズムへのサイードの憤懣といらだちのかげには、合理的で進歩的なものをポジティヴなものと評価する西洋近代的価値基準がちらついているからだ。オリエンタリストによって、オリエントは変化・発展の可能性を否定されたと彼がいうとき、変化と発展こそまさに西洋近代の価値基準であり、しかもそれはなんらの普遍性ももたない準拠枠であるという事実は意識されていない。彼がオリエンタリストに対抗して描き出すオリエントの「現実」とは、個として生きるもののよろこびや苦しみといった抽象語を別にすれば、民族主義と階級闘争であり、政治・経済的な諸関係である。しかし「現実」をそのようなものとして措定することこそ、西洋近代の知性の所産ではなかったのか。彼は西洋の近代的知性の所産を普遍的なものとして受けいれながら、西洋／東洋という区分の意味する普遍主義を拒否しようというのである。

現実とは政治的・経済的関係の総和であり、その中で生きる人びとの苦しみやたたかいであるというのは、西洋近代が世界をまさに政治的・経済的諸関係の総体として編成し直したからこそいえることだ。しかし、そのような強制的な編成にもかかわらず、われわれの実存的な生とは、そしてそれが生きる現実とは、けっして政治や経済を主要な実質とはしていない。それは自分が生きるコスモスと社会を含むひろい意味での他者との交渉を実質としており、そのコスモスと社会を規定するのが宗教も含めた文化なのである。

ヴィクトリア朝英国人が十九世紀日本を妖精の国（elfland）として描き出したとき、日本の指導者たちはエドウィン・アーノルドの例に見るように憤激をもってそのイメージを拒否した。そのとき彼らはサイードと非常に近い位相に在ったのである。つまり彼らにとって日本の現実とは、国家間競争に生きのこるための政治的経済的改革への国民あげての努力奮闘にほかならず、それを措いて、日本人の礼節や美術品や風景の美しさを讃美するのは、現実との符合をまったく顧慮することなく、ひたすら固定的な文化的観念複合体として日本をとらえようとするオリエンタリズムそのものだったのだ。

しかし、近代という一画期が終末を迎えたことが誰の眼にも明らかな今日、欧米人たちのオリエンタリズム的言説をわれわれは新たな見地から評価し直すことができる。彼らはもとより、自らを先進かつ普遍とする立場、一言でいえば文明の立場から日本という未開を叙述した。その叙述に西洋／東洋の二分法にもとづく偏見が貫いているのはいうまでもない。だが、偏見とはつねに何ものか何ごとかについての偏見である。事実誤認は別として、そこにはたしかに彼らの注意をひいた何ものか何ごとかが存在した。彼らがそれを彼らの文化に特有の文脈とコードによって読み解き、そこから誤解や判断のゆがみが生じたことは認めねばならぬとしても、その誤解やゆがみを通してさえ、彼らが何ものか何ごとかの存在を証言している事実は消えようがない。

近代的基準からすれば、その何ものか何ごとかが後進的とか封建的とかレッテルを貼られるような性格のものであることを、われわれはおそれる必要はない。そのような性格のものごとにまったく異なる光を当てる方法をわれわれは知っているからである。西洋人は十九世紀日本の風俗に、さまざまな珍奇なものかわいらしいものを発見し、それに尽きせぬ興味を示した。たとえば一八六七（慶応三）年、二十一歳の青年伯爵リュドヴィク・ボーヴォワル（Ludvic Beauvoir, conte

de 一八四六～一九二九）は、ルイ・フィリップの孫パンティエーヴル公の世界周遊のお伴をして来日、三十五日間の見聞を一書にまとめた。*24 彼にとって、日本は妖精風の小人国《リリパット》だった。「どの家も樅材でつくられ、ひと刷毛の塗料も塗られていない。感じ入るばかりに趣きがあり、繊細で清潔かつ簡素で、本物の宝石、おもちゃ、小人国のスイス風牧人小屋である。……日が暮れてすべてが閉ざされ、白一色の小店の中に、色さまざまな縞模様の提灯が柔らかな光を投げる時には、魔法のランプの前に立つ思いがする」。街行く「殿様」の姿を見ると、その腰には「あらゆる異様な小道具がぶら下っている」。火打石、ほくち、煙管などの「喫煙用の複雑な道具」で、煙管の火皿は娘の指ぬきの半分ぐらい、「模造皮の煙草入れは、ほれぼれするような可愛い青銅製金具で閉じられる」。当時西洋人が必ず案内された梅屋敷は「まさに地上における最も奇妙な庭園で、望遠鏡を逆にして高い所から眺めた妖精の園」としかいいようがない。紫紅色や緑色をした一寸法師のような低木が、赤い魚のいる小さな池の上に枝をさしのべ、溝川には鼠が一匹やっと通れるくらいの橋がかかり、「最後のトンネルと緑のアーチには兎が巣をつくるのがやっと」だと思われた。
ボーヴォワルが訪日した慶応三年という年は、フランス公使ロッシュ（Léon Roches 一八〇九～一九〇一）が徳川慶喜に肩入れして、しきりに軍事援助を与えていた時期で、この二十一歳の青年は愛国心にかられて、思わず政治談義に深入りしかけることもあった。だが「政治的観点に余りにもとらわれすぎていることに気付く」と、彼は「大急ぎで歴史のお荷物を棄てて、漆塗りの小さな飾り物、手袋入れの箱、青銅のブローチ」など、「つまらぬものだが可愛い品々」の方へ引き返す。この「こまごました飾り物」こそ彼が発見した〝日本〟だった。彼はそういうものに「目がまわらんばかりに酔わされた」のである。漆器にいたっては、彼の魅了されぶりは「まさに熱病そのものであった」。

これはまさにオリエンタリズム丸出しの無邪気な記述と読める。何が煙草入れだ、何がこまごました飾りものだ、現実はどこにあるのだと、サイードなら憤慨するところだろう。しかしボーヴォワルにとって、それが日本の〝現実〟にほかならなかった。そして私はこの二十一歳のフランス人の感受性にむしろ強い共感をおぼえる。人間にとって政治経済的諸関係はたしかに、その中で生きねばならぬ切実な所与であるだろう。しかしそれに劣らず、いやあるいはそれ以上に、煙草入れや提灯やこまごました飾りものは、一個の人間にとって生の実質をみたす重要な現実なのだ。アーノルドは日本の礼節と工芸品と風景を讃美して、当時の日本知識人たちの顰蹙を買った。だが、当時の日本人の現実の生を幸多きものたらしめた与件こそ、日常生活を形どる礼節であり、身辺を慰めるこまごました飾りものであり、さらに美しい風景ではなかったか。エキゾティシズムは見慣れぬこまごまとした生活の細部に目を注ぐ。従ってそれはある文明の肌ざわりを再現することができるのだ。私は、ステレオタイプ的日本イメージの極めつけとして嘲笑されるフジヤマ、サクラ、ゲイシャですら、今はほろびた文明のある実質を語っていると思う。それを嘲笑することは、いわゆる近代化によってほろぼされた一文明を勝者の立場から侮辱することにほかならない。

欧米人による十九世紀日本観察を現実から遊離したステレオタイプとして批判する好例は、横山俊夫の“Japan in the Victorian Mind――A Study of Stereotyped Images of A Nation 1850～80”だろう。一九八七年に英国マクミラン社から出版されたこの著書は、往時の定期刊行物を精査した上で十九世紀英国人のステレオタイプ化された日本観の成立・展開過程を追究した文字どおりの労作である。横山はいわゆる国民性なる概念の否定においてサイードと共通の問題意識に立つばかりではなく、ヴィクトリア朝人の日本認識が蓄積された先行テクストに強度に依存しており、日本を変化・発展においてとらえようとせず、従って現実と無関係なイメージが定型的に産出されたとする点で、さらにまたそのイメージが日本という鏡に投影された英国人のセルフイメージであるとする点で、サイードのオリエンタリズム批判と酷似した見解に達している。
横山の問題意識は次の一節によく示されている。「日本は奇妙で類例のない国だという観念――それはユーニークさと奇怪な特質を含意しているのだが――は、英国の雑誌や評論記事において、一八五〇年代のみならず、それに続く三十年のおおよそを通して持続することになった。むろん、これらの書き手たちがその期間、日本について変らざる同一の情報に依存していたというわけではない。逆に日本は急速な社会変動のうちにあったし、日本の歴史と文化に関する英国人の知識や理解もまた増加していた。しかしそういう日本に対する一般的な見方は生き残っただけではなく、多くの場合再強化されさえしたのだ。こういったイメージの持続はなにゆえ生じたのか。この現象はどの程度まで勝手気儘な歴史的要因の結果であったのか。あるいは、こういうイメージの世界はその性質からして自己貫徹的であり、現実から広汎に独立していると結論づけることが可能なのか」[*25]。

むろん彼はこのイメージの世界は自己貫徹的で、現実から独立しているといいたいのである。そのようなステレオタイプが執拗に持続した理由として彼は、ケンペル、ジーボルト、ゴローヴニンといった先行テクストの呪縛や、読者の好奇心におもねろうとする編集者たちの影響力や、当時の英国のおかれた状況への筆者たちの不安などをあげているが、私の関心はそういうメカニズムの説明にはない。私にとって問題なのは、ヴィクトリア朝英国人の日本観察が、彼のいうように現実とは無関係なステレオタイプ化された幻想であったかどうかということだ。もしもそうであるならば、少なくとも英国人の手になる日本見聞記は、古き日本の文明の証言としては使えないことになる。

横山が分析の対象としたのは、五〇年代から八〇年代にかけての定期刊行物である。その著者たちは日本を訪れたことのない者が圧倒的に多かった。滞日もしくは訪日経験のあるオールコック、ミットフォード、イザベラ・バードなどの著書に横山は高い評点をつけている。しかし、彼らによってリアルな情報が伝えられたのに、それに関わりなくジャーナリズムの世界では、珍奇な異国という固定的な日本イメージが依然として維持されたというのが、彼のいわんとするところなのだ。彼は上記三人以外の日本見聞記には、予断として与えられていたステレオタイプ的なイメージの枠で日本を眺め、ステレオタイプを再強化したにすぎないものとして、はなはだ否定的な評価を下している。

横山がその好例としてあげているのは、オズボーン（Sherard Osborn 一八二二〜七五）とオリファント（Laurence Oliphant 一八二九〜八八）である。両者は一八五八（安政五）年、日英修好通商条約を締結するために来日したエルギン卿使節団の一員で、前者はエルギンの坐乗したフリゲート艦フューリアスの艦長、後者はエルギンの個人秘書であった。横山によれば、オズボーンの訪日記[*26]は最初『ブラックウッズ・マガジン』に連載され、五九年に単行本となった。初版一五七五部は数ヵ月で売り切れ、その年のうちに一〇五〇部の再版が出た。オリファントの著書[*27]はおなじ年、オズボーンにややおくれてこれもブラックウッドから刊行された。初版三一五〇部、翌年再版二一一七部。横山によれば両者とも「短い日本滞在において、その国をもっともよいものに見せかけようと努力する日本の当局に支えられながら、すでに本を読んで知っていることを見、かつ述べた[*28]」のであって、彼らが流布した「変らざる人好きのする国民というイメージ」は一種の障壁となって、それと一致しない情報をせきとめる役割を果したのである。

両者がひろめたとされる「バラ色の日本イメージ」について考察する前に、オズボーンは幕府の役人にあざむかれたのだとする横山の論点をまず検討しておこう。なるほどオズボーンは、一行が江戸に上陸して宿舎の芝西応寺へ入る道筋で、乞食は一人も見なかったと書いている[*29]。また川崎まで幕吏に案内されて二十二マイルの遠乗りに出かけたが、この時も乞食は二人見ただけだと述べている[*30]。これについて横山は英人一行の通路に住む住人には、見苦しくないように通りを清掃せよという指令が町奉行から出されており、これにはむろん乞食がうろつくのは許されぬという意味が含まれていたと主張し、さ

●オリファント

らに「使節の郊外や江戸の東端浅草への遠乗りの際には、ふつうよりもいっそうきびしいお達しが前もって出されていた。ことに浅草に近いいくつかの町筋は、人々が遠乗りの一行を見ようとおし寄せるのを防ぐために、必要とあれば木戸を締めるようとくに命じられていた。したがって、一八五八年の英国使節団はわずかに日本の一表面を見たにすぎない。オズボーンはていよくあざむかれたのである」[*31]と述べている。

幕吏が英人の通る道筋の住人を規制し、日本の恥となるものを彼らの眼になるべく触れさせぬようにつとめたというのは、なるほど承知しておいてよいことだ。だが、彼らの意図はどれだけ貫徹したというのだろうか。乞食の問題はさておき、そのような幕吏の意図にもかかわらず、英国使節団は見るべきものはちゃんと見ていたのである。オズボーンは江戸上陸当日に見たことのひとつを次のように書いている。「警吏はわれわれの礼節の感覚に反するような絵が店先に置かれていないかと、鋭く眼をくばっており、彼が近づくとそういった絵は魔法のように消え去る。それでも彼の目にすべてのものが入るわけではないので、男女や子どもたちの真ただ中に、猥褻きわまりない種類の図や模型が気づかれずにぶら下っているのを見て、われわれは仰天する。彼らはその恥知らずな展示物を意識していないか、それともそれに無関心であるらしい」[*32]。

彼はまた川崎までの遠乗りの帰り道、郊外で人々が行水を使うのを見た。「五時、すべての者が湯を使っていた。〝清潔第一、つつしみは二の次〟というのが彼らのモットーであるらしい。ある場合には、風呂桶は戸口の外に置かれていた。……桶が一階の部屋（おそらく土間のこと＝筆者注）におかれている場合もあったが、なにしろ戸は開けっぱなしなので、美しきイヴたちが浴槽から踏み出し、たぶん湯気を立てて泣きわめいている赤児を前に抱いて、われわれを見ようとかけ出してくるそのやりかたには、少々ぎょっとさせられた」[*33]。入浴中の男女が異人を見ようと裸で外へとび出してくる情景には、彼らは実は上陸当日からお目にかかっていたのだ。オリファントは上陸当日の群衆について次のように書く。「群衆の方は、興奮して夢中になっていた。到るところで辻や横町の住民たちが、われわれの通るのを見物するためどっとあふれ出した。……肩に小さな赤児をつるした母親たちが、その子のことなど気にもかけず、走って来て群衆に加わる。子供たちは年寄の足の下をすりぬけ、年寄は子供たちの後でよろめく。入浴中の男や女は、石鹸またはその日本的代用品のほかには、身にまとうものもないことを忘れて、戸口に集っている。……民衆は少なからず無秩序である[*34]。笑ったり、じろじろ眺めたり、また柵で止められるところまで、われわれと並んで走って来る」。

横山は当日、群衆が使節団について来るのを防止するために、使節団が通過するたびに木戸が閉じられたことを意味あり気に述べるが、木戸が閉じられたからといって、使節団の見るものがその分減ったわけではあるまい。英人たちもそう理解したように、それは日本の現実を彼らに見せないための措置ではなく、単なる混乱防止策にすぎなかった。横山のいいたいのは、それほど幕吏の管理がきびしく、そのような管理の下で使節団にとどく情報は限られたものにならざるを得なかったということだろう。だからといって、そのためにオズボーンやオリファントが日本の現実に触れることができず、本で読んだステレオタイプ的イメージを強化するだけに終ったというのは、とうてい承認しがたい見解である。そのような見方は第一に民衆を統制に唯々諾々と従う無気力な存在と仮定する点で、第二に使節団員を幕吏が見せようと欲するものしか見ようとしない暗愚な観察者と仮定する点で、二重に誤っている。

江戸とその近郊の住民の異国人に対する好奇心が幕吏が制しようとしても制しきれぬほど活発だったことは、オズボーンとオリファントの記述から容易に読みとれる事実だ。上陸当日オズボーンの乗ったボートが岸に近づくと、家々から少年少女たちが現われて浜へかけおりて来た。「幕吏は恐慌をきたす。彼は子供たちに戻るようにうながし、扇を振って指図する。だが何の効果もない。われわれのボートが泥土の上にとどまっているあいだ、若き日本はわれわれのボートとわれわれを見つめ続ける[*35]」。

川崎への遠乗りの途中品川まで来ると、茶屋という茶屋には湾内の異国船を見ようと群衆がつめかけ、酒や茶を飲みながら、そなえつけの巨大な和製望遠鏡をのぞきこんでいた[*36]。彼らの遠乗りの目的地は川崎大師だったが[*37]、そこにつくと「おどろきにうたれた厖大な日本人群衆[*38]」があとについて来た。寺に入り時間に迫られてざっと見物したのち本堂を出て見ると、「寺の通廊も、回り廊下も、庭を見おろす塀も屋根も、真黒になるほど男女、子どもたちが群がっていた。おどろくべき眺めだった。彼らは叫んでいた。荒々しくはないけれど、半ダースほどのヨーロッパ人が提供してくれるスペクタクルにおどろきかつよろこんで、とにかくも叫んでいた。この人間の海をかきわけて行かねばならぬと思うとぞっとしたが、三、四人の警吏がおだやかに行く手をかきわけ、われわれの前に、門まで一条の道が開けた。そこでは警吏たちが門を即座に確保して、われわれを追って通りに走り出ようとする群衆をおしとどめた。自分たちが境内にとじこめられたとさとった何千という群衆から憤慨のどよめきがあがった。それから叫び声と笑い声と突進が続いた。われわれが寺の構内の別な部分をまわっているあいだに、この巨大な群衆はわれわれを最後に一目見ようとして集まっていた。だが広い堀が間にあって、彼らが異邦人をなやませることを防いでくれていた」[*39]。

このように記述された日本民衆の姿は、それ自体価値ある情報ではないだろうか。オズボーンとオリファントの記述から、五〇年代前半にすでに成立していた風変りだが好ましい日本というステレオタイプと合致するものをのみ拾いあげようとするのは、テクストの受容としてもひどく偏っている。彼らの記述には、見る眼さえあれば、そういうステレオタイプに包括することのできぬ具体的な経験と情報がふんだんに盛りこまれている。たとえば川崎の寺でのオズボーンの経験で注目すべきなのは、寺の構内に閉じこめられた群衆の憤慨だけでなく、彼らの笑い声を彼が耳にとどめて記述したことである。つまり彼らは自分たちが憤慨すべき状況におかれていることを笑いの対象とすることができる人びとだったのである。自己客観視にともなうこの種の笑いは開国期から明治初期にかけての日本観察記にしばしば記録されていて、当時の人びとの独特のユーモアのセンスを偲ばせてくれる。オズボーン自身がそういう笑いの別な例を書きとどめている。これは川崎への往き道のことだが、江戸の南境で広い道路に出たとき、馬上の英人たちは思わずかけ足に移った。「責任者のお役人は馬を歩かせるつもりでいて、疾駆させる予定はなかった。彼はあらゆる手段を尽してわれわれを止めようとしたがむだだった。彼はもったいぶった様子でうしろにさがり、馬丁の一団――彼らは当然やはりわきまえのないわれわれの行いを諌止した

――と一緒になったが、われわれの滑稽な振舞いに対し突然大声で笑い出し、ずっとおくれてしまった」[*40]。この役人は英人のことを笑ったのではあるまい。英人の勝手な振舞いをとめられず困惑している自分がおかしくて笑ったのだ。

外国人の観察の面白さはこういう細部の事実にあるのであって、ひとからげの概括的断案にあるのではない。オズボーンの記録する宿舎西応寺での彼らと日本人の交渉も興味津々たるものがある。寺の僧たちや女中下男、それに昼間、寺の中庭につめかける見物人たちにとって、興味の的は英人たちの台所だった。「台所の木の壁には割れ目があって、あつらえ向きののぞき穴になっていた。手ごわい争いののちに獲得したその位置で目を割れ目におしつけながら、ある好奇心の強い奴が踏みとどまっているのだが、ついにおどろきの最高潮に達するや、何か叫ぼうとして思わず振り向いたり、見たことを周りに立っている連中に伝えようとしたりする。その瞬間彼はおしのけられ、うまくやった別の観察者が羨むべきのぞき穴をかちとるのだった。使節団が消費する肉の量はおどろきの大いなる源だった」[*41]。

それに対して、英人たちには詰所での役人の様子が尽きせぬ興味の的だった。だがそれを紹介しているいとまはない。英人はほんとうに肌まで白いのか確かめたくて、彼らの洗顔をのぞき見したり、彼らが着替えしている様子を障子に穴をあけてうかがったりする娘たち[*42]も含めて、要するに使節団と日本人は、幕府当局の思惑など超えて実質的な接触をもち、その細部は団員の記録に書きとどめられたのである。彼らの江戸滞在は十四日に過ぎなかった。定型化した先入観に確かに影響されながら、また幕吏の課す制約に縛られながらも、彼らが見た江戸は、ポチョムキンがエカチェリーナ二世のクリミヤ旅行のさい、彼女の歓心を買うべく作りあげたというだまし絵の村落だったのではない。視察者向きに多少の化粧は施されていたとしても、彼らの見たのは現実の江戸だったのだ。それにしても、横山のいう現実とはいったい何であろうか。オズボーンやオリファントの見たのは表面的な風俗であって、現実を真に規定する政治・社会・経済の要因ではないとでもいうのだろうか。

問題の鍵は、彼らが日本をバラ色に描いたということにある。オズボーンは最初の寄港地長崎の印象をこう述べている。「この町でもっとも印象的なのは（そしてそれはわれわれの全員による日本での一般的観察であった）男も女も子どもも、みんな幸せで満足そうに見えるということだった」[*43]。オリファントもいう。「個人が共同体のために犠牲になる日本で、各人がまったく幸福で満足しているように見えることは、驚くべき事実である」[*44]。

オリファントの場合、熱狂はすでに長崎で始まっていた。今つぎつぎと展開しつつあるこんなすばらしいプログラムを、上海を出発するときには予想だにしていなかったと言いつつ彼は次のように記す。「われわれの最初の日本の印象を伝えようとするには、読者の心に極彩色の絵を示さなければ無理だと思われる。シナとの対照がきわめて著しく、文明が高度にある証拠が実に予想外だったし、われわれの訪問の情況がまったく新奇と興味に満ちていたので、彼らのひきおこした興奮と感激との前にわれわれはただ呆然としていた。この愉快きわまる国の思い出を曇らせるいやな連想はまったくない。来る日来る日が、われわれがその中にいた国民の、友好的で寛容な性格の鮮かな証拠を与えてくれた。一日のあらゆる瞬間が何かしら注目に値する新しい事実をもたらした。われわれの観察力はたえず緊張していた。しかし荷が重すぎる感じがした。時間が短かすぎた。目に映るものと心に残るものとが、やりきれないほどの速さと変化を伴って、たがいに群がり合った。それはまるでパテ・ド・フォアグラを全部、一気に食べることを強いられたようなものだった」[*45]。

具体性を欠きはするものの、それまでセイロン、エジプト、ネパール、ロシア、中国など異国についてのゆたかな見聞をもち、そのいくつかについては旅行記ものしてきたこの二十九歳の英国人が、快いくるめきに似た感動をたっぷりと味わっていることだけはよく伝わってくる。彼は日本において、前もって与えられていた予想をただ再強化したのではない。日本の事物は彼にとって「予想外」だったのである。彼は日本訪問を終えたのちに書いた母親への手紙で、「日本人は私がこれまで会った中で、もっとも好感のもてる国民で、日本は貧しさや物乞いのまったくない唯一の国です。私はどんな地位であろうともシナへ行くのはごめんですが、日本なら喜んで出かけます」[*46]と述べるほどの日本びいきになっていた。しかし、日本びいきになったのはオリファントだけではない。オズボーンによると、使節団の中には、いつの日か日本を再訪したいと願うものが一人ならずいた。彼自身「日本への愛着が一時間ごとに増す」[*47]のを感じたのである。

横山がこういう日本についての「バラ色のイメージ」を、現実とまったく無関係な自動的ステレオタイプと見なしていることは先に述べた。しかし観察者がある文化をバラ色に描き出すとき、そのような言述が生れる可能性は一般にふたつあるはずだ。ひとつはその文化がバラ色に描かれる実質を実際に備えている場合だし、もうひとつはバラ色に値する事実は何もないのに、観察者がかけている眼鏡のせいで、あらゆるものがバラ色に見える場合である。むろんそのどちらなのか判断するには、現実と対照してみればよい。イメージが現実と合致しないのなら、バラ色なのは観察者のかけている眼鏡の方なのだ。

こういえば話は簡単なようだが、この対照実験には解決のすこぶる困難な問題が含まれている。むろんそれが、現実あるいは事実とは何かという難問であることはいうまでもない。横山の考察にはこのことが与件としてまったく含まれていない。彼にあるのはむしろ予断だといっていい。それは幕末もしくは明治初期の日本の現実が、オズボーンやオリファントのいうような幸せで明るいものであるはずはないという予断であって、それは彼個人の先入主であるのみならず、当時の学界ないし知識層の共有する常識でもあった。幸せでもなく明るいものでもない日本の現実が明るく幸せに見えるとすれば、そこに何かのからくりがなければならない。そのからくりこそ、現実とは何の関連ももたないステレオタイプ的イメージが自己産出を繰り返すメカニズムである。横山の論理構成は事実上このようになっていて、ヴィクトリア朝人の日本イメージが現実とは何の関連ももたないという前提は、それがくつがえれば、彼の全考察が揺らぎかねない要め石なのである。

ところがヴィクトリア朝人の日本イメージが事実とまったく反するというその大前提は、横山にとって証明する必要のない常識として扱われ、従って立証ははなはだ乏しい。その乏しい一例がエルギン使節団員の乞食はほとんどいないという陳述であったわけだ。そのような誤った陳述が生れた理由として、彼は幕吏の街頭規制によって彼らが目かくしされた事実をあげるのだが、それが妥当な説明であるかどうかはすでに検討した。それはともかく、乞食は江戸あるいは日本にいたのか、それともいなかったのか。この点では、欧米人の観察は時期と場所によってかなり喰い違っており、その検討はずっと後章にゆだねるとして、あの『ヤング・ジャパン』の著者であるブラック（John Reddie Black 一八二六〜八〇）が「思うに、他の国々を訪問したあとで、日本に到着する旅行者達が、一番気持のよい特徴の一つと思うに違いないことは、乞食がいないことだ」[*48]とこともなげに断言していることだけを紹介しておこう。むろんこれは、彼のよく知っていてこの本の副題にもなっている江戸と横浜について言われた言葉だろう。『ヤング・ジャパン』は編年体で書かれており、この断言は幕末についてであるらしい。ブラックが幕吏にあざむかれたと考えるのは噴飯物である。彼は一八六〇年代の初めに来日し、この本を書いた時、すでに十五年を超える日本在住者だったのだから。

横山の立証の第二の例に移ろう。彼はオズボーンが中国とくらべながら日本人の色彩感覚がしぶく洗練されていると述べたことについて次のようにいう。「英国の外交官や海軍将校が日本に関してひき出した好意的な結論の多くは、しかしながら、彼らが見た現象の誤解にもとづいていた。たとえば、日本人の衣服において地味な色彩がゆきわたっているのは、洗練された特質の結果というよりもむしろ、およそ二世紀の間幕府によって繰り返し発せられた念入りな奢侈禁止令の結果なのである」[*49]。彼は衣服の色、模様、形、材質、食習慣、建築に至るまで規制が及んでいたことを説明し、とくに天保改革における厳格な禁令の影響がこの時代まで尾を引いていたことに注意をうながす[*50]。「それゆえ、街頭や村で見かけて訪日者の目をひきつけた大多数の日本人の生活の、ひかえ目なしかし洗練された好みは、人びとの贅沢への欲望と、数世代にわたって繰り返されてきた幕府の訓戒との相互作用の結果なのである。かくして、英人の著者たちが自分自身の好みに近いものと感じた日本人生活のこういった特徴は、将軍の統治がうまく行ったことの証拠とはいえても、日本人の性格に帰せられるものではなかった」。

これは正直にいって、挨拶に窮する理屈というものではなかろうか。「英人の著者たち」は、彼らが見た日本人の生活にあらわれている色彩感覚を事実として述べているのであって、そのような事実がどういった事情から生じたのか問うているのではない。しかもオズボーンは「日本ではあらゆるものが衣服に至るまで法令で規制されており、数々の奢侈禁止令は最近に至るまで非常に厳格であった。外国人との接触によって、この禁令もややゆるんだかに見える[*51]」とちゃんと書いているのである。どこに事実誤認があるというのか。ところが横山は、オズボーンが奢侈禁止令の存在を知っていたことを認めながら次のようにいう。「しかし彼（オズボーン）がその規制がいかに厳格であり、さらに人々の衣服の色彩がどの程度まで彼ら自身の好みの表現であるかを判断することができなかったのは当然というものだ[*52]」。なんとオズボーンは、日本人の衣服の色彩が彼らの本来の好みの反映ではないということを見抜けなかったというので、事実誤認の烙印を捺されているのだ。

しかし、日本人自身の好みとはいったい何だろう。横山は日本人独特の色彩感覚なる概念を、十把ひとからげ《スウィーピング》な国民性論として否定しているのではなかったか。日本人の好みとは実は、自らが否定した国民性論の密輸入にほかならないが、それはこれ以上問うまい。それよりもオズボーンが何を述べたのか、それをまず確認してみよう。彼の著書で日本人の色彩感覚がとりあげられているのは次の二箇所だ。「日本の役人やジェントリはたいそう着飾っていたし、彼ら自身の流儀に従って、服装によってかなりのダンディズムを発揮していた。だが日本では、衣服の点では家屋と同様、地味な色合いが一般的で、中国でありふれているけばけばしい色や安ぴかものが存在しないことにわれわれは気づいた。ここでは、上流夫人の外出着も、茶屋の気の毒な少女たちや商人の妻のそれも、生地はどんなに上等であっても、色は落着いていた。そして役人の公式の装いにおいても、黒、ダークブルー、それに黒と白の柄がもっとも一般的だった。彼らの家屋や寺院は同様に、東洋のどこと較べてもけばけばしく塗られていないし、黄金で塗られているのはずっと少ない。この日本人の趣味の特性は、われわれが日本を訪れたさいの第一印象のひとつで、多くの第一印象がそうであるように、結局正しいということがわかった」[*53]。これは長崎についての記述である。もうひとつは先に引いた奢侈禁止令への言及に続く部分だ。「あらゆる階級のふだん着の色は黒かダークブルーで模様は多様だ。だが女は適当に大目に見られており、もちろんその特権を行使して、ずっと明るい色の衣服を着ている。それでも彼女らは趣味がよいので、けばけばしい色は一般に避けられる」。オズボーンは幕吏や富裕な町人が着飾っていること、女たちの着物の生地が上等であることを認めた上で、しかしその色彩への好みはしぶくて品がいいと言っているのだ。着飾りも上質の生地も贅沢の一種であることはいうまでもない。しかも彼は家屋や寺院の例をあげている。中国や東南アジアのそれと較べて、日本の家屋や寺院の色彩が落着いており、金の使用も少ないというのは事実の認識そのものであって、どこに誤認があるのだろう。まさか日本の建物が中国のそれのように、黄や赤や青の原色で塗られていないことが、奢侈禁止令の結果だとは誰もいえまい。

そもそも風俗についての禁令の効力を過大視することがおかしい。それが二世紀にわたってたびたび発令されたということ自体、いたちごっこの繰り返しを思わせる。たとえば好色本を例にとっても、それは天保改革でとくに取り締られたはずであるのに、一八五〇年代には外国人訪日者はいたるところでそれを目にすることができた。ペリー艦隊来訪のときなど、面白半分に春本を水兵に与えたり、ボートに投げこんだりするものがいて、幕吏がペリー（Matthew Calbraith Perry 一七九四〜一八五八）から抗議されたほどである。*54 また料理の品数の制限にしても、幕末にはそんな禁令などまったく死文となっていたことは、一八六六（慶応二）年長崎で、英国海軍提督一行が薩摩藩代表から接待を受けたとき、総計四十余りのコースが出されたという一事をとってもあきらかだ。このとき三時間かけて十八のコースが出され、英人たちが「もう十分」と叫び声をあげてディナーはこれで終ったものと思ったのも束の間、また次々と皿が並び始め、宴席はこのあとさらに二時間続いたのである。*55

日本人が落着いた色の衣服を好む事実は、開国期から明治期にかけてすべての外国人観察者が共通に認めたことである。しかも、それを節倹や贅沢の禁止の結果だと考えたものは、彼らのうちに誰ひとりいない。彼らはオズボーンと同様、それを趣味の洗練とみなした。一八五三（嘉永六）年、プーチャーチン使節団の一員として長崎へ来航したゴンチャロフ（Ivan Alexandrovitch Gontcharov 一八一二〜九一）がその好例である。応接の役人たちの服装をみて、「その中にどぎつい鮮明な色がないこと」が彼の気に入った。「赤も黄も緑も原色のままのは一つもなくて、すべてがその二色、三色の混和色の和やかな軟い色調である。……盛装の色調はヨーロッパ婦人のそれと同じである。私は老人が花模様緞子の袴をはいているのを五人ばかり見たが、これもくすんだ色であった」。このように述べて彼はさまざまな色を列挙し、「一口にいうと最新の流行色が全部揃っていた」と締めくくる。[*56] 彼は自分がまるで西欧にいるような気がした。問題は明らかである。オズボーンが黒とかダークブルーとか言い、さらに奢侈禁止令の存在にふれるものだから、横山のような議論が出て来たのだ。オズボーンのいう地味な色の実態は、ヨーロッパ婦人の基準からしても最近の流行色と一致するような多彩でゆたかなものだったのである。

一八七六(明治九)年来日し、東大医学部の基礎を築いたベルツ(Erwin von Bälz 一八四九〜一九一三)にはハナという日本人妻がいた。彼女は黒羽織の裏に豪勢な綾織緞子をつけていた。なぜ美しい織物を誰も見ないところに使うのかというベルツの問に対してハナは答えた。「貴重なものは、誰にもかれにも見せるものではありません。なにもかもさらけ出して見せびらかすほど、下品なことはありません」。[*57] これはむろん禁令とは何の関係もない明治後期の日本女性の美意識を語る挿話だ。だが、裏地に豪華なものを用いるというのは、おそらく徳川期に禁令との関連で生じた習慣で、のちにそれが粋という美意識に転化したのかも知れない。織豊期の豪華絢爛たる色彩感覚を思い起せば(ただしそれもただ派手で華やかというものではなかったが)、地味でしぶいものを上品とする江戸後期の趣味は、奢侈禁止令の影響を受けて形成されたと考えられぬこともない。しかしそれは慎重な研究と考察を要する問題である。だが仮にそういう関連が認められるにせよ、禁令をいわば逆手にとって外国人たちがこぞって優雅と認めた趣味を形成した人びとのいとなみを、横山のように将軍の統治の成功などと見なしてよいものだろうか。またさらに、人びとの服装はこうあってほしいとする幕府の要求が仮に実現されたとしても、そのような要求を掲げた当局者たちは、〝日本人自身の好み〟のまったくの局外者だったのだろうか。統治するものとされるものを二分し、統治されるものこそ日本人本来の志向の担い手であるとするのは、奇妙に偏った主張である。われわれはそのような視点からもはや解放されてよかろう。

横山の著書全体は、ヴィクトリア朝人の日本イメージを singular という一語に要約し、そのようなイメージが対象をリアルに認識し理解することを阻んだと主張するものといってよい。singular というのはむろん、並はずれた、類例のない、異例な、風変りな、といった意味を含む語である。しかし、十九世紀半ばの日本が、英国人の眼にそのように映ったのは当然ではなかったろうか。そのどこがいけないのか。彼が言うのは、そういうイメージは、対象のリアルな認識と理解を不可能にするということだ。

横山が一八六六（慶応二）年から七〇（明治三）年まで英国公使館に勤務したミットフォード（Algernon Bertram Mitford 一八三七〜一九一六）の著作を賞讃するのは、彼が「人類の普遍的同質性の信念」をもち、そのために「日本人の風習・習慣を説明する場合、singular という語をたぶん意識して避けた」からである。[*58] 人類の普遍的同質性に立つ論者を正しいとし、民族の特殊性を前提する論者を誤りとするこの単純明快なシェーマは、太田雄三が『ラフカディオ・ハーン』[*59]で展開している主張とまったく同一であって、おそらくこれが当世流なのだろう。

太田の著作は、従来「日本文化の最良の理解者」とされてきたハーンが、実は強固な人種主義的偏見の持主で、決して単純な親日家などではないことを指摘し、根強い「ハーン神話」を解体しようとした力作である。私がいま検討しようとしているのは彼のそういう新解釈そのものではない。私が問題にするのは、ハーンが人種主義的偏見のために、日本文化が西欧人にとっていかに理解不可能で異質なものであるかということの強調に傾き、「異文化への目に決定的とも言えるゆがみが生じた」のに対して、掛け値なしの親日家であったモース（Edward Sylvester Morse 一八三八〜一九二五）は「日本人を同じ人間として見る傾向」が強く、「日本文化を同じ人間の作った文化として扱った」ために、十分客観的な日本像を提供できたと、太田が論じている点である。

太田には、他文化から容易に理解されぬようなある文化の独自性や特殊性を強調するのは、盲目的愛国主義に至りかねぬ危険な人種主義的態度であり、ある文化と他文化との共通性と相互理解の可能性を強調するのが好ましい国際主義的態度だとする前提がある。だが文化人類学的知見の今日的な到達点からすれば、このような論断に対して、まったく別角度からの照明を与えることができよう。

文化人類学の今日の到達が示すところによれば、ある異文化に対して正しく接近する前提は、それが観察者の属する文化のコードとはまったく異質なコードによって成り立っていることへのおどろきである。ある異文化が観察者にとっていかにユーニークで異質であるかということの自覚なしには、そして、その理解のためには観察者自身のコードを徹底的に脱ぎ棄てることが必要なのだという自覚なしには、異文化に対する理解の端緒はひらけない。しかもその必要の自覚は、自文化のコードを脱ぎ棄てることは不可能だという絶望に、すなわち異文化を内在的に理解することは自文化のコードに縛られている自分には不可能だという絶望にまで、観察者を駆りたてることがある。青木保の『文化の翻訳』[*60]は、そういう異文化理解の困難に直面した一文化人類学者の経験と思考を語って、そこまで考えねばならぬのかという慨嘆に私たちを誘わずにはいないほどだ。むろん、理解は放棄されているのではない。しかし、この世界に存在する多数の独自な文化がそれぞれに存在の理由をもっており、またそれぞれがその価値を主張する権利をもっている以上、その核心を敬意をもって内在的に理解するためには、私たちはひとたびはまず、理解を絶するような彼我の異質性を徹底的に自覚せねばならないのだと、この著書は説いているのである。

ハーンはただ、そういう真の理解の端緒としての異質性の自覚を語っているだけではないか。たとえその異質性の根拠を、当時のイデオロギーである「人種」に求めているにしても、異質性の自覚自体がとがめられるべきではあるまい。十九世紀人であるハーンの「人種主義」を当世の見地から指弾したいのなら、どれだけでも指弾すればよかろう。ハーンは人類学が開発したような意味での文化という語の用法を知らなかった。知っていれば、人種のかわりに文化という語を用いたことだろう。しかし、日本は西欧人たる自分には理解不可能な異質性をもっているとハーンが言うとき、彼は西欧文化が彼自身を拘束していること、それが日本の理解を妨げていることを正しく自覚していたのではないか。

ハーンが「日本人の生活の表面の下にあるものを知覚し理解することの計り知れぬ困難さ」に

ついて述べたのは、『日本――ひとつの解釈の企て』の冒頭においてだが、[*61]このハーン最後の著作の主題となったのは日本人の宗教意識だった。青木保は自文化とは異質な文化ととりくむ人類学者にとって、「とくに宗教的な観念の理解は特殊な困難をあたえてきた」といい、その理由を「異質の言葉・概念を母国語におけるそれによって『読み込んで』しまうこと」と、「人類学者それ自体が自分の文化的偏向をすでに有しているという事実」に求めている。[*62]青木は人類はみな同質だという信念さえあれば、異文化の理解は可能だなどと気楽なことは言っていない。さまざまな例をあげて異文化、とくにその宗教意識の理解＝翻訳が絶望を誘うほど困難だと、その数々のフィールドワークの経験をふまえて述べている。しかも、客観的な方法を使えば理解はえられるという従来の人類学者の「科学主義」的態度を、思い上がりとしてきびしく批判している。青木によればこの翻訳（interpretation）不可能性の自覚こそ、異文化の核心に近づくための前提なのである。だとすれば、日本人の宗教意識の解釈（interpretation）を企てるに当って、ハーンが「日本人というものを少しもわかっていないということがわかってみて、わたしはようやくこの論稿をものにする資格ができたのだと、いまさらのように感ずる」[*63]と述懐したのは、その自覚の深さを称讃されこそすれ、批判や揶揄の対象となるべきことであるはずがない。

ところが、太田は「モースの『日本その日その日』のように、目に見え、手に触れることの出来るものに注目した即物的な本を書くならまだしも、日本人が理解できないというハーンが、日本人の内面生活を描こうなどというある意味でだいそれたことを企てたことも不思議だ」[*64]と言う。むろん彼は、ハーンを揶揄したつもりである。しかし何という単純な思考だろうか。モースのように目に見えたことを記録するだけなら、ハーンは西欧人たる自分と日本人との間にひらく深淵を自覚し嘆く必要はなかった。彼が描こうとしたのが「日本人の内面生活」であるからこそ、彼にはそうする必要があったのである。

singular とか strange というのは、なるほど理解不能、あるいは理解の必要のないものとして対象を突き放す（そういいたければ差別する）態度の表白でありうるだろう。しかしそれはおのれと異質なものに接したおどろきを起点として、おのれの文化的拘束を自覚し、他文化をその内面に即して理解しようとする真摯な努力に道を拓くものでもありうるのだ。ヴィクトリア朝の英国人が開国前後の日本に接して、自文化とのはなはだしい異質性におどろきとまどいを覚えなかったとしたら、そのほうがどうかしている。珍奇なというのは、そのような日本の特質、彼らにとってのたんなる異文化というのではない、彼らの見聞からして世界中に類似するもののないような独特の文化に直面したとき、思わず口をついて出た言葉だったのだ。

一八六六（慶応二）年に横浜に駐屯した英国第九連隊の将校ジェフソン（R. Mounteney Jephson）とエルマースト（Edward Pennell Elmhirst）はその共著の中にこう書いている。「新奇さは一般に魅力だ。しかし、新しい場所に着くとまもなく色褪せてしまう。ところがわれわれにとって、日本とその住民はけっして新奇さを失うことがなかった。つねに観察すべきこと、おどろくべきことが何かあった。彼らは世界のどんな国民ともまったく異なっているので、彼らの間に一年住んでみても、その習慣と習俗については、他の国民の場合なら六週間でえられるほどの洞察すらえられないのだ[*65]」。

問題はいまや明らかである。異邦から来た観察者はオリエンタリズムの眼鏡をかけていたかもしれない。それゆえに、その眼に映った日本の事物は奇妙に歪められていたかもしれない。だが彼らは在りもしないものを見たわけではないのだ。日本の古い文明はオリエンタリズムの眼鏡を通して見ることのできるようなある根拠を有していたのだし、奇妙に歪められることを通してさえ、その実質を開示していたのである。

彼らは古い日本に親和と讃嘆をおぼえただけではない。違和と嫌悪もまた彼らの実感だったのである。問題は、讃嘆するにせよ嫌悪するにせよ、彼らがこれまで見たことのない異様な、あえていえば奇妙な異文化を発見したということにある。発見ではなく錯覚だということはたやすい。だが、錯覚ですら何かについての錯覚である。その何かの存在こそ私たちのいまの問題であるのだ。彼らの讃辞がどれほど的はずれであり、日本の現実から乖離した幻影めいたものであったとしても、彼らはたしかにおのれの文明と異質な何ものかの存在を覚知したのである。幻影はそれを生む何らかの根拠があってこそ幻影たりうる。私たちが思いをひそめねばならぬのはその根拠である。

古い日本が異邦人の目に妖精の棲む不思議の国に見えたり、夢とおとぎ話の国に映ったりしたとすれば、それは古い日本の現実がそういう幻影を生じさせるような特質と構造をそなえていたということを意味する。それが賞讃に値する実質をもっていたか、それとも批判するしかないしろものであったかは、われわれの直面する問題の中核を構成しない。われわれはもはや、それに一喜一憂するような状況の中に生きてはいないからである。いずれにせよ、欧米人観察者にとって目をみはるに足る異質な文明が当時の日本に存在したということが問題の一切なのである。

彼らによって当時の日本が、小さいとか、かわいらしいとか、夢のようなとか、おとぎ話のようなといった形容が冠されていることの意味を、軽々しい反発はぬきにして、私たちはもう少し沈思してみてよいのではなかろうか。このような、後には常套句に堕した形容の背後には新鮮なおどろきがある。もちろんそのおどろきは、彼ら欧米人の当時の文明を基準としてのおどろきだったのである。つまりそこには、何をもって文明の基準とするかという点についての非常な落差が存在する。先にも述べたように、彼らは自分たちの文明の決定的な優位性については揺るがぬ確信を抱いていたが、西欧文明とまったく基準を異にする極東の島国の文明に接したとき、自信とは別に一種のショックを受けずにはおれなかった。このような〝小さい、かわいらしい、夢のような〟文明がありうるというのは、彼らにとって啓示ですらあった。なぜなら、当時彼らが到達していた近代産業文明は、まさにそのような特質とは正反対の重装備の錯綜した文明であったからである。

オリファントを例にとろう。彼は日本人の衣服や装飾の趣味の優雅さとか、幕府の役人の洗練された紳士ぶりとか、「気違いのようになって」買い漁らずにはおれぬ美しい品々とか、錠も鍵もない部屋に物を置いて一度も盗まれたことがないとか、女の口ぎたなく罵る声を聞いたことがないのは不思議だとか、子どもが虐待されているのを見たことがないとか、その他数々の好意的な観察を並べたてている。しかしそれは、外国人の他の見聞記とくらべても特に生彩があるわけではなく、日本の独特の魅力についての説得的な記述にもなってはいない。いったいどこが、一ぺんには食べきれぬフォアグラなのだろうか。つまり彼は、すでに長崎での短い滞在のうちに受けていた輝かしい印象の、その断片すらも表現しきれていないのである。

彼が日本の独特の文明を、一度に食べきれぬフォアグラと感じたのは、実はそれが彼自身の属する文明とはまったく異質な感触をもっていたからである。彼は西欧人について、「彼自身慣れているものと異なった道徳の基準や、まるで違う習俗や思考様式をめったに許容しない」と書くことができた人である。つまり彼には己れの文化のコードとは違ったコードを、偏見を去って許容しようとする開かれた見地があった。「わが国の社会道徳の通念に相当するものがない」からこそ、新鮮なおどろきとよろこびを覚えるという自在な感覚があった。だからこそ、彼にとって日本は食べきれぬフォアグラだったのである。だがそういう意味では、セイロンもロシアも中国も、彼にとってフォアグラであってよかったのではなかろうか。数々の異文化と接触して来たこの旅行記作家にとって、日本がとびきりの珍味であったとすれば、それにはやはりそう感じさせる根拠ないしは機縁がなければならない。彼のそういう格別の思いいれを解く鍵は、彼の「日本」との最初の出会いにあるように思われる。

彼ら一行が長崎に入港したのは八月の暑い午後だった。港の入口には一艘の監視船がいて、その屋根の上には一人の侍が坐って、おもむろに扇を使いながら読書していた。接近する英艦を認めると彼は顔を上げ、扇で後に戻るように合図をした。しかし英艦が制止を無視して進み続けるのを見るや、彼は「もう自分の義務は果した、これ以上われわれのことで責任を負わされることは一切ないとばかり、せいせいした顔で再び読書にとりかかった」*66のである。ペリーによる開国からすでに四年、長崎には各国の艦船が出入りして、この侍はすでに外国船に慣れていたのであろう。彼らが幕府官憲の指示に従おうとしないのも、たびたび経験ずみであったろう。それに彼が読んでいたのは優雅な漢詩や歌物語などではなく、春水あたりの人情本だったのかもしれない。しかしそれにしても、これはなんとのどかな、あえていえば浮世はなれた情景であることか。

オリファントは「この男の振舞いを見て、われわれはこののち日本の役人たちと一切の折衝を行うに当っての鍵をつかんだ」という。つまり彼らは断乎たる態度で押せば折れるというのである。しかし彼はこういう外交官のはしくれらしい感想のほかに、なにかもっと別な印象を受けなかっただろうか。この情景の焦点はやはり扇と書物であろう。その小道具が、外国船監視という業務の遂行にふさわしからぬ一種超俗的な味わいをつけ加えているために、この情景は一幅の古拙な山水画たりえているのだ。これは仙境というものである。オリファントはそう感じなかっただろうか。私は当時の日本が仙境だったと言うのではない。この情景が一種の仙境であり、そのような情景をどこかに含みうるのが当時の日本の文明であり生活であったと言うのである。オリファントのフォアグラとは、そういう文明と生活の細部であったにちがいない。

世界有数の東洋美術館として知られるパリのギメ博物館の創設者エミール・ギメ（Emile Guimet 一八三六〜一九一八）は、一八七六（明治九）年訪日して、三ヵ月ほどの滞在の印象を、他の見聞記とは違って、意識して主観的で詩的な方法で書きのこした。*67

日本に着いてすぐ、ギメは横浜のホテルで、十五年来日本に住むという欧人居留者から、数ヵ月滞在しただけでこの国について本を書こうとする無謀さをとがめられてこう答える。「一つの国について語るのに、二つの方法があるのです。国民、生産物、商業、法律等々について正確な情報を提供する統計的な方法と、たとえそれが数分のものであっても、受けた印象を伝えることだけを試みる芸術的な方法とがあります。そしてこの最初の印象が、最も生き生きとした印象である、と信じて下さい」。「その通りです。そしてその方法によって、間違いだらけの著作が作られることになるのです。日本について発表されているものがすべて、私たちをどんなに笑わせているか、あなたがご存知だったら」、国に帰るまで手帳をポケットにしまうべきだし、自分が日本より詳しく知っているフランスのことを書いた方がましだと悟るべきですと、相手は応じる。それに対するギメの答は注目に値する。「私はそんなことはしません。フランスが何であるかを知りたくなれば、私は日本人の旅行記を読むでしょう」[*68]。

ここにはすでに文化人類学的方法の要諦が語られている。ある文明の特質はそれを異文化として経験するものにしか見えてこないとギメは語っているのだ。第一印象にすべてをかけるという彼の方法論はこの自覚に由来する。接触が長びけば長びくほど、異文化はその異質さを失うだろう。錯覚や誤解は計算に織りこみずみだ。要は第一印象こそが、異質なものへのもっとも鮮やかな感受であるということだ。

それにしても、自国の文化をどこへ行っても捜そうとし、「接触する住民を取るに足りぬものと考え、風景には目を閉ざし、地方の細部に背を向け、自分たちと異なるものはすべてばかばかしいと見ている」大多数のヨーロッパ人と違って、「私たちのたどる最初の道についてだけ書くにしても、一巻の書物になってしまう」と感じたギメにとって、日本の第一印象は「すべてが魅力にみちている」という言葉に示されるようによろこびに溢れたものだった。彼は古代ギリシャ人のような日本人の風貌や、井戸に集う「白い、そしてバラ色の美しい娘たち」や、ひと目で中を見通せる住居の、すべてが絵になるような、繊細で簡素なよい趣味や、輝くばかりの田園風景について、惜しみない讃嘆の声をあげる。しかし、彼の〝第一印象〟のうちで最も目立つのは、何といっても音に関するそれであろう。

サンパンの漕ぎ手たちが発する「調子のとれた叫び声」から始まって、重い荷車を曳くひと動きごとに車力が繰り返す、ソコダカ・ホイという歌に似た叫びや、漁師が櫓のひとかきごとに出す「鋭い断続的な叫び」や、ホテルの窓の下を通る、「幅の広い帯を締め、複雑な髪を結った」女たちの、笑い声や陽気で騒々しい会話や、宿屋で見送りの女中たちが叫ぶ「サイナラ」という裏声に至る様ざまな音に、ギメは何と心を奪われていることか。日本は何よりもまず、このような肉感的な物音のひしめく世界として、ギメの前に現われたのである。

ギメは鎌倉の八幡宮や大仏を見物したあと、片瀬の宿屋に泊った。床

●片瀬の宿屋にて
(レガメ画／Guimet, Promenades Japondises)

について明かりを消すと、耳馴れぬ物音が続いて彼は眠れなかった。まずは波の音――海が震えているのだ。その規則正しい音に混って、ジ・ジというリズミカルな「一種の鳴き声が家の周りを走る」。そして「木から木へ飛び移る恐ろしい呻き声」。その正体は眠れぬままに窓を開けてみてわかった。風が聖なる杉林を揺り動かし、山が震え唸っているのだ。「星がきらめく夜空の下で、山が海に応え、陸と海とが」二重唱を歌っているのだった。[*69] 山が唸り海が震えるのはなにも日本ばかりではない。しかしこの夜の物音にギメが深く〝日本〟を感じとったことは疑えない。おそらく彼は、日本の夜には様々の霊や精が呼吸していて、人びとはその息吹きに包まれて眠るのだと感じて、ある感銘を覚えずにはおれなかったのだ。なぜなら彼が暮らしていたリヨンの夜には、こうしたものの息吹きはすでに死に絶えて久しかったであろうから。

明治九年のギメの訪日に同行した画家フェリクス・レガメの場合、彼に強く日本を印象づけたのは古い木橋だった。横浜に着いた夜、彼は泊っているグランドホテルの窓から、「金具の目立つ木造の橋の優美なカーブを見つけた」。「私はこの土地に初めて足を踏み入れたその日の暮れる頃に、この橋のことを考えたのを思い出す。それ以来、この土地は私の靴の底にくっついたままなのだ。それは輝かしい思い出で……」と、二十三年後再び訪日したレガメは回想する。[*70] 橋の下を裸の船頭の漕ぐ舟が行き、水浴する人びとの残す水沫には月光が銀色に照り映え、寝入った子どもをおぶった「王妃のような装いの美しい娘」が橋の上で、どこかナポリの唄声を思わせる、母音のよく響く子守唄をやさしい声で歌っていた。その橋について「考えた」ことの中味をレガメは書いていない。しかし、この夢のような情景が、彼にとっての日本というものであったことは確かである。一八九九（明治三十二）年の再訪の際には、この谷戸橋は鉄橋にかけ替えられ、夢の情景はすでに消え去っていた。

ギメの場合と同様、レガメはいかなる客観的事実も示しているわけではない。それは情景の素描にすぎず、「国民、生産物、商業、法律等々についての正確な情報」はまったく存在しない。彼が感受した〝日本〟は、そういう客観的情報などによってではなく、このような第一印象の素描によってしか伝えられないような何ものかだったのである。扇と和綴本、女中たちの裏声や海と山の二重唱、木橋の上の子守唄——そういう日本のイメージに、エキゾティシズム以上の何の意味があるのかと、いささか不機嫌に問いたい向きもあるだろう。だがこういう西洋人の日本に関する印象を、たんなる異国趣味が生んだ幻影としか受けとって来なかったところに、実はわれわれの日本近代史読解の盲点と貧しさがあったのだ。

彼らの第一印象の網にかかった事象はことごとく、「蒸気の力や機械の助けによらずに到達することができるかぎりの完成度を見せている[*71]」高度でゆたかな農業と手工業の文明、外国との接触を制限することによって独特な仕上げぶりに達したひとつの前工業化社会の性格と特質を暗示するフラグメントなのである。そして、そのような特徴的で暗示的な諸断片が彼らの感受の網にかかったのは、彼らが発達した工業化社会のただ中に生きて、そのことに自負と同時に懐疑や反省を抱かざるをえない十九世紀人だったからである。彼らが日本という異文化との遭遇において経験したのは、近代以前の人間の生活様式という普遍的な主題だった。異文化とは実は異時間だったのである。幕末来日して新聞発行にたずさわったブラックが書いている。「二十一年前のこの国民の生活は、現代のヨーロッパに知られている以上に違っていたし、しかもヨーロッパの過去の時代（つまりヨーロッパの物語時代、〝古き良き時代〟とわれわれが特徴づけている時代）のものとして、知悉されているものをたくさん持っていたから、これを学ぶことは珍しくもあり、また本当に楽しかった」[*72]。

近代工業文明に対する懐疑や批判は、その行き詰りが誰の目にも明らかになった二十世紀末葉に至って生じた現象ではけっしてない。それはむしろ、近代工業文明が成立した十九世紀初頭以来、近代思潮の波頭に不断に顕われ続けてきた現象なのである。そういう近代批判は、しかし工業文明の全盛期においては、いたずらに過去の幻影を美化し、歴史の歯車を逆に廻そうとするノスタルジックな反動思想として、侮蔑され警戒されてきたのであって、彼らの問題提起の予言的な意味が確認されるためには、今世紀末に至る長い時の経過が必要であった。科学と工業と啓蒙的理性の信奉者たる十九世紀の西欧人が、日本という異文化の形をとって浮上した異時間つまり前近代を契機として、近代西欧文明の根本性格を反省している例を、私たちはまずオールコックにおいて見出すことができる[*73]。

オールコックにとって、近代西欧文明がアジアの諸文明より「高度ですぐれたもの」であるのは、自明の事柄であった。だが、アジアに対して恩恵をもたらすべき高度な文明に対して、「コーチシナから日本にいたる極東において敵対的な力が作用している」のはなぜであろうか。そう問うて彼は「アジアがしばしば天上のものに霊感をもとめたのに反して、われわれが現世の物質的な目的のなかに這いつくばってきた」ことに、その原因を見出す。つまり、その敵対的な力は、

「すべてのヨーロッパ民族の物質的な傾向にたいするアジアの根強い無言の抗議」なのである。

「アジアが安息と瞑想をその生活の最上の要素と考え、いっさいの変化と進歩に反する夢想的な安息を最高の幸福と考える」のに対して、ヨーロッパ人は「どうあってもいそいで前へ進もうとする」。このような西欧の進歩的文明と接触することによって、アジア人の「生活に不調和と混乱が生じ、この世の苦労が押しつけられ、自分がもっともよいと思うように生きる権利のために闘わなければならぬことになる。それは、彼らの性質と思考と存在のいっさいの習慣にとっていまわしいことなのだ」。

このように論じ来って、オールコックはほとんど結語に近い断案を下す。「アジアは、世界の活動のなかのヨーロッパの進歩のはずみ車の不足をおぎなうものとして、そしてまたより徹底的に世俗的・合理的な生存を夢中になって追求することへの無言の厳粛な抗議として、この下界の制度のなかで、ひとつの矯正物となるかも知れぬ。この矯正物は、アジアの国家とくらべれば、年齢も経験もまだ浅い国々（進歩と業績がどんなものであるにせよ）の、まったく実利的かつ非想像的な精神の誇大化を、抑制し譴責するために必要なのである」。

むろんこれは粗大な議論ということができる。サイードならば、こういうオクシデントとオリエントの対比的構図こそオリエンタリズムの落し穴であり、反省を装いながら実は内に傲慢を蔵した態度だというところだろう。しかしオールコックは、このところわが国でも流行をなして来た成長至上主義批判と、なんら変るところのない主張をしているのだ。「どうあってもいそいで前へ進もうとする」実利主義的西欧産業社会のただ中に在ることの疲労感は、すでにこの当時から西欧人の実感であったようだ。

エドウィン・アーノルドは一八八九（明治二十二）年、日本の聴衆を前に次のように語った。「私はこう言いたい。あなたがたの文明は隔離されたアジア的生活の落着いた雰囲気の中で育ってきた文明なのです。そしてその文明は、競い合う諸国家の衝突と騒動のただ中に住むわれわれに対して、命をよみがえらせるようなやすらぎと満足を授けてくれる美しい特質をはぐくんできたのです」[*74]。またこう語った。「寺院や妖精じみた庭園の水蓮の花咲く池の数々のほとりで、鎌倉や日光の美しい田園風景のただ中で、長く続く荘重な杉並木のもとで、神秘で夢見るような神社の中で、茶屋の真白な畳の上で、生き生きとした縁日の中で、さらにまたあなたの国のまどろむ湖のほとりや堂々たる山々のもとで、私はこれまでにないほど、わがヨーロッパの生活の騒々しさと粗野さとから救われた気がしているのです」[*75]。

日本の知識人はこの陳述に含まれている西欧人の深い徒労感を思いやることもせずに、気楽な旅行者の無責任なエキゾティシズムとして片づけがちだった。しかし、『支那のユーモア』の著者林語堂（Lin Yutang 一八九五〜一九七六）は逆の方向から、西洋産業文明の問題性を照らし出している。「西洋の輝しき進歩、溌剌たる知性、戦争、悪魔の如き武器、それはそれとして、吾々にはあなた方が根本的に子供染みて見えることがよくある。……人生において重要なのはいかに進歩すべきかを知ることではなくて、辛抱強く働き、気高く堪え忍び、そして幸福な生活ができるように、吾々の人世をいかに整理すべきかを知ることである。……金銭や名誉のためのあらゆる空しき闘いの後には、人生は主として実《み》のある或る事柄に還元される。例えばうまいもの、良き家庭、苦労のない平和な心、寒い朝の一杯の熱い粥。その余は空の空なるものにすぎない」[*76]。

さらに注目すべきなのは彼の次の言明である。「あなた方は価値を精神的と物質的に分ける。ところが吾々はそれをば一つのものとして混同しているのである。あなた方は同時に精神的であり、また物質的であることはできない。しかし吾々にはそれができるし、何らそこに衝突しなければならないものを感じない。あなた方の精神の故郷は天上にあるが、吾々のは地上にある」[*77]。林は何とオールコックの盲点をついていることだろう。まさに精神と物質、天上と地上を分裂させたものこそ西洋近代文明というものだった。オールコックはアジアに天上と魂の平安を、ヨーロッパに地上と物質的進歩を振り分ける。そして、それが彼の自文化すなわち近代西欧文明への反省なのであった。しかし実は、日本を含むアジアの諸文明は、むろん相互の差異を保ちながら、物質的安楽と魂の平安とがまだ分離しない文明的段階にまどろんでいたのである。オールコックたちが遭遇した十九世紀中葉の江戸文明はまさにそのような文明だった。

オールコックは日本の物質面での文明的達成を賞讃しながら、「他方、かれらの知的かつ道徳的な業績は、過去三世紀にわたって西洋の文明国において達成されたものとくらべてみるならば、ひじょうに低い位置におかなければならない」[*78]と断定する。これは一見、西洋に物質的優位を、東洋従って日本に天上的価値を振り分けた前記の議論と矛盾するかに見える。しかし彼がいう「知的道徳的な業績」とは世俗的合理的な精神の達成を指しているのであって、東洋の天上的なものを求める志向とはあくまで別物なのだ。西欧の近代文明は天上的な魂と世俗的合理的志向を分離することによって、「物質」のみならず「精神」においても高度の達成をなしとげたのであ

●肥前大村にて（ワーグマン画／「イラストレイティド・ロンドン・ニュース」1861年＝以下 I. L. N と略記）

る。それは西欧近代の学芸を想えば明白な事実といわねばならぬ。だがそのとき、「物質」が「誇大化」するだけではなく、「精神」も何かを失ったのである。

前近代において、天上をあくがれる魂は現世の安楽を求める心と分離してはいなかった。中世盛期の西欧の文芸や美術はそのことを如実に示している。オールコックは幕末の日本を、十二世紀の西欧に相当するものとみなした。中世盛期から近世初期にかけての西欧においてそうであったように、幕末の日本では、精神の安息と物質的安楽は、ひとつの完成し充溢した生活様式の中で溶けあっていたのである。アーノルドのような讃美者はもとより、オールコックのような批判的観察者ですら感動に誘われたのは、そういう今は失われた日本の文明の特質に対してであった。

十九世紀中葉の日本人庶民のしあわせそう

な表情は、オールコックの国内旅行に随行した英人画家ワーグマン（Charles Wirgman 一八三二〜九一）によって描きとどめられている。ゴンチャロフは来艦した長崎の役人につきそう従者たちについて「大部分が夢見るようにぼんやりと物を見ている。……彼等は喰って寝るだけで、ほかに何もしないらしい」[*79]と書いているが、そういえばワーグマンが描いた民衆たちの人のよさそうな顔つきも一種の阿呆面といえないことはない。だがカッテンディーケはそういう日本の庶民たち、たとえば伊王島の炭鉱で、一日の労働を終えて「いかにも世の中で一番罪のない人間のような顔をして」湯に浸っている男女たちを、心からいとおしまずにはおれなかったのである。[*80]
私の意図するのは古きよき日本の愛惜でもなければ、それへの追慕でもない。私の意図はただ、ひとつの滅んだ文明の諸相を追体験することにある。外国人のあるいは感激や錯覚で歪んでいるかもしれぬ記録を通じてこそ、古い日本の文明の奇妙な特性がいきいきと浮かんで来るのだと私はいいたい。そしてさらに、われわれの近代の意味は、そのような文明の実態とその解体の実相をつかむことなしには、けっして解き明かせないだろうといいたい。

注

＊1――チェンバレン『日本事物誌・1』（平凡社東洋文庫・一九六九年）四八〜九ページ。原著 Things Japanese の初版は一八九〇年。一九三九年に改訂第六版が出され、邦訳書はそれによっている。
＊2――チェンバレンが最終的に日本を去り帰英したのは、彼自身の記述から、一九〇五年と従来考えられてきた。その誤りをただし、一九一一年が最終的離日の年であることを論証したのは太田雄三『B・

H・チェンバレン』（リブロポート・一九九〇年）である。
*3――同前一四ページ
*4――同前一四ページ
*5――『ウェストンの明治見聞記』（新人物往来社・一九八七年）八八ページ。原著はA Wayfarer in Unfamiliar Japan, London, 1925
*6――クロウ『日本内陸紀行』（雄松堂出版・一九八四年）二二四ページ。原著は Highways and Byeways in Japan, London, 1883
*7――同前一一八〜九ページ
*8――ハリス『日本滞在記・中巻』（岩波文庫・一九五四年）五三〜四ページ。原著はThe Complete Journal of Townsend Harris, edited by M. E. Cosenza, 1930
*9――Sherard Osborn : A Cruise in Japanese Waters, Edinburgh and London, 1859, pp. 115〜6
*10――ヒュースケン『日本日記』（岩波文庫・一九八九年）二二一ページ。原著は Japan Journal : 1855-1861, by Henry Heusken, Rutgers, 1964
*11――カッテンディーケ『長崎海軍伝習所の日々』（平凡社東洋文庫・一九六四年）二〇八ページ。原著は Uittreksel uit het dagboek van W. J. C. Ridder H. v. Kattendijke, gedurende zijn verblijf in Japan in 1857 en 1859, 'sGravenhage, 1860
*12――同前二〇四ページ
*13――ポンペ『日本滞在見聞記』（雄松堂出版・一九六八年）四四〜五ページ。原著は Vijf Jaren in Japan, 2dls, Leiden, 1867〜8。邦訳書はその第二巻の翻訳である。ポンペと同時期長崎に滞在したポルスブルックは、一八五八年初めて江戸入りした時、おなじような感想を抱いた。「私の思うところヨーロ

ッパのどの国民より高い教養を持っているこの平和な国民に、我々の教養や宗教が押しつけられねばならないのだ。私は痛恨の念を持って、我々の侵略がこの国と国民にもたらす結果を思わずにいられない。時がたてば、分かるだろう」（ポルスブルックについては後述）。
＊14──リュードルフ『グレタ号日本通商記』（雄松堂出版・一九八四年）二八五ページ。原著はAcht Monate in Japan nach Abschluß des Vertrages von Kanagawa, Bremen, 1857
＊15──『日本事物誌・1』一五ページ。チェンバレンがこう書いたのは一九〇五年である。だとすると彼は、近代日本の大変革は十八世紀半ばから始まったと考えていることになる。
＊16──レガメ『日本素描旅行』（雄松堂出版・一九八三年）二三九ページ。原著は Japan、出版地パリ、出版年度は不明。訳本は抄訳である。
＊17──チェンバレン前掲書『1』一一ページ
＊18──同前九〜一〇ページ
＊19──同前一〇ページ。エドウィン・アーノルドは今は忘れられた詩人だが、『デイリー・テレグラフ』の主筆、かつ長篇詩 The Light of Asia の作者として当時は著名だった。日本でも訳本『亜細亜の光』が昭和十五年に岩波文庫に収録されている。アーノルドは一八八九年十一月に来日し、その年のうちに東京クラブと帝国大学で講演を行い、後者ではチェンバレンが通訳をつとめた。両講演ともアーノルドの著書 Seas and Lands（一八九二年刊）にくわしい内容がのっている。チェンバレンが言及しているのは、内容からいって東京クラブでの講演である。
＊20──同前一二ページ
＊21──サイード『オリエンタリズム』（平凡社・一九八六年）。原著は一九七八年、ニューヨーク刊
＊22──同前「訳者あとがき」

＊23――サイード『オリエンタリズム再考』。これは一九八五年に発表された論文で、前掲邦訳書に収録されている。
＊24――ボーヴォワル『ジャポン一八六七年』（有隣堂・一九八四年）。原著は Pekin, Yeddo, San Francisco-Voyage autour de Mondo, Paris, 1881。邦訳書はそのうちの日本関連部分のみの抄訳。
＊25――Yokoyama, ibid., p. 2
＊26――Osborn, A Cruise in Japanese Waters, Edinburgh and London, 1859
＊27――Oliphant, Narrative of the Earl of Elgin's Mission to China and Japan in the year 1857, '58, '59, 2vols, Edinburgh and London, 1859。邦訳書『エルギン卿遣日使節録』（雄松堂出版・一九六八年）は日本部分のみの抄訳。
＊28――Yokoyama, ibid., p. 56
＊29――Osborn, ibid., p. 151
＊30――Osborn, ibid., p. 174
＊31――Yokoyama, ibid., p. 54
＊32――Osborn, ibid., p. 151
＊33――Osborn, ibid., p. 173
＊34――オリファント『エルギン卿遣日使節録』一〇三ページ
＊35――Osborn, ibid., p. 149
＊36――Osborn, ibid., p. 163
＊37――この寺のことをオズボーンは Temple of Tetstze と記し、オリファントは Dai Cheenara の寺と記している。オリファントの訳者岡田章雄は大師河原と解しており、ここではそれに従っておく。

＊38――Osborn, ibid., p. 171
＊39――Osborn, ibid., p. 172
＊40――Osborn, ibid., p. 164
＊41――Osborn, ibid., pp. 153～4
＊42――Osborn, ibid., p. 176　およびオリファント前掲書一一一ページ
＊43――Osborn, ibid., p. 39
＊44――オリファント前掲書一三一ページ
＊45――オリファント前掲書四八～九ページ
＊46――オリファント前掲書「解説」二九一ページ
＊47――Osborn, ibid., p. 184
＊48――ブラック『ヤング・ジャパン・2』（平凡社東洋文庫・一九七〇年）一八九～九〇ページ。原著は一八八〇年、ロンドン刊
＊49――Yokoyama, ibid., p. 52
＊50――Yokoyama, ibid., p. 53, p. 172
＊51――Osborn, ibid., p. 167
＊52――Yokoyama, ibid., p. 53
＊53――Osborn, ibid., pp. 40～1
＊54――ウィリアムズ『ペリー日本遠征随行記』（雄松堂出版・一九七〇年）三四七～八ページ。原著はA Journal of the Perry Expedition to Japan（1853-1854), 1910
＊55――Jephson and Elmhirst, Our Life in Japan, London, 1869, pp. 382～4

＊56――ゴンチャロフ『日本渡航記』（岩波文庫・一九四一年）一二五～六ページ。原著は『フレゲート・パラルダ』一八五七年刊。旧仮名は新仮名に改めた。
＊57――『ベルツの日記・下巻』（岩波文庫・一九七九年）四〇〇ページ
＊58――Yokoyama, ibid., pp. 99～100
＊59――太田雄三『ラフカディオ・ハーン』（岩波新書・一九九四年）
＊60――青木保『文化の翻訳』（東京大学出版会・一九七八年）
＊61――ハーン『神国日本――解明への一試論』（平凡社東洋文庫・一九七六年）三ページ。ただし訳文は原文にもとづいて変更した。原著はJapan-An Attempt at Interpretation, London, 1904
＊62――青木前掲書五〇～一ページ
＊63――邦訳書六～七ページ
＊64――太田前掲書四五ページ
＊65――Jephson and Elmhirst, ibid., p. 5
＊66――オリファント前掲書七ページ
＊67――ギメの Promenades Japonaises は二巻にわかれ、神奈川の分は一八七八年、東京・日光の分は一八八〇年にパリで刊行された。前者の訳本は『一八七六・ボンジュールかながわ』（有隣堂・一九七七年）、後者の訳本は『東京日光散策』（雄松堂出版・一九八三年）である。装画はともにフェリクス・レガメ。今後前者は『かながわ』、後者は『東京・日光』として引用。
＊68――ギメ『かながわ』三三ページ
＊69――同前一三四～六ページ
＊70――レガメ前掲書二〇六～七ページ

＊71――オールコック『大君の都・下巻』（岩波文庫・一九六二年）二〇一ページ。原著は The Capital of the Tycoon, A Narrative of a Three Years' Residence in Japan, 2vols, London, 1863
＊72――ブラック前掲書『1』一一ページ
＊73――オールコック前掲書『下巻』二三七～二四五ページ
＊74――Arnold, Seas and Lands, London, 1892, p. 287
＊75――Arnold, ibid., p. 275
＊76――林語堂『支那のユーモア』（岩波新書・一九四〇年）一六～七ページ
＊77――同前六ページ
＊78――オールコック前掲書『下巻』二〇一ページ
＊79――ゴンチャロフ前掲書八一ページ
＊80――カッテンディーケ前掲書七〇ページ

第二章　陽気な人びと

十九世紀中葉、日本の地を初めて踏んだ欧米人が最初に抱いたのは、他の点はどうあろうと、この国民はたしかに満足しており幸福であるという印象だった。ときには辛辣に日本を批判したオールコックさえ、「日本人はいろいろな欠点をもっているとはいえ、幸福で気さくな、不満のない国民であるように思われる」[*1]と書いている。ペリーは第二回遠征のさい下田に立ち寄り「人びとは幸福で満足そう」[*2]だと感じた。ペリーの四年後に下田を訪れたオズボーンには、町を壊滅させた大津波のあとにもかかわらず、再建された下田の住民の「誰もがいかなる人びとがそうありうるよりも、幸せで煩いから解放されているように見えた」[*3]。

ティリー（Henry Arthur Tilley 生没年不詳）は一八五八年からロシア艦隊に勤務し、五九（安政六）年その一員として訪日した英国人であるが、函館での印象として「健康と満足は男女と子どもの顔に書いてある」[*4]という。英国聖公会（アングリカン・チャーチ）の香港主教ジョージ・スミス（George Smith 一八一五〜七一）は一八六〇（万延元）年に来日した人で、「一世紀前の日本のことを書いた著者の記述を読み、彼らの国民性への評価と、今日長崎の街でふつうに見受ける光景や住民の慣習・しきたりを較べてみると、この著者たちが観察の機会が限られていたため、住民の性格をよい方に誇張した画像を描き出したのか、それとも、今日の日本人がいくつかの重要な点で、百年あるいは二百年前に暮していた日本人から劣化してしまったのか、そのどちらかだという推論は避けがたい」[*5]と書いているのでもわかるように、幻想や読みこみなどには一切縁のない人物だったが、その彼ですら「西洋の本質的な自由なるものの恵みを享受せず、市民的宗教的自由の理論についてほとんど知らぬとしても、日本人は毎日の生活が時の流れにのってなめらかに流れてゆくように何とか工夫しているし、現在の官能的な楽しみと煩いのない気楽さの潮に押し流されてゆくことに満足している」[*6]と認めざるをえなかった。

一八六〇（万延元）年、通商条約締結のため来日したプロシャのオイレンブルク使節団は、その遠征報告書の中でこう述べている。「どうみても彼らは健康で幸福な民族であり、外国人などいなくてもよいのかもしれない」[*7]。また一八七一（明治四）年に来朝したオーストリアの長老外交官ヒューブナー（Alexander F. V. Hubner 一八一一〜九二）はいう。「封建制度一般、つまり日本を現在まで支配してきた機構について何といわれ何と考えられようが、ともかく衆目の一致する点が一つある。すなわち、ヨーロッパ人が到来した時からごく最近に至るまで、人々は幸せで満足していたのである」[*8]。

人びとの表情にあらわれているこの幸福感は、明治十年代になっても記録にとどめられた。ヘンリー・S・パーマー（Henry Spencer Parmer 一八三八〜九三）は横浜、東京、大阪、神戸などの水道設計によって名を残した英人だが、一八八六（明治十九）年の『タイムズ』紙で伊香保温泉の湯治客についてこう書く。「誰の顔にも陽気な性格の特徴である幸福感、満足感、そして機嫌のよさがありありと現われていて、その場所の雰囲気にぴったりと融けあう。彼らは何か目新しく素敵な眺めに出会うか、森や野原で物珍しいものを見つけてじっと感心して眺めている時以外は、絶えず喋り続け、笑いこけている」[*9]。イザベラ・バード（Isabella Lucy Bird 一八三一〜一九〇四）は一八七八（明治十一）年、当時外国人が足を踏み入れることのなかった東北地方を馬で縦断した英国女性であるが、青森県の黒石まで来たとき、農家の原始的な様子——手で泥を塗り

●秋田の農家（Bird, Unbeaten Tracks in Japan）

つけたような壁や、まるで煉瓦窯のように家のここかしこから煙が洩れている有様におどろかされた。しかしそれでも彼女は、そういう住居の前で腰まで裸で坐っている人びとの表情が「みな落着いた満足」を示していたと書きとどめているのだ[*10]。

オズボーンは江戸上陸当日「不機嫌でむっつりした顔にはひとつとて」出会わなかったというが[*11]、これはほとんどの欧米人観察者の眼にとまった当時の人びとの特徴だった。ボーヴォワルはいう。「この民族は笑い上戸で心の底まで陽気である[*12]」。「日本人ほど愉快になり易い人種は殆どあるまい。良いにせよ悪いにせよ、どんな冗談でも笑いこける。そして子供のように、笑い始めたとなると、理由もなく笑い続けるのである[*13]」というのはリンダウ（Rudolf Lindau 一八二九〜一九一〇）だ。リンダウはスイス通商調査団の団長として一八五九（安政六）年初来日、六四年にはスイスの駐日領事をつとめたプロシャ人である。オイレンブルク使節団報告書の著者ベルク（A. Berg 生没年不詳）の見るところも変らない。彼らは「話し合うときには冗談と笑いが興を添える。日本人は生まれつきそういう気質があるのである」[14]。

一八七六（明治九）年来日し、工部大学校の教師をつとめた英国人ディクソン（William Gray Dixon 一八五四〜一九二八）は、東京の街頭風景を描写したあとで次のように述べる。「ひとつの事実がたちどころに明白になる。つまり上機嫌な様子がゆきわたっているのだ。群衆のあいだでこれほど目につくことはない。彼らは明らかに世の中の苦労をあまり気にしていないのだ。彼らは生活のきびしい現実に対して、ヨーロッパ人ほど敏感ではないらしい。西洋の都会の群衆によく見かける心労にひしがれた顔つきなど全く見られない。頭をまるめた老婆からきゃっきゃっと笑っている赤児にいたるまで、彼ら群衆はにこやかに満ち足りている。彼ら老若男女を見ていると、世の中には悲哀など存在しないかに思われてくる」。むろん日本人の生活に悲しみや惨めさが存在しないはずはない。「それでも、人びとの愛想のいい物腰ほど、外国人の心を打ち魅了するものはないという事実は残るのである」[15]。

一八七四（明治七）年から翌年にかけて、東京外国語学校でロシア語を教えたメーチニコフ（Lev Ilich Metchnikov 一八三八〜八八）は来日当初「のべつまくなしに冗談をとばしては笑いころげるわが人足たち」に見とれずにはおれなかった[16]。一八七八（明治十一）年、セーチェーニ伯の探検隊の一員として来日したオーストリア陸軍中尉クライトナー（Gustav Kreitner 一八四七〜九三）は、「日本人はおしなべて親切で愛想がよい。底抜けに陽気な住民は、子供じみた手前勝手な哄笑をよくするが、これは電流のごとく文字どおりに伝播する」[17]とすでに長崎で感じていたのだが、そのあと大阪の染料工場を訪ねたときのことをこう述べている。「わたしたちが入ってゆくとひとりの女工が笑い出し、その笑いが隣の子に伝染したかと思うと瞬く間に全体にひろがって、跪い木造建築が揺れるほど、とめどのない大笑いとなった。陽気の爆発は心の底からのものであって、いささかの皮肉も混っていないことがわかってはいたが、わたしはひどくうろたえてしまった[*18]」。

ボーヴォワルは日本を訪れる前に、オーストラリア、ジャワ、シャム(タイ)、中国と歴訪していたのだが、「日本はこの旅行全体を通じ、歩きまわった国の中で一番素晴しい[*19]」と感じた。その素晴らしい日本の中でも、「本当の見物」は美術でも演劇でも自然でもなく、「時々刻々の光景、驚ろくべき奇妙な風習をもつ一民族と接触することとなった最初の数日間の、街上、田園の光景」だと彼は思った。「この鳥籠の町のさえずりの中でふざけている道化者の民衆の調子のよさ、活気、軽妙さ、これは一体何であろう」と、彼は嘆声をあげている。彼にとって真の見物は、この調子のいい民衆だったのである。日本人の「顔つきはいきいきとして愛想よく、才走った風があり、これは最初のひと目でぴんと来た」。女たちは「にこやかで小意気、陽気で桜色」。「弾薬入れの格好で背中にのっている」帯は、「彼女たちをちょっときびきびした様子に見せて、なかなか好ましい」。

大師河原の平間寺の見物に出かけると、茶屋の娘二人が案内に立ってくれる。「二人は互いに腕を組んでふざけたり笑ったり、小さな下駄をカタコト鳴らし、紺色の枝葉模様の半纏と赤い腰巻きを小麦と矢車菊の間にちらつかせながら、その漆黒の美しい髪を技巧をこらして高々と結い上げた髷が、爽やかなそよ風に乱れても一向気にしない」。水田の中で魚を追っている村の小娘たちは、自分の背丈とあまり変らぬ弟を背負って、異国人に「オハイオ」と陽気に声をかけてくる。彼を感動させたのは、「例のオハイオやほほえみ」「家族とお茶を飲むように戸口ごとに引きとめる招待や花の贈物」だった。「住民すべての丁重さと愛想のよさ」は筆舌に尽しがたく、たしかに日本人は「地球上最も礼儀正しい民族」だと思わないわけにはいかない。日本人は「いささか子どもっぽいかも知れないが、親切と純朴、信頼にみちた民族」なのだ。二十一歳の若者の感激にみちた感想は、もちろん十分に割引いてしかるべきだろう。だが彼はたしかに誤らぬ事実を探り当てていたのだ。

リンダウも長崎近郊の農村での経験をこう述べている。私は「いつも農夫達の素晴しい歓迎を受けたことを決して忘れないであろう。火を求めて農家の玄関先に立ち寄ると、直ちに男の子か女の子があわてて火鉢を持って来てくれるのであった。私が家の中に入るやいなや、父親は私に腰掛けるように勧め、母親は丁寧に挨拶をしてお茶を出してくれる。……最も大胆な者は私の服の生地を手で触り、ちっちゃな女の子がたまたま私の髪の毛に触って、笑いながら同時に恥ずかしそうに、逃げ出して行くこともあった。幾つかの金属製のボタンを与えると……『大変有り難う』と、皆揃って何度も繰り返してお礼を言う。そして跪いて、可愛い頭を下げて優しく微笑むのであったが、社会の下の階層の中でそんな態度に出会って、全く驚いた次第である。私が遠ざかって行くと、道のはずれ迄見送ってくれて、殆んど見えなくなってもまだ、『さよなら、またみょうにち』と私に叫んでいる、あの友情の籠った声が聞えるのであった」。[*20]

オイレンブルク使節団の人びとは横浜滞在中、しばしば近郊の村々を訪ねたが、どこへ行っても「茶、卵、オレンジなど」でもてなされ、その代価はおどろくべきことに数グロッシェンで十分なのだった。「彼らは不信を抱いたりあつかましく振舞うことは一度もなく、ときには道案内のために、世話好きであるが控え目な態度でかなりの道のりをついて来たり、あるいは子供たちにそれを命じたりした」。子どもたちは外国人とばったり会うと叫び声をあげて逃げ去ったが、「もっとよく知り合いになると、すぐ親切にうちとけ」、群れをなして「オハヨウ」と挨拶した。彼らの洋服はいつも驚異の的で、「方々から手でさわられた」[*21]。

スイスの遣日使節団長として一八六三（文久三）年に来日したアンベール（Aimé Humbert 一八一九〜一九〇〇）は、当時の横浜の「海岸の住民」について、こう書いている。「みんな善良な人たちで、私に出会うと親愛の情をこめたあいさつをし、子供たちは真珠色の貝を持ってきてくれ、女たちは、籠の中に山のように入れてある海の無気味な小さい怪物を、どう料理したらよいか説明するのに一生懸命になる。根が親切と真心は、日本の社会の下層階級全体の特徴である」。彼が農村を歩き回っていると、人びとは農家に招き入れて、庭の一番美しい花を切りとって持たせてくれ、しかも絶対に代金を受けとろうとしないのだった[*22]。善意に対する代価を受けとらぬのは、当時の庶民の倫理だったらしい。イザベラ・バードは明治十一（一八七八）年、馬で東北地方を縦断するという壮挙をなしとげるなかで、しばしば民衆の無償の親切に出遭って感動した。それは、旅中味わうことが少なくなかった不愉快を償ってあまりあったのである。

その日の旅程を終えて宿に着いたとき、馬の革帯がひとつなくなっていた。「もう暗くなっていたのに、その男はそれを探しに一里も引き返し、私が何銭か与えようとしたのを、目的地まですべての物をきちんと届けるのが自分の責任だと言って拒んだ」[*23]。新潟県と山形県境の悲惨な山中の村で、「みっともない恰好の女は、休息した場所でふつう置いてゆくことになっている二、三銭を断固として受けとらなかった。私がお茶ではなく水を飲んだからというのだ。私が無理に金を渡すと、彼女はそれを伊藤（同行の通訳）に返した」[*24]。

山形の手の子という村の駅舎では、「家の女たちは私が暑がっているのを見てしとやかに扇をとりだし、まるまる一時間も私を煽いでくれた。代金を尋ねるといらないと言い、何も受けとろうとしなかった。……それだけではなく、彼女らは一包みのお菓子を差し出し、主人は扇に自分の名を書いて、私が受けとるよう言ってきかなかった。私は英国製のピンをいくつかしか彼らにやれないのが悲しかった。……私は彼らに、日本のことをおぼえているかぎりあなたたちを忘れることはないと心から告げて、彼らの親切にひどく心うたれながら出発した」[*25]。

秋田県の北部で洪水に出くわして難儀したバードはこう書く。「私は親切な人びと

●東北地方の農民
（オットー画／『ビゴーがみた世紀末日本』平凡社

がどこにでもいることについて語りたい。二人の馬子はとくにそうだった。というのは、私がこんな僻地でぐずぐずせずに早く蝦夷に渡ろうとしていることを知って、彼らは私を助けようと、できることは全部してくれた。馬からおりるときやさしく支えてくれたり、のるときは背中を踏台にしてくれたり、赤い苺を手に一杯摘んで来てくれたりした。それはいやな薬っぽい味がしたが、食べるのが礼儀というものだった」[26]。彼女は「馬子が、私が雨に濡れたりおどろかされたりすることがないように気遣い、すべての革帯としっかりゆわえていない品物が旅の終りまでちゃんとしているかどうか、慎重に眼を配る」ことに、そして「心づけを求めてうろうろしたり、一杯やったり噂話をしたりするために足をとめたりせずに、馬から手早く荷をおろし、陸運会社の代理店から伝票をもらって家路につく」[27]ことに、さらには「彼らがおたがいに対して、とても親切で礼儀正しい」ことに好感を抱いた。ちなみに彼女は陸運会社の駅馬を利用したのである。

　馬子だけではない。彼女は「人力車夫が私に対してもおたがいに対しても、親切で礼儀正しいのは、私にとって不断のよろこびの泉だった」[28]と書いている。彼女は東北・北海道の旅を終えてこんどは関西へ向ったが、奈良県の三輪で、三人の車夫から自分たちを伊勢への旅に傭ってほしいと頼まれた。推薦状ももっていないし、人柄もわからないので断わると、一番としかさの男が言った。「私たちもお伊勢詣りをしたいのです」。この言葉にほだされて、体の弱そうな一人をのぞいて傭おうと言うと、この男は家族が多い上に貧乏だ、自分たちが彼の分まで頑張るからと懇願されて、とうとう三人とも傭うことになった。ところが「この忠実な連中は、その疲れを知らぬ善良な性質と、ごまかしのない正直さと、親切で愉快な振る舞いによって、私たちの旅の慰さめとなったのである」[29]。伊勢旅行を終えて彼らと大津で別れるときが来た。彼らの頭である「背の高い醜い男」について彼女は書いている。「この忠実な男と別れねばならぬのがどんなに残念か、彼のいそいそとした奉仕、おそろしく醜い顔、毛布を巻きつけた恰好がもう見られなくてどんなにさびしいか、言いあらわせないほどだ。いやちがう。彼は醜くはない。礼儀と親切に輝く顔が醜いということはありえない。私は彼の顔を見たいし、またイエスが幼な児について、『天国にあるはかくのごとし』と語られたように、ある日彼について語られることがあるようにと希むものだ[30]」。

バードは言う。「ヨーロッパの国の多くや、ところによってはたしかにわが国でも、女性が外国の衣裳でひとり旅をすれば現実の危険はないとしても、無礼や侮辱にあったり、金をぼられたりするものだが、私は一度たりと無礼な目に逢わなかったし、法外な料金をふっかけられたこともない[31]」。

一八七二（明治五）年から七六年まで司法省顧問として在日した仏人ブスケ（Georges Hilaire Bousquet 一八四六〜一九三七）は、猟や散策の途中、「暑さ、飢え、疲れのあまり」農家に立ち寄って、接待を受けることがしばしばだったが、いつも一家中から歓待され、しかも「彼らにサービ

●人力車夫（Bird，前掲書／これは東京の人力車夫のスケッチだが，ここに言及されている車夫に酷似するという）

スの代価を受けとらせるのに苦労した」という。「この性質たるや素朴で、人づきがよく、無骨ではあるが親切であり、その中に民族の温い気持が流れている」[*32]。彼は日光旅行のさいに乗った駕籠のかき手についても次のように述べている。駕籠かきは三人で、そのうちの一人が休み、次々と交替するのだが、「交替の時について言いあい一つ聞かなかった。交替者が後の番なのに間違って前を担ごうとすると、『これはおれの番じゃない』と一言いう。続いて大笑いとなる。笑いは日本人には馴染みの状態だからである」。彼らはその日ひどい道を十里も駕籠をかき、疲れ切っていたのだ。「なんという人たちだろう」とブスケは感嘆する。「彼らはあまり欲もなく、いつも満足して喜んでさえおり、気分にむらがなく、幾分荒々しい外観は呈しているものの、確かに国民のなかで最も健全な人々を代表している。このような庶民階級に至るまで、行儀は中分ない」[*33]。

ブラックは言っている。「彼らの無邪気、率直な親切、むきだしだが不快ではない好奇心、自分で楽しんだり、人を楽しませようとする愉快な意志は、われわれを気持よくした。一方婦人の美しい作法や陽気さには魅力があった。さらに、通りがかりに休もうとする外国人はほとんど例外なく歓待され、『おはよう』という気持のよい挨拶を受けた。この挨拶は道で会う人、野良で働く人、あるいは村民からたえず受けるものだった」[*34]。

この自ら楽しみひとも楽しませようとする気質は、ハイネ（Peter B. W. Heine 一八二七〜八五）の記述からもうかがうことが出来る。ペリー艦隊の随員である画家ハイネは、下田で奉行が選んだという娘たちの接待を受けた。日本人通訳は「こんなところに美人がいるわけはない」と言うのだが、ハイネの眼からすればみんな結構美人で、とくにその結い上げた髪はすばらしかった。彼女らが内気さやはにかみをまったく示さないので、彼は図に乗って女たちの着物をいじり、そのうち「顎を触ったり、頬をつねったり、その他ふざけてみたり」したが、それに対して、同座した「親族、代官、武士たち」は声を合わせて大爆笑した。[*35] もちろん彼らは、紅毛人といえども女好きに変りはないという、いわば人性の普遍性を見せつけられたことがおかしくて笑ったのだろうが、何といってもハイネが無邪気に楽しむ様子が嬉しかったのであろう。これは大らかでのびやかな笑いである。いうまでもなかろうが、娘たちは人身御供にあがったのではない。彼女らもまたこの異人の反応を楽しんだのである。

●村の美人（ワーグマン画／Alcock, The Capital of The Tycoon）

ブラックのいう「むきだしだが不快ではない好奇心」についても、その例は枚挙にいとまがないほどだ。明治七（一八七四）年、金星観測の国際共同事業のために来日したメキシコの天文学者ディアス・コバルビアス（Francisco Diaz Covarrubias 一八三三～八九）は、横浜の商店で出会った娘に服や手袋、それに刀、時計を調べられ、しまいには髭までさわられた。それでも彼は、「仕事柄外国人との接触の多い女性は、知性の面では洗練されていないが、しおらしくて子供のように無邪気である」と書いているのだ。[*36]
もちろん日本人の好奇心は、このような無邪気と言ってすむ例ばかりではなかった。バードは東北旅行中、物見高い群衆になやまされつづけた。会津高田では群衆が宿屋をとりまき、ある者は隣家の屋根にのぼり、子どもたちは塀にのぼってそれをおし倒した。坂下《ばんげ》では二千人をくだらぬ者が、バードの出発を見ようと集まっていた。彼女が望遠鏡をとり出すと大潰走が始まった。大人は子どもをおし倒して逃げる。銃とまちがえたのである。秋田県湯沢では、見物人がのぼった隣家の屋根が落ちた。神宮寺の宿屋に泊ると、夜なか人の気配で目がさめた。約四十人の男女が部屋の障子をとり去って、バードの寝姿に黙って見入っていたのである。彼女はこのあと北海道に渡り、そこで接したアイヌについて、日本人と違ってけっして好奇心をあらわにしないと書いている。日本人の好奇心は場合によって、はしたなさ、厚かましさ、無神経の域に達することがあった。だがバードは、この物見高い群衆が彼女に失礼な真似をすることなどけっしてないのに気づいていた。彼らは押し合いへし合いをすることもなかった。
アンベールは「江戸庶民の特徴」として、「社交好きな本能、上機嫌な素質、当意即妙の才」をあげ、さらには「日本人の働く階級の人たちの著しい特徴」として、「陽気なこと、気質がさっぱりとして物に拘泥しないこと、子供のようにいかにも天真爛漫であること」と数えあげる。[*37]
実際、彼らはある意味で、子どものような人びとだった。狐拳を初めとして、外国人の好奇のまなざしにとらえられた大人の遊戯は、その無邪気さにおいて、ほとんどばかばかしいほどのものである。アンベールは書いている。「日本の庶民階級の人々は、まるで子供のように、物語を聞いたり歌を唄うのを聞いたりすることが非常に好きである。職人の仕事や商品の運送などが終るころ、仕事場の付近や四辻などで、職業的な辻講釈師の前に、大勢の男女が半円をつくっているのを毎日のように見かける」[*38]。

日本人が子どもを大切にし、そのため日本がまさに「子どもの天国」の観を呈していることについては、観察者の数々の言及がある。だが実は、日本人自体が欧米人から見れば大きな子どもだったのである。若者たちが、いや若者どころかいい大人たちが、小さな子どもたちに交って、凧をあげたり独楽を廻したり羽根をついたりするのは、彼らの眼にはまことに異様な光景に映った。

一八七〇年から七四年まで、福井藩校や東京の大学南校で教師をしたグリフィス（William Elliot Griffis 一八四三～一九二八）にとって、「成人して強壮な身体の日本人が、西洋人なら、女の子はエプロンをつけ男の子は巻き毛を刈る歳になると、見向きもしないような娯楽に夢中になっている」のはおどろきだった。「この二世紀半の間、この国の主な仕事は遊びだったといってよい」と彼は言う。「日本人のように遊び好きといってよいような国民の間では、子供特有の娯楽と大人になってからの娯楽の間に、境界線を引くのは必ずしも容易ではない」[*39]。もともと牧師志望で、帰国後わざわざ神学校に学んで牧師となったグリフィスは、こういう日本人の子どもっぽい遊び好きに好意的だったわけではない。だが、海軍将校・商人・ジャーナリストという多彩な経歴をもつブラックの眼には、羽根をついて顔に墨を塗り合っている日本の大人たちは、まことに愛すべきものに映った。「そこには、ただ喜びと陽気があるばかり。笑いはいつも人を魅惑するが、こんな場合の日本人の笑いは、ほかのどこで聞かれる笑い声よりも、いいものだ。彼らは非常に情愛深く親切な性質で、そういった善良な人達は、自分ら同様、他人が遊びを楽しむのを見てもうれしがる」[*40]。

『日本その日その日』の著者モースの言葉は、日本人の子どもらしい無邪気についての、さながら総括である。

「私はこれらの優しい人々を見れば見る程、大きくなり過ぎた、気のいい、親切な、よく笑う子供達のことを思い出す。ある点で日本人は、あたかもわが国の子供が子供じみているように、子供らしい。ある種の類似点は、まことにおどろくばかりである。重い物を持ち上げたり、その他何にせよ力のいる仕事をする時、彼らはウンウンいい、そしていかにも『どうだい、大したことをしているだろう!』というような調子の、大きな音をさせる」[*41]。明治年間、東大で哲学を講じたケーベル(Raphael von Koeber 一八四八〜一九二三)にとっても、日本人の最大の魅力はその「ナイーヴなそして子供らしい性質」[*42]だった。彼が「日本はいよいよますます、その清新な本原的なところと、子供らしさと、一種愛すべき『野生』——その残余は私の渡来当時にはまだ認めることができた、そしてそれは私にとってきわめて好ましい性質であったが——とを失いつつある」[*43]と書いたのは、一九一八(大正七)年のことである。

ヒューブナーが「日本の民衆はみんな善良で愛想がよく好意的だということ」を、「衆日の一致する点」としてあげ[*44]、パーマーが「日本の民衆ほど善良な人が他に見出し難いことは否定できないのではなかろうか[*45]」と問いかけるのも、以上のような事例に徴すれば、過褒でも幻覚でもなく、たしかな根拠にもとづいた判断とみなすべきだろう。そして当時の人びとがこのように善良かつ快活だったとすれば、それはヒューブナーのいうもうひとつの衆目の一致点、すなわち日本人は幸福で満足しているという事実と深い関係があると考えるのが自然だ。

むろんそれは当時の日本が地上の楽園だったということではない。欧米人の見聞記に日本をパラダイスと形容するものが多いことをもって、彼らの幻想の証拠とするような言説は、当時の文献の実態をよく知らないのではなかろうか。文献を調べると、日本をパラダイスとして無条件に讃美している例は意外に乏しい。楽園という言葉《ターム》はむしろ否定的な関連において、彼らの著作の中に現われる。たとえば「外国人が来る以前の日本は天国だった、とよく考えられている。実際には他の国同様、天国ではなかった[*46]」というように。一八六〇（万延元）年に来日した英国のプラントハンター、フォーチュン（Robert Fortune 一八一三～八〇）は言う。「放蕩と酒への耽溺の光景はありふれている。殺人でさえ稀ではない。こういった事柄に、ヴェールをかけたい人もいるだろう。だが、ある人々が日本について抱いている印象、すなわち日本はまさにエデンの園であり、その住民は堕落以前のアダムとイヴのように道徳的だという印象をただすためには、真実が語られねばならない[*47]」。

オールコックはオリファントの書いた訪日記に大いに批判的だった。彼によると、エルギン卿一行は「ただたんに紙の上で一定の特権を強要しさえすればよかった」のである。幕府の役人は

●オールコック

「条約の字面は受けいれるが、その精神には絶対に抵抗する」決心を秘めて、微笑をもって一行を迎え、彼らのゆく道々に花を振りまいた。しかし、現実に首都に駐在する外交官（すなわち彼オールコック自身）は、紙の上の譲歩を「実際的日常的な現実たらしめ」ねばならず、そのために「盃に毒が盛られ、ゆく道々には茨が繁り、あえて公使館外に出ようとすれば」生命を危険にさらさねばならぬのが実状である。すなわち彼は、エルギン卿一行は日本人の表面だけの愛想のよさにだまされて、この国の暗いいやな一面を見落したと言いたかったのである。彼の『大君の都』はその序文にある通り、『エルギン卿遣日録』に対する補足・修正として書かれたのだった。*48

　オールコックは封建的日本の忌憚ない批判者であって、日本があたかも楽園であるかのようなイメージが普及していることにつねに苦々しい思いを抱いていた。「長い間流布されてきたユートピア的な日本観は、日本をよく知るにつれて破壊される」べきものだというのが彼の信念だった。*49彼によれば、日本は遠く離れて見ればこそ楽園で、実際そこに住んでみれば、それを「伏魔殿」として描きたくなるのも「怪しむに当らない」ような国だった。「私としてはその両極端に陥ることはできるだけ避けたい」*50と断わってはいるものの、幕府官僚の「欺瞞」と排外主義的な浪人の脅威に日頃なやまされていた彼が、内心どちらの評価に加担したかったか想像にかたくない。ところがその彼が、これは伊豆地方を訪れたときのことだが、村々のゆたかさと美しさに感動するあまり、「エデンの園」なる形容をうっかり用いてしまっているのだ。[*51]
あらためて断わるまでもないかもしれないが、私は古き日本が「楽園」と評するに足る実質を備えていたかどうか、結局それは異邦人の垣間見の幻影ではなかったのかといった問題には何の関心もない。それが実質の裏づけを欠いた幻影であったとしても、私はそれで結構なのだ。私にとって第一義的に意味のある問題は、なぜ彼らの眼に日本が楽園と映ってしまったのかということだ。その理由がひとつには彼らの眼の構造に求められねばならぬのは当然のことだ。だがそれよりも重要なのは、当時の日本がある異形のもの、「楽園」と呼ぶのが妥当であるかどうかは別として、そんなふうにでも呼ばずにはいられない文化的なショックとして、欧米人の眼に現象したという事実のほうなのだ。なぜなら、そのような異質感をもたらした彼我の落差のうちに、彼ら欧米人がすでに突入し、われわれ日本人がやがて参入せねばならなかった近代、つまり工業化社会の人類史に対してはらむ独特な意味が、ゆくりなくも露出し浮上してくるからである。
日本人の顔に浮かぶ満足した幸せな表情――それこそ善良かつ明朗な民衆の性質とあいまって、実際には日本が地上の楽園であるはずがないと知りながら、そうとでも呼んでみるしかない衝動を観察者のなかに生み出した要因といってよかろう。しかし人びとの表情や振舞いは、それに照応する現実に支えられていなければならない。外国人観察者は、見誤りようのない人びとの幸福感と、これも眼があいている限り映らざるをえない現実の関係を、どう解釈し得心しようとしたのだろうか。私たちはすでに滅びた、いや私たち自身が滅ぼしたひとつの文明を、彼らの眼を借りて復元してゆくことになる。むろんあらゆる記録にはそれを残したものの眼鏡がかかっている。

だがそれはこの時期の外国人の著述に限られた話ではない。歴史家が利用する文書・文献・記録・証言はすべて一定の制度的思考の産物である。それを利用する際に一定のバイアスを考慮するのは、歴史叙述にたずさわるものにとってほとんど初歩的なわきまえであるだろう。

さいわいなことに、欧米人の記録者には、興味本位のツーリストではなく、果すべき課題を担って来日したものが多かった。またツーリストの場合でも、鋭い観察眼と高い知性の持主が多かった。彼らはたしかに日本をある点で讃美したが、それによって批判の眼がくもることはなかった。チェンバレンはその著書を古き日本の墓碑銘と呼んだあとで、それは「亡くなった人の多くの非凡な美徳のみならず、また彼の弱点をも記録するもの」[*52]だと言っている。また、日本について十数冊の著書をあらわして日米の架け橋となったグリフィスは、E・R・ビューチャンプによると、一九〇八（明治四十一）年日本政府から勲四等の旭日章を贈られたとき、高平駐米大使に手紙を書き、「よろこびだけでなくおどろき」を表明した。グリフィスは書いている。「というのは私は日本と日本人を批判するのをやめたことはけっしてないからです。……私はこれまで日本人にへつらったことはありませんし、単なる身びいきで彼らを擁護したこともありません。西洋に対する東洋の通訳たらんとする努力において、私は科学の学徒の精神で進んでまいりましたし、私の意図は、民族的であれ宗教的であれ社会的であれ、偏見と無知と固執の壁を打ち破り、恐怖も偏愛もなしに真実を述べることにありました。だからこそ私は、自分の国と国民に対してと同様に、あらゆる日本の事物を自由かつ忌憚なく批評してきたのです」[*53]。われわれはこのような批判者をえたことに感謝してしかるべきである。

しかし、共感は批判におとらず理解の最良の方法である。モースは自他ともに認める日本びいきで、チェンバレンに次のようにからかわれた。「ただ一つの欠点は、著者があらゆる物を、バラ色の眼鏡を通して眺めるという、はっきり定まった意図をもっていることである。だから、著者から教えてもらおうとする人たちは、いわば裁判官の言うことを聞くというよりも、むしろ特別弁護人に耳を傾けているのだという感じを受けるのである[*54]」。チェンバレンがこう書いたとき、モースの『日本その日その日』はまだ刊行されておらず、彼の念頭にあったのはモースが一八八六年に出した『日本人の家とその周辺』だった。彼が『日本その日その日』を読んでいたら、いっそう自分の判断に自信をもったにちがいない。だが種明かしすると、チェンバレンは「バラ色の眼鏡」という評言をモース自身の言葉から採ったのである。モースは著書の序言でこう書いている。

●来日当時のモース

「他国民を研究するにあたっては、もし可能ならば無色のレンズをとおして観察するようにしなくてはならない。とはいっても、この点での誤謬が避けられないものであるとするならば、せめて、眼鏡の色はばらいろでありたい。そのほうが、偏見の煤のこびりついた眼鏡よりはましであろう。民族学《エスノロジー》の研究者は、もし公正中立の立場を取りえないというならば、当面おのれがその風俗および習慣を研究しようとしている国民に対して、好意的かつ肯定的な立場をとり過ぎているという誤謬を犯すほうが、研究戦略《ポリシー》のうえからも、ずっと有利なのである」[*55]。つまりモースははっきりした方法的自覚を持っていた。「わたしはたぶん、ばら色の眼鏡をとおして事物を見るという誤謬を犯しているのかもしれないが、かりにそうだったとしても、釈明したいことは何ひとつない」とさえ、彼は言い切っている。彼には「このような調査をおこなうには、対象に対する共感の精神を持たなければならない。そうしなければ、見落としとか誤解とかが多くなる」[*56]という信念があった。これはむしろ今日の文化人類学の方法論に近い。われわれはこのような共感者に対しても、おなじく感謝を捧げねばならない。

注

＊1――オールコック前掲書『上巻』二〇四ページ
＊2――ペリー『日本遠征日記』（雄松堂出版・一九八五年）四一九ページ。原著は Pineau, Roger, ed. The Japan Expedition 1852-1854. The Personal Journal of Commodore Mattew C. Perry, Washington, 1968
＊3――Osborn, ibid., p. 112
＊4――Tilley, Japan, The Amoor, and The Pacific, London, 1861, p. 112
＊5――Smith, Ten Weeks in Japan, London, 1861, p. 84
＊6――Smith, ibid., p. 122
＊7――『オイレンブルク日本遠征記・上巻』（雄松堂出版・一九六九年）三四四ページ。原著はこの遠征の公式報告として一八六四年、ベルリンで出版された。なおオイレンブルク使節団員の日本見聞記はこの

ほかオイレンブルク自身によるもの、シュピース、ヴェルナー、ブラントのそれが邦訳されている。
＊8――ヒューブナー『オーストリア外交官の明治維新』（新人物往来社・一九八八年）二三九ページ。原書は Promenade autourdu Monde, 2 vols, 1877
＊9――パーマー『黎明期の日本からの手紙』（筑摩書房・一九八二年）一三ページ。パーマーは『タイムズ』紙の通信員であって、彼のよせた通信は一八九四年『ジャパン・メイル』社から Letters from the Land of Rising Sun の表題で出版された。本書はその全訳。
＊10――Bird, Unbeaten Tracks in Japan, 2 vols., New York, 1880, vol. 1, p. 397　バードのこの本は八五年刊の縮刷版の邦訳が『日本奥地紀行』の表題で一九七三年、平凡社東洋文庫に収められている。しかしこの縮刷版は関西旅行の部分が省略されているだけでなく、東北・北海道の部分も随所に省略がほどこされ、かつ Japanese public affairs と題する重要な最終章も収録されていない。本書の引用はすべて二巻本による。
＊11――Osborn, ibid., p. 150
＊12――ボーヴォワル前掲書三〇ページ
＊13――リンダウ『スイス領事の見た幕末日本』（新人物往来社・一九八六年）二一一ページ。原著は Un voyage autour du Japon, 1864
＊14――『オイレンブルク日本遠征記・上巻』一〇三ページ。『オイレンブルク日本遠征記』は、以下『ベルク前掲書』として引用。この使節団公式報告書の著者は不明だが、四巻のうち、少くとも第二巻の筆者は団員ベルク（画家）と考えられている。
＊15――Dixon, The Land of the Morning, Edinburgh, 1882, pp. 194～5　なおディクソンは、こういう日本人の感じのよさが、日本人の国民性に対する不適切な高い評価に外国人を導き、そののちの幻滅の原因

になると注意している。
＊16――メーチニコフ『回想の明治維新』（岩波文庫・一九八七年）一二六ページ。原著は『日本における二年間の勤務の思い出』。一八八三～八四年、『ロシア報知』に連載。
＊17――クライトナー『東洋紀行1』（平凡社東洋文庫・一九九二年）二一四ページ。原著は一八八一年ウィーン刊。
＊18――クライトナー前掲書二二九ページ
＊19――ボーヴォワル前掲書一三九ページ
＊20――リンダウ前掲書三三～四ページ。ちなみに、当時の日本人がボタンを珍重したことは様ざまな記録に残っている。たとえばペリー艦隊に同行した画家ハイネは、下田でまるまる一匹の狐を自分の制服のボタンと交換したほどである。
＊21――ベルク前掲書・上巻一五三ページ
＊22――アンベール『幕末日本図絵・上巻』（雄松堂出版・一九六九年）七〇ページ。原著は Le Japon Illustré, Paris, 1870
＊23――Bird, ibid., vol. 1, p. 185
＊24――Bird, ibid., vol. 1, pp. 254～5
＊25――Bird, ibid., vol. 1, p. 259
＊26――Bird, ibid., vol. 1, p. 353
＊27――Bird, ibid., vol. 1, p. 185
＊28――Bird, ibid., vol. 1, p. 101
＊29――Bird, ibid., vol. 2, p. 267　邦訳本では省略。

＊30――Bird, ibid., vol. 2, p. 290　邦訳本では省略。最後のセンテンスは難文だが、マタイ伝第十八章をふまえたものと解してこう訳した。
＊31――Bird, ibid., vol. 1, p. 184
＊32――ブスケ『日本見聞記1』（みすず書房・一九七七年）六四ページ。原著は Le Japon de nos jours, 1877
＊33――ブスケ前掲書『1』二五一ページ
＊34――ブラック前掲書『1』一二九ページ
＊35――ハイネ『世界周航日本への旅』（雄松堂出版・一九八三年）一四〇～一ページ。原著は Reise um die Erde nach Japan, Leipzig, 1856　訳書は抄訳。
＊36――ディアス・コバルビアス『日本旅行記』（雄松堂出版・一九八三年）一九八ページ。原著は一八七六年、メキシコ刊。
＊37――アンベール前掲書『下巻』八四ページ
＊38――アンベール前掲書『下巻』三五ページ
＊39――グリフィス『明治日本体験記』（平凡社東洋文庫・一九八四年）一五二～三ページ。原著は The Mikado's Empire, New York, 1876　訳本は第二部のみの翻訳。
＊40――ブラック前掲書『1』二六四ページ
＊41――モース『日本その日その日1』（平凡社東洋文庫・一九七〇年）二〇二ページ。原著は Japan Day by Day, Boston, 1917　以後の引用はモース『その日』と表記。
＊42――『ケーベル博士随筆集』（岩波文庫・一九五七年）八一ページ
＊43――ケーベル前掲書七八～九ページ

*44――ヒューブナー前掲書二七ページ
*45――パーマー前掲書一五〇ページ
*46――ブラック前掲書『1』一三一ページ
*47――Fortune, Yedo and Peking, A Journey to The Capitals of Japan and China, London, 1863, p. 38　邦訳書は『江戸と北京』（廣川書店・一九六九年）。引用は原著による。
*48――オールコック前掲書『上巻』三六～七ページ。ただしオリファントは幕府官僚の愛想のよさが「仮面」であると考えていた。「江戸でわれわれを迎えた友好の情も、その一部は、彼らが切迫していると考え、それに立ち向いたくなかった危険を避けるために、いくらか浅薄な外交術が彼らによそわせた仮面だった」（オリファント前掲書二二七ページ）。
*49――オールコック前掲書『上巻』一三九ページ
*50――オールコック前掲書『下巻』一五六ページ
*51――オールコック前掲書『中巻』二〇七ページ
*52――チェンバレン前掲書『1』一四ページ
*53――Edward R. Beauchamp, An American Teacher in Early Meiji Japan, Hawaii, 1976, p. 140
*54――チェンバレン前掲書『1』七四ページ
*55――モース『日本人の住まい』（八坂書房・一九九一年）八ページ。原著は Japanese Homes and Their Surroundings, 1886　以後の引用はモース『住まい』と表記。
*56――同前九ページ

第三章　簡素とゆたかさ

日本が地上の楽園などであるはずがなく、にもかかわらず人びとに幸福と満足の感情があらわれていたとすれば、その根拠はどこに求められるのだろうか。当時の欧米人の著述のうちで私たちが最も驚かされるのは、民衆の生活のゆたかさについての証言である。そのゆたかさとはまさに最も基本的な衣食住に関するゆたかさであって、幕藩体制下の民衆生活について、悲惨きわまりないイメージを長年叩きこまれて来た私たちは、両者間に存するあまりの落差にしばし茫然たらざるをえない。

一八五六（安政三）年八月日本に着任したばかりのハリスは、下田近郊の柿崎を訪れ次のような印象を持った。

「柿崎は小さくて貧寒な漁村であるが、住民の身なりはさっぱりしていて、態度は丁寧である。世界のあらゆる国で貧乏にいつも付き物になっている不潔さというものが、少しも見られない。彼らの家屋は必要なだけの清潔さを保っている」[*1]。むろんハリスはこの村がゆたかだと言っているのではない。それは貧しい、にもかかわらず不潔ではないと言っているだけだ。

しかし彼の観察は日を追うて深まる。次にあげるのは十月二十三日の日記の一節である。「五マイルばかり散歩をした。ここの田園は大変美しい――いくつかの険しい火山堆があるが、できるかぎりの場所が全部段畑になっていて、肥沃地と同様に開墾されている。これらの段畑中の或るものをつくるために、除岩作業に用いられた労働はけだし驚くべきものがある」。十月二十七日には十マイル歩き、「日本人の忍耐強い勤労」とその成果に対して、新たな讃嘆をおぼえた。翌二十八日には須崎村を訪れて次のように記す。「神社や人家や菜園を上に構えている多数の石

●嘉永 6 （1853）年の下田港（『ペルリ提督日本遠征記』岩波文庫）

段から判断するに、ひじょうに古い土地柄である。これに用いられた労働の総量は実に大きい。しかもそれは全部、五百か六百の人口しかない村でなされたのである」。ハリスが認知したのは、幾世代にもわたる営々たる労働の成果を、現前する風景として沈澱させ集積せしめたひとつの文化の持続である。むろんその持続を可能ならしめたのは、このときおよそ二百三十年を経ていたいわゆる幕藩体制にほかならない。

　彼は下田の地に、有名な『日本誌』の著者ケンペル（Engelbert Kämpfer 一六五一～一七一六）が記述しているような花園が見当たらぬことに気づいていた。そしてその理由を、「この土地は貧困で、住民はいずれも豊かでなく、ただ生活するだけで精一杯で、装飾的なものに目をむける余裕がないからだ」と考えていた。ところがこの記述のあとに、彼は瞠目に値する数行をつけ加えずにおれなかったのである。「それでも人々は楽しく暮らしており、食べたいだけは食べ、着物にも困ってはいない。それに家屋は清潔で、日当りもよくて気持がよい。世界のいかなる地方においても、労働者の社会で下田におけるよりもよい生活を送っているところはあるまい」。これは一八五六年十一月の記述であるが、翌五七年六月、下田の南西方面に足を踏みこんだときにも、彼はこう書いている。「私はこれまで、容貌に窮乏をあらわしている人間を一人も見ていない。子供たちの顔はみな満月のように丸々と肥えているし、男女ともすこぶる肉づきがよい。彼らが十分に食べていないと想像することはいささかもできない」。

ハリスはこのような記述を通して何を言おうとしたのか。下田周辺の住民は、社会階層として富裕な層に属しておらず、概して貧しいということがまず第一である。しかしこの貧民は、貧に付き物の悲惨な兆候をいささかも示しておらず、衣食住の点で世界の同階層と比較すれば、最も満足すべき状態にある――これがハリスの陳述の第二の、そして瞠目すべき要点だった。ちなみに、ハリスは貿易商としてインド、東南アジア、中国を六年にわたって経めぐって来た人である。

プロシャ商人リュードルフはハリスより一年早く下田へ来航したのであるが、近郊の田園について次のように述べている。「郊外の豊穣さはあらゆる描写を超越している。山の上まで美事な稲田があり、海の際までことごとく耕作されている。恐らく日本は天恵を受けた国、地上のパラダイスであろう。人間がほしいというものが何でも、この幸せな国に集まっている」[*2]。彼は下田に半年しか滞在しなかったのだから、美事な稲田の耕作者たちが領主階級の収奪を受けていないかどうかという点にまで、観察を行き届かせたわけではない。だが彼の記述はハリスのそれの信憑性に対する有力な傍証であるだろう。もし住民が悲惨な状態を呈しているのなら、地上のパラダイスなどという形容が口をついて出るはずがない。

おなじ安政年間の長崎については、カッテンディーケの証言がある。彼の長崎滞在は安政四年から六年にわたっており、その間、鹿児島、対馬、平戸、下関、福岡の各地を訪れている。彼はいう。「この国が幸福であることは、一般に見受けられる繁栄が何よりの証拠である。百姓も日傭い労働者も、皆十分な衣服を纏い、下層民の食物とても、少なくとも長崎では申し分のないものを摂っている[*3]」。この観察もハリスの陳述をほぼ裏書きするものといってよかろう。すなわちここでも、日本の民衆は衣と食の二点で十分みたされているものと見なされているのだ。しかしこの言明の中で「百姓も」といわれているのは実は問題があるところだ。なぜなら別な箇所で彼はこう書いているからである。「農民は重税を忍ばされている。だから彼らの生活はまことに惨めである。もしそうでないとすれば、日本の農民のごとく勤勉で節倹な百姓が、しかも豊穣な恵まれた国土で働きながら、なぜ貧乏しているのか、その理由が発見できないであろう[*4]」。この記述の揺れには、あるいはオールコックにおいて見るように、天領と大名領の違いが関わっているのかも知れない。だがともかく一般論としては、彼が「民衆はこの制度の下で大いに栄え、すこぶる幸福に暮しているようだ[*5]」と推定しているのは確実である。

オールコックは一八五九（安政六）年日本に着任したが、神奈川近郊の農村で「破損している小屋や農家」をほとんど見受けなかった。これは彼の前任地、すなわち「あらゆる物が朽ちつつある中国」とくらべて、快い対照であるように感じられた。男女は秋ともなれば「十分かつ心地よげに」衣類を着ていた。「住民のあいだには、ぜいたくにふけるとか富を誇示するような余裕はほとんどないにしても、飢餓や窮乏の徴候は見うけられない」というのが、彼の当座の判定だった。[*6] これはほとんどハリスとおなじ性質の観察といってよい。

しかし一八六〇（万延元）年九月、富士登山の折に日本の農村地帯をくわしく実見するに及んで、オールコックの観察はほとんど感嘆に変った。小田原から箱根に至る道路は「他に比類のないほど美しく」、両側の田畑は稔りで輝いていた。「いかなる国にとっても繁栄の物質的な要素の面での望ましい目録に記入されている」ような、「肥沃な土壌とよい気候と勤勉な国民」がここに在った。[*7] 登山の帰路は伊豆地方を通った。肥沃な土地、多種多様な農作物、松林に覆われた山々、小さな居心地のよさそうな村落。韮山の代官江川太郎左衛門の邸宅を通り過ぎたとき、彼は「自分自身の所在地や借家人とともに生活を営むのが好きな、イングランドの富裕な地主とおなじような生活がここにあると思った」。[*8] 波打つ稲田、煙草や綿の畑、カレーで味つけするとともうまいナスビ、ハスのような葉の水分の多いサトイモ、そしてサツマイモ。「立派な赤い実をつけた柿の木や金色の実をつけた柑橘類の木が村々の周囲に群をなしてはえている」。百フィート（約三十メートル）以上の立派な杉林に囲まれた小さな村。一本の杉の周囲を計ると十六フィート三インチ（約五メートル）あった。山峡をつらぬく堤防は桃色のアジサイで輝き、高度が増すにつれて優雅なイトシャジンの花畑がひろがる。山岳地帯のただ中で「突如として百軒ばかりの閑静な美しい村」に出会う。オールコックは書く。「封建領主の圧制的な支配や全労働者階級が苦労し呻吟させられている抑圧についてはかねてから多くのことを聞いている。だが、これらのよく耕作された谷間を横切って、非常なゆたかさのなかで所帯を営んでいる幸福で満ち足りた暮らし向きのよさそうな住民を見ていると、これが圧制に苦しみ、苛酷な税金をとり立てられて窮乏している土地だとはとても信じがたい。むしろ反対に、ヨーロッパにはこんなに幸福で暮らし向きのよい農民はいないし、またこれほど温和で贈り物の豊富な風土はどこにもないという印象を抱かざるをえなかった」[*9]。

熱海に彼はしばらく滞在した。「これほど原始的で容易に満足する住民」は初めて見たと彼は思った。農漁業を営む千四百の住民中、一生のうちによその土地へ行ったことのある者は二十人といないのではないか。彼はかつてスペインのブルゴスの街から二十マイル（約三十二キロメートル）ほど離れた村で、頭に雪のような白髪をかぶった老人が、まだ一度もブルゴスへは行ったことがないと言うのを聞いたことがあるのを思い出した。鉄道が出現する以前の英国でも、おなじようなことがあったにちがいない。「村民たちは自分たち自身の風習にしたがって、どこから見ても十分に幸福な生活を営んでいる」のだと彼は思った。たとえそれがモグラやカキの幸福であるとしても。オールコックは省察に沈む。だとすると封建制度とは何であろうか。たしかに「そこにおいては封建領主がすべてであって、下層の労働者階級はとるに足らぬものである」。しかし現実に彼の眼に映るのは「平和とゆたかさと外見上の満足」であり、さらには「イギリスの田園にけっして負けないほど、非常に完全かつ慎重に耕されて手入れされている田園と、いたるところにいっそうの風致をそなえている森林」である。ケンペルは二世紀も前に、「彼らの国は専制君主に統治され、諸外国とのすべての通商と交通を禁止されているが、現在のように幸福だったことは一度もなかった」と述べているが、結局彼は正しかったのではないか。この国は「成文化されない法律と無責任な支配者によって奇妙に統治されている」にもかかわらず、「その国民の満足そうな性格と簡素な習慣の面で非常に幸福」なのだ。次の一節はこの問題に関する彼の省察の結語といっていい。「とにかく、公開の弁論も控訴も情状酌量すら認めないで、盗みに対しても殺人に対するのとおなじように確実に人の首をはねてしまうような、荒っぽくてきびしい司法行政を有するこれらの領域の専制的政治組織の原因と結果との関連性がどうあろうとも、他方では、この火山の多い国土からエデンの園をつくり出し、他の世界との交わりを一切断ち切ったまま、独力の国内産業によって、三千万と推定される住民が着々と物質的繁栄を増進させてきている。とすれば、このような結果が可能であるところの住民を、あるいは彼らが従っている制度を、全面的に非難するようなことはおよそ不可能である[*10]」。

オイレンブルク使節団のベルクによると、富士登山から帰ったオールコックは「平野は肥沃で耕され、山にはすばらしい手入れの行き届いた森林があり、杉が驚くほどの高さにまで伸びている。住民は健康で、裕福で、働き者で元気がよく、そして温和である」と上機嫌に語ったという[*11]。思えばこのときが、彼の日本に対する好印象の絶頂であったかも知れない。

オールコックは一八六一（文久元）年春、マイケル・モス事件[*12]の審判のため香港へ赴き、復路は長崎から陸路をとって江戸へ帰った。日英修好通商条約にうたわれた外交代表の自由通行権を実地に行使することによって、実効あるものにしたかったわけである。彼の行程は、オランダ長崎商館長の参府旅行のそれをほぼ踏襲するように設定されていた。九州では大村・肥前・筑前・

豊前などの大名領を通過したのであるが、「土壌がきわめてゆたかで肥えていることと、そこに住む人々が一見貧しく見えることとが、いちじるしい対照をなしている」と彼は感じた。「村は貧しく見え、農民の家（そこには家具が全然ない）はまったく快適さを欠いていた」。にもかかわらず「人びとはみな、雨露をしのぐ屋根ばかりか、食べる米ぐらいは持っているぞといいたげな顔つきをしていた」と彼が書いているのは見のがせない。この地方では「土壌は非常に肥沃で、きわめて安い労働力をふんだんに使って土地を最大限に利用しているが、土地を耕作して生計を立ててゆかねばならぬ人びとには、剰余はほとんど残されていない」というのが彼の結論である。だとすれば、地代は相当に高いにちがいない。そこで彼は、将軍領での貢租は通常四割であるが、大名領のそれは六割、場合によっては八割に及ぶという話を以前聞いたことを思い出したのである。[*13]
しかしオールコックより三年前、安政五年にこの街道を通ったオランダ商館員ポルスブルック（Dirk de Graeff van Polsbroek 一八三三〜一九一六）は、「見事な畑や、良く手入れの行き届いた耕地、……豊かさが感じられるいくつもの村」を目にした。彼はとくに「肥前の国の豊かさと秩序に感銘を受け」たと書いている。[*14]
鉱山技師として幕府から招かれ、一八六二（文久二）年から翌年にかけて北海道の鉱床調査を行ったパンペリー（Raphael Pumpelly 一八三七〜一九二三）は、第二回踏査旅行の際幕領から津軽藩領へ入って、住民の状態の違いに愕然とせざるをえなかった。「わたしは津軽藩領地の住民たちに較べ、幕府直轄地の住民たちの境遇がはるかに豊かであることに衝撃を受けた。われわれが通りかかっている地方では、収入源に対し、不相応な重税が課せられているとのことで、村々は荒廃の様相が窺われ、住民たちには浪費の気配があった。両者の境遇の違いは、地理上の境界線のように画然と引かれていた。原因は自然ではありえない。なぜなら、双方にとって唯一の収入源である海は、両者に差別なく恵みを与えているはずだから」[*15]。

パンペリーは根本的理由を「大君制」に求める。つまり、参勤交替制を初めとする幕府の諸侯に対する窮乏化政策が、このような違いを生んだのだと考える。その当否は、いまはあげつらうまい。また、収奪をゆるやかにして領民の幸福を実質的に保障しえた幕府が慢性の財政難に陥り、領民の収奪を強めて富強化した西南諸藩によって打倒された歴史の皮肉についても、いまは問うまい。私たちはただ、このような幕領と大名領の違いをふまえながら、パンペリーが「日本の幕府は専横的封建主義の最たるものと呼ぶことができる。しかし同時に、かつて他のどんな国民も日本人ほど、封建的専横的な政府の下で幸福に生活し繁栄したところはないだろう」[*16]という、まさにオールコック的な概括を下していることに注目しておこう。

だが、幕府領と大名領との違いについて軽率な一般化には注意が必要なことは、ミットフォードの加賀藩領に関する記述からも知られる。彼は一八六七（慶応三）年、開港の可能性を探るため、公使パークスとともに能登半島の七尾港を訪れたのであるが、その後公使の命によって加賀藩領から越前藩領を通って大阪へ出た。加賀の国の旅について彼は書いている。「行くところはどこでも、金沢での滞在をあれほど楽しくしてくれたのとおなじように、思いがけないほど親切にわれわれを受け入れてくれた。驚きの念を禁じえなかったのは、沿道の村や町が豊かに繁栄していたことだ。人口が二千の松任や、二百五十の小松の町を通ったが、加賀侯の寛容な統治下にあって、日本の他の地方では見られないほど幸せな生活を送っているようにみえた」*17。さすがは百万石のお国振りといいたいところではないか。

香港主教ジョージ・スミスにも、天領と藩領のちがいはあまり意識されなかったようだ。長崎滞在中彼は友人たちとともに、大村湾に面する時津まで遠乗りに出かけた。途中の情景は引用に値する。「いっそう進んでゆくうちに、切り立った山と海の景色から、肥沃な谷々のゆたかで緑濃い景観の連らなりへと変った。谷々は農作物がみち溢れ、ゆるやかな斜面からさして高くない丘の頂きまでひろがる米、麦、ライ麦、アブラナによって覆われていた。杉や樅に似た木が、黄金色に輝く自然のほほえみの中にみごとにはめこまれたエメラルドのように点在していた。椿、バラ、さらにはあらゆる種類の常緑樹が、行く手に花房のように垂れかかり、その多くは舗装のよい広い道の道幅一杯にひろがっている。村人たちがあらゆる方角から現れて、好意のしるしを示すやら、お菓子とかお茶とか水を差出すやらしてわれわれを歓迎した。帰り途では大勢の女子どもが家の外に立っていて、われわれには花を馬にはまぐさを差出すのだった。今日は日曜《ゾンターク》なのかとたずねる者もいるし、金ボタンをせがむ者もいる。路の片側に寄って、あわてて跳びのく女もいる。乗り手ではなく、落着きのない馬をこわがって道を譲るのだ。そしてびっくりした様子で大笑いする」*18。

スミスはこの本の初めの部分で、大名と幕府が連合して農民を搾取する寡頭政治を布いているなどと、戦後日本の左翼史学を先取りしたようなことを書いているのだが、時津への往還で見た住民たちについての彼の陳述はまったくそれを裏切っている。「人びとはどこででも、かなりの物質的な安楽を享受しているようだった。繁栄と満足のしるしがひろく認められた。頑丈な四肢と体格の程よい強健さは、彼らの外見の重要な特徴であって、健康を保ち肉体労働を支えるのに十分な食物が欠けているなどとはとても考えられない」[19]。スミスは立札の立っている番小屋に気づかなかったなら、天領と大村領の境をいつ通りすぎたかわからなかっただろうと言っている。すなわち、彼の見るところでは、大村領の農村地帯と天領に属する村々は暮らしの外観においておよそ変るところがなかったのだ。大村領の村々は「繁栄」していたのである。

スミスはこのあと江戸を訪れるのだが、神奈川周辺でもみごとに繁栄した村々を見た。肥沃な土壌、寸土にいたるまで作付けされた耕地、ゆたかな植生。「農家と茶屋がたがいに間を置いて続き、その外観によって、住民のあいだに満足とつつましいゆたかさがゆきわたっていることを示していた。花々もまたおのれの魅力によって、貧しい人びとの住居を活気づけ、自然の詩趣をあたりにまきちらす」[20]。オールコックもまた神奈川周辺の田園のゆたかな雰囲気に感動したひとりだった。彼は書く。「手入れのゆきとどいた高い生垣や垣根はまだ葉がびっしりとついており、オランダ造園風に刈りこまれ整えられている。何と感嘆すべき植えつけ、刈りこみであることか。英国以外のどんなところでも、こんな生垣にはお目にかかれない。いやブリテン島でだって、こんな多様さは見出せない。ここに低い生垣がある。いや茶の木でできた境といったほうがよかろうか。三フィートほどの高さのしげみが二つ三つ、よく繁っている。ふつうの花がつく椿に似ていないこともない。というのはおなじ種なのだから。さあ、すばいいものの垣根に囲まれたところにやって来た。柘榴の生垣がある。中には背の高いオレンジの木が黄金の実をつけている。そしてさらに奇妙なことに、今日は十一月二十五日というのに、一本の桜が花盛りなのだ。おお幸せな土地よ、楽しき国よ[*21]」。

手入れのゆきとどいた日本の田圃や畑は、フォーチュンには「農園というより庭園に似ている[*22]」と思われた。彼は書いている。「農民は大土地所有者の農奴にすぎず、重税を課され、まったく劣悪な状態に置かれていると私たちは教えられている。私はこのような言明を否定できる立場にあるわけではないが、この国の多くの地方での個人的観察からして、農民とその家族は快適な外見の、よい家に住んでいるし、いい着物を着、十分な食事をとり、幸せで満ち足りた顔つきをしていると断言することができる。だが、長崎や江戸といった将軍直轄都市周辺の地域に住む農民が、封建的貴族や封建諸侯の土地に住む農民よりも、より富裕な階層だというのはたしかにありうることだ[*23]」。

このようなゆたかで美しい農村を支えたものが、発達した農業生産であったのはいうまでもあるまい。スミスは「日本の農業はいまなお非常に未開なやりかたで行われている[*24]」という。だが、それは当時の英国の資本集約的な「実験的農業」を基準にとり、日本の農民が用いている「非常に粗末な造りの農具」に目を惑わされた誤認にすぎない。一八七四（明治七）年から九年間在日した英国の医療伝道師フォールズ（Henry Faulds 一八四三〜一九三〇）が、日本の農民の用いている木の鋤をギリシャ古代に使われていた未開なしろものとみなしたのも[*25]、おなじく皮相な観察だった。この点で正しい観察をくだしたのはカッテンディーケやオールコックである。カッテンディーケは言う。「日本の農業は完璧に近い。その高い段階に達した状態を考慮に置くならば、この国の面積は非常に莫大な人口を収容することができる」[*26]。またオールコックによれば「自分の農地を整然と保つことにかけては、世界中で日本の農民にかなうものはない」[*27]。江戸近郊の農村で彼は「いたるところに熟練した農業労働と富を示す明らかなしるしを見かけ」た[*28]。ハリスも日本人の農業に対して讃嘆の念をおぼえた一人である。彼らをことに瞠目させたのは水田の見事さである。ハリスは言う。「私は今まで、このような立派な稲、またはこの土地のように良質の米を見たことがない」[*29]。一八二七（文政十）年から三〇年まで長崎商館長を勤めたメイラン（Germain Felix Meijlan　一七八五〜一八三二）は言う。「日本人の農業技術はきわめて有効で、おそらく最高の程度にある」[*30]。

徳川期における農業生産の発展について、「勤勉革命」（インダストリアス・レヴォリューション）という特異なタームを用いて明快な説明を行ったのは速水融である[*31]。むろんこれは産業革命との対比を意識した用語であって、速水によると、十八世紀英国の農業革命は経営面積の拡大と大量の家畜および大型農具の導入によって、労働生産性と土地生産力を同時に引き上げるものだった。技術発展は資本集約的方向、すなわち投入される資本／労働比率を高める性格のものであり、それを可能にしたのが可耕地／人口の比率の高さ、すなわち家畜飼養のためのスペースのゆとりだった。それに対して徳川期日本では可耕地／人口比率が低く、家畜飼養のための土地を見出すことが出来ず、むしろ家畜飼養を放棄して、投下労働量を増加させる方向、すなわち労働集約的方向が選択された。「耕耘は、ともかくも家畜の力を利用する旧型の犂をすてて人間の肉体的な力をエネルギー源とする鍬や鋤にかわったし、肥料の多投は除草という作業を増やし、またその購入資金獲得のため農閑期の副業を強いた。土地利用頻度の向上は農民にとって自身や家族の労働投下量の増大をもって実現したのである」。

●鋤き起し（Alcock, 前掲書）

速水は、このような選択は与えられた条件の下ではそれなりに合理的だったと主張する。なぜなら一人当りの生産量はたしかに増大しているからである。彼はこのような発展の方向には、問題もまた含まれることを認めている。だが、幕末から明治初期にかけて観察者がひとしく認めた、前工業化段階としては最高の経済的・物質的繁栄は、まさしくこの「勤勉革命」の成果だったといえるだろう。平地から段丘に至るまで作物で覆われた景観、整備された灌漑施設と入念な施肥、土地の深耕と除草――それはいずれも観察者がすぐに気づいた徳川期農村の特徴だった。しかも彼らは、家畜の姿があまり見られないことも一様に記述しているのだ。ツュンベリ（Carl

Peter Thunberg 一七四三〜一八二八）は安永年間（一七七〇年代）にオランダ長崎商館に勤務したスウェーデンの医師であるが、江戸参府の旅に出るとき、リンネの教えを受けた植物学者として、日本の未知の植物に出会えるたのしみを心に抱いていた。しかし期待はみごとに裏切られた。彼は「耕地に一本の雑草すら見つけることができなかった」。「最も炯眼な植物学者ですら、よく耕作された畑に未知の草類を見出せないほどに、農夫がすべての雑草を入念に摘みとっているのである」[*32]。

人びとの生活状態はむろん地域によって甚だしい差があった。モースが書いている。「村落そのものの眺めは、まことに多種多様である。ある村は家々の前に奇麗な花壇をしつらえており、風趣と愉楽の気分に溢れ、ことのほかさっぱりして美しい感じをたたえている。いっぽう、ある村は貧しさの証拠をむきだしにしており、不潔な様子をした子供たちがわいわい群がっている。ごみごみした家並がつづく。事実問題として、日本の国を陸上旅行してあちこち過ぎてゆくと、さまざまの村落相互間に、貧富両極端の対照が如実に見られるのである」[*33]。

ペリー艦隊に中国語通訳として同行したウィリアムズ（Samuel Wells Williams 一八一二〜八四）は、第二回来航時、まだ小村落であった横浜に上陸し、住民の「衣服やみじめな住居」を見て、「彼らが苦しい生活水準にあるのは歴然としていた」と日記に書きつけている[*34]。しかし、ウィリアムズの場合はほんのゆきずりの印象であるばかりか、彼の念頭にあったのは、沖縄訪問の際に見た、珊瑚岩のがっしりした塀をめぐらした那覇の美しい家並みであった。それなのに、この横浜という名の小村の見すぼらしい家々は、梁と横木の骨組と、泥土と藁とで出来ているのだ。その上道端では、下肥や堆肥の詰った大桶が「不快な匂いを漂わせている」。つまり彼は、海辺の寒村と一国の主要都府という、比較すべからざるものを比較しているのだ。しかも「男たちは血色がよく、栄養も十分と思われた」と彼は書く。「苦しい生活水準」という断言はどこへ行ったのか。

ウィリアムズの記述はとるに足らぬにしても、当時の日本民衆の生活水準について考察するに当っては、地域による差異や集落の性格による違いなど、多様な要因を考慮に入れる必要があるのは当然である。たとえば、当時の漁村というものは概して見すぼらしいものであったらしい。オールコックは長崎からの帰路、兵庫近くの海岸に上陸してみたが、「われわれの目にしたわずかばかりの漁村ほど貧しく哀れな様子をしているものはまずなかろう」と記している。

さらにまた、どこの国にも貧しい僻地というものはある。イザベラ・バードは東北縦断の旅に際して、日光から北上して福島県の山地へ入ったのであるが、山間の小村はみな貧しく不潔なたたずまいだった。「私は日光出発以来見て来た明白な貧しさ、真のきたなさと辛苦に対して、心の用意がまったく出来ていなかった[*35]」と彼女は書いている。しかし同時に、彼女は次のように認めざるをえなかった。「私たちにとって、悲惨な種類の貧困とは通常、怠惰と酒びたりとに結びついている。しかし農民の間では、前者は知られていないし、後者は稀れである。彼らの勤勉には限りがないし、安息日もなく、仕事がない時に休日をとるだけだ。彼らの鋤による農作業はその地方を一個の美しく整えられた庭園に変え、そこでは一本の雑草も見つからない。彼らはたいそう倹約家だし、あらゆるものを利用して役立たせる。土地にたっぷり施肥するし、作物の輪作も知っており、進歩した農業技術から学ぶべきことがあるとしても、それはほんの少しである」。従って彼女は、この村々が貧しく見えるのは、人びとが快適な暮らしというものを知らず、清潔ということに無関心だからだという結論に達した。

だが彼女が福島と新潟の県境近くで見たある山村は、悲惨な貧を現わしていた。「休息できるほど清潔な家はなかったので、私は石の上に腰かけて一時間以上このあたりの人びとのことを考えた。白くも頭や疥癬やただれ目の子どもたちが溢れていた。女はみんな赤児を背負い、背負えば自分がよろめくような子どもも、みんな赤児を背負っていた。女たちは木綿のズボンしか身につけていなかった。一人の女がひどく酔ってふらふらと歩いていた」[*36]。通訳の伊藤は、「あなたにこんなものを見られて、私は恥かしい」と頭を抱えたと彼女は書いている。

ところが米沢平野に入るや、彼女はうって変って「美と勤勉と安楽にみちた、うっとりするような地域」を見出したのだった。「米沢平野は南に繁栄する米沢の町、北には人で賑わう赤湯温泉をひかえて、まったくのエデンの園だ。〝鋤のかわりに鉛筆でかきならされた〟ようで、米、綿、トウモロコシ、煙草、麻、藍、豆類、茄子、くるみ、瓜、胡瓜、柿、杏、柘榴が豊富に栽培されている。繁栄し自信に満ち、田畑のすべてがそれを耕作する人びとに属する稔り多きほほえみの地、アジアのアルカディアなのだ。人びとは蔓草やいちじくや柘榴のかげで、抑圧を免れて暮している。アジア的専制のもとでは注目すべき壮観だ。……いたるところに繁栄した美しい村々がある。彫刻のある梁とどっしりした瓦屋根を備えた大きな家が、柿や柘榴にかくれてそれぞれの敷地に建っており、格子棚にはわせた蔓草の下には花園がある。そしてプライヴァシーは、丈の高いよく刈りこまれた柘榴や杉の遮蔽物によって保たれている」[37]。

ひとつの国の中には、さまざまなレベルのゆたかさや貧しさが同居していた。司馬江漢（一七四七～一八一八）は一七八八（天明八）年、長崎へ向って江戸を旅立ったが、翌天明九年にわたるその旅の記録『西遊日記』の一節は、繁栄に沸きたつ大江戸から程遠からぬ遠江国の山中の、いとも貧しくいとも素朴な住民たちについて、まことに興味深い情報を提供してくれている。それは江漢が秋葉神社参詣の途中、山中の川のほとりで弁当をつかったときの出来ごとである。傍らに老婆がひとり居て、「あなたはどちらの国のお方でござるか」と問いかけてきた。「吾等は江戸の者」と答えると、老婆の語るよう、「それはそれは御果報なることとかな。お江戸とはよい処と承ります。ここはまあお聞きなされまし。米とては一粒もなし、ヒエ麦に芋の食にいたします。その上塩が払底、味噌なども得がたく、生魚とては見たる者は一人もござらぬ。昼は猿の番をいたし、夜は猪《しし》を追います。ご覧の通り、畑のめぐりに囲いをいたします。猿はその囲いを飛越して、麦やヒエを荒らします」。四つ五つの小童が老婆の傍にいたので、喰い残しの握り飯を与えると、饅頭でももらったようなよろこびようだった[38]。

おなじ山中で江漢は人足の一行と出会った。「江戸と申す処はどのような処か」と問うので、荷の中に入れていた覗き眼鏡で、両国橋と江戸橋の図を見せてやった。絵師ではあったが、洋画への関心を通じてひとかどの蘭学者でもあった江漢は、自作の覗き眼鏡でこれも自作の銅版江戸風景を見せることで、旅中小遣いを稼いでいたのである。もとより彼はこの人足たちから見物料をとる気はなかった。しかし彼らが江戸の繁華に呆れて本当にしないのを見て悪戯心が起り、

「これはただ見せてはならぬ、一人三十二文宛出すべし」と言うと、人足たちは真に受けておのおのその銭を出した。「山中の人、質樸なる事かくの如し」と彼は書いている。[*39]
バードや江漢が通った山中の僻地はさておいて、さらにまた、モースのいうように農村にも貧富のさまざまな程度が分布するのは当然として、当時の日本の農村がおしなべて幸福で安楽な表情を示していたことは、欧米人の証言からしてほぼ確実といってよかろう。だとするとここで私たちは、苛斂誅求にあえいでいた徳川期の農民という、今ではかなり揺らいでいるかも知れないが、長くまかり通って来た定説を一応吟味してみないわけにはいかない。観察者の証言は、あまりにそれとくい違っているのである。
その点で明快な光を投げかけてくれるのは、トマス・C・スミスである。[*40]「徳川時代をつうじて年貢は苛酷なまでに重圧的であったという説ほど、日本経済史家のあいだに広くもたれている見解はほかにない。それは農民にたいして、生産費をさしひいたのちこれというほどの剰余を残さなかったばかりでなく、時のたつにつれてますます重くなったと考えられている」と前置きして、彼はその通説がまったくの誤りであり、時とともに農民に剰余が残るようになった事実を明快に論証してみせている。
これまで歴史家は、検地によって査定された石高に対する年貢の比率の高さから、苛酷な収奪という結論をひき出してきた。だが、査定石高と実際の収奪高の差に注目するならば、「そのような数字はあまり意味がないし、ひとを誤らせるものでさえある」。一般に検地は一七〇〇年以来ほとんど行われず、「それゆえ一九世紀の中ごろには、年貢は一〇〇年から一五〇年前の査定を基礎としていた」。なぜ再査定が行われなかったのか。そのためには「非常な行政的努力が必要だった」ということもあるが、それよりも「反抗への恐怖」がそれを妨げたのである。そのように査定石高が固定していたのに、農業生産性は絶えず向上し、作物の収量も増加した。スミスの持つ資料によれば、それは五十年間に一一二パーセントの高さに及んでいる。仮にそれが例外的だとしても、生産性の一般的な向上は、「食糧の輸入なしに、この時期をつうじて都市人口が顕著に増大したことからも明かである」。一方税率は、長期的にみて大した変化はなく、むしろ低下傾向を示している。だとすれば、農民側に剰余が次第に蓄積されて行ったことは疑いようがない。すなわち江戸時代後期においては「課税は没収的ではなかった」し、「時とともに軽くなったのである」。

農民にとって税負担が軽くなったとしても、農業人口が絶えず増え続けていれば、剰余は喰いつぶされるだろう。だが、商工業の急速な成長によって、農業労働力は村内のあるいは都市の他の雇用に吸収されたために、そういう事態は生じなかった。むしろ農村では、農業労働力のはなはだしい不足が見られた。スミスは剰余が均一に農民全体にゆき渡ったのではなく、かなりの不均衡が存在しただろうことにも注意している。またさらに、年貢以外の様ざまな要因、たとえば天災とか貨幣経済とかが、農民に困窮をもたらしたことも否定していない。だが「徳川時代の大多数の農家にとっては、農業は引合うものであったように思われる」という彼の総括は、なぜあれほど多くの欧米人観察者が、幸せで満足そうな日本農民像を記録にとどめたかという謎を、ある点でみごとに解き明かすものというべきである。

しかし、衣食住において満ち足りている日本の民衆というイメージは、当時の観察者が一致して言及している彼らの生活の簡素さという点に触れないでは、その含意が十分明らかにならぬおそれがある。カッテンディーケは言う[41]。「日本人の欲望は単純で、贅沢といえばただ着物に金をかけるくらいが関の山である。何となれば贅沢の禁令は、古来すこぶる厳密であり、生活第一の必需品は廉い。……上流家庭の食事とても、至って簡素であるから、貧乏人だとて富貴の人々とさほど違った食事をしている訳ではない」。「日本人が他の東洋諸民族と異なる特性の一つは、奢侈贅沢に執着心を持たないことであって、非常に高貴な人々の館ですら、簡素、単純きわまるものである。すなわち、大広間にも備え付けの椅子、机、書棚などの備品が一つもない」。

日本人の家には家具らしきものがほとんどないというのは、あらゆる欧米人が上陸後真先に気づいた特徴である。たとえば、上陸後三日目に横浜の日本人町を見物したボーヴォワルは書く。「家具といえば、彼らはほとんど何も持たない。一隅に小さなかまど、夜具を入れる引き戸つきの戸棚、小さな棚の上には飯や魚を盛る漆塗りの小皿が皆きちんと並べられている。これが小さな家の家財道具で、彼らはこれで充分に、公明正大に暮らしているのだ。ガラス張りの家に住むがごとく、何の隠しごとのない家に住むかぎり、何ひとつ欲しがらなかったあのローマ人のように――隣人に隠すものなど何もないのだ[42]」。

オールコックには、この家具らしきものなしですむ生活というのは、ある意味で羨ましい限りに思われた。「かりにヨーロッパ人同士の夫婦が、ソファや椅子、ならびにそれに付き物のテーブルなどのない家を借りて、清潔な畳の上に横たわることに耐えられるとすれば、年収四百ポンドで結婚生活が営めるかどうかという論争などたちどころに解決して、誰しもが結婚できる見通しをえるだろうことは確実だ。日本においては、若い夫婦が家具屋の請求書に悩まされるようなことはありえない」。むろんこの口調には皮肉がある。彼は日本では、畳を敷いた家と、たがいに持ちよる蒲団や衣裳箱と、それに鍋と半ダースの椀やお皿と、大きなたらいがあれば、みごとな世帯ができあがると言う。「牧歌的な単純な生活とは、このような生活のことをいうのであろう」と彼は書く。しかし実は彼が言いたいのは、「われわれが安楽に暮すために必要不可欠だと考えているもの」が、日本人の生活にはまったく欠如しているということなのだ。[*43] ハリスに至っては「日本人の部屋には、われわれが家具と呼ぶような物は一切ない」とまで書いている。[*44]
ハリスは一八五七(安政四)年十一月、オランダ以外の欧米外交代表として初めての江戸入りを果すべく、下田の領事館を発った。東海道の神奈川宿をすぎると、見物人が増えて来た。その日の日記に彼は次のように記した。「彼らは皆よく肥え、身なりもよく、幸福そうである。一見したところ、富者も貧者もない。――これが恐らく人民の本当の幸福の姿というものだろう。私は時として、日本を開国して外国の影響を受けさせることが、果してこの人々の普遍的な幸福を増進する所以であるかどうか、疑わしくなる。私は質素と正直の黄金時代を、いずれの他の国におけるよりも多く日本において見出す。生命と財産の安全、全般の人々の質素と満足とは、現在の日本の顕著な姿であるように思われる」。[*45] 江戸入りの当日、品川からハリスの宿所である九段坂下の蕃書調所まで並んだ見物人を、彼は十八万五千人と推定した。「人々はいずれも、さっぱりしたよい身なりをし、栄養もよさそうだった。実際、私は日本に来てから、汚い貧乏人をまだ一度も見ていない」[*46]。

彼は江戸城内で将軍家定に謁見した。「大君の衣服は絹布でできており、それに少々の金刺繡がほどこしてあった。だがそれは、想像されうるような王者らしい豪華さからはまったく遠いものであった。燦然たる宝石も、精巧な黄金の装飾も、柄にダイヤモンドをちりばめた刀もなかった。私の服装の方が彼のものよりもはるかに高価だったといっても過言ではない。日本人の話では、大君の冠物は黒い漆をぬった帽子で、鐘を逆さにした形だという。……袴《はかま》の材料は、豪奢なペナレス織のインド錦襴にくらべると、はるかに粗末な品であった。殿中のどこにも鍍金の装飾を見なかった。木の柱はすべて白木のままであった。火鉢と、私のために特に用意された椅子とテーブルのほかには、どの部屋にも調度の類が見当らなかった」[*47]。

この一連のハリスの記述の含意は何だろう。彼は日本には悲惨な貧は存在せず、民衆は幸せで満足そうだと言っている。しかしそれとともに彼が言いたいのは、日本人の生活は上は将軍から下は庶民まで質素でシンプルだということである。「富者も貧者もない」というのはそういう意味だ。そして、衣食を保障されたそういう簡素な生活こそ、「人民の本当の幸福の姿」だというところに彼の言わんとする核心があったのだし、それゆえにこそ彼は、己れの使命がその幸福を破壊することにあるのを思って、しばし暗然たらざるをえなかったのである。

観察者の中にはこの質素でシンプルな文明の姿に失望を隠せないものもいた。たとえば化学教師として越前藩に招かれたグリフィスは一八七一（明治四）年二月福井に入ったが、遠望する福井の町は「ただ黒っぽく広がる屋根の低い家、大きな寺院、切妻、天守閣、竹藪、それに森」のかたまりで、西洋の都市を印象づける金色の風見のある尖塔とか、どっしりした破風やファサード、それに大きな建物などはまったく見受けられなかった[*48]。町中に入ると「日本の都市がどんなものかわかった。家は木造で、人びとは貧しく、道は泥だらけで、富の証拠を表わすようなものはほとんどなく、すばらしい店など一軒もなかった。東洋の壮麗と奢侈の噂の何と馬鹿げていることか。私はあきれてしまい、気が滅入った[*49]」。グリフィスはもともと、上陸直後に見た神奈川宿で、商店の陳列の貧弱さに呆れ、全商品をあわせても五ドルぐらいにしかならないのではないかと疑ったりした人であって、この福井の印象は、「日本の住民や国土のひどい貧乏とみじめな生活」についての彼の断案のいわば総仕上げといってよかった。

バードもおなじようなことを書いている。「日本には東洋的壮麗などというものはない。色彩と金箔は寺院に見られるだけだ。宮殿もあばら屋もおなじ灰色だ。建築の名に値するものはほとんど存在しない。富は仮に存在するにせよ、表には示されていない。鈍い青と茶と灰色がふつうの衣裳の色だ。宝石は身につけない。あらゆるものが貧しく活気がない。単調なみすぼらしさが都市の特徴をなしている[*50]」。彼らには気の毒なことだったが、「東洋の壮麗と奢侈」など、かつて日本には存在したことがなかった。そういう豪奢は日本ではなく、中国やインドや中東のディスポティズム王朝の特徴だったのである。

ハリスやオールコックにとって、当時の日本の物質文明が、近代工業によって支えられた欧米のそれに較べれば、問題にならぬ貧弱なものにすぎないのは、言表するまでもない自明の事柄だった。ハリスは言っている。「ケンペルの書いたものを批評する場合、素晴しさの標準には、一六九六年と一八五七年では相違があるということを念頭におかねばならない。彼が一六八五年頃オランダを出発したときに素晴しかったものでも、一八五七年にはどんな賞讃の形容にも値いしないということがあるだろう」[*51]。つまり彼は、ケンペルが感心した日本の城廓や宮殿や神社仏閣は、いま見ると詰らぬ貧弱なものだと言いたいのである。一六九一年と九二年のケンペルの江戸参府の頃、いや一八二二年のフィッセル（J. F. van Overmeer Fisscher 一八〇〇〜四八）や一八二六年のジーボルト（Philipp Franz van Siebold 一七九六〜一八六六）の参府の頃でさえ、彼らオランダ商館員にとって、日本の物質文明は十分賞讃に値するものだったようだ。しかし十九世紀中葉には両者の差は決定的に開いていた。当時の欧米人にとって、日本は彼らの到達した物質文明の基準からみて「ゆたか」だったのではない。それは次元の異なる「ゆたかさ」であって、ハリスやオールコックのような、アジアに関する広い知見と卓越した知性の持主は、その異質なゆたかさをよく理解したのである。

オールコックは大名からその日暮らしの庶民に至る生活要具の簡素さを描写したあとで、「彼らの全生活に及んでいるように思えるこのスパルタ的な習慣の簡素さのなかには、称賛すべきなにものかがある」と述べている。初めは日本人の生活の簡便さに皮肉も言ってみたかった彼が、ここでは厳粛な口調に変っていることに注意したい。しかも続けて彼はこう書く。「たしかに、これほど厳格であり、またこれほど広く一般に贅沢さが欠如していることは、すべての人びとにごくわずかな物で生活することを可能ならしめ、各人に行動の自主性を保障している」。幸福よりも惨めさの源泉となり、しばしば破滅をもたらすような、自己顕示欲にもとづく競争がここには存在しない。そして彼は「幸福な農民生活」についての或る詩句を、まさに日本にふさわしいものとして引用する。「気楽な暮らしを送り、欲しい物もなければ、余分な物もない[*52]」。

一八八八（明治二十一）年、華族女学校教師として来日した米人アリス・ベーコン（Alice Mabel Bacon 一八五八〜一九一八）は、門番が使っている小さな家の中を見たときのことをこう書いている。「居間には花に飾られた神棚と、勤労者階級の家族の人たちが食卓に使う、安っぽいけれども美しい絵のついた食器が入った食器棚がありました。そのほかに、やかんの載った火鉢と壁に飾られた竹籠にさした秋の花が家具の全部でした」。しかし彼女は「日本の家に家具がほとんどなく、手入れをする必要がないのは、とてもうらやましいと思」ったのである。「ベッドがないので、赤ん坊がベッドから落ちる心配もないし、椅子がないので赤ん坊がひっくり返す心配もありません。ほこりを払うものものもないし、眠るときに片付ける物もないし、靴についた泥が家に入ってくる心配もありません。お茶を入れる暖かいお湯さえあれば、食事が暖かくても冷たくても関係ないのです。最近になって外国から入ってきたこと以外は、日本には家事の心配ということは存在しません[*53]」。

ジョージ・スミスが長崎の東部ないし東南部の丘陵地帯について「この丘陵地帯の村々は富とかゆたかさのしるしをまったく欠いている。農民たちは人口のうちで貧しい階級をなしているらしい。だが、だからといって生活の主要な必需品を欠いているとは必ずしもいえない[*54]」と述べているのを見ると、彼らには悲惨を伴う真の貧国と、貧しくはあるが最低限度の満足は保障されている状態とを区別する観念が存在していたことがわかる。バードがこのふたつの貧しさを区別していたことは先に見た。司法省顧問をつとめたブスケも言う。「生活が容易で単純な国ではほとんどすべての者が貧しいが、悲惨なものは一人もいない[*55]」。しかしこの区別をもっとも鮮明に描き出したのはモースだろう。

彼は一八七七（明治十）年、日光を訪ねた帰りに通った栃木県の寒村についてこう書いている。「人びとは最下層に属し、粗野な顔をして、子供はおそろしく不潔で、家屋は貧弱であったが、然し彼等の顔には、我国の大都市の貧民窟で見受けるような、野獣性も悪性も、また憔悴した絶望の表情も見えなかった[*56]」。ある一人の女など、食事中のモース一行の横に座りこみ「我々が何か口に入れるごとに、歯をむき出しにしてニタリニタリと笑ったり、大声を立てて笑ったりした」。つまり彼女はたしかに野卑ではあったが、あっけらかんと陽気だったのである。

彼は『日本人の住まい』で、この知見をさらに一般化して繰り返す。「都市にあっては、富裕階級の居住する区域は、わがアメリカにおけるほどには明確なる一線を画してはいない。……ほとんどの都市において普通に見られることは、もっとも貧困な階層の居住する区域に近接して富裕階級の邸宅が建っている、という事実である。東京では、極端に粗末な小屋が櫛比して立ち並んだ町通りや横町があり、そこにはもっとも貧困な階層に属するひとびとが住んでいる。……しかしながら、このような貧民区域であっても、キリスト教圏のほとんどすべての大都市に見られる同類の貧民区域の、あの言いようのない不潔さと惨めさとに比較するならば、まだしも清浄なほうである。これは確かなことだが、日本の金持ちは、貧困階級を遠方に追いはらってしまうために、自分の邸宅の周辺にある土地を残らず買収しようなどとは、ふつう思わないのである。貧困階級が近くに居住したところで、いっこうに苦にならないからである。実際に、日本の貧困層というのは、アメリカの貧困層が有するあの救いようのない野卑な風俗習慣を持たない[*57]」。「あるタイプの家屋がそこの住人の貧困および無気力に封じこめられた生活状態を象徴し、また、あるタイプの家屋がそこの住人の向上意欲および豊かさ溢れる生活状態を象徴している、とする識別方法」は、日本の家屋にはあてはまらない[*58]。日本にも立派な家屋敷はあるが、それは何百軒に一軒で、そのほかは雨露を凌ぐだけという家々が立ち並んでいる。しかし「そのような小屋まがいの家に居住している人々はねっから貧乏らしいのだが、活気もあって結構楽しく暮らしているみたいである」。つまり、「少なくとも日本においては、貧困と人家の密集地域が、つねに野卑と不潔と犯罪とを誘発するとは限らないのである[*59]」。

モースは、日本における貧しさが、当時の欧米における貧困といちじるしく様相を異にしていることに、深く印象づけられたのだった。日本には「貧乏人は存在するが、貧困なるものは存在しない[*60]」というチェンバレンの言明もモースとおなじことを述べている。つまり、日本では貧は惨めな非人間形態をとらない、あるいは、日本では貧は人間らしい満ちたりた生活と両立すると彼は言っているのだ。

このことはひとつには、一八六〇（万延元）年に来日したプロシャ使節団の団長オイレンブルク伯（Friedrich Albert Graf zu Eulenburg 一八一五〜八一）がいうように、「日本人は要求が低くて、毎日の生活が安価に行われている」ことにも関連しているだろう。彼は次のような例をあげてその「安価」さを説明する。アメリカ公使館の通訳ヒュースケンは、十歳の少年を召使にしていた。

●オイレンブルク伯

少年のお手当は月に六分で、そのうち「三分は毎月食料と頭髪の手入れ」に費し、残り三分は浪人している父親に送り、両親はそれによって生活しているという。三分といえばプロシャの一ターレル十五グロッシェンに当る。「私の国で、一戸を構えて月一ターレル十五グロッシェンで生活することが一体出来るだろうか」とオイレンブルクは嘆声をあげている。[*61]
幕末の日本の物価の安さというものは、彼らにとって驚異だった。一八五九（安政六）年、ロシア艦隊の一員として長崎・箱館に上陸したティリーは言う。「この国に到着してから私が支払った価格から判断すれば、外国の製造業は日本人と競争することはできない」[*62]。一八六七（慶応三）年、ボーヴォワルは横浜の店で「ゴーフルやウェファース」を買ったが、それはうまかったばかりか、天保銭二枚で「消化不良をおこすほどの分量があった」[*63]。オールコックは奈良地方の田舎で昼食をとり、筍、塩魚、ご飯、それに酒が一本ついて天保銭三枚、すなわち「約三ペンスというばかみたいな値段」なのにおどろかされた。
スミス主教も次のように物価の安さに言及する。「他の国々と比較したとき、労働人口中の貧しい階級が置かれている物質的条件は、ときに判断を下すのがむずかしい場合がある。長崎にしばらく住んでおり、上海や寧波近傍のこともよく知っている中国人は観察の結果を私に述べてくれた。それによると、東洋の主な生活必需品のふたつである米と魚が低廉であるために、日本の下層の人びとはすくない稼ぎでやってゆけるし、またそのために、中国の同様な労働階級とくらべて、物質的安楽を享受している人が多い。しかしまた、その中国人がつけ加えるところによると、社会の全階級をとるならば、中国人のほうがより安楽でゆたかな暮しをしている」[*64]。

この中国人のコメントは重要な示唆を含んでいるだろう。それはチェンバレンのいう、「この国のあらゆる社会階級は社会的には比較的平等である」という事実に関わる。「一般に日本人や極東の人びとは、大西洋の両側のアングロサクソンよりも根底においては民主的である」とさえ彼は言う[*65]。「金持は高ぶらず、貧乏人は卑下しない。……ほんものの平等精神、われわれはみな同じ人間だと心底から信じる心が、社会の隅々まで浸透しているのである」[*66]。チェンバレンのこのような言明は、英国人のスノバリ、米国人の貴族好きと対照的に、日本にはスノッブがいないし、ほんとうの意味の貴族もいないという観察にもとづいている。庶民は大隈伯のことを「大隈さん」としか呼ばない[*67]。

明治十七（一八八四）年頃からしばしば来日して、日本通として知られるようになった米人イライザ・シッドモア（Eliza Ruhamah Scidmore 一八五六〜一九二八）は「日本で貧者というと、ずい分貧しい方なのだが、どの文明人を見回しても、これほどわずかな収入で、かなりの生活的安楽を手にする国民はない」と述べている。彼女の言うには、日本人は「木綿着数枚で春、秋、夏、冬と間に合ってしまうのだ」。そんな極限の状態でも、春と秋の素晴らしさを堪能するのに差し障りはない。「労働者の住、居、寝の三要件」は、「草ぶき屋根、畳、それに木綿ぶとん数枚」がみたしてくれる。穀類、魚、海草中心の食事は、貧しいものにも欠けはしない。それに「人や環境が清潔この上ないといった状態は、何も金持ちだけに付いて回るものではなく、貧者のお供もする[*68]」。

だが、日本の庶民の「生活的安楽」とは、たんに物価の安さとか暮らしぶりのシンプルさに尽きるものではなかった。彼女が描く鎌倉の海村は、貧しさが生活の真の意味での充溢を排除するものではないことを、いきいきと示している。「日の輝く春の朝、大人は男も女も、子供らまで加わって海藻を採集し、砂浜に広げて干す。……漁師のむすめたちが脛を丸出しにして浜辺を歩き回る。藍色の木綿の布きれをあねさんかぶりにし、背中に籠をしょっている。子供らは泡立つ白波に立ち向ったりして戯れ、幼児は砂の上で楽しそうにころげ回る。男や少年たちは膝まで水につかり、あちこちと浅瀬を歩き、砕け散る波頭で一日中ずぶぬれだ。……婦人たちは海草の山を選別したり、ぬれねずみになったご亭主に時々、ご馳走を差し入れる。あたたかいお茶とご飯。そしておかずは細かにむしった魚である。こうした光景すべてが陽気で美しい。だれもかれも心浮き浮きとうれしそうだ。だから鎌倉の生活は、歓喜と豊潤から成り立っているかのように見え、暗い面などどこ吹く風といった様子だ[*69]」。

英国公使ヒュー・フレイザー（Hugh Fraser 一八三七〜九四）の妻メアリ（Mary Fraser 一八五一〜一九二二）も、一八九〇（明治二十三）年の鎌倉の海浜で見た網漁の様子をこう書いている。「美しい眺めです。――青色の綿布をよじって腰にまきつけた褐色の男たちが海中に立ち、銀色の魚がいっぱい踊る網をのばしている。その後ろに夕日の海が、前には暮れなずむビロードの砂浜があるのです。さてこれからが、子供たちの収穫の時です。そして子供ばかりでなく、漁に出る男のいないあわれな後家も、息子をなくした老人たちも、漁師たちのまわりに集まり、彼らがくれるものを入れる小さな鉢や籠をさし出すのです。そして食用にふさわしくとも市場に出すほど良くない魚はすべて、この人たちの手に渡るのです。……物乞いの人にたいしてけっしてひどい言葉が言われないことは、見ていて良いものです。そしてその物乞いたちも、砂丘の灰色の雑草のごとく貧しいとはいえ、絶望や汚穢や不幸の様相はないのです*70」。

われわれはいまこそ、なぜチェンバレンが日本には「貧乏人は存在するが、貧困なるものは存在しない」と言ったのか、その理由を理解することができる。衆目が認めた日本人の表情に浮かぶ幸福感は、当時の日本が自然環境との交わり、人びと相互の交わりという点で自由と自立を保証する社会だったことに由来する。浜辺は彼ら自身の浜辺であり、海のもたらす恵みは寡婦も老人も含めて彼ら共同のものであった。イヴァン・イリイチのいう社会的な「共有地《コモンズ》」、すなわち人びとが自立した生を共に生きるための交わりの空間は、貧しいものも含めて、地域のすべての人びとに開かれていたのである。

一言にしていえば、当時の日本の貧しさは、工業化社会の到来以前の貧しさであり、初期工業化社会の特徴であった陰惨な社会問題としての貧困とはまったく異質だった。そして、そのことを誰よりも早く指摘していたのは、ほかならぬかのジーボルトである。彼は江戸参府の途中、中国地方の製塩業を見てこう述べている。「日本において国民的産業の何らかの部門が、大規模ま

た は大量生産的に行われている地方では一般的な繁栄がみられ、ヨーロッパの工業都市の、人間的な悲惨と不品行をはっきり示している身心ともに疲れ果てた、あのような貧困な国民階層は存在しないという見解を繰り返し述べてきたが、ここでもその正しいことがわかった。しかも日本には、測り知れない富をもち、半ば飢え衰えた階級の人々の上に金権をふるう工業の支配者は存在しない。労働者も工場主も日本ではヨーロッパよりもなお一層きびしい格式をもって隔てられてはいるが、彼らは同胞として相互の尊敬と好意によってさらに堅く結ばれている」[*71]。

いまやわれわれは、古き日本の生活のゆたかさと人びとの幸福感を口をそろえて賞讃する欧米人たちが、何を対照として日本を見ていたのかを理解する。彼らの眼には、初期工業化社会が生み出した都市のスラム街、そこでの悲惨な貧困と道徳的崩壊という対照が浮かんでいたのだ。前引のモースがまさにその例だが、オリファントが乞食、盗難、子どもの虐待、口汚い女たちが日本に存在しないというとき、彼の念頭にあったのはまさに、エンゲルス（Friedrich Engels 一八二〇～九五）の古典的著述『イギリスにおける労働者階級の状態』（一八四五年刊）が描き出した世界だったに違いない。

工業化が到来する以前のイギリス織布工についてエンゲルスは書いている。「労働者はまったく快適な生活を楽しみながら、のんびりと暮し、きわめて信心深くかつまじめに、正直で静かな生涯をおくった。彼らの物質的な地位は、その後継者の地位よりはるかによかった。彼らは過度に働く必要はなかった。彼らはしたいとおもった以上のことはしなかったが、それでも必要なだけは手に入れていた」[*72]。しかし機械による大工場制の出現とともに、このような労働者の牧歌的でもあり植物的でもあった世界は一変した。若きエンゲルスは、その結果出現した初期工業化の悲惨な様相を次のように描き出す。

「貧民にはしめっぽい住宅が、すなわち床から水のあがってくる地下室か、天井から雨の洩ってくる屋根裏部屋が与えられる。……貧民には粗悪で、ぼろぼろになった、あるいはなりかけの衣服と、粗悪で、混ぜものをした、消化のわるい食料品が与えられる。……貧民は野獣のようにかりたてられ、休息も、安らかな人生の享楽も許されない。貧民は性的享楽と飲酒のほかは、一切の享楽を奪われ、そのかわり毎日あらゆる精神力と体力とが完全に疲労してしまうまで酷使される。これによって刺激された貧民は、思いどおりになるたった二つの享楽に、気が狂ったようにいつまでも耽溺する」[*73]。「工場主は子供をまれには五歳から、しばしば六歳から、かなり頻繁となるのは七歳から、たいていは八歳ないし九歳から、使い始めること、また毎日の労働時間はしばしば十四時間ないし十六時間（食事のための休み時間を除く）に及んでいること、また工場主は、監督が子供をなぐったり虐待したりするのを許していたどころか、しばしば自分でも実際に手をくだしていたことが語られている」[*74]。語っているのは誰か。一八三三年の工業委員会の報告である。

今日の史学の水準からいえば、英国の労働階級がいわゆる産業革命によって、牧歌的生活から一転してこの世の地獄に突き落されたというような理解はとうてい支持されない。賃銀上昇による生活改善を重視する説が以前からあったばかりではない。川北稔によると、英国の工業化はけっしてそのようにドラスティクなものではなかったし、「歴史の分水嶺」でさえなかった。「工業化時代の経済成長率にはなんら特別の加速は認められ」ず、「国民所得のなかで工業所得が占める比率も、工業労働に従事する人口も低い。工業制度や蒸気機関もさっぱり普及しなかったし、技術の伝達も相変らず事実上の徒弟制度が一般的であった。……要するに、工業化は、ごく一部の地域、一部の人びとに影響を与えただけで、マクロ的には、イギリスはほとんど変化しなかった」[*75]。産業革命なるものはなかったというのが、今日の英国史学界の主流なのである。

都市の貧困と汚濁が英国で現象化するのは産業革命の後ではなく、川北によると早くも十七世紀中葉のことだという[*76]。そういえばホーガース（William Hogarth 一六九七〜一七六四）が『ジン横町』の悲惨を描き出したのも十八世紀だった。しかしそれはそれとして、エンゲルスが描出した一八四〇年代の工業都市の惨状はそれなりに事実だったのである。村岡健次は死亡率が三〇年代に上昇に転じ、四、五〇年代を通じて横ばい状態を示した背後に、「工業化の進展とともに拡大した工業都市の不衛生な生活環境があった」ことを指摘している[*77]。

ハリスがなぜ、下田の貧しい住民が小ざっぱりした衣服をまとい、清潔な日当りのよい家に住み、子どもはまるまると肥えていると、わざわざ記述せねばならなかったか、われわれはいまや得心がいく。彼が「世界のいかなる地方においても、労働者の世界で下田におけるよりもよい生活を送っているところはあるまい」と述べたのは、実は何も瞠目すべきことではなかった。カーライル（Thomas Carlyle 一七九五〜一八八一）はすでに『過去と現在』（一八四三年刊）において、産業革命がもたらした荒廃について、「それは恐らく人間生活のなかで、もっとも野蛮な地方においてさえ見られなかったほどのひどい光景である」と述べていたのだった[*78]。欧米人の注目の的となったあの名高い日本人の「清潔」にしても、たんに日本人の伝統的な習性というだけでなく、当時の初期工業化社会との劇的な対照があればこそ、やはりその印象が強烈なものになったのだろう。エンゲルスは、ロンドンのスラム街を次のように描き出している。「街路の上では市場が開かれ、もちろんすべて品質が悪く、ほとんど食えない野菜や果物を入れた籠が通路をいっそう狭めている。これらの籠や肉屋からは実に不快な臭気が発散している。……そこの不潔なことと荒廃した有様は、とうてい考えられないほどだ。完全な窓ガラスなどほとんど見当らぬし、壁は砕け、入口の戸柱や窓枠は壊れてがたがたになり……汚物と塵埃の山があたり一面にあり、ドアの前にぶちまけられた汚ない液体は寄り集まって水溜りとなり、鼻もちならない悪臭を発散している」[*79]。

なるほど、こういうスラムのおそるべき汚さからすれば、貧民ですら衣服も住居も清潔な日本は、彼らにとって驚異であったはずだ。ベルクは日本の家の清潔さを「汚れた長靴で立ち入るのをはばかるほどだ」と書いているが、それどころかバードは日光の町に立ち寄ったとき、街路が掃ききよめられてあまりにも清潔なので、泥靴でその上を歩くのが気がひけたと言っている。彼女は新潟の街でもおなじように感じた。すなわち〝日本人の清潔〟の背後にあったのは、住民自身が鏡のように街路を掃き清めるという、前工業化社会の生活習慣だったのである。

日本人の清潔さを強調するとき、欧米人観察者の念頭には実はもうひとつ、中国という対照があった。カッテンディーケは長崎駐在中、所用があって上海を訪れたが、その感想を正直にこう述べている。「私はこの支那滞在中でも、ああ日本は聖なる国だと幾たび思ったことか。日本は国も住民も、支那に比べればどんなによいか知れない」[80]。カッテンディーケだけではない。中国に比べれば日本は天国だという感想を述べている欧米人は、実は多くて挙げきれないほどなのだ。若きボーヴォワル伯爵はいう。「ああ、あのように不潔、下品なあの中国を離れて間もない今、どんなに深い喜びの気持で日本への挨拶をすることであろうか」。彼にとって中国は「死の平原」だったのである。「われわれはシナで一年を過したが、その王国に比べればすべて日本の方が優っていた」と書くのはオリファントである。またシッドモアにとっては、中国・朝鮮のあとで訪れた日本は「夢のパラダイス」に思えた。そしてきわめつけはモラエスである。「支那に永らく住んで、その背景の単調、その沿岸の不毛、ピエル・ロティが『黄色の地獄』と言った、ヨーロッパ人がひどく厭う恐しく醜い人間の群が、汚い暮しをしているあの支那の部落の不潔を見慣れた者にとって、この日本との対照はまったく驚異に値するものだった」[81]。

断わるまでもないことと思うが、私はこういう彼らの記述を引用することで、自分のちっぽけな「愛国心」を満足させたいわけではない。以上のような例とは逆に、中国びいきの欧米人だって、探せばずいぶんと見つかるだろう。たとえばペリー艦隊に随行したウィリアムズは、それまで宣教師として広東やマカオで暮らして来た人だが、日本人の着物を「醜怪」と評し、それに比べれば「中国の長衣」のほうが感じがよいと述べ、さらに日本人は「中国人ほど生活を楽しんでいるかどうか疑問だ」とも書いている。また『一外交官の見た明治維新』の著者として名高いアーネスト・サトウ（Ernest Mason Satow 一八四三〜一九二九）にしても、通訳生としての最初の赴任地である北京について、その「生活には去りがたいものがあった」と回顧しているのだ[82]。

トロンソン（J. M. Tronson 生没年不詳）は、日英修好通商条約締結のため一八五四（安政元）年に訪日したスターリング艦隊の一員であるが、上海とその近郊には非常な好印象を抱いた。というのはこの方面の人びとは、おとなしくさせるためには銃を見せねばならぬ南方の中国人とちがって、友好的でおだやかだったからである。「近郊の田舎を散歩するのはよろこびだ。人びとは親切かつ丁寧、そして頑丈な人種である」。だが上海城内に入ると「あらゆる方角によどんだ水たまり、むかつくような悪臭、きたならしい乞食、障害者、旅芸人、ばくち打ち」が認められた。「この悲惨な光景」と彼は書いている。[*83]
決定的なのは、彼らが見たのが、マルコポーロの前に現われた光り輝く文明としての中国ではなく、西洋人の挑戦によって崩壊しようとする異民族支配下の専制帝国の混乱した末期だったということだろう。オールコックが「あらゆる物が朽ちつつある中国」と言うのも、彼が中国で各地の領事を歴任したのが、阿片戦争直後から太平天国の乱のさなかにかけてであることを考慮すれば、何の不思議もないことになる。ボーヴォワルは「石ころを投げ、熊手を振るってわれわれを殴り殺そうとした」中国人民衆を、「この地球上で最も温和で礼儀正しい住民」である日本人と比較するが、そういう中国民衆の反応は彼ら自身の侵入が招いたのだということにいささかも気づこうとしない。
中国と対比して日本が救いであるかに感じられた理由のひとつには、中国南部海岸の気候条件がある。英国第九連隊のジェフソンとエルマーストはこう書いている。「香港に一年駐留したあと、一八六六年五月九日、われわれは（横浜に）上陸した。香港にはあいにくとくに気候の悪い季節に立ち寄ったので、そのきびしい気候からすると、輝かしい春の朝、われわれの前に現われた美しく陽光さんさんたる土地はまことに好ましいものに見えた[*84]」。甲板に立って英国の田園を思わせる緑の山野に歓声をあげながら、彼らは香港の「しあわせの谷」に葬られている同僚のことを悲しまずにはおれなかった。そこを「最後の故郷」とした第九連隊の将兵は決して少なくなかったのだ。トロンソンによれば、長崎滞在中「スターリング艦隊の健康状態はかなり改善された。バラクータ号には長崎到着時二十八名の病人がいたが、出港のさいには五人になっていた[*85]」。中国沿岸で罹病したものはこういう健康によい風土に送られるべきだと彼は書いている。

またひとつには、当時の欧米人の感性にとって、中国の風土はあまりに異質だったということがあるだろう。「死の平原」というボーヴォワルの言葉はそのことを暗示している。つまり中国はヨーロッパ人から見れば、奥底の知れない混沌ないし虚無であって、いわばそのバロック的な猥雑さに彼らの感性は堪えきれなかったのかも知れない。フランスの現代作家マルグリット・デュラス（Marguerite Duras 一九一四〜九六）は『ラホールの副領事』で、広場に群れ集まるハンセン氏病患者に発砲したフランス人青年を通じて、インド的な無に対する西欧人のアンビヴァレンスを造型してみせたが、中国的な混沌もまた十九世紀の西欧人にとって、狂気を誘うような何ものかだったのだろうか。

中国との対比はともかくとして、十九世紀の欧米人の前に日本が楽しき国、美しき土地として現われたのは疑いようのない事実だ。だとすれば、その楽しさの内実はより多面的な解析を必要とするだろう。

注

＊1――ハリス前掲書『中巻』一四ページ
＊2――リュードルフ前掲書一六六ページ
＊3――カッテンディーケ前掲書一二三ページ
＊4――同前一九ページ
＊5――同前一二六ページ
＊6――オールコック前掲書『中巻』二五～六ページ
＊7――同右『中巻』一六四ページ
＊8――同前『中巻』一九六ページ
＊9――同前『中巻』一九五～六ページ
＊10――同前『中巻』二〇六～八ページ。ただしケンペルへの言及は二一九ページ。
＊11――ベルク前掲書上巻一五八～九ページ
＊12――英人マイケル・モスが狩猟の禁を侵したかどで役人に咎められ、発砲して役人に重傷を負わせた事件。オールコックはモスに禁固三ヵ月と千ドルの罰金を宣告したが、モスは香港の大審院にオールコックを提訴し、勝訴して二千ドルの賠償をえた。
＊13――オールコック前掲書『中巻』三三三～九ページ
＊14――『ポルスブルック日本報告　一八五七―一八七〇』（雄松堂出版・一九九五年）六二ページ。原著はH・ムースハルト編の日記・書簡集、一九八七年刊。
＊15――パンペリー『日本踏査紀行』（雄松堂出版・一九八二年）一六三～四ページ。原著は Across

America and Asia, New York, 1870　邦訳本は抄訳。
＊16――同右七一ページ
＊17――コータッツィ編『ある英国外交官の明治維新』（中央公論新社・一九八六年）六七ページ。同書は、ミットフォードの『回想録』（一九一五年刊）の日本関連部分を抜き出し、報告書や書信を補ったMitford's Japan, edited by Hugh Cortazzi, London, 1985 のうち、『回想録』の部分のみ訳出したものである。以後『ミットフォード前掲書』として引用。
＊18――Smith, ibid., pp. 181～2
＊19――Smith, ibid., pp. 183～4
＊20――Smith, ibid., pp. 265～6
＊21――この部分は原著による。Alcock, The Capital of The Tycoon. A Narrative of a Three Years' Residence in Japan, 2 vols, London, 1863, vol. 1, pp. 298～9
＊22――Fortune, ibid., p. 56
＊23――Fortune, ibid., p. 269
＊24――Smith, ibid., p. 190
＊25――Faulds, Nine Years in Nippon, London and Paisley, 1885, p. 79　ただし筆者が利用したのはReprinted edition, Wilmington, 1973 である。
＊26――カッテンディーケ前掲書一二三ページ
＊27――オールコック前掲書『中巻』四九ページ
＊28――オールコック前掲書『上巻』一九七ページ
＊29――ハリス前掲書『中巻』七一ページ

＊30――『外国人の見た日本・第一巻』（筑摩書房・一九六一年）三一八ページ
＊31――速水融「近世の経済発展と Industrious Revolution」＝速水・斎藤・杉山編『徳川社会からの展望』（同文館・一九八九年）所収。
＊32――ツュンベリ『江戸参府随行記』（平凡社東洋文庫・一九九四年）一三一ページ。原著は Resa uti Europa, Afrika, Asia, forrättad åren 1770～1779, Upsala, 1788～93 邦訳は日本関連部分の抄訳。
＊33――モース『住まい』一九ページ
＊34――ウィリアムズ前掲書一九〇～一ページ
＊35――Bird, ibid., vol. 1, pp. 170～1　訳本では省略。
＊36――Bird, ibid., vol. 1, p. 254
＊37――Bird, ibid., vol. 1, pp. 266～7
＊38――「江漢西遊日誌」＝『日本庶民生活史料集成・第二巻』（三一書房・一九六九年）二七三ページ
＊39――同右二七五ページ
＊40――スミス『徳川時代の年貢』（東京大学出版会・一九六五年）
＊41――カッテンディーケ前掲書一二六～七ページ
＊42――ボーヴォワル前掲書二八～九ページ
＊43――オールコック前掲書『上巻』一七三～四ページ
＊44――ハリス前掲書『下巻』四一ページ
＊45――同前二六ページ
＊46――同前四〇ページ
＊47――同前八〇～一ページ

*48――グリフィス前掲書一二〇ページ
*49――同前一二七ページ
*50――Bird, ibid., vol. 1, pp. 7～8
*51――ハリス前掲書『上巻』一五ページ
*52――オールコック前掲書『中巻』二六～八ページ
*53――ベーコン『華族女学校教師の見た明治日本の内側』（中央公論新社・一九九四年）四七ページ。原著は A Japanese Interior, Boston and New York, 1894
*54――Smith, ibid., p. 192
*55――ブスケ前掲書『1』一二五ページ
*56――モース『その日・1』九五ページ
*57――モース『住まい』二〇ページ
*58――同右二一ページ
*59――同右七〇ページ
*60――チェンバレン前掲書『2』二三三ページ
*61――オイレンブルク『第一回独逸遣日使節日本滞在記』（刀江書院・一九四〇年）一九〇～一ページ。原著は一九〇〇年、ベルリン刊。
*62――Tilley, ibid., p. 91
*63――ボーヴォワル前掲書三一ページ
*64――Smith, ibid., pp. 222～3
*65――チェンバレン前掲書『2』一五九ページ

＊66――同右二三三ページ
＊67――同前一二三ページ
＊68――シッドモア『日本・人力車旅情』（有隣堂・一九八六年）六〇～一ページ。原著は Jinrikisha Days in Japan, New York, 1891　邦訳書は一九〇四年版。
＊69――同前六〇ページ
＊70――フレイザー『英国公使の見た明治日本』（淡交社・一九八八年）一八一ページ。原著は A Diplomat's Wife in Japan, 1899　邦訳本はコータッツィ編の一九八二年版である。
＊71――ジーボルト『江戸参府旅行』（平凡社東洋文庫・一九六七年）一二七ページ。これはジーボルト『日本』第二版・第一巻第二章の邦訳である。
＊72――『マルクス＝エンゲルス全集・第二巻』（大月書店・一九六〇年）二三一ページ
＊73――同前二二八～九ページ
＊74――同前三八四ページ
＊75――川北稔「イギリス近代史の内と外」＝遅塚・近藤編『過ぎ去ろうとしない近代』（山川出版社・一九九三年）一二～三ページ
＊76――角山・川北編『路地裏の大英帝国』（平凡社・一九八二年）一八～九ページ
＊77――同前九二～三ページ
＊78――同前三五ページ
＊79――『マルクス＝エンゲルス全集・第二巻』二五四ページ
＊80――カッテンディーケ前掲書一五七ページ
＊81――モラエス「日本の追慕」＝『明治文学全集・第四九巻』（筑摩書房・一九六八年）一六八ページ。原

著は Traços do Extremo-Oriente, Lisbon, 1895
＊82——サトウ『一外交官の見た明治維新・上巻』（岩波文庫・一九六〇年）一六ページ。原著は A Diplomat in Japan, London, 1921
＊83——Tronson, Personal Narrative of A Voyage to Japan, Kamtchatka, Siberia, Tartary and Various Parts of Coast of China, in H. M. S. Barracouta, London, 1859, pp. 168～175
＊84——Jephson and Elmhirst, ibid., p. 2
＊85——Tronson, ibid., p. 21

第四章　親和と礼節

外国人の日本についての第一印象は、いうまでもなく好ましいものばかりではなかった。オイレンブルク使節団の一行中にあったザクセン商工団体代表のシュピース（Custav Spies 生没年不詳）は、日本という不思議の国に熱病のような期待を抱いたひとりだが、上陸して目のあたりにした江戸の街をけっして美しいとは感じなかった。「街路の穢物は際限がなかった。両側にはほとんど裸体の市民が立っていたが、みな下層階級のものであった。……著るしくずんぐりした体格で、容貌は美しからず、しばしば痘痕のためにますます見苦しくなっていた」[*1]。もっとも後日彼は、自分の通った道筋が江戸でも見すぼらしい区画に属していることを知ったのではあったが。

一八六六（慶応二）年十月、書記官として英国公使館に赴任したミットフォードは、横なぐりの雨の吹きつける横浜に上陸して深い失望を味わった。彼はオリファントの訪日記を読んでいて、「数々の魅惑的な美しさが語られてきたあのおとぎの国」を見ることができるものと期待していたのだが、税関らしい建物の前は水びたしで、その前に立つ役人たちはみな不機嫌な顔つきをし、蓑をかぶった人夫たちときたら「まるで家畜の飼料の干草の山」のよう。高下駄をはいた女が水をはね散らしながら通ったが、背中に負われた幼児はひどい皮膚病にかかっていた。「まったく、憂鬱な第一印象であった」[*2]。ミットフォードの失望と悪印象はしばらく消え去らず、父宛の手紙に「私はどうしても日本人が好きになれません。中国人のほうがつき合うにはずっと気持のいい国民です」とか、江戸は風景の美しい街だけれども、壮麗な建造物は全然見当らず、街並み自体、家畜小屋が何列も並んでいるようなものだとか、悪態をつかずにはおれなかった[*3]。彼が江戸に魅力を感じ、日本人に好感を抱き始めるのは六七年に入ってからで、晩年に書かれた『回想録』は、みごとにバラ色の日本追想で彩られることになる。

痘痕については、長崎で病院を開いたポンペが書いている。「どこの国でも、日本のように天然痘の痕跡のある人の多い国はない。住民の三分の一は顔に痘痕をもっているといってさしつかえない」[*4]。ポンペは少し誇張しているかもしれない。幕末の人物写真を見ると、幕府のフランス語通訳塩田三郎がみごとなあばた面であるが、とても三分の一とはゆかぬようである。オズボーンは川崎大師への往復における観察にもとづいて「痘痕はありふれている。ただし一般的ではない」と述べている[*5]。皮膚病の蔓延についての証言は多い。バードも東北の旅でしばしばその事実を目撃している。オールコックは言う。「労働者階級のあいだでは、各種の皮膚の吹き出物はありふれている。これはおそらく群衆のなかでいっしょにからだを洗う習慣によるものと考えることができよう。……疥癬もやはりありふれた病気である。それは痛ましいほどひろまっていて、ヨーロッパのそれよりはるかにたちが悪い。このいまわしい病気をもたぬ召使いを傭ったり、召使いにこの病気にかからせないことは不可能だ」[*6]。ただしわが祖先の名誉のためにつけ足すと、オールコックがこう言うのは、「一般的衛生状態に関して日本が大変恵まれている」のを認めての上のことだ。

眼病もまたありふれた疾患だった。「世界のどこの国をとっても、日本ほど盲目の人の多いところはない。その理由は、眼病の治療法をまったく知らないことにその大半の原因がある」[*7]とポンペは言う。しかし、貧者もまたしあわせであるようなこの国のダークサイドを形づくるのは、何といっても公然たる売春にともなう性病の蔓延だった。「そのほかの点ではあんなに美しい島国であるのに、その国では詳しく調べてみると日本人全体がすでに著しい頽廃の特徴を示している」[*8]とポンペが言うのはその事実を指すのである。

スミス主教はむろんこの事実を見逃さなかった。「個人的な悪徳あるいは遺伝にもとづく慢性疾患はひろく蔓延する社会悪だ。……女性の半分はその生涯のなんらかの時期に、子どもの四分の一は出生時にそれにかかっている」[*9]。道徳的に厳格な主教からすれば、日本人の最大の悪徳は性的放縦と飲酒だった。「私は東洋のいかなる地域においても、日本ほど飲酒がさかんなところを見たことがない」。彼はポンペから「午後九時すぎると、長崎の街頭で見かける成人人口のおよそ半分が酔っぱらっている」と聞いたが、なるほど、千鳥足の男は通りで頻繁に見かけたし、酒屋と飲み屋はどこにもふんだんにあった[*10]。主教はまたポンペから、庶民の食事の質はよくないとも聞いていた。米と魚と漬物からなる彼らの食事はスタミナに欠けるばかりか、皮膚病の原因になるとポンペは言う。労働者や職人が見かけは頑丈な体つきをしていても、三十歳で四十五歳くらいにふけこむのも、そういう食事のせいなのである[*11]。

スミス主教はさらに、長崎で乞食を発見した。彼はオリファントやオズボーンの、日本には乞食はいない、いたとしても稀だという記述を信じていなかったから、これは鼻高々の発見といってよかった。「ふつうの乞食は日本ではけっして稀ではない眺めだ。彼らは寺院の階段を占拠して、通行人にしつこく施しをせがむ」。ところがスミスの日本人の知り合いは、「道傍に身を投げだす病者、不具者、老人、盲人に対してさえ」施しをしてはならぬとスミスをとめるのだった。

日本には貧窮などは存在しない、一族とか家族が貧しいものの面倒は見るし、旅先で病み倒れた者は政府が故郷まで送り届ける、だから街頭で乞食をしている者は怠け者かうそつきなのだ、というのがその日本人のいい分だった。[12] スミスが「ふつうの乞食」（ordinary beggars）と言うのはほかに托鉢僧とか山伏とか虚無僧とか、宗教的な物乞いの種類が存在するのを認識していたからである。主教は江戸でも時折乞食を見かけたと言っている。彼が巡礼まで乞食のうちに入れているのはいただけないが、大名屋敷の塀のもとでむしろに坐って黙って手を差し出していた足の悪い托鉢僧とか、おなじくむしろに坐って通行人の施しを待っていた母子を彼が目撃したのはたしかだ。[13]
日本に乞食がいるのは当然のことであり、何もおどろくべきことではないはずなのに、それが問題になるのはやはり、日本を天国視する言説がひろく流布していたからだろう。それに英人の場合、オリファントやオズボーンの記述の誤りをただささねばという意識が強かった。フォーチュンは言う。「ケンペルの告げるところでは、彼の時代には『帝国のあらゆる地方の道路、ことに東海道には無数の乞食が群がっていた』。エルギン卿使節団のある団員たちは、私の記憶が正しければ、川崎を訪れたさい乞食を見なかったというので、このことの真実性を疑ったようだ。しかし、この場合、乞食はおそらく当局によって道路から排除されていたのだ。真実に従って私は、ケンペルの時代と同様今日でも、乞食は日本には大勢いて、しかもしつこいことを述べざるをえない。私が東海道を馬で通ったとき、『道傍に坐って物を乞うている』者が大勢いた。不具者やびっこや盲人たちで、私が通ると地にひれ伏して施しを乞うた」。[14]
オールコックも乞食にはこだわったひとりである。彼によれば、芝増上寺の近くの空地には、

「いつも少数のやかましい乞食が陣どって」いた。[*15]「神奈川までの街道やその他のところにもたくさんいる」乞食は明らかに職業的で、「体の故障や不幸なことをできるだけあらわに示して、人に同情してもらおうとする。この連中は、できものだらけのいやらしい手足を人目にさらしているか、あるいは普通道ばたの敷物の上に両手両膝をつき、髪は伸び放題で地面からほんのすこしだけ顔をもたげている」。[*16]彼はしあわせな伊豆の旅の帰途、藤沢のあたりで「明らかに乞食と思われる道で死んでいる男のそばを通りすぎた」。「だれかが日本には乞食はいないといったり書いたりしてきたにもかかわらず」、「いかにまれとはいえ、貧困は存在していて、人が公道上で死ぬのである」。[*17]
だがリンダウの見るところはいささか異なる。川崎大師でハンセン氏病の物乞いが寄って来たことに触れて彼は言う。「一般的に言って日本には貧民はほとんどいない。物質的生活にはほとんど金がかからないので、物乞いすらまさに悩むべき立場にないのである。……路上や大通りで物乞いに出会うことはめったにない。ほとんどいつも寺院の周りにたむろしているのが見られる」。[*18]つまり、乞食は聖域に住みつく存在であったのだ。一八七一（明治四）年、英学校教師として熊本入りしたジェーンズ（Leroy Lansing Janes 一八三八～一九〇九）は、橋を渡るごとに、そこにたむろしている乞食の叫び声を聞いた。[*19]いうまでもなく、橋は辻と同様、一種の宗教的聖域である。リンダウは「彼らはいわば不純なるものと見なされている特別の階級に属しているのだ」と言っている。
つまり非人・乞食は文化的に徴しづけられた存在であり、寺院や街道や橋という特定の領域に囲いこまれていたのであって、都市や村落を日常徘徊する存在ではなかった。だとすると先に紹介したようにブラックが、日本の一番気持のよい特徴は乞食のいないことだと書いている理由も、ほぼ推測がつくというものだ。彼はその理由を、警察が乞食をみなつかまえて施設に収容し、保護するからだと言っている。これが非人制度のことを指すのかどうかは検討を要するだろうけれど、とにかく徳川期の乞食は、欧米人観察者が故国で知っていた工業化社会における乞食とは、異なる社会的文化的文脈に属していた。それが社会的分解過程にあった中国の乞食とも異なる存在であったことは、オールコックが「とはいえ、かれらは、隣国の中国におけるように無数にいるとか、餓死線上にあるのをよく見かけるというような、状態にはまだほど遠い」と言っていることでも明らかだ。彼によれば、日本の乞食はその態度からして「われわれは乞食として生きてゆかねばならぬ。だからといってあわれっぽくなる必要はない」とでも言っているようだった。

フォーチュンはケンペルをひいて、日本に乞食がむかしから大勢いたことの証拠とするが、ケンペルが述べているのは決して今日的な意味の乞食ではなく、正しくいえば遊行する人びとであった。[*20] 東海道に群がる乞食としてあげられている人びとは、まず第一にお伊勢詣りである。さらに巡礼、比丘尼、山伏、旅芸人が乞食の範疇に入れられている。彼らはいずれも施しを頼って旅をする人びとであるが、近代的概念すなわち貧民と重なる意味での乞食とは意味を異にする存在であることはいうまでもない。西洋の中世もやはり、このような宗教的遊行民のあふれる世界だったのである。幕末の観察者にはケンペル同様、宗教的遊行民を単純に乞食とみなす場合が多か

●旅芸人（Alcock, 前掲書）

った。

むろんそれは、本物の乞食の存在を否定するものではない。ジーボルトは非人なる階級の存在を指摘し、「彼らは住む家もなく物乞いして街道のそばに寝起きし、頭を下げて通行人に施しを求めるのだが、その際に彼らは自分の不具なことや病気を、嫌悪を催すようなやり方で見せびらかす」[*21]と述べている。オールコックの目撃した情景は、すでに一八二〇年代に記録にとどめられていたのだ。悲惨な彼らとても、工業化社会における貧民とは文脈を異にする存在であることは忘れられてはならないが、彼らの存在はたしかに古き日本のダークサイドのひとつだった。

ジェーンズ夫妻の眼に明治四年の熊本が貧困そのものに見えたこともこの際紹介しておこう。ジェーンズの妻ハリエットは熊本の街の第一印象をこう記している。「港で見たより町の人はみじめで貧しいように思えました。……希望のない表情があまり多いので心が痛みました」[*22]。ジェーンズはポンペ同様、日本人の食事内容に批判をもった。[*23] 刺身、火打ち石のように硬い豆、醬油煮の海草、豆腐、悪臭を放つ沢庵——こんなものを殿様や高官がたべている。食習慣は「人間の道徳的・精神的・肉体的持久力」と関係があるはずだ。「汚い海水から作った塩ばかりの食事——塩魚、塩漬、大根、塩漬茄子、梅干、塩豆——が精神状態を塩からく漬物的にしてしまい、身体の器官や組織を乾燥させ、壊血病にかかったようにしてしまう」。彼は日本人の生魚好きがハンセン氏病の原因だと考えていた。また彼は火鉢による暖房にも批判的で、結核の原因をこれに帰していた。後年再来日したとき、彼は文部大臣井上毅から日本の教育制度への助言を求められたが、寄宿舎の台所と食事、学生の衣服と火の気ない部屋を改善すべき第一項目としてあげて、井上を唖然たらしめた。[*24] 総じて彼は第二次大戦後、衣食住を初めとして日本を全面的に改革しようとした米人占領者のごとくあったということができる。

欧米人観察者が日本の古き文明に無批判ではなかったこと、それどころかしばしば嫌悪と反発を感じさえしたことは、以上のような事例を一瞥しても明らかである。しかしその批判者が同時に熱烈な讃美者でもありえたのはどういう理由によるのだろうか。日本のさまざまなダークサイドを知悉しながらも、彼らは眼前の文明のかたちに奇妙に心魅かれ続けたのである。彼らが書いていることを読むと、「この楽園には蛇がいないのではな[*25]」いと承知したうえで、なおかつ日本を「妖精の国《エルフ・ランド》」などと形容したくなる気持が手にとるように了解されてくる。

彼らはまず、先に見たように庶民の丁寧親切に印象づけられた。一八五九（安政六）年に来日した宣教師ヘボン（James Curtis Hepburn 一八一五〜一九一一）が、来日直後の印象を「一般民衆は丁寧で親切です」[*26]と述べ、同年来日してヘボンとおなじ寺に住んだブラウン（Samuel Robbins Brown 一八一〇〜八〇）もそっくりおなじ文句を繰り返しているように[*27]、これは一般の公論であった。だが彼らはたんに丁寧親切であるのではなかった。これもすでに見たように、彼らは無邪気で人なつこく、そして善良だった。好奇心にとみ、生き生きとしていた。

ジェフソン＝エルマーストには「日本の下層階級はおそろしく見たがり屋聞きたがり屋だ」と思えた。彼らの夏の制服は、彼らが交替した連隊の制服と異なっていた。「この事実はすぐに無限の質問の種になった。次には彼らの手が出て来て、われわれは全員ぐるぐる廻される羽目になり、服装のあらゆる部分をこまかく調べられてしまった」[*28]。しかし彼らはそれが不愉快なのではなかった。オズボーンらの宿舎の台所が民衆の好奇心の的となったことは先に述べた。そのことについて彼はこう書いている。「彼らの好奇心を悪くとったりするのは、不当というものだったろう。仮にわれわれがそうしたとしても、彼らは人のよい笑い声によって、われわれの判断を即座に正常にもどしてくれるのだった」[*29]。

彼らは、外国人が日本語を理解しないということがわからないらしかった。ベルクのいうところでは、「彼らは日本語を人類のしゃべる自然の言葉だと思い、それ以外の言葉があるということを考えてもみないらしい」のである[*30]。ちなみにこの事実はモースも伝えるところで、路傍の茶屋で出会った人びとは、モースが日本語がわからぬということがわからぬらしく、いくら「ワカリマセン」と言っても、まるでこちらが馬鹿か聾人でもあるようにまくし立て、最後にモースが「カンサス・ネブラスカ交議に関する貴下の御意見はどうですか」と英語で言うと、やっと

「不思議そうに私の顔を眺め、初めて事情が判って、ぶつぶついったり、大いに笑ったりする」のだった[*31]。

つまり彼らの心は異人に対して開かれていたのである。チェンバレンがいうように、人間はみなおなじだという共感があったのである。江戸社会の重要特質のひとつは人びとの生活の開放性にあった。外国人たちはまず日本の庶民の家屋がまったくあけっぴろげであるのに、度肝を抜かれた。オールコックはいう。「すべての店の表は開けっ放しになっていて、なかが見え、うしろにはかならず小さな庭があり、それに、家人たちは座ったまま働いたり、遊んだり、手でどんな仕事をしているかということ――朝食・昼寝・そのあとの行水・女の家事・はだかの子供たちの遊

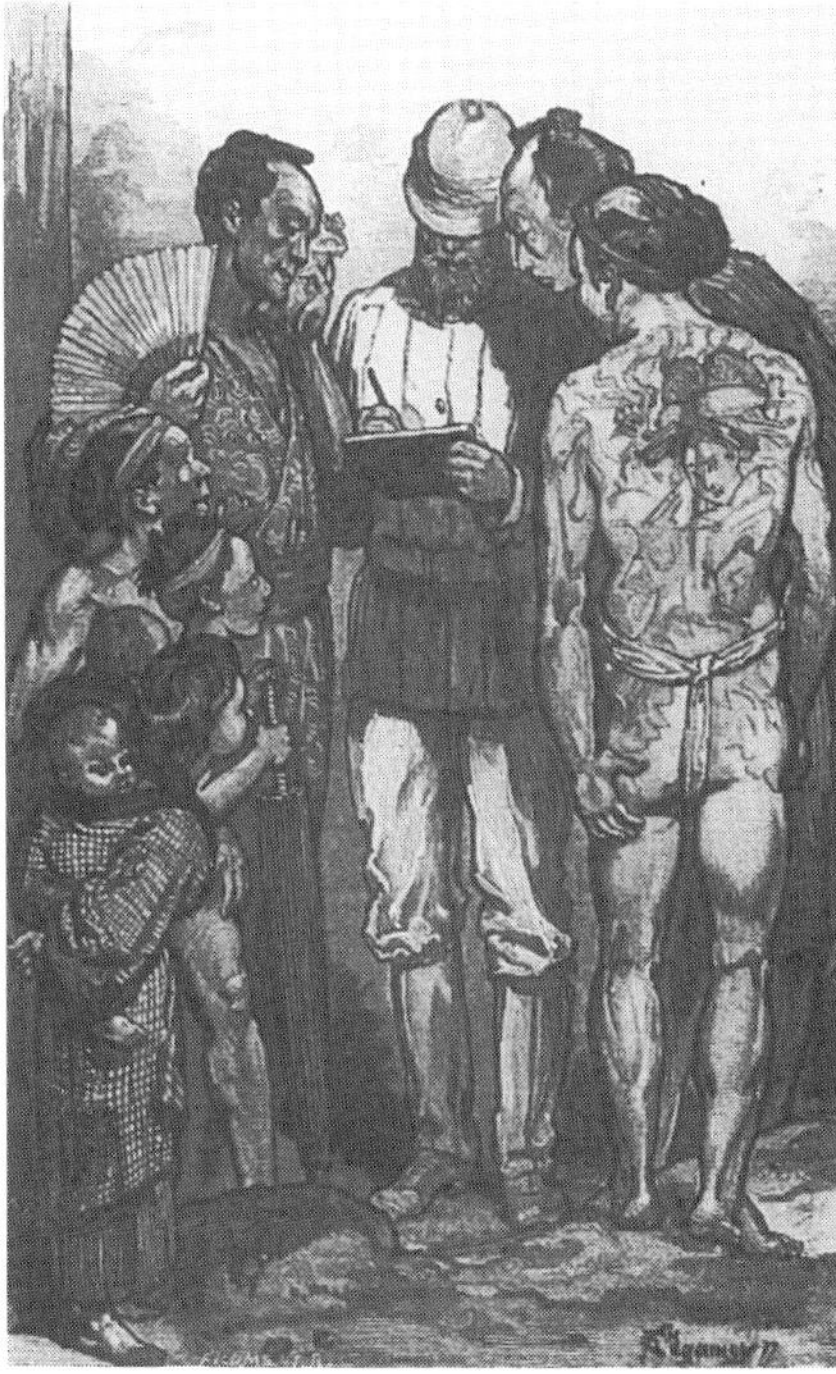

●「見たがり知りたがる」（レガメ画／Guimet，前掲書）

戯・男の商取り引きや手細工――などがなんでも見える」[32]。「この国の人々がどこ迄もあけっぱなしなのに、見る者は彼らの特異性をまざまざと印象づけられる」というのはモースだ。その彼は夜勝手に人の家へあがりこんだのである。「私は夜の燈明がついている神棚をスケッチするために、一軒の家へさまよい入って、その家の婦人が熟睡し、また乳をのませつつあった赤坊も熟睡しているのを見た。私は日本の家が入り込もうとする無遠慮者にとっては、文字通りあけっぱなしであることの例として、この場面を写生せざるを得なかった」[33]。そのスケッチを見ると、女は腰巻ひとつで乳房は丸出しである。

英国商船の船長ヘンリー・ホームズ（Henry Holmes 生没年不詳）は一八五九（安政六）年交易を求めて長崎に来航したが、早朝町へ出かけて、人びとが寝ている家へあがりこんだ。「家へ入るには裏戸を押すだけでよかった。ロックもボルトもなかった」。彼がいうには、その家族は機嫌よく迎えてくれ、彼は「家人たちと朝早くからふざけ合い」、その家だけでなく他の多くの家でも「家族の人びとと一緒にごろごろと床の上をころげまわったり、ひっくり返ったりして遊んだのである」[34]。このいささか信じがたいような〝冒険譚〟は措くとしても、日本の家がこのように外部に対して開放されていたのは疑えぬ事実だ。そして実際にその中に侵入しなくても、ヒューブナーのいうように、何よりもまず視線が自由にはいりこむのを許されていた。「家は通りと中庭の方向に完全に開け放たれている。だから通りを歩けば視線はわけなく家の内側に入りこんでしまう。つまり家庭生活は好奇の目を向ける人に差し出されているわけだ。人々は何も隠しはしない」[35]。

家屋があけっぴろげというのは、生活が近隣に対して隠さず開放されているということだ。従って近隣には強い親和と連帯が生じた。家屋が開放されているだけではなく、庶民の生活は通路の上や井戸・洗い場のまわりで営まれた。子どもが家の中にいるのは食事と寝るときで、道路が彼らの遊び場だった。フォールズが述べている。「日本人の生活の大部分は街頭で過され、従ってそこで一番よく観察される。昔気質の日本人が思い出して溜息をつくよき時代にあっては、今日ふさわしいと思われるよりずっと多くの家内の出来ごとが公衆の目にさらされていた。……家屋は暑い季節には屋根から床まで開け放たれており……夜は障子がぴったりと引かれるが、深刻な悲劇や腹の皮のよじれる喜劇が演じられるのが、本人たちは気づいていないけれど、影に映って見えるのである[*36]」。

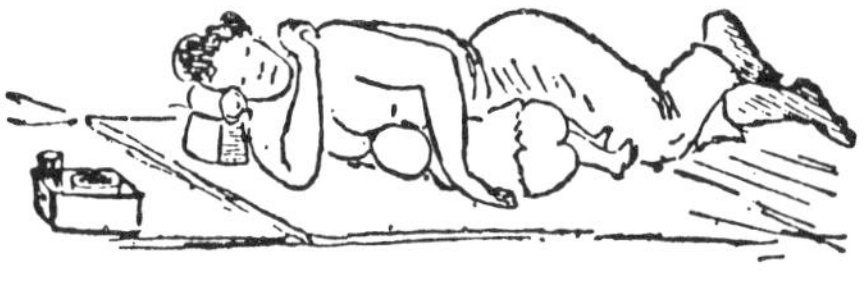

●眠る女（モース画／『日本その日その日』平凡社東洋文庫）

フランス海軍の一員として一八六六（慶応二）年から翌年にかけて滞日したデンマーク人スエンソン（Edouard Suenson 一八四二〜一九二一）にいわせると、「日本人の家庭生活はほとんどいつでも戸を開け広げたままで展開される」。従って「どこかの家の前に朝から晩まで立ちつくしていれば、その中に住んでいる家族の暮しぶりを正確につかむことができる。……夫婦喧嘩をはじめ、ほかのありとあらゆる葛藤の場面が見てとれる」。喧嘩の当人は人目など気にしていない。肌脱ぎになって化粧している女も外を通る西洋人と目が合っても頰を染めたりはしないのだ[*37]。

開放されているのは家屋だけではなかった。人びとの心もまた開放されていたのである。客は見知らぬものであっても歓迎された。ルドルフ・リンダウは横浜近郊の村、金沢の宿屋に一泊したとき、入江の向い側の二階家にあかあかと灯がともり、三味線や琴で賑わっているのに気づいた。何か祝い事をやっているのだろうと想像した彼は、様子を見たく思ってその家を訪ねた。「この家の人々は私の思いがけぬ訪問に初めは大層驚いた様子であったし、不安を感じていたとさえ思えた。だが、この家で奏でられる音楽をもっと近くから聞くために入江の向うからやって来たのだと説明すると、彼らは微笑を漏らし始め、ようこそ来られたと挨拶した」。二階には四組の夫婦と二人の子ども、それに四人の芸者がいた。リンダウは、歓迎され酒食をもてなされ、一時間以上この「日本人の楽しい集い」に同席した。彼らは異邦人にびくびくする様子はなく、素朴に好奇心をあらわして、リンダウの箸使いの不器用さを楽しんだ。そして帰途はわざわざリンダウを宿屋まで送り届けたのである。これは文久二（一八六二）年の出来ごとであった。[*38]
通商条約締結の任を帯びて一八六六（慶応二）年来日したイタリア海軍中佐ヴィットリオ・アルミニヨン（Vittorio F. Arminjon 一八三〇〜九七）も、「下層の人々が日本ほど満足そうにしている国はほかにはない」と感じた一人だが、彼が「日本人の暮らしでは、貧困が暗く悲惨な形であらわになることはあまりない。人々は親切で、進んで人を助けるから、飢えに苦しむのは、どんな階層にも属さず、名も知れず、世間の同情にも値しないような人間だけである[*39]」と記しているのは留意に値する。つまり彼は、江戸時代の庶民の生活を満ち足りたものにしているのは、ある共同体に所属することによってもたらされる相互扶助であると言っているのだ。その相互扶助は慣行化され制度化されている面もあったが、より実質的には、開放的な生活形態がもたらす近隣との強い親和にこそその基礎があったのではなかろうか。

開放的で親和的な社会はまた、安全で平和な社会でもあった。われわれは江戸時代において、ふつうの町屋は夜、戸締りをしていなかったことをホームズの記述から知る。しかしこの戸締りをしないというのは、地方の小都市では昭和の戦前期まで一般的だったらしい。ましてや農村で戸締りをする家はなかった。アーサー・クロウは明治十四年、中山道での見聞をこう書いている。「ほとんどの村にはひと気がない。住民は男も女も子供も泥深い田圃に出払っているからだ。住民が鍵もかけず、何らの防犯策も講じずに、一日中家を空けて心配しないのは、彼らの正直さを如実に物語っている」[*40]。

ポンペは長崎の出島に住んでいた五年間（安政四年～文久二年）、「自宅のドアに鍵をかけるなど、まったく念頭にも浮かばなかった」[*41]。オリファントも使節団宿舎の芝西応寺での経験を次のように語る。「われわれの部屋には錠も鍵もなく、開放されていて、宿所の近辺に群がっている付添いの人たちは誰でも侵入できる。またわれわれは誰でもほしくなるようなイギリスの珍奇な品をいつも並べて置く。それでもいまだかつて、まったくとるにたらぬような品物でさえ、何かがなくなったとこぼしたためしがない」[*42]。ムンツィンガー（Carl Munzinger 一八六四～一九三七）は一八九〇（明治二十三）年に来日したドイツ人宣教師だが、「私は全ての持ち物を、ささやかなお金も含めて、鍵も掛けずにおいていたが、一度たりとなくなったことはなかった」と書いている[*43]。

もっとも日本の家屋には鍵が皆無だったのではない。倉はむろん施錠されていた。だが一般家屋では「夜間用の錠前は雨戸に取り付けられているものだけ」だったらしい。少なくともモースは名著『日本人の住まい』の中でそう言っている。しかも彼によれば、「この装置はあまりに華奢で、こそ泥が爪楊枝でつついても壊れそうに思われるほどである」。錠、差し金、自動式掛け金を取りつけたアメリカの家屋は、日本人の目には監獄そのものに映るにちがいないと彼はいう。[44]
モースは滞日中、たえず財布の入ったポケットを抑えていたり、ベンチに置き忘れた洋傘をあきらめたりしないでいい国に住むしあわせを味わい続けていた。「錠をかけぬ部屋の机の上に、私は小銭を置いたままにするのだが、日本人の子供や召使いは一日に数十回出入りしても、触ってならぬ物には決して手を触れぬ。私の大外套と春の外套をクリーニングするために持って行った召使いは、間もなくポケットの一つに小銭若干が入っていたのに気がついてそれを持って来たが、また今度は、サンフランシスコの乗合馬車の切符を三枚持って来た[45]」。日本の店には主人がいないことがしばしばあった。モースは二十分も主人の帰りを待ち、業を煮やして隣の店の主人に、自分がこの品物を欲しがっていることを、そこの主人が帰ったら伝えてくれと頼んだこともあった。無人の店から持ち逃げする客が誰もいないというのは、彼にとっておどろきだった。[46]広島の旅館に泊ったときのことだが、この先の旅程を終えたらまたこの宿に戻ろうと思って、モースは時計と金をあずけた。女中はそれを盆にのせただけだった。不安になった彼は宿の主人に、ちゃんとどこかに保管しないのかと尋ねると、主人はここに置いても絶対に安全であり、うちには金庫などないと答えた。一週間後この宿に帰ってみると、「時計はいうに及ばず、小銭の一セントに至る迄、私がそれ等を残して行った時と全く同様に、蓋のない盆の上にのっていた」のである[*47]。

もちろんそれは、日本に盗人がいないという意味ではないし、くすねや盗みがないということでもない。ヘボンは来日直後の手紙に「窃盗は普通で、なかなか大胆です。ここより長崎の方がひどいです[*48]」と書いている。彼の宿舎は神奈川宿の成仏寺だったが、神奈川に来る前長崎に寄港したことがあった。スミス主教もこの点では手きびしい。日本人の不愉快な性癖は盗癖で、彼らの着物の袖はくすねたものをかくすのに都合がいいと彼はいう。彼が寄宿した長崎の寺の夜警は薪や米をくすねる癖があった[*49]。しかしヘボンやスミスの言明については、リンダウが次のように言っているのを考慮せねばなるまい。「断言できることは、日本ではシナと同様に、良い親切な土着の社会が、ヨーロッパ人の影響が支配している所では、どこでも消えてしまったということだ。出島のクーリー達はどうにもしようのない悪い奴らだし、横浜の商人たちは日に日に手に負えなくなってきている[*50]」。日本人の性格がどうのこうのということではなく、十九世紀の日本の社会が安全という点で申し分がなかったのは、バードが著書の中で、日本は女が心配なくひとり旅できる国だと、二度にわたって強調していることでも明らかなのである。

開放的で親和性の強い社会はまた、争いの少ない和やかな社会でもあった。パーマーは明治二十年代初頭の山田で見かけた伊勢詣りの群衆についてこう書いている。「この人たちは実に日本の大きな魅力である。……幸福で礼儀正しく穏やかであり、温和しい声で何時もニコニコしながらお喋りをし、ちょっとしたことからも健やかな喜びを吸収する恵まれた素質を持ち、何時間となく続けてトボトボ歩いてもあちらこちら見物しても、決してへばらない羨ましい身体と脚を持っているなどの点で、日本の楽しい群衆にひけをとらないものがあると公言できる国など何処にもあるまい」。「群衆の中にいる警察官は何もすることなどない」と彼には思われた。「日本の庶民はなんと楽天的で心優しいのだろうか。なんと満足気に、身ぎれいにこの人たちは見えることだろう[*51]」。先にも書いたが、パーマーは日本に八年住んだ人である。

「楽しい群衆」のおとなしさ秩序正しさについては、モースがたびたび述べている。隅田川の川開きを見にゆくと、行き交う舟で大混雑しているのにもかかわらず、「荒々しい言葉や叱責は一向聞えず」、ただ耳にするのは「アリガトウ」と「ゴメンナサイ」の声だけだった。彼は書く。「かくのごとき優雅と温厚の教訓！　しかも船頭たちから！　なぜ日本人が我々を南蛮夷狄と呼び来ったかが、段々判って来る[*52]」。「下流に属する労働者たちの正直、節倹、清潔その他、わが国において『基督教徒的』とも呼ばれるべき道徳のすべてに関しては、一冊の本を書くこともできる[*53]」と彼は思った。また彼は、相撲の見物人が「完全に静かで秩序的」であり、「演技が終って見物人が続々と出て来たのを見ると、押し合いへし合いするものもなければ、高声でしゃべる者もなく、またウィスキーを売る店に押し寄せる者もない」と、これまた米国の場合と比べながら記述する。「日本人はあまり酒をのまぬ民族」であり、「今日までの所では千鳥足の酔漢は一人も見ていない」。彼は日本で暮らしていた間に、たった一度しか往来での喧嘩を見なかったという。しかも彼には、その喧嘩のやり方がとても珍らしいものに見えた。二人はただ髪の引っ張り合いをするだけだった。見物人はモースひとり。道行く者は嫌悪と恐怖の情を示して避けてゆく。例によって彼はアメリカの場合と比較する。これがアメリカなら、「誰でも知っている通り、老幼が集って環をなし、興奮した興味をもって格闘を見つめ、ぶんなぐれば感心し、喧嘩が終るか、巡査が干渉するかすれば、残念そうに四散する」というのに。[*54]
モースは、日本に数ヵ月以上いた外国人はおどろきと残念さをもって、「自分の国で人道の名において道徳的教訓の重荷になっている善徳や品性を、日本人が生れながらに持っている」ことに気づくと述べ、それが「恵まれた階級の人々ばかりではなく、最も貧しい人々も持っている特質である」ことを強調する。
日本庶民の「善徳」に関するこういったモースの記述に、われわれは多少のとまどいを覚えないわけにはいかない。スミスは長崎で千鳥足の酔漢をしばしば見かけたし、ポンペは夜九時すぎると、長崎の街を通る人間の半分は酔っぱらっていると言っていたのではなかったか。フォーチュンも「日が落ちると、江戸全体が酔っぱらう」と言っている。「これはむろん誇張ではない。うたがいもなく、飲酒癖は今日他の国々では幸せにも知られていない程度にまで広まっている。日が暮れる前でさえ、街頭で出会う顔は怪しくも真赤で、酒をたっぷりと召し上ったことを正直に示している」。[*55]
紀州藩の儒者川合梅所の妻小梅の日記を見れば、冒頭の嘉永二（一八四九）年八月一日の記述から「酒一升五合求む。代二匁。それにて仏手柑《ぶしゆかん》酒造る。らんびきは此間ととのえる」とあり、さらに読みすすめるとこの家では日常実によく酒を用いていることがわかる。この年の「年中入用」のうち、酒は一石九斗二升ほどと記されている。二日で一升以上消費していたのである。[*56]また幕末の欧米人の記録を見ても、彼らが最も身の危険を感じたのも、酔って闊歩する武士たちに対してであって、とくに品川はそういう武士と出会う要注意の場所として知られていた。事実パンペリーは、或る日品川を通りかかったとき、八人から十人ばかりの酒に酔った郎党たちが、「悪鬼のように」刀を振りまわしながら、路上にとび出して来るのに出会ったのである。「日本における主要な悪徳は明らかに飲酒である」と彼は記さずにはおれなかった。[*57]
もっともモースもあとになって、徳川時代はもっと飲酒がさかんで、訪問者には必ず酒が出され、拒むと無礼とされたという話を聞いた。だとすれば、わずか十数年のうちに、飲酒という基本的な習俗において劇的な変化が生じたことになる。飲酒に関するモースの記述は[*58]、あるいは明治という新時代の禁欲的性格の証言であるのかもしれない。また街頭の喧嘩にしても、江戸の華は火事と喧嘩ではなかったのか。江戸時代では集団的な喧嘩で血が流れ死人が出ることがあったのは後章で見るとおりである。モースのいうところはこれまた、明治新政府の民衆教育の成果なのか。「日本人は酒に酔うと、アングロサクソンやアイルランド人、ことに後者が一般的に喧嘩がしたくなるのと違って、歌いたくなるらしい」というのはむろんユーモアであろうが、モースは本気でそう感じたようである。
さらに日本の群衆が押し合いをしないということも、彼は見た通りを書いたのだろうが、昭和初期に東京で暮らしたキャサリン・サンソム（Katharine Sansom 一八八三～一九八一　有名な日本史家ジョージ・サンソムの夫人）は「日本人は必要があろうがなかろうが、他人を押し除けて我れ先に電車に乗り込もうとします」と言い、「押してくるのは誰でしょうか。最も質が悪いのは、優しそうな顔をした年配の女性で、楽に抱えられそうなほど小柄な人たちです」と書いている[*59]。モースの観察がひいきの引き倒しなのか、それとも、この間に日本人の徳性において重大な変化があったのか。

だがモースの記述は、実は他の観察者の証言によって強力に支持されているのだ。明治七年に来日したディアス・コバルビアスは言う。「日本人に関して一番興味深いことは、彼らが慎み深く、本質的に従順で秩序正しい民族であるということである。天皇と女御の間に最初の女の子が誕生した時に取り行われた祝祭行事や、大久保大使が台湾問題で、日本が中国に要求した賠償金を手にして帰還したさいに開催された祝祭、その他にも多くの機会を通して、横浜、神奈川といった人口六万から七万の都市で、国民が、喧嘩も酔っぱらいも何の混乱もなく、照明と花火と、動物に変装した人々の怪奇な無言劇などを楽しむのを目撃する機会にめぐまれた。どの祭り場でも、通りで酔っぱらいに会ったことがなかった[*60]」。

グラント将軍の訪日（明治十二年）に随行したJ・R・ヤング（John Rusell Young 一八四〇〜九九）は、上野公園での歓迎会当日の群衆についてこう書いている。「人だかりの中で目につくものといえば、一般大衆の快活さとはしゃぎぶり、にこにこしている顔、娯楽好きな眼である。さらに気づいた点は、よく行き届いた完璧なまでの秩序と、親切とやさしい感情である。……群衆の快活さとがまん強さには終りがないように思えた[*61]」。パーマーも明治二十二年の憲法発布祝賀行事の当日において、おなじ感想を抱いた。「群衆の振舞いも日本独特で、見ていてとても楽しい。こんな時に喧嘩はつきもので必ず起るのだが、東京の町々を今夜歩きまわっている夥しい群衆の実に我慢強く丁重で機嫌がよいことは、日本以外には見られないと思われる」[*62]。

これらの記述を、国家的行事における明治政府の強力な民衆統制を示す史料として受けとりたい向きもあろう。しかし祭のさいの群衆の秩序については、リンダウの古い証言がある。彼は文久元年に「長崎の守護神の祭」を見物したが、「静かで争いのない群衆であった」と書いている。町には異常な活気がみなぎっていたが、同時に「完全なる秩序」が保たれていた[*63]。祭の秩序は警察によって保たれているのではなかった。バードが明治十一年に秋田土崎港の祭を見て書いている。「警察から聞いたところでは、港には二万二千人のよそものが来ているとのことだ。しかし、祭日を楽しんでいる三万二千人に対して、二十五人の警官の一隊で十分なのだそうだ。私は午後三時に立ち去るまで、酒に酔っているものは一人も見なかったし、乱暴な振舞いや無礼な振舞いを一例も見なかった。群衆に乱暴に押されることもまったくなかった。というのは、人びとがひどく混み合っているところでさえ、人びとは自分から輪を作って、私に息のつける空間を残してくれたのである[*64]」。

むろん、彼ら外国人観察者は、日本の庶民からすれば一種の貴人だった。幕府は彼らに騎乗の特権を認めた。これは士分たることの承認である。彼らは滞日中すべて馬に乗り、馬丁を傭い入れたが、この馬丁に先駆させるというのは「役人にだけ許された贅沢」で、「鞍にまたがり、お抱えの馬丁をもつヨーロッパ商人に対する日本人の驚きは大きかった」とパンペリーは書いている[*65]。だとすれば、リンダウやバードが祭の場で道をゆずられたのは、彼らが日本の庶民によって貴人とみなされたからだと考えられぬこともない。だがバードの見るところでは、日本の群衆は

「静かでおとなしく」、彼ら自身の間でも押し合いへしあいすることはなかったのである[*66]。

一八七四（明治七）年から翌年にかけて、東京外国語学校でロシア語を教えたメーチニコフの著作のなかにも、モースの記述への強力な裏づけが見出される。彼が案内された江戸でも一、二を争うという劇場は、大勢の庶民ですし詰めで、女は胸をはだけて赤児に乳を飲ませ、男たちは下帯一本の裸というまことに「デモクラティック」な有様であるのに、「そこにはなんの混乱も、押し合いもなかった」。彼は言う。「この国では、どんなに貧しく疲れきった人足でも、礼儀作法のきまりからはずれることがけっしてない。……わたしは江戸のもっとも人口の密集した庶民的街区に二年間住んでいたにもかかわらず、口論しあっている日本人の姿をついぞ見かけたことがなかった。ましてや喧嘩などこの地ではほとんど見かけぬ現象である。なんと日本語には罵りことばさえないのである。馬鹿と畜生ということばが、日本人が相手に浴せかける侮辱の極限なのだ[*67]」。

ブスケもまたモースとまるで口裏を合わせでもしたように述べる。「大川を横切っているいくつかの木の橋の上から見下すと、船が上げ潮にのって帆をひろげてゆっくり進んでくるのが見える。船頭すなわち水夫の組合は、労務者連中のなかで最も感心できないものの一つだそうだ。しかし今は粗野な様子も示さずに船を操り声をかけ合っている。罵倒することは下層階級でもきわめて稀である。……本来の意味での喧嘩、口論、乱暴は決してない。我国の忙しそうにしている群衆が常に見せているあの激しさや気忙しさを思わせるものは何もない」。大川の花火のときでさえ、ひけ時の混雑を抜け出そうとする船々は「強くぶつかりあうことも粗野な言葉を交わすこともない」のだ。[68]
日本人に対して辛口のスミス主教でさえ「街頭での喧嘩、口論、暴力は存在しない」[69]と断言する。ムンツィンガーは日本人に対する今ではステレオタイプと化した批判の初期の提出者だが、その彼も「ご機嫌に酒を飲んだあとドイツではよく起る乱暴な喧嘩は日本にほとんどない。粗野な罵りあいは滅多になく、呪は全然知られていない」、人力車が衝突した場合でも「車夫は優美なお辞儀で満足して、たがいに丁寧に許しをこう」と言う。[70] W・G・ディクソン（W. G. Dickson生没年不詳）は維新前と維新後、二度にわたって日本を訪問した英国人であるが、こう述べている。「私の日本旅行のすべてにおいて、二人の男が本当に腹を立てたり、大声で言い争ったりしたのを見たおぼえがない。また、中国では毎日おめにかかる名物、つまり二人の女が口論したり、たがいにいかがわしい言葉を投げつけあったりしているのも一度も見たことがない」[71]。
幕末から明治中期にかけての日本人は、やはりモースのいうように、喧嘩口論が少なく、劇場や雑踏で押し合いをしないといった、すこぶる穏やかで礼儀正しい人びとだったらしい。反証は探せば見つからぬではない。ギメによれば、彼の乗った人力車の車夫は、祭で賑わう日本橋の雑踏で他の車夫から侮辱されたとき、車も客もうっちゃらかして相手にとびかかったそうである。だが、ひとつの社会に喧嘩が絶無ということがあるはずはない。これは反証ともいいえぬ事例にすぎないだろう。
アンベールは、隅田川の両岸に住む人足、船頭、別当はたいそう柄がわるく、彼らの間には喧嘩や勢力争いが絶えないと書いている。しかし彼によれば、その争いはなんと橋の上の綱引きで解決されるというのだ。「この競技の見所は一番仕舞にある。いつでも負けた方が、引きずられたり、転がされたり、たがいに折り重なるようになって雪崩れ込んで来るからである。さらに一段と面白いのは、綱が突然切れて、双方とも一人残らず物凄い悲鳴をあげ、同時に地面に叩きつけられる時である。この耳を聾さんばかりの騒音に続いて、形容できないほどの喧々とした叫び声や、名状しがたい混乱や、目まぐるしい右往左往が始まる。人々は起き上がり、伸びをし、身体をゆさぶり、気違いのように爆笑する。そして仕舞には、相手方を橋の上まで迎えに行き、三三五々連れだって付近の茶屋に入って行き、そこで酒盛りを始め、痛飲して仲直りをするのである。そこへ行司、岡引き、女、通行人、それに両方の河岸の住民も参加して、お祭騒ぎは町内の門が閉ざされる時刻まで続けられる」[*72]。なんのことはない、これはむしろ庶民の無邪気さと人のよさの証言ではないか。江戸の華として伝えられる喧嘩にしても、加藤秀俊によれば暴力は二の次で、何よりもまず啖呵の華麗さと切れ味が競われたのだという。後章で述べるような、死者を伴いかねぬ街路上の集団的争闘は、社会的共同体次元での紛争として、また別種の問題を構成する現象であるだろう。

ディアス・コバルビアスは野毛山に設けた観測所で、一度も物を盗まれなかったと言い、夜間人里離れたところまで、単身武器も持たず、見ず知らずの人力車夫に案内されて度々出かけたのに、暴力沙汰に遭ったことや侮辱を受けたことは一度もないと述べて、「何の被害も受けずにこのような振る舞いができる国など世界のどこにあろうか」と嘆声をあげている[*73]。ディアスは人力車夫たちが、一人の客をめぐって争わず、くじ引きで誰が客を乗せるかをきめるのに感心した。

これはまたモースの経験したことである。「大学を出て来た時、私は人力車夫が四人いる所に歩みよった。私は米国の辻馬車屋がするように、彼らもまた私の方に馳けつけるかなと思っていたが、事実はそれに反し、一人がしゃがんで長さの異った麦藁を四本ひろい、そしてくじを抽くのであった。運のいい一人が私をのせて停車場へ行くようになっても、他の三人は何らいやな感情を示さなかった。汽車に間に合うために、大いに急がねばならなかったので、途中、私の人力車の車輪が前に行く人力車のこしきにぶつかった。車夫たちはお互に邪魔したことを微笑で詫びあっただけで走り続けた。私は即刻この行為と、わが国でこのような場合に必ず起る罵詈雑言とを比較した」[*74]。

ウィリアム・ディクソンもおなじ習慣を記録している。「東京のいたるところに人力車夫の溜り場があり、四、五人から一ダースほどの車夫が待機している。客をめぐって口論するかわりに、長さのちがう紐の束を用いてくじを引くのが彼らのやり方だ。客になりそうなのが近づいて来るのが見えると、彼らはそれをやる。お目当の人物が初めから乗る気などなくて通り過ぎてしまうと、当りくじを引いていた気の毒な車夫に向って笑い声が起る。その当人も嬉しそうに笑っているのだ」[*75]。

一八八五（明治十八）年に京都を訪うたピエル・ロティ（Pierre Loti 一八五〇〜一九二三）は、駅を出たとたん一団の人力車夫に襲われ、「彼らは自分の車に乗せようとして、口論したり押し合ったりした」と書いている[*76]。しかし、客を争わずにくじを引くという慣習が、一八九一（明治二十四）年におなじ京都でまだ保存されていたことは、フランス人旅行者カヴァリヨン（E.

Cavaglion）の記述から明らかなのだ。[77]
平和で争いのない人びとはまた、観察者によれば礼譲と優雅にみちた気品ある民であった。ボーヴォワルは、立ち寄った商店の女がお茶と煙草をすすめる仕草に感心し、「庶民の一婦人のこの優雅さ」からすれば、「われわれを野蛮人扱いする権利」をたしかに日本人に認めないわけにはいかないと感じた。街ゆく人びとは「誰彼となく互いに挨拶を交わし、深々と身をかがめながら口もとにほほえみを絶やさない」。田園をゆけば、茶屋の娘も田圃の中の農夫もすれちがう旅人も、みな心から挨拶の言葉をかけてくれる。「その住民すべての丁重さと愛想のよさにどんなに驚かされたか。……地球上最も礼儀正しい民族であることは確かだ」。[78]

●人力車夫（レガメ画／Guimet，前掲書）

モースにとっても、「挙動の礼儀正しさ、他人の感情についての思いやり」は、日本人の生れながらの善徳であると思われた。ある店で買物をして一週間後にまたその前を通ると、主人が彼を見覚えていてこの前の礼をいうのに、彼はおどろかされてしまうのだった。[79] 臨海実験所を設けるために滞在した江の島で、貧しい漁師や行商人の動作が「礼譲と行儀のよさ」ばかりである事実に、彼は深い印象を受けた。「我国社交界の最上級に属する人」といっしょに宿屋に泊ったとき、その米国人が宿屋の女中の振舞いを見て、「これらの人々の態度と典雅とは、我国最良の社交界の人々にくらべて、よしんば優れてはいないにしても、決して劣りはしない」と嘆声を洩らすのを彼は聞いた。[*80] ある日彼はむさくるしい街区に足を踏みこんだ。同行の日本人によれば、東京でも有名な貧民窟だという。だがそこでは「声高い叫びもどなる声も聞かず、目のただれた泥酔者も、特に不潔な子供も見なかった」。彼は書く。「このスラムともいうべき場所――もっともここはスラムではない――で、手当り次第にひろい上げた百人の子供について、私は、彼らがニューヨークの五番街上で手当り次第にひろい上げる百人の子供よりも、もっと丁寧で物腰はしとやかに、より自分勝手でなく、そして他人の感情を思いやることがはるかに深いと敢ていう」。[*81]
ウィリアム・ディクソンは、ある車夫が苦労して坂を登っていると、別な車夫がかけつけてうしろから押してやる光景をしばしば見かけた。お辞儀とありがとうが彼の報酬だった。これは互いに見知らぬ車夫どうしの間で起ることなのである。彼は、東京に住む宣教師が車夫からうやうやしく声をかけられ、様子が気に入って家まで車に乗り、さて財布を取り出したところ、「お気になさらずに」と言われたという話を紹介している。車夫のいうところでは、彼の友達の病気をこの宣教師が親切に治療してくれたので、ささやかなお礼をしたかったのだとのこと。そう言うと車夫はお辞儀をして立ち去って行った。[*82]

エドウィン・アーノルドも「俥屋にお茶を一杯ご飯を一杯ふるまって、彼のお礼の言葉を耳にすると、これがテムズ川の岸で、まぜもののビールをがぶ飲みしたり、ランプステーキに喰らいついたりしている人種とおなじ人種なのかと、感嘆の念が湧いてくる」と言っている。[*83] 彼は明治二十二（一八八九）年の仲通りと銀座の群衆について次のように記す。「これ以上幸せそうな人びとはどこを探しても見つからない。喋り笑いながら彼らは行く。人夫は担いだ荷のバランスをとりながら、鼻歌をうたいつつ進む。遠くでも近くでも、『おはよう』『おはようございます』とか、『さよなら、さよなら』というきれいな挨拶が空気をみたす。夜なら『おやすみなさい』という挨拶が。この小さい人びとが街頭でおたがいに交わす深いお辞儀は、優雅さと明白な善意を示していて魅力的だ。一介の人力車夫でさえ、知り合いと出会ったり、客と取りきめをしたりする時は、一流の行儀作法の先生みたいな様子で身をかがめる」。[*84] 田舎でも様子は変らない。弟妹を背負った子どもが頭を下げて「おはよう」と陽気で心のこもった挨拶をすると、背中の赤児も「小っぽけなアーモンドのような目をまばたいて、小さな頭をがくがくさせ、『はよ、はよ』と通りすぎる旅人に片言をいう」。茶屋に寄ると、帰りぎわに娘たちが菊を一束とか、赤や白の椿をくれる。礼をいうと、「どういたしまして」というきれいな答が返ってくる。[*85]
アーノルドはいう。「この独特で、比類するものなく、スポイルされず、驚異的で魅惑的で、気立てのよい日本を描写しようとつとめながら、私はどんなにそれが描写しがたいか実感している。彼らのまっただなかでふた月暮してみて、私は日本に着いて二週間後に大胆にも述べたことを繰り返すほかかない。すなわち、よき立ち振舞いを愛するものにとって、この〝日出る国〟ほど、やすらぎに満ち、命をよみがえらせてくれ、古風な優雅があふれ、和やかで美しい礼儀が守られている国は、どこにもほかにありはしないのだということを」[*86]。

ディアス・コバルビアスが「駅で常々好んで観察したことであるが、日本人旅行者は、切符売場とか汽車のドアのところに群がることをせず、到着順に並んで、誰一人として先に並んでいる人の場所を横取りしようとはしない」[*87]というのは、鉄道という文明開化の場におけるよそゆきのマナーではないかと疑われないこともない。チェンバレンは「この国の汽車旅行は決して楽しいものではない」と言っている。というのは「日本人は、自国の風習の中に留まっている時には、まことに身だしなみがきちんとしているが、ヨーロッパ風の生活のある状態に置かれると、汚らしくなるとまで言わなくても、だらしなくなってしまう」からだ[*88]。だが彼の言い分を仔細に読んでみると、通路を蜜柑の皮や吸い殻でよごすとか、人前で衣服をくつろげたり、甚だしきは着更えをしたり、さらには口から入れ歯を出して掃除したりするといったことが、彼の神経にさわっているのだとわかる。要するに彼らは旅は恥のかき捨てを実行しているのだし、今日でいえばお座敷列車風にくつろいでいるのだ。

しかし、バードはチェンバレンとは異なる乗客像を伝えている。彼女は明治十一年、京都を訪れるのに神戸から三等車に乗った。「というのは〝庶民〟がどんな風に振舞うか、とても見たかったからだ。座席の区切りは肩までしかなくて、もっとも貧しい階層の日本人ですぐ満員になった。旅は三時間続いたが、人びとのおたがいと私たちに対する慇懃さと、彼らの振舞い全体に私は飽きもせず目を見張った。美しかった。とても育ちがよく親切だった。英国の大きな港町の近傍でたぶん見かけるだろうものと、何という違いだろう。日本人はアメリカ人のように、きちんとした清潔な衣服を身につけることで、自分自身とまわりの人びとへの尊重の念を現わすのだ。老人と目の見えぬ者へのいたわりは、旅の間とてもはっきりと目についた。われわれの一番上品な振舞いだって、優雅さと親切という点では彼らにかないはしない」[*89]。

フォールズによれば、明治七年のこの国の民衆は列車に乗りこむ前に、傍に立つ、金レースのついた制服の駅員に深々とお辞儀をしたそうである。時にはプラットフォームに下駄を脱いで列車に乗りこむものもあった[*90]。フォールズは「目的地に着いたとき、下駄がそこで待っているとでもいうように」とからかっているが、この嘲笑好きの医療伝道師がその眼で写しとったのは、横着なところが一切ない、いかにも可憐素朴な民衆の姿ではなかったか。

この下駄脱ぎ一件は杉本鉞子《えつ》（一八七三～一九五〇）の『武家の娘』にも記録されている[*91]。彼女は東京のミッション・スクールに入るため、越後長岡から高崎へ出て、そこから汽車に初めて乗ったのだが、「汽車に乗る時、家の中へ入るように思って、入口で下駄を脱いで入って、兄に叱られた」。発車前に駅員が窓からその下駄を入れてくれたが、当時そういう間違いが多くて、下駄集め担当の駅員がいたそうだ。鉞子は明治六年の生れだから、

●車中にて（レガメ『日本素描紀行』雄松堂出版）

二十年代初頭の話と思われる。

W・G・ディクソンは明治十六年、日光を訪れるのに利根川を航行する汽船を利用した。その小さな船室で一晩すごすことになるので、それを借り切るように彼は助言された。「これまで日本人は丁寧そのものだと知っていたし、彼らといっしょになっても、げっぷをしたり唾を吐いたり、商品を売り歩いたり、手ばなをかんだりする中国人の不愉快な行為や、眼と耳と鼻に障る些細な迷惑にさらされることはないので、私は一等船室に入って、自分の分だけの席をとることにきめた」。船室はせまいけれど清潔だった。一ダースほどの乗客がいた。「あらゆることにおいてまたあらゆる人から示されたのは、まさに礼儀正しさと善良な人柄以外の何ものでもなかった」[*92]。

人びとの礼儀正しさといえば、何よりも異邦人の眼をおどろかしたのは、彼らが街頭や家屋内で交わすながながとしたお辞儀だった。カッテンディーケは言う。「礼儀は適度を越して滑稽なところまで行っている。初めて日本に来た者は、つまらぬ日本人同士が道で会ってちょっとした言葉を交わしている間に、お互いに腰をかがめてお辞儀をし、果しもなくベラベラと喋っている有様を見ると、噴き出したくなるであろう」[*93]。オールコックが初めて長崎に上陸した日は休日で、多くの人びとが晴着を着て街に出ていたが、彼の注意をひいたのはやはり、彼らが「人に出会うたびにまじめにていねいなあいさつを交わ」すそのやりかただった。「かれらは両手をひざのところまでおろし、身をかがめ、息を押し殺したような感じで口上をのべる」[*94]と彼は記している。

トロンソンも箱館に上陸したとたん、おなじ光景に出会った。「二人の知り合いが出会うと、近づいて低いお辞儀をし合う。手を脚にそって下げ、膝にとどくまでからだを曲げるのだ。その

●「口上をのべる」（Alcock, 前掲書）

時深く息を吸いこんで、“Oh”をゆっくり発音したような帯気音を出す」[*95]。ジェフソン＝エルマーストが横浜で見たところはこうだ。「日本人は、英国人がともすれば想像するような未開の野蛮人であるどころか、外国人に対してだけでなく自分たちおたがいに対して、これほど行儀作法が洗練されている国民は世界のどこにもない。下層階級にあっても、知り合いが街で出会うと、近づく前にたて続けに二、三度低く頭を下げ、例のごとく鼻でシューシュー音をたてながら挨拶する。別れ際には、お世辞やら誰々によろしくなど言いながら、おなじことがまた繰り返される。二人の役人が公式の訪問で出会ったとなると、互いに賞め言葉を交換しあう様は見ていて笑いたくなるほどだ」[*96]。

長崎におけるティリーの描写はなかなかくわしい。「挨拶のふつうのやり方はからだをほとんど二重に曲げ、そのままの姿勢でお世辞をいうごとに頭を下げる。……年とった女が二人、そういう風に頭をひょこひょこ下げながら、どちらかがもう参ったと思うまで、三十分ほど喋っているのを見ているのはとても面白い。男もたいていおなじ挨拶のやり方をするが、彼らの場合、手を膝から脚まで下げ、この体操をやりながら、強く息を吸いこんでよろこびを表わす。……下級のものが上級のものに挨拶するときは、下級者は指が地面につくまで低く体を曲げ、上級者はそっけないけれど柔和に体を傾ける」[*97]。しかし指が地面につくというのは、必ずしも下級者の上級者に対するお辞儀ばかりとは限らない。アーネスト・サトウの記すところによれば、彼らが土佐を訪問したとき、あの傲岸な山内容堂（一八二七〜七二）が出迎えて、「手の指を足の指あたりまで下げてお辞儀をした」[*98]ということだ。

一八五九（安政六）年、樺太境界問題を討議するため、アムール艦隊をひきいて江戸に来航した東シベリア総督ムラヴィヨフ一行には、ヴィシェスラフツォフ（Aleksei Vladimirovich Vysheslavtsov）という医師が同行していた。彼は呉服屋で、主人と顧客がながながとお辞儀を交換するのを次のように描写している。「ふたりの紳士の間で、そばで見ていて滑稽なほどの挨拶が取りかわされ出した。まずはじめに両者そろって上体をかがめ、両手を膝において深く頭を下げてお辞儀をした。そうしながらも、心をこめて長々と歯の間から息を吸いこんでいた。それから主人が客人にパイプを勧めたが、それがまたシューシュー音を伴っていた。客人の示す快楽の表情に、主人はまるで疲れきって今にも消え入らんばかり、視線にまで夢見るような表情をたたえていた。ついにふたりは二言三言口をきき、腰をおとしてすわりこんだ。相手も同じ動作を行い、パイプをとった。ここまでだけですでにもう十五分ぐらいたち、今度はすわったままでするお辞儀がますます盛んになって、息を吸う音も、聞いている方が心配になるほど激しくなり、これでは、われわれ罪のない見物客の息を抜いてしまうつもりの、生きた空気ポンプではないかと思われてきた。ふたりが一体何を話しているのか、それを知るためになら大金を投げ出してもいいと思ったほどだった」[*99]。彼によると、彼の乗ったコルヴェット艦を訪ねた幕府の役人も「全員が歯の間から息を吸ってシューシューいいながらお辞儀をした」[*100]とのことである。

このシューシュー音についてはメーチニコフも書いている。彼の日本への船旅の相客にゲンジロウという商人がいたが、彼と彼の兄弟や手代たちとの再会の場面をメーチニコフは次のように描く。「膝に手のひらをのせ、やや中腰になって、ほぼ直角にまで上体を折り曲げると、彼らはすすりあげるように息をすいこみ、つぎには息をシューシュー吐きながら、幾度もこの体操のような動作をくりかえす。見ているものには、それがまるで気が立った鵞鳥が威嚇しているように映った。それがすむと、めいめいが腰を曲げた姿勢のままで、じつに長ったらしいことばを、鼻にかかった声で早口に話す」[*101]。お辞儀のさいの帯気音は観察者の大いに気にしたところで、それに関する記述は枚挙にいとまがないほどだ。

ティリーは先に述べたように、ロシア海軍に勤務した英人であるが、ムラヴィヨフ艦隊の一員として江戸入りし、好んで街の探索に出かけた。彼がとくに興味をもったのは町内ごとに設置された番小屋で、彼はそこに入りこんではお茶や煙草を振舞われた。「何という儀式、平伏、エティケットを私はそこで見たことだろう。何という背中の曲げかた、膝のこすりかた、ヒューッという強い息の吸いこみかた、疲れを知らぬしゃべりかたであったことだろう。当番の交替は時間のかかる仕事だ。どちらの側も仕事の引き継ぎをやる前に、お追従的な丁寧さで相手を打ち負かそうと努める。それがすむと、着物を整えねばならないし、オビつまり腰に巻きつけた絹のスカーフに刀を枠に差さねばならないし、はだけた胸もとを優雅に何枚もの下着で覆わねばならないし、円い笠を頭にのせたり扇を拡げたりせねばならない。それからやっとその伊達男は自分の書物をとりあげ、彼のあと継ぎに別れの挨拶をするのにまた五分間費すのだ」[*102]。明治七（一八七四）年、弘前の東奥義塾の教師をつとめたマクレイ（Arthur Collins Maclay 一八五三〜一九三〇）も、四人の士族が部屋から出てしまうのに、五分ばかりかかったのを目撃した。彼らはどうぞお先にと譲りあっていたのである。ただし彼がこういう丁重さを、武士の間では無礼な行為が決闘に直結するからだと解説しているのは、けっして真相を衝いたものとはいえない[*103]。

観察者の注目を浴びた日本人のこのようなお辞儀は、明治の中期になってもまだ見かけることができた。カヴァリヨンは明治二十四年、京都のある神社で「品のある背広を着た若い男が、お歯黒の老婆に帽子を脱いで話しているのを見かけた」が、二人は別れぎわに「地面すれすれに、足に頭がつかんばかりに半円を描いて」お辞儀をしあったとのことである[*104]。こういう礼儀正しさはしかし、観察者の眼につねに賞讃すべきものと映ったわけではない。それが度が過ぎて滑稽なものに見えることがあったのは前述のとおりだが、ヴィシェスラフツォフは、このような日本人独特の如才なさ、立居振舞いのエスプリなるものが「この国に遠い昔からかけられてきた軛《くびき》の名残り」であり、「国民の精神力の最良の部分を吸いつくしてしまった過去の全歴史に圧迫され、強制されて形成されたもの」だと、いささか型どおりだが、当然あってしかるべき批判的見解を開陳している[*105]。

●お勘定でございます（Arnold, Japonica）

しかし、一八八六（明治十九）年に来日した米人画家ラファージ（John La Farge 一八三五〜一九一〇）は、日本人の礼節に「自由の感情」あるいは「民主的と呼んでよさそうなもの」を感じた。[*106] これはチェンバレンの感じたことに非常に近い。だが、〝封建制〟あるいは身分制度の一表現でもあるはずの丁重な礼儀作法が、ある種の自由や自立に通じるという逆説には、ここでは深入りを避けよう。それよりも問題として重要なのは、観察者に深いおどろきを与えた日本人の礼儀正しさが、彼らがこぞって認めた当時の人びとの特性、無邪気で明朗、人がよく親切という特性のまさに要めに位置する徳目だということだ。その点を明瞭に認識したのはエドウィン・アーノルドである。

「都会や駅や村や田舎道で、あなたがたの国のふつうの人びとと接してみて、私がどんなに微妙なよろこびを感じたか、とてもうまく言い表わせません。どんなところでも、私は、以前知っていたのよりずっと洗練された立ち振舞いを教えられずにはいなかったのです。また、ほんとうの善意からほとばしり、あらゆる道徳訓を超えているあの心のデリカシーに、教えを受けずにはいられませんでした」[*107]。東京クラブでこう語ったとき、アーノルドは日本人の礼儀正しさの本質をすでに見抜いていたのだった。彼によるとそれは、この世を住みやすいものにするための社会的合意だったのである。

「日本には、礼節によって生活をたのしいものにするという、普遍的な社会契約が存在する。誰もが多かれ少なかれ育ちがよいし、『やかましい』人、すなわち騒々しく無作法だったり、しきりに何か要求するような人物は、男でも女でもきらわれる。すぐかっとなる人、いつもせかせかしている人、ドアをばんと叩きつけたり、罵言を吐いたり、ふんぞり返って歩く人は、最も下層の車夫でさえ、母親の背中でからだをぐらぐらさせていた赤ん坊の頃から古風な礼儀を教わり身につけているこの国では、居場所を見つけることができないのである」[*108]。「この国以外世界のどこに、気持よく過すためのこんな共同謀議、人生のつらいことどもを環境の許すかぎり、受け入れやすく品のよいものたらしめようとするこんなにも広汎な合意、洗練された振舞いを万人に定着させ受け入れさせるこんなにもみごとな訓令、言葉と行いの粗野な衝動のかくのごとき普遍的な抑制、毎日の生活のこんな絵のような美しさ、生活を飾るものとしての自然へのかくも生き生きとした愛、美しい工芸品へのこのような心からのよろこび、楽しいことを楽しむ上でのかくのごとき率直さ、子どもへのこんなやさしさ、両親と老人に対するこのような尊重、洗練された趣味と習慣のかくのごとき普及、異邦人に対するかくも丁寧な態度、自分も楽しみひとも楽しませようとする上でのこのような熱心――この国以外のどこにこのようなものが存在するというのか[*109]」。「生きていることをあらゆる者にとってできるかぎり快いものたらしめようとする社会的合意、社会全体にゆきわたる暗黙の合意は、心に悲嘆を抱いているのをけっして見せまいとする習慣、とりわけ自分の悲しみによって人を悲しませることをすまいとする習慣をも含意している[*110]」。

いまこそわれわれは彼が次のように述べた訳が理解できるだろう。「国民についていうなら、『この国はわが魂のよろこびだ』という高潔なフランシスコ・シャヴィエルの感触と私は一致するし、今後も常にそうであるだろう。都会や町や村のあらゆる階層の日本人のあいだですごした時ほど、私の日々が幸福かつ静澄で、生き生きとしていたことはない[*111]」。アーノルドは一八八九(明治二十二)年十一月に来日し、麻布に家を借りて娘と住み、九一年一月に日本を離れた。彼は九七年に日本人女性と結婚したそうだが、日本讃美者にありがちな幻滅が晩年の彼を襲ったかどうか私は知らない。しかしそれはどうだって構わないことだ。私にとって重要なのは在りし日のこの国の文明が、人間の生存をできうるかぎり気持のよいものにしようとする合意と、それにもとづく工夫によって成り立っていたという事実だ。ひと言でいって、それは情愛の深い社会であった。真率な感情を無邪気に、しかも礼節とデリカシーを保ちながら伝えあうことのできる社会だった。当時の人びとに幸福と満足の表情が表われていたのは、故なきことではなかったのである。

ケーベルは教師であったから、「子供らしさと一種愛すべき野性」を日本人のきわめて好ましい性質としてあげたとき、彼の念頭にあったのは主として学生であったにちがいない。彼は学生の「長上に対する単純な信頼と自由なる態度」こそ「日本人のナイーヴな子供らしい性質を最も明らかに最も愛らしく示すもの」だと感じた。しかし日本人の師弟間の情愛といえば、山川菊栄（一八九〇〜一九八〇）が描いている祖父青山延寿の死の光景[*112]を、私は思い出さぬわけにはいかない。

延寿は水戸学派の史家として名高い青山延于の四男であるが、明治三十九（一九〇六）年、八十七歳で亡くなったとき、「方々から集まって来た白髪頭や禿頭の昔のお弟子たちが、お棺にとりついて『先生、先生』と子供のように声をあげて泣いていた」という。延寿の甥の勇は七十近い老人であったが、「私は叔父さんを親だと思っていたのに」と、「中気でもつれる舌をふるわせながら」嘆くと、「これも延寿の甥で弟子だった、老学者手塚陽軒がだきかかえるようにしていたわり、酒にまぎらして高声でトボケたことをいっては皆を笑わせて気を引立てようとしていた」。菊栄が少女のときの記憶である。むかしの日本人はこのように、歳をいくつとっても素直に情愛をあらわすことのできる、子どもらしい人びとだった。菊栄のいうには、「これらの人々はみな七、八歳から弟子入りして、公私共に互いを知りつくし、維新前後の苦難を共にして、師弟というより、血をわけた親子のようなもの」だった。彼女が語る次の挿話[*113]も、在りし日の日本人のこまやかな情愛を物語る好例である。

彼女の母千世は、当時の習慣に従って数えの十三歳から裁縫の師匠についた。まだ藩政時代の話で、師匠は石川という、身分の軽い水戸藩士の夫人である。主人は「六尺ゆたかの頭の禿げた大きなおじいさん」だったが、自分の家の縫い子が大の自慢で、可愛いくてたまらぬ様子。縫い子が着物を一枚仕上げると、このおじいさんの所へ見せにゆくのがしきたりで、するとおじいさんは「結構です、よく出来ました、おめでとう」と祝ってくれて、「それでは私が霧を吹いてあげよう」と言うのだった。おじいさんが吹くと「ほの白く透きとおる薄絹をサッと拡げたようにきれいな霧が立」った。おじいさんはあどけない娘が、一日せっせと針を動かしているのがいじらしかったのだろう。ときどき、妻のお師匠さんにねだって衣裳を出してもらい、余興を始める。うちかけの代りに客夜具をかぶり、右手に六尺棒、左手に笠を持って、「一生懸命細い、かわいらしい声を出して、『もうし、もうし、関を通して下さんせ』と、関寺の小町姫になっ」たつもりである。「座敷中、仕立物も何もそっちのけにして、笑いどよめくのを見ておじいさんは大得意、嬉しくて堪らない」のだった。この石川夫妻は文化文政時代にのびのびと育った人で、芸事にも明るかったが、主人は実は若い頃、名うてのきかん気で、威張り屋の上役をへこました有名な挿話の持主だったという。

宇都宮三郎（一八三四〜一九〇三）は明治期の窯業界に重きをなした化学者であるが、若き日は桂川家に入りびたっていた。桂川家は幕府の奥医師であり、代々蘭学者を出して「蘭学の元締」といわれた家柄である。当主は七代甫周（一八二六〜八一）であるが、三郎はこの甫周が大好きで「これがノウとのさん、あれがノウとのさん」と話しかけ、甫周が便所に立つとついて行って話を続けた。甫周が病に臥すとつききりで看病し、顔に冷たいものが落ちるので甫周が目をさますと、それは三郎の涙だった[*114]。

こういう日本人の情愛の深さについては、むろん欧米の観察者も気づいていた。オールコックはトビーというスコッチテリアを飼っていたが、熱海滞在中にこの犬が死んだ。「この場合、日本人の性格のもっともよい気質のいくらかが、非常に都合よく現われた」と彼はいう。「私の別当頭は、犬が死んだことを聞くとすぐにかけつけて、かご製の経かたびらに犬を包み、とむらいをした。私は宿所の経営者に木陰の美しい庭に犬を埋葬する許可を求めた。すると彼はすぐにみずからやってきて、墓を掘る手伝いをしてくれた。あらゆる階級の一団の助手たちが、あたかも彼ら自身の同族の者が死んだかのように、悲しそうな顔付きでまわりに集まってきた。犬はむしろに包まれて、好物の豆といっしょに墓にいれられた。注意深く北側におかれた頭の上に常緑樹の枝が一本さしこまれた。寺の僧侶が水と線香をもってきた。ついでその場所を示すため、でこぼこの墓石が墓の上におかれた。日本人は、支配者によって誤らせられ、敵意をもつようにそそのかされないときは、まことに親切な国民である」[*115]。

宣教師ブラウンは神奈川に住みついて以来、キリスト教をひろめるのではないかという幕府の疑惑をいつも意識させられてきた。ところがある日彼が街路を歩いていると、家来を連れた「警察の上役人」と出会った。「わたしが道を横ぎるとき、私の手をとり会釈して、役目の期間が終ったので江戸に行きますと言い、また別れのあいさつをしに行きたいが、時間がないのでそれもできず、恐縮の至りですといって別れ」た。その役人はほかの宣教師にもおなじような挨拶を繰り返していたということだ[*116]。ブラウンは幕吏からなぜこんな別離の情を示されるのか、合点がゆかなかったらしい。幕吏はただ人なつこい感情を自然に流露させたにすぎなかった。別れはつねに惜まれる、たとえ相手が異国の宣教師であったとしても。

グリフィスが福井の藩校を辞職する際には問題が生じた。契約は三年であったのに、彼はまだ一年も在職していなかったのである。しかし彼はどうしても東京へ移りたかったし、その希望はついに認められた。その間きびしい見解の対立があったにも係わらず、別れの宴は盛大に張られた。グリフィスは妹への手紙に書いている。「昨日一日、わが家は生徒や役人や市民、ざっと言ってあらゆる者でごった返した。みんな別れを告げに来たのだ。みんな、お金とか漆器とかお菓子とか骨董などをプレゼントしてくれて、テーブルは一杯になってしまった」。出発当日、五十人ばかりの学生と市民が三マイルも見送ってくれた。学校主事の村田氏寿（一八二二〜九九）と十二人ばかりの関係者は十二マイル彼を見送ることになっていた。この村田こそ、グリフィスの身勝手な願望にとって最も手ごわい障壁だったというのに[*117]。

マクレイも東奥義塾を十ヵ月で去り、東京へ移ったが、生徒は郊外まで二マイル彼を見送った。別れの地点で代表が感謝の辞を述べた。先生が行ってしまって「私たちは悲しい。弘前もさびしくなる」。答辞を述べようとして馬上から彼らの上を向いた顔を見ると、眼はうるんでいた。二十一歳のマクレイは感動した。「私はけっしてその光景を忘れない。彼らは半円形に私をとり囲み、かかとは深く泥土にめりこみ、寒気にふるえていた[*118]」。一八七三（明治六）年十一月十一日のことだった。

明治三十二（一八九九）年、二十三年ぶりの再訪を果したフランス人画家レガメは、築地の居留地を出て、本所を散歩するのが楽しみだった。というのはそこは職人の町で、彼らの生態が興味深かったし、職人とその家族が「さもしさもなければ、報償の期待もな」く、ごく自然な態度で彼を受けいれてくれるのが嬉しかったのである。たとえば釘作り職人は、にっこり笑ってレガメに釘をひと握りくれるのだった。「私は深く感動して、頭をかしげて戻る。たった今見たすべてのことに心の奥底まで動かされ、あの誠実な人たちと、手まねでしか話せなかったことが大変もどかしい。勇気があって機嫌よくというのが、陽気で仕事熱心なこのすばらしい人々のモットーであるらしい。女性たちは慎ましく優しく、子供たちは楽しげで、皮肉のかげりのない健康な笑い声をあげ、必要なときには注意深い。……彼らは、私がどんなに彼らが好きであるか、おそらく知るまい」[*119]。おのれが幸せである者は、またひとを幸せにする者である。ここに輝いていたのは、日本の古き庶民世界の最後の残照であった。

この章を閉じるにあたって、横山俊彦が一八七〇年代の政府通達をめぐって論じている問題を検討しておきたい。彼は、サイプリアン・ブリッジ（Cyprian Arthur George Bridge 一八三九〜一九二四　海軍提督）が一八七〇年代後半に京都を訪れて市街の規則的でまとまった構造に感銘を受けた事実をとりあげ、博覧会見物にやって来る外国人に好印象を与えるため、一八七二年に京都府知事から下水・溝等の徹底的な清掃が市民に対して指示され、あわせて外国人の前で見苦しい振舞いのないよう訓告がなされたことを指摘し、次のように述べている。「一八七〇年代を通じて、京都だけでなく日本の多くの地方で、当局は住民と外国人のトラブルを防止すべく熱心に努力していた。しかし外国人来訪者はこの努力に気づかず、この新しく開かれた地域への旅を無邪気に楽しみ、十分に教えこまれた市民や村人と出会ったのである」[*120]。

つまり横山は、外国人観察者が日本人の清潔や礼儀正しさに感銘を受けたのは、日本をそのようなものとして外国人に見せかけようとした政府の術策に手もなく乗せられた結果だと言いたいわけで、先に見た彼のオリファントやオズボーンに関する議論の繰り返しである。だがこの主張はとうてい受けいれることができない。第一、ブリッジが言っている京都という街の整然としたコンパクトな造りということは、下水や溝が清掃してあるかどうかということとまったく無関係である。すべての家が木造で「おもちゃのように小さい」というのも、通りが真直で広いというのもまったく関係がない。清潔ということだけが関係があるとしても、バードがあまりに清潔で靴で歩いていいのかしらと思ったという日光の町は、なにもバードという英人が来るぞと前触れされていたわけではなかった。バードは新潟でもおなじ感じを抱いたのである。ブリッジが、学校帰りの少女たちの陽気な様子が、もし彼女らがいなければ単調で陰気な町並みに輝きを投げていたと言っているのも、京都府の指令とは何の関係もないことである。

外国人とトラブルを起すなという当局の指導は、たしかに民衆に一定の影響を与えたことだろう。バードは新潟県の津川で、ある子どもが彼女に侮辱的な言葉を投げつけたとき、警官から叱られ謝罪させられたと書いている[*121]。だがこの点では次のふたつのことを指摘せねばならない。第一に、日本の庶民の善意・親切・礼譲が、当局から戒告されて表面だけ装われたものか、それとも彼らの本心からのものであるか、それを区別できないほど観察者は間抜けではなかっただろう。政府の指導などなくても、欧米人は一種の貴人であるから、民衆は彼らに奉仕的な態度をとる場合が多かったにちがいない。しかし、彼らの親切や礼儀正しさが、上級者に対する下級者の習慣づけられた屈従迎合の態度にすぎないのだったら、観察者があのように感動したはずはなかった。在りし日の日本人の親切と礼節については、いちいち挙げることのできぬほどの感動的な証言があり、その一端はすでに紹介した。この厖大な証言をすべて政府の操作に惑わされた結果だとするのはノンセンスである。

第二に政府がいくら戒告し指導したからといって、民衆はそれの言いなりになるような存在ではなかった。秋田県でのことだが、バードを乗せた車を曳いていた三人の車夫は、警官に出会うや、いそいで横棒にかけてあった半纏を身にまとおうとした。それまで彼らは裸だったのである。彼女は年輩の車夫が「示したような卑屈な様をこれまで見たことがなかった。頭から爪先きまで彼は慄えていた」。むろん彼は、裸体取締りに違反したかどで逮捕されるのではないかとおそれたのだ。しかし警官の姿が見えなくなると、「二人の若者は着物を空中に放り投げ、甲高い笑い声をあげて、梶棒の間ではしゃいでみせたのである」[*122]。クライトナーはバードとおなじ明治十一年に訪日したのだが、やはり同様の事実を経験している。「わたしたちが警察の派出所に近づいたり、刑事が道路を横切ったりするだけで、わたしたちの車夫はすぐさま着古したハッピを裸の体にはおったり、あるいはちょっと肩に引っかけたりするのであった」[*123]。つまり彼らは面従腹背の態度で官憲に対応していたということができる。

そもそも、いくら官憲が通達を出したとて、外国人とのトラブルは防止できるものではなかった。フォールズは富士山麓の上吉田を訪れたとき、手荒い「歓迎」を受けた。つまり群衆から泥や石を投げつけられたのである。彼が群衆のリーダーらしい若者たちに、この地方の名高い風景を見ようとやって来た穏やかな外国人にどうしてこんな仕打ちをするのかと問うと、やっと投石はやんだ。あとで聞いたところでは、最近訪れたフランス海軍士官の行状がこの投石の原因であるらしかった。[*124]一八七〇年代の出来ごとである。また一八八〇年代の初めのことだが、ボストンの牧師ジョセフ・クック（Joseph Cook）は京都を訪れ、暑いのと人力車が遅いのにじれて、車夫の背中をこうもり傘の先で突き、怒った車夫からひきずり降されて、帽子も服も剝ぎとられてしまった。[*125]
投石といえば、一八五九年、ムラヴィヨフ艦隊の将兵は、江戸で盛大な投石に見舞われた。群衆は彼らを追跡し、包囲し、石を浴せたのである。しかもそれは官憲の眼の前であった。[*126]ティリーは前述のようにこの艦隊の一員だったが、買物に出て投石に遭った。それはまず子どもから始まり、ついで大人に波及した。ティリーたちが身の危険を感じ出したとき、彼らを救い出してくれたのは「自分の背丈とおなじぐらいの長さの刀」を差した十四歳ばかりの少年武士だった。彼が手にした杖をひと振りすると群衆は後退した。この少年はティリーらを買物の間ずっと護衛してくれた。[*127]
オールコックによると、そもそも五八年のエルギン卿使節団も「市内の一大商店街」で投石を受けていた。彼はこの悪名高い場所に足を踏み入れてみたが、乾いた土くれを一度投げつけられただけだった。「かれらは侮辱の色は見せなかったが、ひどく叫び声をあげたり、野次ったりしった。それはたしかに、尊敬や敬意を表わすためではないようであった」[*128]。ジーボルトの長男アレクサンダー（Alexander Siebold 一八四六〜一九一一）は、一八六一（文久元）年、父とともに江戸入りしていたが、両国橋で「おんな唐人」と叫びながら殺到する群衆にとり囲まれ、あやうく逃れたことがあった。彼はこのとき十五歳、女と見間違えられたのだった。この両国橋は民衆が外国人と見ると唾を吐きかけるというので、かねて悪名高い場所だった[*129]。一八六七（慶応三）年、オランダ総領事の任にあったポルスブルックは、同国人の開成所化学教師ハラタマ（Koenrad Wolter Gratama 一八三一〜八八）とともに浅草で、「下層民数千人」から投石を受けた。護衛の役人は何もしてくれず、ポルスブルックは「今にも踏み倒されるのではないか」という恐怖を感じた。二人はさいわい重傷は負わなかったが、ハラタマが背に受けた傷は激しく痛んだ[*130]。

投石どころか、オランダ領事ボードウァン（Albert Bauduin 一八二九〜九〇）によれば、長崎では殺傷事件も頻発していた。姉たちに送った一八五九年の手紙のなかで彼はいう。「連日英米人と日本人の間に乱闘があり、ふつうは日本人が射殺されて、事が収拾されます。今週もすでに二死体が出ています。ああ日本はよい国ですよ。楽しい同衾相手は弾丸をこめた短銃なのです[*131]」。

幕末来日した欧米人は、「トージンバカ」とはやし立てる子どもたちにつきまとわれるのを常とした。オイレンブルク使節団員は江戸の下町で、このはやし声をしばしば耳にし、それが「ばかな外国人」という意味であることを知っていた。にもかかわらずベルクは「もとよりこれは敵意のあるものではない」と書いている[*132]。ヴェルナー（Reinhold Werner 一八二五〜一九〇九）は使節団を構成する四隻の艦隊のうちの運送艦エルベの艦長であるが、「トージン　トージン」と叫ぶ数百人の子どもに追いかけられたと述べ、トージンとは中国人のことで、子どもたちはわれわれを中国人と思っていたのだと、無邪気なことを書いている。しかしこの子どものはやし立ては、彼らの奇妙なほどの行儀よさをヴェルナーが認めるのに妨げとはならなかったのである。[133] リンダウは文久二年に鎌倉で、「トージン」と叫ぶ子どもたちに取り囲まれた。「この騒々しい連中は、しかしながら何の害もない」と彼はいう。[134] パンペリーはおなじ年、八王子で、「トージン　トージン」と耳を聾さんばかりに叫ぶ群衆と出会った。彼は、漁村で出会った住民や子どもが「バカバカ」と喚声をあげたときのような侮辱の意図はこの際はなかったと書いている。[135]
しかしこの「トージンバカ」ははるかに由来のあるはやし言葉だったのである。一六一二年、英国東インド会社より日本に派遣されたセーリス（John Saris　一五七九／八〇〜一六四三）は、江戸旅行の途上行く先々で「子供や下等の惰民」につきまとわれ、「トーシン」あるいは「コレ、コレ」という罵声を投げつけられた。セーリスはコレとは朝鮮人の意だと言っている。[136] また一六五二年参府したオランダ使節に随行したスウェーデン人ヴィルマン（Olof Eriksson Willman　一六二三?〜七三?）はとくに江戸と大阪で「トーシン　バイバイ」と子どもたちからはやし立てられた。それを「この山師め、ごまかしものを売ってしまえ」という意だと解して、ヴィルマンは不快を覚えた。[137]
民衆は官憲にうながされて、外国人に対してつくり笑いばかりしている存在ではなかった。彼らは自分自身の意向に従って外国人と接した。そして外国人観察者はトラブルや不愉快や反発をも含むそういう多面的な接触のなかで、おのれの印象と判断を形成したのである。日本人の親切・善意・礼譲についての見解も、そのようにして形成された彼らの所見の一部にほかならなかった。

われわれは観察者と民衆のそういう飾らぬ出会いの一例を、スエンソンの記述のうちに読みとることができる。「初めてこの場所（横浜の遊女屋岩亀楼）を訪れる欧米人は、町周辺がとても安心できるような雰囲気ではないために、ここの警察がしっかりしているのを知って思わずほっとする。人ごみはまったくもってはなはだしく、今にも騒動が起るのではないかと心配になるほどだ。……ほとんどわからないからいいようなものの、汚らしい声で日本人が何か言ってくるのが耳にさわる。そしてこちらも疑い深い目で周囲の色黒でずんぐりした連中を観察する。みんな頬かぶりをしていて、見えるのは黒く光るふたつの目だけ、日本人はこうして顔を知られないようにするのである。しかし西洋人の疑い深さも、日本にごく短期間滞在するだけでたちまち霧消してしまう。これら変装した人々が、人の好いおとなしい職人で、頬かぶりの下には正直で善良な顔を隠しており、口汚いかけ声も、あたりの連中を笑わせようと時々外国人をだしにして発せられる単なるふざけ半分の気まぐれにすぎないことが、やがてわかってくるからである[*138]」。

注

*1——『シュピースのプロシア日本遠征記』（奥川書房・一九三四年）二六六ページ。原著は一八六四年、ライプツィヒ刊。
*2——ミットフォード前掲書一六ページ
*3——同前三二～三ページ

＊4――ポンペ前掲書三三一ページ
＊5――Osborn, ibid., p. 174
＊6――オールコック前掲書『上巻』二八九～九〇ページ
＊7――ポンペ前掲書三二九ページ
＊8――同前三四六ページ
＊9――Smith, ibid., pp. 224～5
＊10――Smith, ibid., p. 86, p. 223　ポンペのこの言明はフォーチュンも引用しているが、これはおそらくスミスの著書からの再引であろう。スミスの本はフォーチュンのそれより二年前に出ている。
＊11――Smith, ibid., p. 223
＊12――Smith, ibid., p. 58
＊13――Smith, ibid., pp. 311～2
＊14――Fortune, ibid., pp. 64～5
＊15――オールコック前掲書『上巻』一九〇ページ
＊16――オールコック前掲書『下巻』二二七ページ
＊17――オールコック前掲書『中巻』二三二ページ
＊18――リンダウ前掲書一六一ページ
＊19――ジェーンズ『熊本回想』（熊本日日新聞社・一九七八年）一六ページ。原著は Kumamoto, An Episode in Japan's Break from Feudalism と題するプリンストン大学蔵の手稿。邦訳書は部分訳と要約を組み合わせたもの。
＊20――ケンペル『江戸参府旅行日記』（平凡社東洋文庫・一九七七年）第五章を見よ。また他章における記

述でも、ケンペルが乞食としているのはすべて宗教的遊行民である。
＊21――ジーボルト前掲書一四二～三ページ
＊22――ノートヘルファー『アメリカのサムライ』（法政大学出版局・一九九一年）一七一ページ
＊23――ジェーンズ前掲書一八～九ページ。ノートヘルファー前掲書一七六ページ
＊24――ジェーンズ前掲書六〇ページ
＊25――シュピース前掲書五二ページ
＊26――高谷道男編『ヘボン書簡集』（岩波書店・一九五九年）一五ページ
＊27――高谷道男編『S・R・ブラウン書簡集』（日本基督教団出版部・一九六五年）五六ページ
＊28――Jephson and Elmhirst, ibid., p. 74
＊29――Osborn, ibid., p. 175
＊30――ベルク前掲書『上巻』一五三ページ
＊31――モース『その日・1』一五〇～一ページ
＊32――オールコック前掲書『上巻』一四七ページ
＊33――モース『その日・1』一五七ページ
＊34――Holmes, My Adventures in Japan, Before the Treaty came into force, February, 1859, London, 1904, pp. 18～9
＊35――ヒューブナー前掲書七八～九ページ
＊36――Faulds, ibid., p. 46
＊37――スエンソン『江戸幕末滞在記』（新人物往来社・一九八九年）四三ページ。原著はSkitser fra Japan 一八六九～七〇年雑誌連載。

＊38――リンダウ前掲書二〇四～六ページ
＊39――アルミニヨン『イタリア使節の幕末見聞記』（新人物往来社・一九八七年）九六ページ。原著はIl Giappone e il viaggio della corvetta Magenta nel 1866, Genova, 1869
＊40――クロウ前掲書八七～八ページ
＊41――ポンペ前掲書一八三ページ
＊42――オリファント前掲書一八四ページ
＊43――ムンツィンガー『ドイツ人宣教師の見た明治社会』（新人物往来社・一九八七年）一〇一ページ。原著はDie Japaner, Berlin, 1898
＊44――モース『住まい』二六〇ページ
＊45――モース『その日・1』三四ページ
＊46――モース『その日・2』三六ページ
＊47――モース『その日・3』九一ページ
＊48――『ヘボン書簡集』一九ページ
＊49――Smith, ibid., pp. 101～2
＊50――リンダウ前掲書六二ページ
＊51――パーマー前掲書一四〇～一ページ
＊52――モース『その日・1』一一七ページ
＊53――同前一一二ページ
＊54――モース『その日・3』一八〇ページ
＊55――Fortune, ibid., p. 118

＊56――『小梅日記・1』（平凡社東洋文庫・一九七四年）三ページおよび三〇ページ
＊57――パンペリー前掲書九〇～一ページ
＊58――モース『その日・3』一三三ページ
＊59――キャサリン・サンソム『東京に暮す』（岩波文庫・一九九四年）一〇二～三ページ。原著は Living in Tokyo, London, 1937
＊60――ディアス・コバルビアス前掲書二〇〇ページ
＊61――ヤング『グラント将軍日本訪問記』（雄松堂出版・一九八三年）一三七ページ。原著は Around The World with General Grant, New York, 1879　邦訳書は日本関係の抄訳。
＊62――パーマー前掲書一〇六ページ
＊63――リンダウ前掲書五〇ページおよび五四ページ
＊64――Bird, ibid., vol. 1, pp. 337～8
＊65――パンペリー前掲書四六ページ
＊66――Bird, ibid., vol. 1, p. 182
＊67――メーチニコフ前掲書一一一～二ページ。および一一三ページ
＊68――ブスケ前掲書『1』七二～四ページ
＊69――Smith, ibid., p. 88
＊70――ムンツィンガー前掲書七六～七ページ
＊71――Dickson, Gleanings from Japan, Edinburgh and London, 1889, p. 24　ディクソンについて筆者は未詳だが、一八六〇（万延元）年に来日したときは、フォーチュンと鎌倉を訪うている（Fortune, ibid., p. 221）。フォーチュンは中国から来たディクソン博士と書いているから、おそらく中国在留の医師で

あろう。第一回は一八六二年まで滞在し、第二回は一八八三（明治十六）年から翌年にかけて滞在している。本書は第二回目の旅行の記録である。閲歴をご存知の方からご教示を得たい。なお William Gray Dixon と区別するために、Dickson はW・G・ディクソン、Dixon は、ウィリアム・ディクソンと表記する。
＊72――アンベール前掲書『下巻』七三～四ページ
＊73――ディアス・コバルビアス前掲書二〇〇～一ページ
＊74――モース『その日・1』三〇ページ
＊75――Dixon, ibid., pp. 217～8
＊76――ロティ『秋の日本』（角川文庫・一九五三年）一一ページ。原著は一八八九年刊。
＊77――カヴァリヨン『明治ジャポン・一八九一』＝『モンブランの日本見聞記』（新人物往来社・一九八七年）一三七ページ。原著は『二五四日世界一周』パリ、一八九四年刊。邦訳書は抄訳。
＊78――ボーヴォワル前掲書三二ページ、三七～八ページ
＊79――モース『その日・2』四七ページ
＊80――モース『その日・1』四〇ページ
＊81――モース『その日・3』一八〇ページ
＊82――Dixon, ibid., pp. 220～1
＊83――Arnold, Seas and Lands, p. 311
＊84――Arnold, ibid., pp. 197～8
＊85――Arnold, ibid., p. 231
＊86――Arnold, ibid., p. 334

＊87――ディアス・コバルビアス前掲書二〇一ページ
＊88――チェンバレン前掲書『2』一八三ページ
＊89――Bird, ibid., vol. 2, p. 230　邦訳本では省略。
＊90――Faulds, ibid., p. 36
＊91――杉本鉞子『武家の娘』（筑摩書房・一九六七年）八三ページ　原著は英文で一九二五年ニューヨーク刊。
＊92――Dickson, ibid., pp. 62～3
＊93――カッテンディーケ前掲書二〇五ページ
＊94――オールコック前掲書『上巻』一四九ページ
＊95――Tronson, ibid., p. 361
＊96――Jephson and Elmhirst, ibid., p. 378
＊97――Tilley, ibid., p. 86
＊98――サトウ前掲書『下巻』六三ページ
＊99――ヴィシェスラフツォフ『ロシア艦隊幕末来訪記』（新人物往来社・一九九〇年）一二四～五ページ。原著は『ペンと鉛筆で書かれた世界周航記』ペテルブルグ、一八六二年刊。邦訳本は抄訳。「疲れきって」は「痺れきって」の誤植かと思われるが、訳書に従う。
＊100――同前三八ページ
＊101――メーチニコフ前掲書四八ページ
＊102――Tilley, ibid., p. 182
＊103――Maclay, A Budget of Letters from Japan, New York, 1886, p. 75　マクレイの閲歴については北原か

な子氏よりご教示をいただいた。北原氏の論文『A・C・マックレーと明治初期の弘前城』（弘前大学『国史研究』一〇二号）は、マクレイに関する本邦唯一の研究である。彼は青山学院の創立者として有名な宣教師ロバート・サミュエル・マクレイの二男である。
＊104――カヴァリヨン前掲書一三七ページ
＊105――ヴィシェスラフツォフ前掲書四九ページ
＊106――ラファージ『画家東遊録』（中央公論美術出版・一九八一年）一五一、一七〇ページ。原著は An Artist's Letters from Japan, New York, 1897
＊107――Arnold, Seas and Lands, p. 277
＊108――Arnold, Japonica, London, 1891, pp. 36〜7
＊109――Arnold, Japonica, pp. 94〜5
＊110――Arnold, Japonica, p. 124
＊111――Arnold, Japonica, p. 94
＊112――山川菊栄『武家の女性』（岩波文庫・一九八三年）八ページ
＊113――同右四〇〜九ページ
＊114――今泉みね『名残りの夢』（平凡社東洋文庫・一〇〜一、一五ページ
＊115――オールコック前掲書『中巻』一九九ページ
＊116――ブラウン前掲書五五〜六ページ
＊117――Beauchamp, ibid., pp. 76〜7
＊118――Maclay, ibid., p. 126
＊119――レガメ前掲書二五八〜六〇ページ

＊120――Yokoyama, ibid., p. 153
＊121――Bird, ibid., vol. 1, p. 195
＊122――Bird, ibid., vol. 1, pp. 304〜5
＊123――クライトナー前掲書『1』二六八ページ
＊124――Faulds, ibid., pp. 127〜9
＊125――Robert S. Schwantes, Japanese and American, A Century of Cultural Relation, New York, 1955, p. 11
＊126――ヴィシェスラフツォフ前掲書九四ページおよび九八〜九ページ
＊127――Tilley, ibid., pp. 158〜9
＊128――オールコック前掲書『上巻』二五三〜四ページ
＊129――A・ジーボルト『ジーボルト最後の日本旅行』（平凡社東洋文庫・一九八一年）一三〇〜一ページ。原著はベルリン、一九〇三年刊。
＊130――ポルスブルック前掲書二〇九〜一〇ページ
＊131――ボードウァン『オランダ領事の幕末維新・長崎出島からの手紙』（新人物往来社・一九八七年）四六ページ
＊132――ベルク前掲書『上巻』一〇四ページおよび一六八ページ
＊133――ヴェルナー『エルベ号艦長幕末記』（新人物往来社・一九九〇年）八九ページ。原著はライプツィヒ、一八六三年刊。
＊134――リンダウ前掲書二一一ページ
＊135――パンペリー前掲書一二六ページ

＊136――セーリス『日本渡航記』（雄松堂出版・一九七〇年）一六三～四ページおよび一八六ページ。原著はアーネスト・サトウ校訂のセーリスの航海日誌でハクルート協会本の一冊として一九〇〇年に出版された。
＊137――ヴィルマン『日本滞在記』（雄松堂出版・一九七〇年）七〇ページ。これはヴィルマンの『日本旅行記』『日本王国略誌』を併せたもの。原著は一六六七年刊。
＊138――スエンソン前掲書五五ページ

第五章　雑多と充溢

一八八九（明治二十二）年、新任英国公使の妻として来日したメアリ・フレイザーは、毎日馬車で市内遊覧を楽しまずには居れなかった。というのは「道すがら刻一刻と新しい光景が開け、新たな疑問もわいてきて、今まで想像されたこともない詩情とか、ちょっとした新鮮な楽しみなどを日常のなかに開示してくれる」し、それにまた、「この国の下層の人々は、天が創造し給うたさまざまな下層の人間のなかで、もっとも生き生きとして愉快な人々」だったからである。

「たとえば、時々小さな軽業師たちの一団を目にします。年長の少年に率いられた子供たちで、馬車のあとからからだをよじってころびながら追いかけてくるのです。こればかりは、日本人の関節はインドゴムでできていると確信しないかぎり、こわくて見ておられないのです。それから、行商人たちもいます。古着屋だとか、羅宇《らお》屋とか。羅宇屋は、わずか一厘で戸口に腰をおろし厳粛にキセルを掃除してくれます。傘張り屋は、巨大な黄色のパラソルを陽にあてて乾かそうと道いっぱいにひろげます。あるいはこちらでは、手品師が刀を呑みこんで、一群の子供たちをびっくりさせたり喜ばせたりしています。また豆腐売りは、チーズのようなものの大きな厚い切れを切り分け、お客の持ちかえり用にと、緑の葉に包んでいます。私は路上の生活を観察するのが好きなのです。その雑多さと充溢、その当惑させる率直さ、そして、曰く言いがたい控え目。帰宅するたびに心残りに思うのです」[*1]。

メアリにとってこの国は驚異だった。彼女は日本へ向う船の中で、「世界でもっとも不思議な国について或る無内容な思い出だけを大事にする」ような旅行者にはなるまいと心に期していたのだが、長崎に上陸し瀬戸内を航行するうちに、「さかしらな心構えなどすっかりくつがえされて」しまった。「ただただ、陽気な笑いの発作がこみあげるばかりでした。涙を出さずにはおさまらない、喜ばしくたわいない笑いでした。突然、人生が嬉しくいとしいものに見え始めました」。彼女は長崎の路上で見た菓子売りに、六ペンス払って身代りになりたかった。「その男のいでたちときたら、印象派風で、涼しいブルーの木綿地に、あまり目だたない巧みな筆致がほどこされ、後はただ褐色のからだとワラのサンダルだけでした」。彼は「雪のような白木とデリケートな紙でつくられた妖精のお厨子」を担いでいたが、それを遠くから眺めると「二本の茶色の茎の上に咲いた一束の蓮の花か」と思えるのだった。[*2]
それがどうしたとか、自分でやってごらんよ、一日でうんざりするからなどと、まぜっ返しても仕方がない。彼女がいいたいのは、生きることの軽やかさ、人生の嬉戯感がこの土地に感じられるということである。生活の細部の意匠に、面白味と美しさが感じられるということでもある。こういう文明の特性は男よりも女のほうが感受しやすいのかも知れない。「日本は汲めども尽きぬ何かを持った、意外性の国です。……その新奇なものたるや、日本人の生活では、ほんのありふれた日常的なことなのです」[*3]。明治十七年からたびたび日本を訪れた米人イライザ・シッドモアのこの言葉は、いまは滅びたこの国の文明の、もっとも重要な特質のひとつが何であったかについて、鋭い示唆を与えてくれる。

●フレイザー

「日本人の日常生活は芝居じみていて、舞台用の美術・装飾的小道具があふれ、とてもまじめな現実のものとは思えない。道路も店も芝居のセットのようで、丹念に考え抜かれた場面と細心に配置された人の群れから成っている。半ば無意識に観客は、ベルが鳴って開幕しやがてその幕が下りるのを待つのである」と彼女はいう。[*4] 彼女が「小道具」というのは、茶道具、煙管、火鉢、屏風、盆栽その他もろもろのことであろう。だが彼女がいいたいのもおそらく、フレイザーとおなじく生活の軽やかな嬉戯感なのではあるまいか。いやそう言うだけでは不十分だろう。フレイザーは街頭とそれをみたす人びとの面白さに上気した面もちである。シッドモアも道路と店と人の群れについて語っている。つまり街は多様でゆたかなのである。人びとも職業ごとに多様で、街はパフォーマンスに溢れ返っていたのだ。

モースもまたフレイザーとそっくりのことを書いている。「人力車で町々を通ったり、何度も何度も大学へ往復するのは、常に新奇で、そして愉快な経験である。必ず何か新しい物が見えるし、古い物とて見飽きはしない」。モースは何を見たのか。本人の言うところを聞こう。「長い袖を靡《なび》かせて、人力車の前を走りぬける子供達。頭髪をこみ入った形に結って、必ず無帽の婦人。老女は家鴨《あひる》のようにヨタヨタ歩き、若い女は足を引きずって行く。往来や、店さきや、乗っている人力車の上でさえも、子供に乳をやる女。ありとあらゆる種類の行商人。旅をする見世物。魚、玩具、菓子等の固定式及び移動式の呼び売人、羅宇屋、靴直し、飾り立てた箱を持つ理髪人――これ等はそれぞれ異った呼び声を持っているが、中には名も知れぬ鳥の啼声みたいなのもある。笛を吹きながら逍遥《さまよ》い歩く盲目の男女。しゃがれた声と破れ三味線で、歌って行く老婆二人と娘一人。一厘貰って家の前で祈禱する禿頭の、鈴を持った男。大声で笑う群衆にかこまれて話をする男。興味のあるお客を乗せて、あちらこちらに馳る人力車。二人で引く人力車には、制服を着た士官が鹿爪らしく乗っている。……もう一台のには大きな子供を膝にのせた女が一人、子供は手に半分喰った薩摩芋を持ち、その味をよくするつもりで母の乳房を吸っている。……絶え間なく聞えるのは固い路でカランコロン鳴る下駄の音と、蜂がうなるような話し声。お互いに、糞丁寧にお辞儀をする人々。町の両側に櫛比《しっぴ》する店は、間口がすっかり開いていて、すべての活動を完全にさらけ出している」[*5]。

むろん異国の街とそこに溢れる習俗は、当初のうち何を見ても珍らしく面白い。だが、「これらの光景の全部は、われわれの目をくらませ心を奪う」というためには、そういう新奇さ以上の何かが必要だ。モースの「目をくらませ心を奪」ったのは、街にひしめく人びとの多様さだったろう。そしてその多様さはまた、生活の多様さと同義だったろう。街路はたんに人が通りすぎるところではなかった。授乳から行商人の呼び売りにいたるまで、暮らしがそこで展開されいとなまれる場所であった。物売り、修繕屋、遊

●長崎のおもちゃ売り
（レガメ，前掲書）

●街をゆく按摩（Arnold，前掲書）

行する芸人と宗教者などはこまかく分割された職分をもち、その職分の専有を表示するものとして、特有の衣装と道具を差異化していた。彼らは、モースがボストンやニューヨークの街頭で見かけた近代の大衆、統合整理され単純化された近代的諸職業・諸階級の表示としての大衆とは、職分的個性の多様さとゆたかさにおいてまったく異なる存在だった。街は多様であり活気がみなぎっていた。フレイザーのいう「雑多と充溢」がそこにあった。

在りし日のこの国の文明について考えるとき、われわれは、それがいかに雑多で細分化された生き場所ないしかくれ家を提供する文明であったかということを、つねに念頭に置かねばならない。生態学のニッチという概念を採用するなら、それは棲み分けるニッチの多様豊富という点で際立った文明であった。羅宇屋は羅宇の掃除とり替えという、特殊に限定され専有された職分によって生きてゆくことができた。障害者は施設に収容されたり、専門家のケアの対象とならずに自力で生きてゆくことができた。アーノルドは言う。「日本の街路でもっともふつうに見かける人物のひとつは按摩さんだ。昼間は彼がゆっくりと――というのは彼は完全に目が見えないのだ――群衆の中を通りすぎてゆくのを見かける。手にした竹の杖を頼りとし、またそれで人びとに道を明けるように警告する。……夜は見かけるというよりも、彼の通るのが聞こえる。たずさえている小さな葦の笛で、千鳥の鳴き声にいくらか似ているメランコリックな音を吹き鳴らす。……学理に従ったマッサージを行う者として、彼の職業は日本の目の見えぬ男女の大きな収入源となっている。そういうことがなければ、彼らは家族のお荷物になっていただろうが、日本ではちゃんと家族を養っており、お金を溜めて、本来の職業のほかに金貸しをやっている場合もしばしばだ。目の見えぬ按摩は車馬の交通がはげしいところでは存在しえないだろう。彼の物悲しい笛の音なんて、蹄や車輪の咆哮にかき消されてしまうし、彼自身何百回となく轢かれることになるだろう。だけど東京では、彼が用心すべきものとては人力車のほかにない。そいつは物音はたてないし、子どもとか按摩さんと衝突しないように細心の注意を払ってくれるのだ[*6]」。

アーノルドとともに明治二十年代初頭の東京の街頭に立ってみよう。四人の男の肩にかつがれた方形の白い箱がゆく。死者が東京を見納めているのだ。だが「あまり悲しい気分になる必要はない。日本では誰も死ぬことを、ひどく怖れたり嫌ったりすることはないのだから。下駄屋、氷水屋で氷を削っている少女、鰻の揚物を売り歩く男、遊びの最中の男の子と女の子、坊さん、白い制服の警官、かわいく敏捷なムスメが、ちょっとばかり葬列を見やる。だが彼らの笑いとおしゃべりは半分ぐらいしかやまない。……街頭はこんどは人足たちで一杯になる。材木を積んだ車を曳いているのだが、紺のズボンをはいた年輩の女たちがあとから押している。……あまいねり粉を文字や動物や籠の形に焼きあげる文字焼屋、それに彼の仲間の、葦の茎を使って、大麦のグルテンをねずみや兎や猿の形に吹きあげる飴屋」。紙屑拾い、雀とり、小僧に薬箱をかつがせた医者、易者、豆腐屋、砂絵描き、それにむろん按摩。アーノルドの列挙する街頭の人びとの何と多彩なことだろう。[*7] それぞれに生きる位置をささやかに確保し、街を活気とよろこびで溢れさせる人びとなのだ。
「家屋の色は陰気で、屋根と棟は黒白二色だから、もし街頭に、色鮮やかな品物を売っている店々や、陽気で人がよく活発な群衆が見られなかったとしたら、日本の街はずいぶんと沈んだ、ほとんど陰気といっていい眺めを呈することだろう」[*8] とアーノルドはいう。彼に従って横町へ入り、店の様子を見てみよう。小さな店が一杯ある。中でも目につくのは酒屋だ。杉の小枝を目印にしている。酒樽の文字と絵の華麗なこと。指物職の店があり、下駄とわらじの店がある。ランプ屋、瀬戸物屋、米屋、花屋、ブリキ屋、豆腐屋、仏具屋。魚屋には巨大な貝、青や黄色のえび、蛸とするめ、鰹節、鮭の燻製、いか、いりこ、海草、かき、あわび、そしてあらゆる種類の魚が並んでいる。最後に来るのは風呂屋だ。[*9]
イザベラ・バードは明治十一年訪れた新潟の町の店々について、その旅行記にとくに「ザ・ショップス」という一章を設けて詳述している。[*10]「〝豪華な東洋〟は少数の寺院を除いて、日本の何物にも適用できる表現ではない」と言い、上等な品はみな奥にしまいこんでいる日本の商店のみすぼらしさを指摘しながらも、彼女は店々の示すさまざまな業態に思わずひきこまれてゆく。

「桶屋と籠屋は職人仕事の完璧な手際を示し、何にでも応用の利く品々を並べている。私は桶屋の前を通ると、必ず何か買いたくなってしまうのだ。ありふれた桶が用材の慎重な選択と細部の仕上げと趣味への配慮によって、一個の芸術品になっている。籠細工はざっとしたのも精巧なのも、洪水を防ぐために石を入れるのに使われる大きな竹籠から、竹で編んだみごとな扇にくっつけられているキリギリスや蜘蛛や甲虫——こいつは目をあざむくほどうまく出来ていて、思わず扇から払い落したくなるほどだ——に至るまで、ただただ驚異である。店はおなじ種類のがいっしょに固まっている。だからある通りでは、ほとんどおもちゃ屋しか目につかない。おもちゃ屋には、車とか風車とか水車に乗っている縫いぐるみや磁器の動物、おもちゃの偶像とおもちゃの車、羽根と羽子板、あらゆる種類の砂糖でできたおもちゃ、あらゆるサイズの人形がそろっている。ある短い通りはほとんど床屋ばかりだ。別な通りは、かつら、髷、かもじ、女が自分の髪に器用に差しこむ黒髪のへアピースを売っている店ばかり。続く通りは、あらゆる種類のかんざしを売る店で一杯だ。たいした値段はしない無地のしんちゅうや銀のかんざしから、少なくとも八円ないし十二円はする、鳥の群れや竹をみごとに彫りこんだ精巧なべっこうのかんざしまでそろっている。数えてみたら一一七種類ものかんざしがあった！」。

髷を結うためのかたい詰めものを売る店、下駄屋、紙傘の店、日笠雨笠の店、紙の雨合羽や包み紙の店、人馬のためのわらじを売る店、簑や簑笠の店、馬の荷鞍を売る店。そして表通りには漆器店と仏具屋がある。古着屋、扇屋、掛け物を売る店、屏風屋、羽織の紐を売る店、ちりめんを売る店、手拭いの店、煙草道具の店、筆だけ売る店、墨だけ売る店、硯箱しか売らない店、そしてもちろん本屋もある。「紙を売る店の多いことといったら」。火鉢だけ売っている店がある。お箸だけの店もある。提灯屋、行燈屋、薬罐屋、裁縫箱の店、台所用品の店、急須の店、酒屋。瀬戸物屋はいたるところにある。「内陸地方[*11]ではどこでも、瀬戸物を馬が運んでいるのが見られるし、道ばたの茶店で盃が見られないことはほとんどない。とても古いのもあって、わけてくれるよう懇願したほどだ」。縄や麻紐を売っている店も多い。食べ物屋はいつも混んでいる。だが英国の大都市でのような騒々しさは見られない。

バードの記述でおどろかされるのは、それぞれの店が特定の商品にいちじるしく特化していることだ。羽織の紐だけ、硯箱だけ売って生計が成り立つというのは、何ということだろう。もちろん、店の規模はそれだけ小さくなる。ということは一定の商品取引量の養える人口が、その分大きいということを意味する。つまりここでは生態学的に、非常に微細かつ多様な棲み分けが成立しているわけだ。細民のつつましく生きうる空間がここにあった。それだけではない。特定の一品種のみ商うというのは、その商品に対する特殊な愛着と精通をはぐくむ。商品はいわば人格化する。商店主の人格は筆となり箸となり扇となって、社会の総交通のなかに、満足と責任をともなう一定の地位を占める。それが職分というものであった。しかも彼らの多くは同時に熟達した職人でもあった。すなわち桶屋は自分が作った桶を売ったのである。商店は仕事場でもあった。町の両側の店が間口をすべて開け放ち、「傘づくり、提灯づくり、団扇に絵を描く者、印形屋、その他あらゆる手芸が、明々と照る太陽の光の中で行われ」るのを見るのは、「怪奇な夢の様に思われ」るとモースはいう。[*12] すなわち通りは、社会的生産あるいは創造の展示場だった。そしてアーノルドのいうように、横町には横町の、きわめて雑多な店々の生態があった。庶民は住宅地域という生態学的な単純相に住んだのではない。彼らの暮らしは雑多な小店舗が混り合う複雑な相のなかでいとなまれた。人間のいとなみは多種多様な職分に分割され、その職分の個性は手仕事と商品という目に見える形で街頭に展示された。つまり人間の全社会的活動はひとつの回り燈籠となって、街ゆく者の眼に映ったのである。街は多彩、雑多、充溢そのものであった。
ローエル天文台の建設者として知られるパーシヴァル・ローエル（Percival Lowell 一八五五〜一九一六）は、明治十年代の「東京のブロードウェイ」の夜店を「買物客の楽園」と感じた。「妖精の火にも似た照明」で照らされた夜店には美しい瀬戸物や紙入れや扇が並べられ、いずれもふつうの日用品なのに、うっとりと眺めこまずにはいられない。大道商人たちが魔法のような仕掛けものを見せているかと思うと、素晴らしい骨董品が莚の上に輝いている。花市もある。ローエルは「ひどい買物熱に浮かされてしまう」。絵のような衣裳をまとった大人や子どもの流れに乗せられて「何マイルも漂って行き、ついに夜も更けると、あまりにも素晴らしかった夢からさめた人のように」、彼はいやいやながら家路につくのだった。[*13]
幕末の外国人観察者は、江戸などの大都市が開市されぬ状況下にあっては、日本の都市生活の様相について限られた見聞しか得られなかった。江戸や長崎の商業地域についての彼らの観察は、経済的な繁栄という側面にとどまっている。フォーチュンは江戸の商業中心地に初めて足を踏み入れたとき、商店の店先にたいして値打ちのない品物が並べられているのに失望をおぼえた。欧米人たちはあとでは日本の商人はもっとも高価な商品は陳列せずにしまっておき、客の要望によって奥から取り出して来るのだと知るようになるのだが、フォーチュンにはまだその知識はなかった。しかし彼は絹や木綿の衣類、漆器、青銅器、磁器、傘、煙管、玩具、紙製品などの日用品が豊富に陳列されているのに気づいた。江戸は工業都市でも貿易都市でもないのだから、商店が扱うのがこういう日用必需品なのは当然のことだと彼は考えた[*14]。

ヴィシェスラフツォフも江戸の商業区から、似たような印象を得ている。「どこの通り、どこの路地、どちらの方角へ歩を進めても必ず店があり、そこに積み上げられた手工業品のおびただしい量に圧倒されてしまう」。しかし江戸が二百万の人口（彼らは当時そう聞かされていた）をもつことを考えればそれは当然だ。「売られているのは普通、日本人の毎日の暮らしに欠かせない品々で、たとえば草鞋《わらじ》、編笠、既製服、鉄製品、武器、祈禱用具、食料品、書籍、絵画、日用品などで、千にものぼるこれらの店の前を通り過ぎたら、思わず叫び声をあげずにいられなくなる」。しかし、横浜で華々しく展示してある高級な漆器や磁器はどこへ行ったのか。ああいう芸術的な工芸品は、一般庶民とは無縁なものなのか[*15]。ティリーは長崎で、おなじ現象を反対の面から注目している。「店に展示されている高価で装飾的な道具や家具はいったいどうなるのかと、私はしばしば疑った。そういうものが人びとの間に使われているのを、上級階層の宴会の場合でさえ、私は一度たりと見なかったからだ[*16]」。

しかし彼らのある者は、日本の日用商品にきわめて独特かつ優秀なものが含まれているのに気づいていた。オズボーンは言う。「この勤勉かつ趣味のよい人びとの手によって、装飾・実用の両面で、紙が多様に用いられているのを見るのはおどろきだ。わが国の紙張り子製造業者は、大陸の同業者と同様、江戸へ行って紙を使ってどんなことができるか学ぶべきだ。紙を使って、ロシア皮、モロッコ皮、豚皮に大変よく似た材料が作られている。ちがいを見つけようたって、とても難しい。漆の塗料と巧みな彩画の力をかりて、紙は上等なトランク、煙草入れ、シガーケース、鞍、望遠鏡を入れる筒、顕微鏡の胴体になる。われわれは紙だけでできた優秀な防水コートを目にし、使ってもみた。そいつは完全に水を防いだし、極上のマッキントッシュに匹敵した」[*17]。この軽くて防水性にすぐれた雨合羽は、オリファントによればたったの十八ペンスしかしなかった。オイレンブルク使節団のヴェルナーも言う。「冬期の雨や雪の場合、日本人は油紙の合羽を身にまとう。われわれ一行はひとり残らず、完全防水の合羽を一着九マルクであつらえた」[*18]。

日本の工芸品が彼らのうちに喚び起した熱狂について、この際しばらくの間脇道をしてみよう。日英修好通商条約締結のため一八五八（安政五）年来日したエルギン卿使節団の一員オリファントは、下田の会所（物産展示販売場）についてこう書いている。「これらの会所はもっとも人をいらいらさせる場所である。そこにはたくさんの品が並び、どれも美しく新奇なので、人は呆然とした気持になり、覆いかぶさる懐の負担を痛感しながら、光り輝く珍しい品々の並ぶ道を歩き回る。何を選んだらよいか、どんな品が故国で一番喜ばれるか。……ほかのものはみんな気違いのようになって買っている。……一番いいものはみんなあなたの鼻先で買い占められている。そこであなたは困惑し、失望しそこにつっ立っている。結局あなたはポケットが空になるまで、無鉄砲に無批判に買おうと心に決める」[*19]。

おなじ使節団の一員オズボーンの語るところはこうだ。「出島のオランダ会所は、多様な趣味よき形態をもつ磁器や漆器で一杯だった。〝珍品〟の数々にもう満腹という気分になったかに思えたが、そういう受けつけませんといった感覚は急速に誘惑に座をゆずった。最初に起ったのは一切合財買い占めたいという欲望だった。それほどみんなとても美しかったのだ。鳥獣をかたどる真珠の象眼がほどこされたテーブル――わが国やフランスの高級家具職人なら、その技を盗むためには何ものをもなげうつだろう。金色の魚や亀が迫真的に浮彫りされている小箪笥。かつて中国が産み出したいかなる品よりも、五十倍もの創意と技巧と機知にあふれた、象牙や骨や木でできたすばらしい小逸品。あまりにデリケートなので触わるのがこわいような磁器。要するに、お菓子屋に入った子どもでさえも、その朝の出島会所でのわれわれほどには、どれにしようかと迷って、菓子から菓子へと走り回りはしなかっただろう」[*20]。

エルギン卿使節団を襲った熱狂は、その二年後訪日したプロシャのオイレンブルク使節団をもとらえた。ヴェルナーによれば、彼の指揮するエルベ号の金庫は、たった五日間の長崎滞在中にほとんど空になり、船室は陶磁器や漆器を収めた箱でみたされたという[*21]。

これらはまさに、かの工芸分野におけるジャポニズム的熱狂のもっとも早い表出の例であるだろう。モースは一八八五（明治十八）年に、ジャポニズムのアメリカへの波及ぶりをこんなふうに語っている。「ここ二十年ほどのあいだに、わがアメリカにおいては、なにしろそれらが新奇かつ美麗であるとの理由から人目を引かずにおかない日本産の物品が、それもずいぶん多岐にわたって、すこしずつ姿を見せるようになってきた。――漆器、陶磁器、木彫りもしくは鋳金による彫像、奇妙なかたちをした箱。変った趣味の象牙細工、布や紙を織ってつくった生地。そのほか、いったい何に使うのかさっぱりわからない諸物品。これらの大部分は、制作工程での専門技法に謎を秘めていたのであるが、同様に、意匠とか、なんともきてれつな装飾方式とかにも、謎を秘めていたのである。……これらの工芸品は当初のうちこそほとんど理解されることがなかったけれど、徐々ではあるが着実に、われわれアメリカの装飾方式に変更を加えることになり、ついには壁画、壁紙、木工製品、絨毯、皿、テーブル掛け、金属細工、ブックカバー、クリスマスカードなどに、さらには鉄道の広告ポスターにさえも、日本式の装飾や表現形式や図案がほどこされるに至った。……商業国であるわがアメリカばかりではなしに、芸術愛好国であるフランスも、音楽国であるドイツも、さらには保守的な国であるイギリスさえもが、日本装飾芸術の侵略に屈した」。モースはこのようなジャポニズムの優雅な影響によって、それまでの「悪夢さながら恐怖さながらのデザインを、自分たちの住いから放逐しえたのは、ひとつの救いであった」とさえ述べている。*22

こうして発見された日本の工芸品を商売の対象とした最初のひとりは、あのホームズ船長だったろう。彼は一八五八（安政五）年に帆船トロアズ号に石炭を積んで、ロンドンから上海に着いたのだが、そこではあと半年もすれば条約にもとづいて開港するという日本の話でもちきりだった。彼はジャーディン・マセスン商会と話をつけ、二百トンの砂糖を積んで長崎へ向うことになった。海図は前年日本を訪れたオズボーン艦長から借りたが、艦長によればそれはかなり不完全なので、用心した方が無難とのことだった。彼は条約発効の約半年前の五九年二月に長崎に着いた。場合によっては船を抑留されるリスクも覚悟していたのだが、幕吏からはどこから何のために来たか、船名と船長名は何かといった型通りの質問を受けただけで、無事に積荷を揚陸することができた。四十四日間の長崎滞在中の彼の〝冒険〟については、その一部を先に紹介した。だが船長は、早朝就寝中の日本人の家に侵入したり、後述するように路上で衝突しそうになった全裸の娘に目をむいたりしていただけではない。「私は家から家へとはいりこみ、上から下まで全部捜索した。彼は「町のあらゆる隅々を探索」して、日本の珍しい産物を買い求めていたのだ。「私は家から家へとはいりこみ、上から下まで全部捜索した。長持や飾り棚や箪笥の中味を床の上にぶちまけた。その家の者たちはそれを眺めて、私に劣らず面白がっていた。日本人が自分の家にはいりこんでおなじことをしたら、英国人の一家はどう思うことだろう。ましてや、就寝中の家にあがりこんで家の者を叩き起こし、床の上で朝から大はしゃぎをやらかすに至っては」[*23]。

同行したジャーディン・マセスン商会員から託された海草二、三百トンを積んで、彼は香港へ向った。香港に着いた夜、新聞記者のインタビューを受けた。条約発効前の日本訪問というのがニュース種になったのである。「あの国についてのあなたのご意見は」と記者は聞く。「あの国民についての私の意見ですって。彼らは世界を驚倒させるでしょう」と船長は答えた。翌朝まだ五時すぎというのに、船長は四、五人の紳士の訪問を受けた。もっともしかるべき時刻に会おうと伝えても、彼らは帰ろうとしない。どんな急用なのかと不承不承会ってみると、日本についての情報が知りたいし、貴殿があの興味深い国から持ち帰られたものを拝見したいとのことである。

たしかにコレクションは持っておりますが、他日ご覧に入れましょうというと、ぜひとも今すぐにとのこと。仕方なしに船のボーイに命じて荷の一部をほどかせた。品物が現われるたびに叫び声が上った。「何と美しいんだ。お売りになりますね」。「今のところ売る気はありませんが」という彼の答は、彼らをいっそう執心させただけだった。一人の紳士は一対のブロンズに執心した。いくらであろうと買いたいという。仕方なく十二ポンドの値をつけると、即座にいただきましょうとのこと。このブロンズをホームズは五両、すなわち二十五シリングで手に入れたのである。実に十倍に近い売値だった。[*24]
その日香港に上陸し所用をすませて帰船すると、西洋人と中国人の一団が彼を待ち構えていた。観光旅行者、骨董品の収集家、科学者などが、彼の持ち帰ったものを一見し購入しようと殺到したのである。自分が月とか未知の天体からやって来たとしても、これほどの興奮は巻き起さなかっただろうと、ホームズはいささか奇妙な気分だった。すべてはあの新聞記者が、彼自身の提供したわずかな情報からこね上げた誇大な記事のおかげだった。自分は新聞記者の多産的な頭脳が、ささいなヒントから国民間の戦争さえひき起しかねないことを知らなかったのだと、ホームズは書いている。第二日には好事家、医者、法律家、上流の中国人を含む政府役人などが現われた。彼の収集の残り、すなわち刀剣、小簞笥、寺のひな型、ブロンズ、金貨、磁器、絹などの織物の見本はことごとく売り切れてしまった。「日本人ってのはかしこい国民にちがいない」というのが大方の意見だった。香港総督は刀剣を買い、中国人たちは小判を買った。小判はホームズに百パーセントの利得を与えた。[*25]

ふつうの庶民の生活が、外国人が熱狂したような高価な陶磁器、漆器、ブロンズなどとは縁がなかったのはいうまでもあるまい。ベルクが感嘆した「洗い桶から馬に飲ませる柄杓まで」漆塗りだというのは武家の話だろう。だが欧米人の讃嘆は、たんに高級な美術工芸品の優美さに向けられたばかりではなく、そういう品々にあらわれた趣味のよさが、ふつうの日常生活の中に浸透している事実に向けられていたのである。

アンベールは「江戸の商人街の店頭に陳列された工芸品」には、「一貫した調子のあること」に気づいた。誰が何といおうと、自分はそれを「よき趣味《ボン・グウ》」と呼びたい、と彼は言う。「江戸の職人は真の芸術家である」。種子屋で売っている包には、種子の名前とともにその植物の彩色画が描かれている。「これらの絵は何か日本の植物誌のような冊子から写し取られたかと思われるほどの小傑作である」。ところがそれは、畳の上に寝そべって筆を走らせている年端もいかぬ店員の作品なのだ[*26]。アンベールはまた、「質素な昼食の膳を囲んで」いる日本の中産階級の食器類に注目する。「鉢、盃、台皿、小箱類、漆の盆、瓶、茶碗、上薬をかけた茶瓶」など、「美しい食器類」を器用かつ優雅に使いこなしている人びとを見ると、食事というより、まるで大きな子どもたちがままごと遊びをしているように思えるのだった[*27]。

手拭いはむろん彼らの注意をひいた。ギメは「明るい藍で着色され、白い風情のあるデッサンがしてある」小さな布が、ときには汗ふきになりときには被りものになることを説明した上で次のように言う。「しかし同じ方法でそれを被った者は二人といないであろう。それはまさに統一の中の多様さである[*28]」。

アリス・ベーコンは言う。「どうして、日本人は安物をこんなに美しく作れるのかわかりません。多くの品物は美しいから使われるのではなく、安いから使われるのです。たとえば、非常に粗い生地でできた紺と白の手拭いは、一ヤード一セントから五セントで買えるので、人夫や車夫たちに使用され、けっして美的な物とか飾り物とか考えられていません。でも、手拭いはとても見事な美しいデザインが描かれており、人夫が使うことを考えなければ、家庭用の装飾品として何にでも使えると思います」[29]。アメリカ人にとっては「安価」と「粗悪」は同意語なのだが、日本ではもっとも低廉な品物に優美で芸術的なデザインが見出される。「安い版画、青や白地の手拭い、ありふれた湯呑みと急須、農家の台所で火にかけられる大きな鉄瓶、こういったものがすべて、大名の蔵をみたしている高価な縮緬や、銀の線香立てや、精妙な磁器や最も優美な漆器と同様に、それぞれにきれいで趣味がよい」[30]。

低廉な品物が同時に美しい理由を彼女は次のように述べる。「日本の職人は本能的に美意識を強く持っているので、金銭的に儲かろうが関係なく、彼らの手から作り出されるものはみな美しいのです。……庶民が使う安物の陶器を扱っているお店に行くと、色、形、装飾には美の輝きがあります」。彼女は「ここ日本では、貧しい人の食卓でさえも最高級の優美さと繊細さがある」と感じた。「いまアメリカやイギリスで始められている、大都会に住む貧しい人々の美意識を啓発しようという運動は、この国にはまったく必要ないことだけはたしか」だった。彼女は日本の庶民はアメリカ人よりも「文化的」だと感じた。しかも注目すべきことに彼女は、文化というものの定義が「アメリカを発ったころと比べると、いまでは何を意味しているかわからなくなってきた」と言っている。彼女のなかでは、文化は観念的道徳的なものから、きわめて些細な日常的なものに転換しつつあったのだといっていい[*31]。

バードは東北旅行のあいだ、宿屋で食事が調理され客に供されるやり方が清潔できれいなのに感銘を受けた。「貧民階級の衣類や家屋がどんなに汚なくても、料理のしかたとその料理を供するやりかたは極端に清潔なのだ」。英国第九連隊のジェフソン＝エルマーストたちも横浜で、夜帰営するのがおそくなったとき、よく屋台で「あっさりしてうまい海草スープ」をとったが、材料にも容器にも不安を抱く必要はまったくなかった。「極端に清潔だというのは彼らの家屋だけの特徴ではなく、彼らの食べもの、料理のしかた、料理の出しかたの特徴でもある[*32]」。

バードはさらに台所で用いられる道具の美しさに感嘆する。「どの台所用具にもそれぞれの美しさと使いやすさがあり、人びとはその清潔さと年季の入った古さの両方に誇りを抱いている。宿屋の多くは、横浜の骨董屋のはでで俗悪ながらくたを全部あわせたほどの価値のあるブロンズや鉄の製品を、台所に備えている。とりわけ鉄やブロンズでできた薬罐の年季の入った風格と職人仕事のみごとさは、デザインにおいて少なくとも奈良の国立収蔵庫のそれに匹敵するし、形の優美さと仕上げのデリケートさという点で、ナポリ博物館のポンペイ人の部屋にある料理道具を凌駕している[*33]」。彼女は京都を訪れて、みすぼらしい小店舗に並ぶ品物の美しさに驚嘆した。「形、色、さらに全体的な効果の点でほとんど欠点がないというのは、好事家が求める高価な品々に限ったことではなく、農家のために作られた家庭用品もまたそうであるのだ。……最高の美術品とお話にならぬ安物とがともに手を携えている」。いい加減なやっつけ仕事をする英国の職人はここに来て、わずか一シリングの日当でどんなに誠実、細心、さらに愛情のこもった仕事がなされているか見るべきだと彼女は思った[*34]。

アーノルドは言う。「日本のもっとも貧しい家庭でさえ、醜いものは皆無だ。お櫃からかんざしに至るまで、すべての家庭用品や個人用品は多かれ少なかれ美しいし、うつりがよい」。ありふれた家具がまるで宝石職人が仕上げたようだし、畳は絹を織るように作られ、桶や籠は象牙細工みたいだ[*35]。そして、ヒューブナーが要約する。「この国においては、ヨーロッパのいかなる国よりも、芸術の享受・趣味が下層階級にまで行きわたっているのだ。どんなにつつましい住居の屋根の下でも、そういうことを示すものを見いだすことができる。……ヨーロッパ人にとっては、芸術は金に余裕のある裕福な人々の特権にすぎない。ところが日本では、芸術は万人の所有物なのだ[*36]」。

よき趣味が衣裳の上にも表われたことはいうまでもあるまい。「日本人は衣装や装飾について、趣味が簡素で優雅なことが目立つ。概してけばけばしい模様や、現在の英語で loud として知られているようなものはいっさい避けている[*37]」とオリファントが感じたのは、彼だけではなく当時の欧米人一般の所見であった。ディアス・コバルビアスは、女性の服装は「普通下に着けているものの方が派手で鮮かであり、上のものはやや地味な色合である[*38]」ことに気づいている。むろん、それが粋というものなのだった。フロイス（Luis Frois 一五三二〜九七）はすでに十六世紀において、「日本人は良い衣服を下に、良くないものを上に着る[*39]」事実に気づいていた。

ヴィシェスラフツォフによると、日本の女の衣服は「見くびったもの」ではなく、「一番上に着る服はふつう、どんなに上等な生地であれ、濃紫、茶、紺などの地味な色で、細かいダマスク（紋織）模様がついている」[*40]。アーノルドも黒田清隆伯爵夫人に会ったとき、着物の生地は高価なものなのに、色や仕立てが大変落着いていて、ほとんどクウェイカー主義に近いと感じた[*41]。むろん、すべての女が控え目な色の着物を着ていたのではない。娘たちが明るい華やかな色の着物を着ているのは、ひろく認められた事実だった。また「夜になってから格子窓の近くに並んですわる女たち」の衣裳が、「金銀の刺繡に光り輝」いていたのはいうまでもない[*42]。

欧米人にとって、日本の家屋と家具はその極端なシンプルさにおいて、おどろきと軽蔑の対象となった。モースでさえ、最初に日本家屋の中にはいったとき、「がらんとした部屋」のほかに何もない「不毛さ」におどろき、「この家は貸家にするつもりかなと思ったくらいだった」。暖炉棚も食器棚も、椅子も机もない部屋を、どうやって美しい飾り物・骨董品・絵画・掛布などで装飾すればよいのだろう。そのうちに彼は、「満足を味わいながらじっと視線を注ぐような物品が、眼前にほとんど存在しないような絶対の清浄と洗練こそが、日本人が努力して止まない屋内装飾の要諦なのだ」と悟った。畳、襖紙、壁、杉板張りの天井――それらの中間色の色調がかもし出す雰囲気は憩いを与え、「部屋を極度に静かなかつ洗練されたものにする」ので、「このような造作の部屋は、外部から持ち込んだ物品によって装飾する必要がほとんどない」。そして、そのような簡素な部屋に「花一輪、清雅な一幅の絵、陶器の一片、あるいは古い青銅製置物」が置かれるとき、部屋自体と器具類の間には、驚嘆すべき調和と対照が生れる[*43]。

モースは家具や装飾品がところ狭しと置かれた「迷路のような」母国の部屋を、やがて嫌悪の

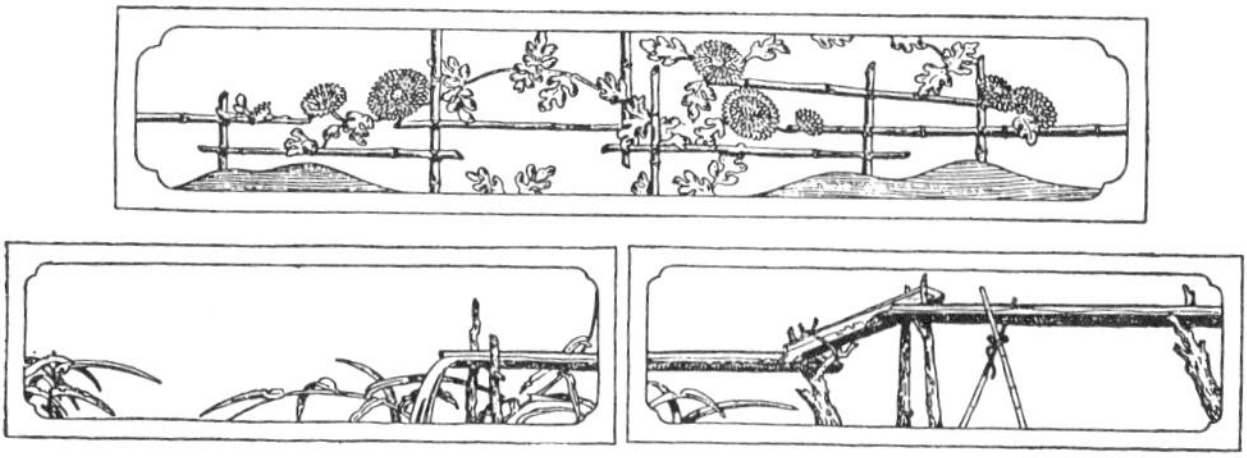

●欄間のデザイン
（上は大和五条村，下は肥後八代。モース『日本人の住まい』八坂書房）

念で想い起すようになる。そしてブスケもまたこの点では、モースとまったく一致した見解を抱いていた。「今なお昔風を忠実に守っている日本人の家の中に入って見給え。貴君らはこれらの簡素で質素ですらあるが、地味で優雅さのある部屋の中には、我々のブルジョワのサロンをほとんど常に醜いものにしている、あの目障りなものを何一つ見出すことがないだろう[*44]」。
モースは、一見無造作に見える日本の家屋が、細部では様々な工夫と装飾に富んでいることを『日本人の住まい』の中で強調している。中でも彼がとくに賞美したのは欄間のデザインで、その優美な例のいくつかは図入りで紹介されている。その中には大和五条や肥後八代の旧家の欄間が含まれているが、モースにとって印象深かったのは、それがいずれも「名もなき地方の職人の手になるものだ」ということだった。「遠隔のさまざまな地方の、比較的小さな町や村に、前述のような素晴らしい芸術的香りの高い彫刻のデザインを考え、これを彫るという能力を持った工芸家がいるらしいことは、顕著な事実であると同時に注目に値する事実である[*45]」。彼は、母国アメリカでの地方の大工がこんな場合どんな仕事をするかを考えて、怒りにとらわれた。日本ではなぜこのようなことが可能なのだろうか。それは日本の職人が「たんに年季奉公をつとめあげたのではなく、「仕事を覚えたのであって」、従って「自由な気持で働いている」からだ。日本人は「芸術的意匠とその見事なできばえを賞揚する」ことができる人びとなので、職人たちは「何処の地に身を置こうと自分の仕事振りが求められることを知っているのである」。すなわちモースは、日本におけるよき趣味の庶民レベルでの普及こそ、職人が叩き大工ではない一個の芸術家的意欲を保持しえている根拠とみなしたのである。文明とはまさにこのことにほかならなかった。ここでモースは、かのウィリアム・モリス（William Morris 一八三四～九六）の思想とはなはだ近い地点に立っている。

モースはまた、日本人が様ざまな美しいもの珍奇なもののコレクターであることも知っていた。「いかにも平凡で目立たない家であっても、いったんその中に入ると、繊細優美をきわめる彫刻の逸品や、室内工芸の極致を思わせる家財道具が置かれていることがしばしばで」、これまた彼をおどろかすのだった。[*46] しかしアメリカ人が「みずからが所有するこの種の物品の一つ一つをきわめて無造作にみさかいもなく誇示する」のに対して、日本人が収集品を「人前に飾ることはきわめて稀である」ことに彼は気づいていた。ふだん、そういうものは倉に収蔵されていた。絵画からしてそうで、床の間の絵は定期的にとり替えられるのである。これは、ありったけの工芸品を室内に陳列したり、一枚の画が永久におなじ壁に掛けられていたりする欧米の習慣より、はるかに合理的なことのようにモースには思えた。[*47] 杉本鉞子は長岡藩の元家老の家に生れ、アメリカ東部で商売を営む杉本松雄に嫁いだ人だが、渡米してしばらくは、調度、装飾品が所狭しと置かれているアメリカの住居に入ると、「お納戸にでも入った感じ」がした。「じきにお納戸へ片付けるお積りでこんなにしていらっしゃるのであろうと思った最初の印象」はなかなか抜けなかった。[*48]
ベーコンは日本で生活を始めたころ、日本の家に家具がほとんどなく手入れの必要がないのを、「とてもうらやまし」く思った。しかもそのシンプルな家具がとても便利で、「アメリカの近代的で便利な発明品よりもはるかに理にかなっている」のに、感心せずにいられないのだった。貧弱な暖房具として欧米人の嘲笑の的となった火鉢すら、彼女は讃美する。「ひばちはアルコールランプよりずっと優れていて、しかも安あがりで、なぜアメリカで使われないのか不思議です。きっとアメリカ人はこのように簡素なものをつくりだす才能がないうえに、もっとごてごてした高価なものが好きなのかもしれません[*49]」。
シッドモアは前述のように「日本人の日常生活は芝居じみていて、舞台用の美術・装飾的小道具にあふれ、とてもまじめな現実のものとは思えない」と書いている。彼女のこの感想は生活のあらゆる局面に関わるものだろうけれども、たとえば家具らしいものがほとんど置いてない部屋は、なるほどひとつの舞台なのであろうし、そこに登場する火鉢や茶道具はたしかに小道具なのであろう。ベーコンはお抱え車夫のところに嫁入って来た女の三畳の部屋をのぞいたことがあったが、彼女の所帯道具はまるでままごとの道具のようだった。つまり日本人の日常生活の装備は、ひとつのまじめな現実というより、むしろ芝居や遊びを思わせる超現実的雰囲気に包まれていたのである。
生活が芝居化されているというのは、現実の苦難を軽減する生活の美化・趣味化が、社会全体の共通感覚となっていたことを意味する。モースが「田舎の旅には楽しみが多いが、その一つは道路に添う美しい生垣、戸口の前の奇麗に掃かれた歩道、室内にある物がすべて小ざっぱりとしていい趣味をあらわしていること、可愛らしい茶呑茶碗や土瓶急須、炭火を入れる青銅の器、木目の美しい鏡板、奇妙な木の瘤《こぶ》、花を生けるためにくりぬいた木質のきのこ。これ等の美しい品物はすべて、あたり前の百姓家にあるのである」*50という時、彼が指摘したかったのは、まさにこの社会の共通感覚だった。彼は日光旅行の帰途、あるきたならしい町の旅籠屋に立ち寄ったが、その床の間にすっかり感心してしまった。虫喰いの板とか自然木がたくみに組み合わされ、掛け物の字はある古典からとられたものだった。彼はアメリカの同程度の宿屋を飾る物――「拳闘、道化た競馬、又は裸の女を思い浮べ」、情けない気分になった。「風流」という点では日本人の方がはるかにまさるというのが、モース一行の感想だった。*51
彼らが見たのは、まさにひとつの文明の姿だったというべきだろう。すなわちそれは、よき趣味という点で生活を楽しきものとする装置を、ふんだんに備えた文明だったのである。「この国の魅力は下層階級の市井の生活にある。……日常生活の隅々までありふれた品物を美しく飾る技術」*52にあるとチェンバレンが言うのは、まさにこのことを指摘したものにほかならなかった。

注

*1――フレイザー前掲書四三ページ
*2――同前三〇～一ページ

＊3――シッドモア前掲書序文
＊4――同前八ページ
＊5――モース『その日・1』二三〇～一ページ
＊6――Arnold, Seas and Lands, pp. 457～8
＊7――Arnold, Japonica, pp. 65～6
＊8――Arnold, Japonica, p. 64
＊9――Arnold, Japonica, pp. 48～50
＊10――Bird, ibid., vol. 1, pp. 225～33　邦訳本は省略。
＊11――the interior を仮に内陸地方と訳しておいたが、この明治初・中期の英語文献に頻出する用語は、安政諸条約が定めた条約港の範囲外の、外国人がパスポートをもたねば旅行できぬ空間を指す、「内地雑居」という場合の内地に当る。条約改正によって the interior は消滅することになる。
＊12――モース『その日・1』二三一ページ
＊13――ローエル『極東の魂』（公論社・一九七七年）一〇八～一一〇ページ。原著は The Soul of the Far East, New York, 1888
＊14――Fortune, ibid., p. 121
＊15――ヴィシェスラフツォフ前掲書四三ページ
＊16――Tilley, ibid., p. 96
＊17――Osborn, ibid., pp. 181～2
＊18――ヴェルナー前掲書一四四ページ
＊19――オリファント前掲書七三ページ

＊20――Osborn, ibid., p. 41
＊21――ヴェルナー前掲書二九ページ
＊22――モース『住まい』一～三ページ
＊23――Holmes, ibid., pp. 31～2
＊24――Holmes, ibid., pp. 33～6
＊25――Holmes, ibid., pp. 37～9
＊26――アンベール前掲書『下巻』一〇ページ
＊27――同前一四～五ページ
＊28――ギメ『かながわ』六八ページ
＊29――ベーコン前掲書一七五ページ
＊30――Bacon, Japanese Girls And Women, revised and enlarged edition, Boston and New York, 1902, pp. 236～7　同書の初版は一八九一年。以後 Bacon, JGW と表記。『華族女学校教師の見た明治日本の内側』は以後、ベーコン『内側』と表記。
＊31――ベーコン『内側』一七六～七ページ
＊32――Jephson and Elmhirst, ibid., p. 381
＊33――Bird, ibid., vol. 1, p. 241　邦訳本は省略。
＊34――Bird, ibid., vol. 2, pp. 254～6　邦訳本は省略。
＊35――Arnold, Seas and Lands, pp. 340～1
＊36――ヒューブナー前掲書六三ページ
＊37――オリファント前掲書一二四ページ

＊38――ディアス・コバルビアス前掲書五〇～一ページ
＊39――フロイス「日欧文化比較」＝『大航海叢書第十一巻』（岩波書店・一九六五年）五〇七ページ
＊40――ヴィシェスラフツォフ前掲書一三〇～一ページ
＊41――Arnold, Seas and Lands, p. 203　このクウェイカー主義に近いという評言は、オズボーンが日本人の衣服の色の地味さを形容するのに用いた言葉の踏襲である。
＊42――ヴィシェスラフツォフ前掲書一三一ページ
＊43――モース『住まい』三一九～二七ページ
＊44――ブスケ前掲書『2』七一五ページ
＊45――モース『住まい』一八五～七ページ
＊46――同前二六ページ
＊47――同前三二〇、三二七～八ページ
＊48――杉本前掲書一三一ページ
＊49――ベーコン『内側』四三ページ
＊50――モース『その日・1』四九ページ
＊51――モース『その日・1』九六ページ
＊52――チェンバレン前掲書『2』二二〇ページ

第六章　労働と身体

スイスの遣日使節団長としてアンベールが日本に着いたのは一八六三（文久三）年四月、紆余曲折を経て修好通商条約をやっと結べたのが翌六四年二月、その十ヵ月間の見聞のなかで、彼もやはり、この国が「幾世紀もの間、質素であると同時に安易な生活の魅力を満喫してきた」ことに感銘を受けずにはいられなかった。その感銘は彼を回想に誘った。「私は幼年時代の終りごろに、若干の大商人だけが、莫大な富を持っているくせにさらに金儲けに夢中になっているのを除けば、概して人々は生活のできる範囲で働き、生活を楽しむためにのみ生きていたのを見ている。労働それ自体が、もっとも純粋で激しい情熱をかき立てる楽しみとなっていた。そこで、職人は自分のつくるものに情熱を傾けた。彼らには、その仕事にどのくらいの日数を要したかは問題ではない。彼らがその作品に商品価値を与えたときではなく――そのようなことはほとんど気にもとめていない――かなり満足できる程度に完成したときに、やっとその仕事から解放されるのである。疲れがはなはだしくなると仕事場を出て、住家の周りか、どこか楽しい所へ友人と出かけて行って、勝手気儘に休息をとるのであった」[*1]。

むろん彼は、そのような幼い日に見おぼえたスイス職人の姿を、いま見る日本人庶民の姿に重ねたのである。「質素であると同時に安易な生活の魅力」とは実にこのようなことを意味した。オールコックが「東洋では時間はけっして高価なものではない」[*2]と言い、「まったく日本人は、一般に生活とか労働をたいへんのんきに考えているらしく、なにか珍しいものを見るためには、たちどころに大群衆が集まってくる」[*3]と書いているのは、まさにこの事実に関わる。簡素な生活とは、ゆとりと自主性のある生活ということなのだった。彼が「いそがしそうであるが適度に働く」日本の庶民を、「非常に満ち足りた気さくな人たち」と感じたのもそのためである。

しかしこの二人にゆとりのある安楽な暮らしぶりと見えたものが、リンダウの目には日本人の度しがたい怠惰癖と映った。リンダウは一八五九（安政六）年初めて日本の土を踏み、六一年には再来日して、その間の印象をパリの『両世界評論』に発表し、六四年にはスイス領事として三度訪日を果した人物で、六四年に刊行した『日本周遊記』は、オールコックの『大君の都』と並んで、当時日本を訪れた欧米人に広く読まれた書物であった。その一節で彼は言う。「何をすることもない、何もしていない人々、その数は日本ではかなり多いのだが、そんな人達は火鉢の周りにうずくまって、お茶を飲み、小さなキセルを吸い、彼らの表情ゆたかな顔にはっきりと現れている満足げな様子で、話をしたり聞いたりしながら、長い時間を過ごすのである。彼ら日本人のやさしい気質、親切な礼儀作法、そしてまた矯正不可能な怠惰を真に味わえるのは、こんな風に寄り集まった日本人に接する時である。仕事に対する愛情は日本人にあっては、誰にでも見られる美徳ではない。彼らのうちの多くは、いまだ東洋に住んだことのないヨーロッパ人には考えもつかないほど不精者である[*4]」。

仕事に対する愛情が普遍的ではないというのは、欧米人の誰もが讃嘆を惜しまなかった日本農民の勤勉、職人の凝り性を思いみるならば、いくらなんでもいい過ぎであろう。日本人の労働における勤勉と忍耐は何よりも農業に現われており、そのみごとな成果は一様に外国人たちの感嘆の的となっていた。にもかかわらず、当時の日本人が「考えもつかないほど不精者」であり、「一般に生活とか労働をたいへんのんきに考え」ていたのも、また一面の真実だった。実はこのように近代的な観察眼からすれば理解困難な矛盾のうちにこそ、工業化以前の労働の特質が鮮明に浮き出ていたのだ。リンダウは自覚なしに、近代と前近代の労働の性質の違いについて、重要な指摘を行っていたのである。近代工業の確立とともに軍隊的な労働規律として結晶するような、厳密に計測化された時間とひきかえの賃労働は、徳川期の日本にあってはいまだ知られざる観念だった。ひとは働かねばならぬときは自主的に働き、油を売りたいときはこれまた自主的に油を売ったのである。アンベールのいうように、日本のみならず十九世紀初頭のヨーロッパにおいても、ひとは働きたいときに働き、休みたいときに休んだ。

リンダウは右の一節で、日本人の悪口を言ったつもりなのではない。彼はただ呆れているのだが、その「どうしようもない」という感じは、ある種の嘆賞にも通じているのである。なぜなら、そのように怠け放題に怠けているときにこそ、日本人の独特なやさしさと親切さは輝き出たのであるから。だが彼は、日本人の「不精」を嘆く必要はなかった。その怠惰と不精は、明治という新しい時代において、近代工業の移植という鉄火の試練のなかで、いずれは「矯正」されるべき運命にあったのである。

近代的賃労働の導入される以前の、こういう悠長で気儘な労働の実相について、もっとも生彩ある証言を行っているのはモースだ。生物学者としてアメリカですでに名をなしていたモースは、一八七七（明治十）年、腕足類研究のため訪日したのであるが、すぐさま東京大学の動物学・生理学教授を委嘱され、七九年まで滞在、八二年にも再度来日した。その間彼は日本の各地を旅行し、見聞を「日記帳三千五百ページ」に書きとどめた。その備忘録を整理し『日本その日その日』

の表題で発表したのは、やっと一九一七（大正六）年のことである。彼はこの記録の出版を、著名な日本美術蒐集家であり、八二年にはともに訪日したこともある友人ビゲロウ（William Sturgis Bigelow 一八五〇〜一九二六）のすすめによって決意したのだが、そのときビゲロウは腕足類の研究に執着するモースに「腕足類などは溝へでも棄ててしまえ。君と僕とが四十年前親しく知っていた日本という有機体は、消滅しつつあるタイプで、その多くはすでに完全に地球の表面から姿を消し、そして我々の年齢の人間こそは、文字通り、かかる有機体の生存を目撃した最後の人であることを、忘れないでくれ。この後十年間に、我々がかつて知っていた日本人はみんなベレムナイツ（化石としてのみ残る頭足類の一種）のように、いなくなってしまうぞ」と、手紙で説得したのである。[*5]
モースは横浜に上陸した翌日、次のような光景を目撃した。「運河の入口に新しい海堤が築かれつつあった。不思議な人間の杙《くい》打ち機械があり、何時間見ても興味がつきない。足場は藁縄でくくりつけられている。働いている人達はほとんど裸体に近く、ことに一人の男はふんどし以外には何も身につけていない。杙打ち機械は面白く出来ていた。重い錘が長い竿に取りつけてあって、足場の横板に坐る男がこの竿を塩梅し、他の人々は、下の錘に結びつけられ上方の滑車を通っている縄を引っ張るのである。この縄を引く人は八人で円陣をなしていた。変な単調な歌が唄われ、一節の終りに揃って縄を引き、そこで突然縄をゆるめるので、錘はドサンと音をさせて墜ちる。すこしも錘をあげる努力をしないで歌を唱うのは、まことにばからしい時間の浪費であるように思われた。時間の十分の九は歌を唄うのに費されるのであった[*6]」。

日光への旅でも、モースはおなじような光景に出会った。お寺へ近づくとお経のような合唱が聞えるので、なにか勤行が行われているのだなと思っていたら、実は労働者が大勢で巻揚機をまわして、材木を吊り上げているのだった。「裸体の皮膚の赤黒い大工が多人数集まって、いささかなりとも曳くことに努力するまでのかなりの時間を、いたずらに合歌を怒鳴るばかりである有様は、まことに不思議だった。別な場所では、労働者たちが二重荷車を引っ張ったり梃子でこじたりしていたが、ここでも彼らが元気よく歌うことは同様で、群を離れて立つ一人が音頭をとり、一同が口をそろえて合唱すると同時に、一斉的な努力がこのぎこちない代物を六インチばかり動かす、という次第なのである」[*7]。彼はそのうち「日本の労働者は働く時は唸ったり歌ったり」するのだと悟った。そしてあとでは「労働の辛さを、気持のよい音か拍子で軽めるとは、面白い国民性」だと考えるようになった。しかし、「ちょっとでも動いたり努力したりするまでに、一分間あるいはそれ以上のあいだ歌を唄う」のは「非常な時の浪費」ではないかという疑問は、彼にはついに解けなかったのかも知れない。

　モースは、明治十年にはまだそのまま残存していた徳川期日本人の労働の特質を目撃したのである。むろん、何もせずに歌っている時間を省いて、体力の許すかぎり連続的に労働すれば、仕事の効率は計算上では数倍向上するに違いない。しかしそれはたんなる労役である。ここで例にあげられている地搗きや材木の巻き揚げや重量物の運搬といった集団労働において、動作の長い合間に唄がうたわれるのは、むろん作業のリズムをつくり出す意味もあろうが、より本質的には、何のよろこびもない労役に転化しかねないものを、集団的な嬉戯を含みうる労働として労働する者の側に確保するためであった。つまり、唄とともに在る、近代的観念からすれば非能率極まりないこの労働の形態は、労働を賃金とひきかえに計量化された時間単位の労役たらしめることを拒み、それを精神的肉体的な生命の自己活動たらしめるために習慣化されたのだった。イヴァン・イリイチふうにいえば、労働はまだ〝ワーク〟にはなっていなかった。

彼らはむろん日当を支払われていた。だがそれが近代的な意味での賃金でないのは、労働が彼らの主体的な生命活動という側面をまだ保ち続けており、全面的に貨幣化され商品化された苦役にはなっていなかったからである。苦役というのは過重な労働という意味ではない。計器を監視すればいいだけの、安楽かつ高賃金の現代的労働であっても、それが自己目的としての生命活動ではなく、貨幣を稼ぐためのコストとしての活動であるかぎり、労役であり苦役なのである。徳川期において普遍的であったこのような非能率的な集団労働を、使用する側の商人なり領主なりは、もっと効率的な形態に「改善」したいとは思わなかったのだろうか。仮にそう思ったとしてもそれは不可能だった。なぜなら、それはひとつの文明がうちたてた慣行であって、彼らとてそれを無視したり侵犯したりすることは許されなかったからである。

悠長さは広義の仕事・業務のさいにも発揮された。カッテンディーケの主宰する長崎海軍伝習所の注目すべき伝習生として、勝麟太郎（海舟　一八二三〜九九）がいたのは周知の事実だろう。その勝があるとき、新造カッターを暗礁に乗りあげてしまった。修理のためにはしかるべき船台を造らねばならない。カッテンディーケは苦心の末適当な場処を選定し、やっとその船を修理台に引き揚げようという段になって、まだ材木が届いていないことが判明し、また次の満潮時まで待たねばならなかった。「日本人の悠長さといったら呆れるくらいだ」と彼は悲鳴をあげている。[*8]しかしその悠長な日本人からいえば、なぜそのようにことを急ぐ必要があるのかということになろう。要するに、カッターがまた使えるようになればいいだけのことなのに。
伝習所の運営について、カッテンディーケは幕吏としばしば交渉する必要があった。しかし幕府の悠長な対応に、最初のうちは、「いくら黙って辛棒しようと思っても、辛棒しきれなくていらいらさせられた」。そのような彼にある日勝がこう語りかけた。「ペリー提督はよい人間であったが、たいそういらいらした不作法な男だった」。[*9]勝はひそかにカッテンディーケを諷したわけである。彼もまたそれをすぐ悟った。そのように勝の忠告を受けいれたカッテンディーケではあったが、幕吏との交渉の席に連らなるのは、どうしようもない苦痛だった。なにしろ「日本人は交渉が始まろうというのに、いつまでも座りこんで、喫煙したり、あたりを眺めたり、あたかも気晴しにでも出かけているつもりらしい。そしてこういう場合なのに、お茶を飲んだり菓子をたべるといった暢気さである。その上、彼らは真面目くさった顔で、想像もつかぬ冗談を言うのである」。まさに、つきあい切れないというところであろう。「交渉をしくじらぬよう纏めるためには、人並みの辛棒強さではとてもだめだ」というのが彼の述懐である。[*10]
ジョージ・スミスは、オランダ人技術者の指導する長崎製鉄所を訪ねた折、こんな話を聞かされた。オランダの軍艦が舵を失い、それを新しいのと取り替えるために何週間も港に繋れていた。「毎週長崎奉行からオランダ士官に同じ様式の通達が来た。木は森ですでに切り倒された。次いでいわく、枝が払われ、樹皮が剝がれた。次にまたいわく、板にされ鉋がかけられた——ついにオランダ人艦長の忍耐はほとんど尽き果てた」[*11]。

こういった社会全般にみなぎる悠長さは、旅の場合にも見られた。ブラックが昔の東海道の旅人について書いている。「平民たちは歩きやすいように、着物を端折《はしょ》り、大部分の者はかなり容易に旅していた。そして道ばたに数えきれないほどたくさんの茶店や休憩所で、たびたび立ち止り、一杯のうすい茶を飲み、自分と同様に、一休みに立寄った者と、誰かれ構わずに陽気にしゃべって、元気を取り戻していた。彼にとっては、道のりなど考えになかったようだった。好きなように時間をかけ、自分なりの速さで、行けさえすれば（大体出来たのだが）、来る日も来る日も、一日中歩いた。時間の価値など全く念頭になかった。商取引きの場合でさえ、ヨーロッパ商人の最大の当惑は、時間どおりに契約を実行させるのが難しいことであった。いや、不可能だったといった方がよいかもしれない」[*12]。社会のリズムはゆったりと脈搏っていたのである。

明治政府の法律顧問として、明治五（一八七二）年から四年間在日したブスケは、日本人の勤労のエートスについて次のような評価を下している。「日本人の働き手、すなわち野良仕事をする人や都会の労働者は一般に聡明であり、器用であり、性質がやさしく、また陽気でさえあり、多くの文明国での同じ境遇にある大部分の人より確かにつきあいよい。彼は勤勉というより活動的であり、精力的というより我慢づよい。日常の糧を得るのに直接必要な仕事をあまり文句も言わずに果している。しかし彼の努力はそこで止る。……必要なものはもつが、余計なものを得ようとは思わない。大きい利益のために疲れ果てるまで苦労しようとしないし、一つの仕事を早く終えて、もう一つの仕事にとりかかろうとも決してしない。一人の労働者に何かの仕事を命じて見給え。彼は常に必要以上の時間を要求するだろう。注文を取り消すと言って脅して見給え。彼は自分がうけてよいと思う以上の疲労に身をさらすよりも、その仕事を放棄するだろう。どこかの仕事場に入って見給え。ひとは煙草をふかし、笑い、しゃべっている。時々槌をふるい、石をもちあげ、次いでどういう風に仕事にとりかかるかを論じ、それから再び始める。日が落ち、ついに時間がくる。さあこれで一日の終りだ。仕事を休むために常に口実が用意されている。暑さ、寒さ、雨、それから特に祭である。……一家を支えるにはほんの僅かしかいらない」[*13]。

ブスケによると当時、大人が一人都会で暮らすのに月に二円七五銭（十四フラン）、農村なら年に二〇円（百フラン）あればよかったという。だが私たちがこの一節におどろくのは、ブスケの言い分が、いわゆる発展途上国の近代化の困難について嘆く、今日の先進国テクノクラートの言い分にそっくりだからだ。彼は言う。「社会的観点からみれば、彼らは何ら不幸ではない。彼はおだやかに、戸外で、日向で、ぶらぶらと暮している。彼の境遇は、マンチェスターの工場でどうにか生活の糧を得たり、またはロンドンのみすぼらしい蠟燭の下で無為に過している、貧しく過労のため疲れきった労働者よりは百倍も望ましい」。しかしそれでは「進歩もせず大して生産的でもな」く、日本の工業は「ヨーロッパとの競争に勝てない」[*14]のだ。

彼は日本は結局、工業化・近代化に失敗すると見ていた。彼の見通しは誤っていた。だが、それはいまの問題ではない。問題は日本の民衆の労働習慣ないし勤労のエートスが、彼によって、かくも工業化・近代化に不適合とみなされたという事実だ。六〇年代から導入された近代化論の立場では、徳川期には石門心学などを通じて、民衆のうちに勤勉のエートスが確立され、それが明治期における近代化の成功の基盤となったとされている。また第三章で紹介した速水融の見方からすれば、徳川期は農民が「勤労の意味を知った」時代であった。[*15] 私はこれらの見解の妥当性を一面において認めつつも、それが掬い落す重要な側面があることを強調しておきたい。日本の民衆はたしかに勤勉であったに相違ないが、そのことは、彼らが、アンベールのいうように働きたいときに働き休みたいときに休み、オールコックやブラックのいうように時間の価値を知らず、モースのいうように労働のうちに嬉戯することを、一向に妨げなかったのである。近代化を評価の基準とすれば、そのような彼らの働きかたは、怠惰、無気力、無規律と映りもしよう。しかしブスケのような近代的法律家の眼に、進歩への刺戟《インセンティヴ》を欠いたダルな自足と映った労働の様態こそ、イリイチのいう民衆のコンヴィヴィアルな共生の表現であったことを誰が否定できようか。日本の民衆はやはり、このような労働の原質を奪いとられて、近代的労働の担い手として、業火のなかで鍛え直されねばならなかったのである。

当時の日本に、労役と呼ぶべき激しい労働が存在したのは当然のことだ。イザベラ・バードは山形県南部の山村で、商人たちが山形市から四十キロないし六十数キロの荷を背負って登って来るのを、明治十一年に目撃した。「この連中が、かわいそうに山の峠道を大弱りの格好で喘ぎながら登ってくるのを見ると、胸が悪くなるほどである。昨夜、五人の商人たちが、峠の頂で腰を下していたが、息づかいは荒かった。その眼はとび出しそうであった。身体がやせているので、震えている筋肉がまる見えで痛々しかった[*16]」。

モースもまた次のように記す。これは明治十年の観察である。「ある階級に属する男たちが、馬や牡牛の代りに、重い荷物を一杯積んだ二輪車（むろん大八車のことである）を引っぱったり押したりするのを見る人は、彼らの痛々しい忍耐に同情を禁じ得ぬ。彼らは力を入れる時、短い音を連続的に発するが、調子が高いのでかなり遠くの方まで聞える。……顔を流れる汗の玉や、口からたれる涎は、彼らがいかに労苦しているかの証拠である」[17]。

モースは北海道の小樽で、おそるべき体力を持った老婆に出会った。彼女は天秤棒をかついで帆立貝を行商しているのだったが、その荷はモースと彼の日本人の連れが持ち上げようとしてもどうしても上らぬほど重かった。彼らが断念すると老婆は静かに天秤棒をかつぎあげ、丁寧にサヨナラをいうとともに、「絶対的な速度」で往来を立ち去って行ったのである。「この小さなしなびた婆さんは、すでにこの荷物を一マイルかあるいはそれ以上運搬したにもかかわらず、続けさまに商品の名を呼ぶ程、息がつづくのであった」[18]。むろんこの老婆は当時の小樽の「魚売り女」の中で、特別の力持ちだったわけではなかろう。

にもかかわらず、労働は唄で飾られていた。オーストリアのクライトナー中尉は一八七八（明治十一）年、神戸から有馬温泉へ向う途上、陶器や食料を運搬する「山間地の住民」に出会った。「荷物を担いでいる人たちは、裸に近い恰好だった。肩に竹の支柱をつけ、それにたいへん重い運搬籠を載せているので、その重みで支柱の竹筒が今にも割れそうだった。彼らの身のこなしは、走っているのか歩いているのか見分けのつかない態のものである。汗が日焼けした首筋をしたたり落ちた。しかし、かくも難儀な仕事をしているにもかかわらず、この人たちは常に上機嫌で、気持のよい挨拶をしてくれた。彼らは歩きながらも、締めつけられた胸の奥から仕事の歌を口ずさむ。喘ぎながらうたう歌は、左足が地面につく時、右足が大股に踏み出す力を奮いたたせる」[19]。

当時の横浜港は大型船を横づけできる埠頭をもたない。乗客は沖がかりした外航船から、日本人船頭の漕ぐはしけに乗り移って、栈橋にまで運ばれるのである。外国人の間でサンパンと呼ばれたそのはしけに揺られて短い海上の旅をするのが、外国人たちのいわば最初の日本経験だった。従って、掛け声をかけてサンパンを漕ぐ半裸の船頭たちの姿は、しばしば彼らの記録にとどめられている。たとえば、「このほっそりとした甲板のない小舟は、ほかに例を見ない代物で、筋骨たくましい六人の男たちが櫓をあやつるのだが、彼らが小板の上に立ち、からだを前に傾け、節まわしの奇妙な唄で音頭をとりながら、絶え間なくなめらかに櫓を動かすと、小舟は生きた魚さながらに、すばやく躍り上るように走る」[20]といったふうに。

ボーヴォワルは「奇妙な唄」と記しているが、モースにはそれは「不思議な呻り声」に

●荷車を曳く（Bird，前掲書）

●サンパンを漕ぐ（レガメ画／Guimet，前掲書）

聞えた。「お互いに調子をそろえて、ヘイ　ヘイチャ　ヘイヘイ　チャというような音をさせ、時にこの船唄（もしこれが船唄であるのならば）を変化させる。彼らは船を漕ぐのと同じ程度の力をこめて呻る。彼らが発する雑音は、こみ入った、ぜいぜいいう汽機に似ていた。私は彼らが櫓のひと押しごとに費やす烈しい気力に心から同情した。しかも彼らは二マイルを一度も休まず漕ぎ続けたのである」[*21]。

彼らの労働はたしかにモースの同情を買うほどに激しいものだったに相違ないが、果してただそれだけの苦役だったのだろうか。そうではあるまい。船唄でもうなり声でもどっちでもいいが、彼らのあげる音声は、舟と一体となって波頭を蹴ってゆく生きものの、おのずと発するよろこびの声でもあったのではなかったか。バードが、サンパンの船頭たちはお互いの船が衝突したときも、嫌な顔をしたり罵りあったりしないと記している[*22]ことから見ても、彼らはすこぶる上機嫌で舟を漕いでいたらしいのである。オールコックは一八五九（安政六）年箱館で、舟の漕ぎ手たちが大声でうたう「単調ではあるがすばらしい歌」を聞いた。[*23]
「すべての職人的技術において、問題なしに非常な優秀さに達していることはいうまでもなかろう。賞讃された職人たちにとって、労働がよろこびと自負の源泉だったことはいうまでもなかろう。モースは、一見簡素な日本家屋の部分部分に「指物師の工夫と芸術心《アート・テイスト》が働いていること」に驚嘆した。彼の意見では、日本の大工は仕事が優秀であるばかりではなく、「創意工夫にたけた能力を持っている」という点でも優秀なのだった。彼によると、日本の大工はアメリカの大工より技術的に上だった。アメリカの大工が高価な機械をそろえているのに対して日本の大工道具一式がかなり原始的なのを考慮すると、問題は頭と眼識なのだと彼は考えずにはいられなかった。今日のアメリカでは真面目に大工になるものなどいないのに、日本の大工は何代もの世襲で、子どもはかんな屑の香りの中で育つのだ。「大工が一本の材木の上に立って、剃刀のような切れ味の刃に、ひん曲った柄のついた手斧《ちような》を威勢よく振い、裸足の足指から一インチと離れていない木材の表面を削りとってゆく姿を見れば、気の弱い人ならはらはらするだろう」。だが手斧のせいで傷を負った者を一人も見かけたことがないのは、日本大工の腕の冴え具合の何よりの証拠だと彼には思われた。[*24]
ムラヴィヨフ艦隊の一員として江戸入りしたティリーは、宿舎の三田大中寺で大工の働きぶりを実見した。「二十人ばかりの半裸の大工が庭で忙しく働いていた。板を引き割り、それをまるで手品のように椅子やテーブルなどヨーロッパの備品に変えてゆく。彼らの前にはお手本の品が置かれていた。彼らは疑いもなく世界で最も熟練した指物師であり大工だ。私はずっと彼らのすることを見つめ、それまで多分見たこともなかった椅子やテーブルを作るさいの彼らの手際を快よく感じた」[*25]。

スエンソンもフランス公使ロッシュ一行に加わって大阪入りしたとき日本大工の手際に感嘆した一人である。ロッシュ一行は百人近い大部隊だったので、予定の宿舎を急遽手直しせねばならなかったが、大工が仕事にかかると、「一時間ぐらいのうちに、母屋の内部がすっかり変ってしまったのである。襖を適当に移すことによって、ふたつの大広間がいくつかの小さな部屋に分けられ、どの部屋も場所をたっぷりとって快適になった。この仕事にあたった日本人の職人の腕の良さと敏捷さは注目に値いし、あまり良くない道具を使っていたにもかかわらず、西欧の職人など足元にも及ばないような正確さと趣味の良さをもって、あっという間に仕上げてしまった」[*26]。つまり彼らはあらゆることに悠長であったわけではなく、必要とあればどれだけでも敏捷になれる人たちだったのである。

日本の肉体労働者のたくましいからだはしばしば観察者の歎賞の的となった。エミール・ギメは人力と車力という典型的な肉体労働者の体格を次のように描写する。人力車夫は「ほっそりと丈が高く、すらりとしていて、少ししまった上半身は、筋骨たくましく格好のよい脚に支えられている」。荷車を曳く車力は「非常にたくましく、肉付きがよく、強壮で、肩は比較的広く、いつもむき出しの脚は、運動する度に筋肉の波を浮き出させている」[*27]。ヒューブナーも日本人船頭の「たくましい男性美」を賞揚し、「黄金時代のギリシャ彫刻を理解しようとするなら、夏に日本を旅行する必要がある」という。彼によれば、ギリシャの彫刻家は裸で働く人びとを日頃見つけていたので、あのような迫真的な表現が可能になったというのだが、日本の肉体労働者もギリシャ彫刻になぞらえられては、いささか面映ゆかったろう。もっとも彼は、日本人は足が短いのが欠点といい添えてはいるが[*28]。

だがヒューブナーだけではなく、明治十九年に来日した米人画家ラファージもまた、日光への旅に傭った人力車夫の肉体から古代ギリシャを連想したのである。「雨傘の下から、私は車夫たちの筋肉の動きを研究したり、時には素描を試みたりした。彼らはほとんどみな、腰のまわりのややこしい帯を除いて裸だった。芸術家にとって懐しい古代の朧気な回想——脚と股とのきりっと締った筋肉、背中の波打つ隆起——は職業上の研究熱をよみがえらせたし、またそれは画家への天恵と思われた」[*29]。彼は車夫たちの「透明な汗の流れは赤銅色の裸体にニスをかけたよう」だと言っている。

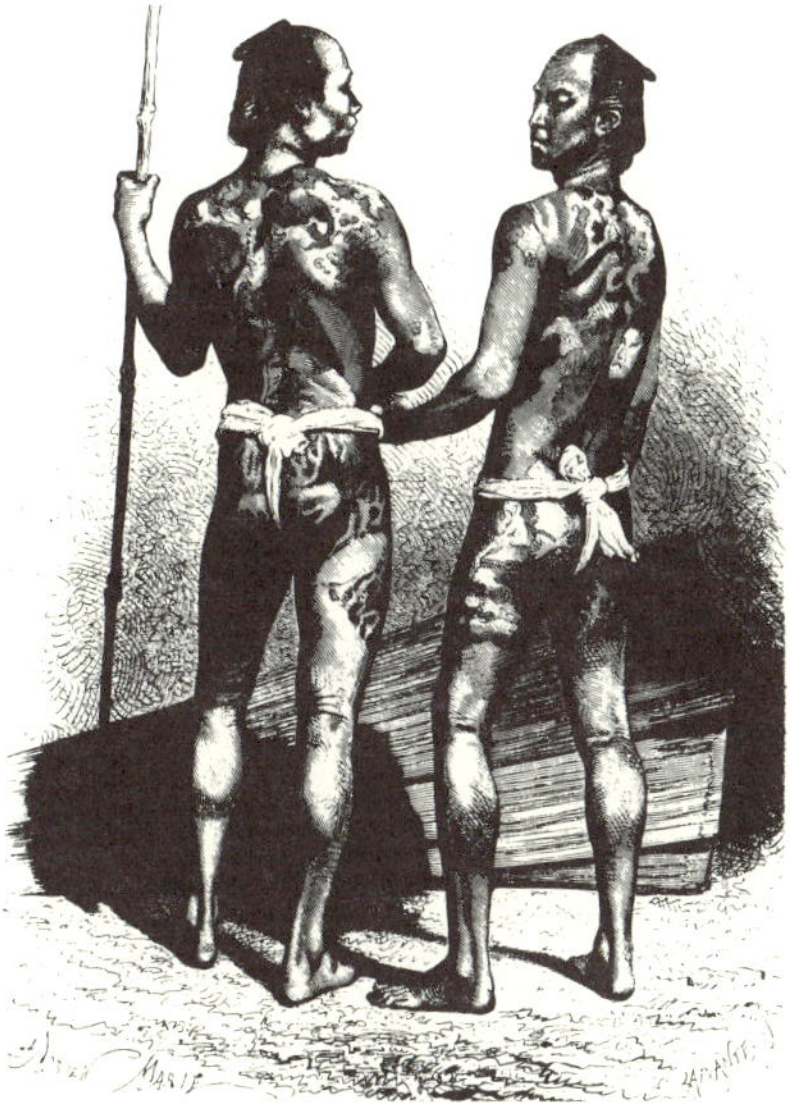

●人夫（Humbert, Le Japone Illustré）

彼らの多くがそうであったが、ギメも最初は人間に曳かれる車に乗ることに罪悪感を抱いた。だが何しろ乗心地がよく、車夫も快活なので「後悔の念は去り、楽しみが残る」。車夫たちは貧乏人ではない。人力車を曳くのは社会的地位である。着いた宿屋で彼らはほとんど贅沢をしている。そして彼らの曳く車は「輝くばかりに漆が塗られ、金の花とか伝説の場面が彩色されて描かれ、銀の釘や銅の骨組で飾られているのだ」[*30]。

人力車夫と並んで外国人の注目をひいた肉体労働の職種に別当がある。別当とは馬丁であって、主人が騎行するとき先駆けするのだが、ボーヴォワルは「馬の好敵手となるこの筋骨たくましく優雅な肢体の、忠実で疲れを知らぬ走者」について次のように描写する。「まずその衣装が素晴しい。彼はたいそう幅の広い袖のついた濃青色の外套と、とても恰好のよいふくらはぎの輪郭を見せてぴったりと肌についたパンタロンを身につけている。風に袖をひらめかせながら田圃の中を跳んでゆく彼の様子は、高く群れ咲く花すれすれに飛びまわる青い大きな蝶さながらである」[*31]。

別当に関しては、オイレンブルク使節団の公式記録が詳しい記述を残している。「別当と呼ばれる馬丁は奇妙な種族である。……別当は元気で器用な若者で、仕事は実にうまかったが、使うには面倒なところがあり、まさに動物との交わりが育てたような自然人であった。彼らは幅広い胸と鉄のような筋肉を持つ堂々たる体格の持主であった。そして、いつも愉快な好人物で、情熱的で溌剌としていた。われわれが騎行するときには、彼らは力のかぎり気紛れに跳躍して走り出し、ときには汗が滴りぐったりする場合もあるが、つねに笑顔で歓声を上げていた。……家にいるときは、彼らはたいして役に立たない。馬小屋はわれわれ一行が世話せねばならない。さもないと、別当は飼料代を遊びに浪費してしまうからである。しかもいつも立腹し、口喧嘩をしていた。給料日は各人ごとに別の日にしなければならなかった。というのは、彼らは給料を受け取るとしばしばまる二、三日は姿を見せず、酒場を徘徊し、有金を全部使い果すまで戻って来ないからだ[*32]」。

彼らは別当という身分に誇りをもっていて、それが傷つけられると仲間ともども姿を消してしまい、馬小屋には一人の別当もいないということになるのだった。彼らには首領がいた。首領は別当たちから貢納をとり立てるが、彼らの奉公口を世話し、失業中は食わせてやらねばならない。使節団が別当の一人を解雇し、「たまたま貸し馬を引いてやって来た男を雇おう」とすると、別当たちは、あいつは商人《あきんど》別当だ、いっしょに奉公はできないと反対した。つまり彼らは元来、武家奉公人だったのである。

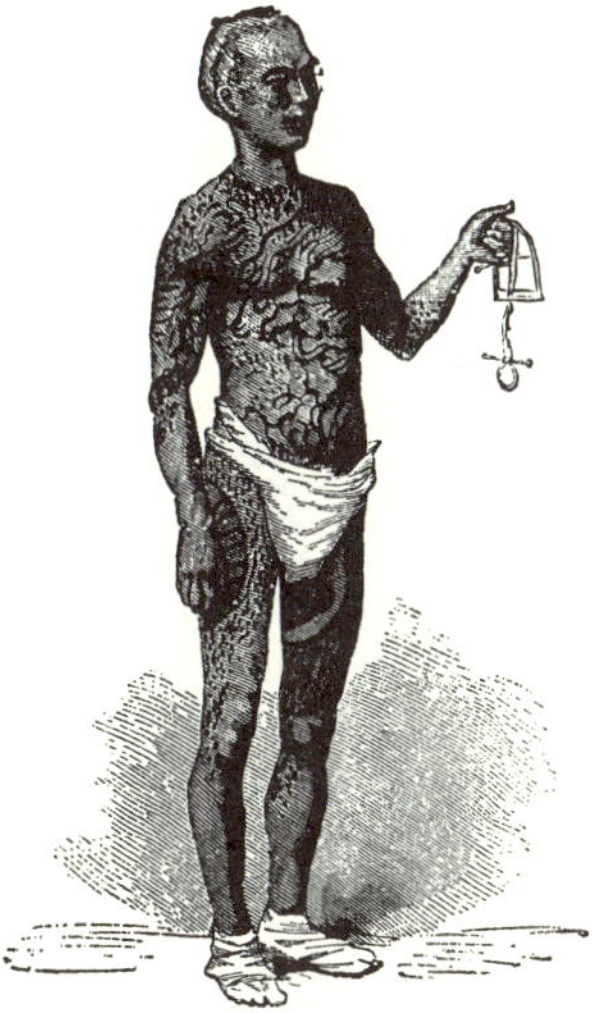

●「わたしの別当」（ボーヴォワル『ジャポン1867年』有隣新書）

ジェフソン＝エルマーストも言う。「彼らは自分たちだけ別の階層《カースト》を形づくっていて、彼らの同胞からほとんど別種族とみなされている。彼らはその気になりさえすれば第一級の馬丁で、もっとも荒い馬にも立ち向ってそれを馭す。……しかし彼らはいつ何時、ねぐ

●別当（Humbert，前掲書）

らを変えて予告もせずに立ち去ろうという了見を起すか、知れたものではない。彼らは敏捷で頭がいいが、世界最大のこそどろなのだ」[*33]。

車力、人力車夫、別当といった労働者たちについてのこの一連の記述から、われわれは伊達、粋、いなせという類いの男性美学を連想することさえ可能かも知れない。ここにあげられているのは、場合によっては博徒や無頼にも通じかねない職業形態ということもできよう。しかし、欧米人の眼に映った彼らのなんとたくましく活力にみちていることだろう。後年、日本を訪うた欧米人は、日本の男の容貌や肉体についてしばしば〝醜い〟と記述している。それは彼らの日本女性に対する讃美とほとんど劇的な対照をなしているといえるほどで、その典型をわれわれはかのモラエスに見出すことができる。ところが幕末あるいは明治初期に日本を訪れた彼らの眼には、労働する日本の男たちは必ずしも醜いとは映らなかった。たとえばギメはなんと、彼らを古代ギリシャ人にたとえているのである。

ギメの乗った船が明治九年、横浜港に着いたときの話である。その船にはアメリカで技師の免状をとって帰国する日本人が乗っていた。ギメの眼は船に乗りこんで来た日本人の一団にひきつけられた。「船の甲板に現われるあの昔の幻影は何だろう。若いローマ人風の一団が堂々と行進してくる。彼らは長いラテンの衣服をまとい、ティトス風に髪を刈り、その顔立ちはほっそりとして、上品でけがれなく、表情にはアジア風なものは何一つない。私たちの方に来るのを見れば、まさにブルートゥスの息子たちだ」。彼らは実は、ギメとおなじ船で帰国したあの日本人技師を出迎えに来た召使たちだったのだ。「若い日本人たちは、彼らの主人の荷物の上に、浅浮彫にみられる風情で、どっかりと腰を下した。優美な襞、きまった輪郭、むき出しの腕のポーズ、組んだ足、下げた頭、衣服と組み合わされて調和のとれた体の線、すべてが古代の彫刻の荘重な美を思い出させる」。そしてギメは問う。「なぜ主人があんなに醜く、召使がこれほど美しいのか」。むろんこの「蒙古の技師」はフロックコートとシルクハットで身をかためていたのである[*34]。

●主人と下男（レガメ画／Guimet，前掲書）

上層と下層とで、日本人の間にいちじるしい肉体上の相違があることは多くの観察者が気づくところだった。チエンバレンは端的にいう。「下層階級は概して強壮で、腕や脚や胸部がよく発達している。上流階級はしばしば病弱である」[*35]。メーチニコフも「日本の肉体労働者は衣服と体つきの美しさという点で、中流、上流の人々をはるかにしのいでいる」という事実に気づいた[*36]。ヴェルナーには、上流と下層は鼻で見分けがついた。上流の者の鼻はローマ人的だが、「民衆の鼻はずんぐりして先が上向きでふくらんでいる」。上流の者の形姿は上品だが、「下層の者の間では、まるで体操選手を思わせるような、背が高く異常に筋肉の発達したタイプにめぐりあう」[*37]。このように違いが顕著である以上、上層の日本人は外来の征服者であるに違いないと、ヴェルナーはまるで騎馬民族渡来説を先取りするようなことを言っている。

スエンソンは日本人の容貌は好ましいとはとてもいえないが、そのいやな印象は、「栗色に輝く眼から伝わってくる知性、顔の表情全体からにじみ出てくる善良さと陽気さに接して思わず抱いてしまう共感によって、たちまちのうちに吹きとばされてしまう」と感じた。彼の目にも上層下層の差は歴然たるものがあった。「下層の労働者階級はがっしり逞しい体格をしているが、力仕事をして筋肉を発達させることのない上層階級の男はやせていて、往々にして貧弱である」。上流の者たちは「日本的醜悪の顕著なる特徴をこれ見よがしに備えているのが常だったが[*38]」、そのかわり手足は整っていて、それに注意をひくような動作を好んですることに彼は気づいた。メーチニコフは日本人の外貌には「豊かな多様性」があり、そのために観察者はこれまで矛盾した記述を残して来たのだと言う。「たれさがった耳と低い鼻、巨大な口をしたほぼ真四角の顔があるかと思うと、すぐその隣りには、ロンバルディアの美女やレオナルド・ダ・ヴィンチのマドンナを思わせる繊細優雅な瓜ざね顔（主として女性）がいて、見るものを驚かす。……くぼんだ胸とややつき出た腹、湾曲した細い足の都市住民とならんで、背こそ低いがじつに均斉のとれた平民を見かけることもある。彼らの力あふれる四肢は、ブロンズ彫刻のようで、そのいなせな姿は、セビリアの民主的街区の伊達男をほうふつとさせたものである[*39]」。

身体がある社会の特質とそれによって構造化された精神の表現であるとすれば、当時の別当や人力車夫や船頭や召使の身体が、美しく生き生きとしたものに映ったという事実は、彼らがまさしく古き日本の社会の中で、ある意味で自由で自主的な特質をもった労働に従事していたのだという、従来の日本史学からすれば許すべからざる異端的仮説を成立可能ならしめるもので

●江の島の茶屋の女（レガメ画／Guimet，前掲書）

あるのかも知れない。注意しておきたいのは、日本労働大衆についてのこういう意外な記述がみられるのは、幕末から明治初期の記録に限られることだ。だとすると、江戸時代の労働大衆は自由な身体の持主だったのである。なぜ彼らの身体は自由で生き生きとありえたのだろうか。われわれの考察はおのずと当時の身分社会の構造へ導かれる。

注

＊1――アンベール前掲書『下巻』一〇七ページ
＊2――オールコック前掲書『上巻』三七四ページ
＊3――オールコック前掲書『中巻』三九七ページ
＊4――リンダウ前掲書四四ページ
＊5――モース『その日・1』「緒言」一一～一二ページ
＊6――モース『その日・1』五～六ページ
＊7――同前六八～九ページ
＊8――カッテンディーケ前掲書五六～七ページ
＊9――同前五三ページ
＊10――同前六〇ページ
＊11――Smith, ibid., p. 231
＊12――ブラック前掲書『1』一四三ページ
＊13――ブスケ前掲書『2』七七八～九ページ

＊14――同前七八〇～一ページ
＊15――速水前掲書二九ページ
＊16――Bird, ibid., vol. 1, p. 256　訳文は邦訳書による。
＊17――モース『その日・1』一〇ページ
＊18――モース『その日・2』一四六ページ
＊19――クライトナー前掲書二三七ページ
＊20――ボーヴォワル前掲書一九ページ
＊21――モース『その日・1』三～四ページ
＊22――Bird, ibid., vol. 1, p. 16
＊23――オールコック前掲書『上巻』三九〇ページ
＊24――モース『住まい』五三～八ページ
＊25――Tilley, ibid., p. 152
＊26――スエンソン前掲書一八八ページ
＊27――ギメ『かながわ』二四ページ
＊28――ヒューブナー前掲書六六～七ページ
＊29――ラファージ前掲書三一ページ
＊30――ギメ『かながわ』五五ページ
＊31――ボーヴォワル前掲書三四ページ
＊32――ベルク前掲書『上巻』一一五～六ページ
＊33――Jephson and Elmhirst, ibid., p. 46

＊34――ギメ『かながわ』一一～二ページ
＊35――チェンバレン前掲書『2』三一三ページ
＊36――メーチニコフ前掲書四八ページ
＊37――ヴェルナー前掲書七一ページ
＊38――スエンソン前掲書七一ページ
＊39――メーチニコフ前掲書八五～六ページ

第七章　自由と身分

古き日本を実見した欧米人の数ある驚きのなかで、最大のそれは、日本人民衆が生活にすっかり満足しているという事実の発見だった。それはいかにも奇妙なことに彼らには思われた。なぜなら彼らは、日本は将軍の専制政治が行われている国で、民衆は生活のすみずみまでスパイによって監視され、個人の自由は一切存在しないと聞かされていたし、実際に来訪して観察したところでは、それはたしかにこの国の一面であったからである。オリファントは一方では「日本を支配している異常な制度について調査すればするほど、全体の組織を支えている大原則は、個人の自由の完全な廃止であるということが、いっそう明白になってくる」と言いながら、他方では「個人が共同体のために犠牲になる日本で、各人がまったく幸福で満足しているようにみえることは、驚くべき事実である」[*1]と書かざるをえなかった。

いかに奇妙であろうと、いかに矛盾と思われようと、日本人大衆の顔に浮かぶ紛れもない満足感と幸福感は見誤りようがなかった。彼らの誰もが驚ろきをもって認めたように日本人大衆には礼節と親切がゆきわたっていたが、彼らが幸福であり生活に満足していればこそ礼儀正しく親切であるのだということに気づかねば、彼らはそれこそ盲目というものであった。従って彼らはこの一見矛盾と思われる現象の由って来るところを解明しようとして、いっせいに考察を試みたのである。

オリファントの疑問はひとり彼の頭脳を占めただけではない。プロシャ遣日使節団の公式報告書『オイレンブルク日本遠征記』もまた、「人民はたえざる監督の結果、抑圧され疑い深くなったと信ずべきなのに、実はまったく反対に、明朗活発、開放的な人民が見出される」[*2]という矛盾をぬかりなく指摘していた。同様の言は、一八五九（安政六）年に来日した米人宣教師マクガワン（Daniel J. Macgowan 一八一四〜九三）からも聞かれる。「日本は専制政治に対する世界最良の弁明を提供している。政府は全知であり、その結果強力で安定している。その束縛は絶対であり、あらゆる面をひとしく圧している。しかるに、社会はその存在をほとんど意識していない」[*3]。だが、この問題に本格的なアプローチを試みたのは、やはりかの抜きん出た観察家、オールコックとカッテンディーケだった。

　大名行列の前に平伏する庶民を見ればわかるように、世襲貴族と一般大衆のあいだには越えがたいへだたりがある。「だが、ほかならぬこの理由のために、一般大衆のあいだには、われわれが想像する以上の真の自由があるのかも知れない」とオールコックは考える。ヨーロッパの封建時代でも、人民が服従したのは、王や貴族の暴力が彼らまで到達するのがまれだったからだ。嵐が高い木を痛めつける場合でも、ずっと下の灌木は無事なことが多い。日本でもそういう事情は同一だろう。「外見的な屈従は皮ひとえのものにすぎないのかも知れず、形式的外見的には一般民衆の自由があって民主的な制度をより多くもっている多くの国々以上に、日本の町や田舎の労働者は多くの自由をもち、個人的に不法な仕打ちをうけることがなく、この国の主権をにぎる人々によってことごとに干渉する立法を押しつけられることもすくないのかも知れない」[*4]。

●カッテンディーケ

オールコックが慎重に推量の形で披露したのと類似の見解を、カッテンディーケはほとんど断定に近い口調で述べる。「日本の下層階級は、私の看るところをもってすれば、むしろ世界の何れの国のものよりも大きな個人的自由を享有している。そうして彼等の権利は驚くばかり尊重せられていると思う」[*5]。この思いがけぬ断言に私たちは驚きと戸惑いを禁じえないが、とにかく彼の言うところを聞こう。そのように民衆が自由なのは、日本では下層民が「全然上層民と関係がないから」である。上層民たる武士階層は「地位が高ければ高いほど、人目に触れずに閉じ籠ってしまい」、格式と慣習の「奴隷」となっている。「これに反して、町人は個人的自由を享有している。しかもその自由たるや、ヨーロッパの国々でも余りその比を見ないほどの自由である」。法規は厳しいが、裁きは公平で、「法規と習慣さえ尊重すれば、決して危険はない」[*6]。

こういうカッテンディーケの所見は、後述するフィッセルの著述の影響を受けているのかも知れない。しかし「日本政府は民衆に対して、あまり権力を持っていない」[*7]と驚くべき断言をするとき、彼は彼なりの経験を踏まえていたのだ。オランダ日本駐在全権領事官ドンケル＝クルティウス（Jan Hendrik Donker Curtius 一八一三〜七九）が出島拡張の一案として、町との境になっている掘割の埋立てを提案したとき、奉行岡部駿河守長常（一八二五〜六六）が、そうすれば「近所の民家はすべてその所有する艀の溜り場を失うことになるからという理由で」拒んだ例を彼は紹介する。彼のいうところでは、奉行の回答書には「奉行といえども日本の掟を守り、この権利を尊重しなければならぬ、という町民の感じをしたためた書面が添えてあった」という。カッテンディーケはこのことをもって「政府がいかにその臣民の権利を尊重するか」ということの一例とし、この種の例は他にもしばしば見受けられたとつけ加えている。

プロシャ使節団のヴェルナー艦長も「絶対専制支配が行われている日本において、個人は時に立憲的なヨーロッパの諸国家においてよりも多くの権利をもっていた」例として、次のような話を紹介している。「われわれの長崎滞在中に、幕府は病院を建てようとした。幕府につかえていたオランダ人の軍医少佐ポンペ博士は、このための適当な場所を探し出し、長崎奉行もこれに同意した。その場所は貧しい農夫が居住し、一〜二反の畑を耕作している丘の頂上であった。奉行はこの農夫に、この土地を地価と収穫高とを算入して幕府に譲渡するように頼んだ。だが農夫は自分がまいた種をまず収穫したいと思うと指摘し、幕府の依頼をあっさり拒絶した。彼にはその後、二倍、三倍の価格が提示されたが、彼は強情な態度を改めず、最後にはどんな条件でも土地を譲渡するつもりはないと宣言した。奉行は強制収用する立場にはなかった。強制収用法は日本には存在せず、幕府は止むなく他のずっと不適当な土地を病院のために購入することになった」[*8]。

むろんこの挿話はまともな史家ならば、利用をためらう種類に属する。第一にこれは伝聞である。第二に、よしやオランダ人がヴェルナーにそのような説明をしたとしても、オランダ人は幕吏から、その土地を断わるための遁辞を聞かされていたのかも知れない。だが私は、ヴェルナーのいうような事実はあってもおかしくはないものと考える。この時期の長崎奉行は、すべての欧米人がその開明性と温雅な態度を賞讃した岡部長常である。カッテンディーケの伝える前例といい、岡部ならこのことがあって不思議とはいえない。

カッテンディーケが経験したところでは、幕吏は乱暴を働く外国人に対してははなはだ軟弱だった。オランダ水兵が事件を起した場合も、穏便にことをすまそうとする風が見えたので、かえって彼の方から、そういう場合は容赦なく処分してほしいと頼んだくらいである。彼らはいったい何のために両刀をたばさんでいるのか、というのが彼の率直な疑念だった[9]。しかも幕吏は外国人に対してだけ弱腰だったのではない。彼らは「例えば甲と乙との町の住民の間に争いが起こった場合には、往々町中の恐ろしい闘争となり、闘争の後には幾人かの死人が転がっているというような騒動が起きても、決してそれを阻止することがない」のである。

「私は一度そのような大闘争を現に目撃したが、それは長崎で流行する凧揚げの遊戯が原因であった。その犯人は事件の終了後になって訴追せられはしたが、喧嘩は何時間も長い間、何の妨碍もされずに続いた。町の顔役が出て、そのいきり立った青年たちを宥めて、やっと喧嘩が鎮まったという有様であった。我々が日本に着く少し前のことであったが、厳重な監視を受けていた支那人街から二、三百人の支那人が町に流れこんで、長崎に数日間上を下への騒動をかもしたことがあったが、その時とても、奉行は、その支那人を指定の居留街に復帰せしめる適切な措置を少しもとらなかった。支那人は酒にも飲み飽いて、とうとう自分から居留地に帰って行った」。

「日本の警吏にいたっては全く言語道断だ。我々はむしろ警吏は全然ないと言いたい」というのが、カッテンディーケの感想である[10]。彼の証言は、われわれが長年慣らされてきた幕藩体制下の抑圧された民衆像とあまりに喰い違っているので、にわかに信じがたい気がしないでもない。しかしアンベールもまた、これとまったく同じ趣旨の証言を行っているのだ[11]。

彼が伝えるのは、横浜の別当の頭が遊廓岩亀《がんき》楼で、遊女に接客を拒否されたのを怒り、子分たちを召集して三十六時間にわたって岩亀楼を包囲し、ついにその女を自殺に追いこんだ事件である。女には情夫がいて、その男にそそのかされて「自分の小部屋に閉じこもって、強情にも出て来ようとしなかった」とのことだが、情夫の差し金で楼主もこの行為を黙認した。別当頭が怒るのは当然だったのである。しかし、別当たちの振舞いはまさに暴動にほかならなかった。「子分たちはこの一郭の周囲をめぐる堀の縁まで頭を先頭に密集部隊となって押し寄せた。しかし岩亀楼に行くには、一本しかない橋を渡らなければならないので、先手をうって警察はその橋板を剝がし、これまた一つしかない門の両扉を閉ざしてしまった。そこで、この暴徒たちがどんなに暴れようがわめこうが、少しも効目がなかった。すると常に自分たちより勢力は強いが控え目な警吏たちに対して、彼らは攻撃の隊形を組んだ。主力は竹槍で武装して、橋頭堡に陣取った。他の連中は運河沿いに、この店の回りをぐるりと取り巻いた。その夜一晩と翌日しばらくの間、攻撃の準備に費やし、そしてついに大きな鬨《とき》の声があがったので、攻撃開始の合図かと思わせたが、岩亀楼の門が少し開かれて、中から代弁者の警吏が敷居の所まで進み出た。そこで、双方の間に丁重な言葉が二、三交わされ、ややあって、暴徒たちは魔法にでもかかったように、勝利と喜びの歓声をあげながら解散していった」。

●アンベール

女郎とその情夫は「警吏のそそのかしにのって」、井戸に身を投げたのである。この悲恋風の結末によって、別当たちの面子は保たれ、暴動は終熄した。警吏は終始仲介者の役割を果すのみで、解決は当事者間の交渉にゆだねられた。しかもその当日、神奈川奉行所に呼び出されて取調べを受けたのは、楼主以下、岩亀楼側のみだった。アンベールはこの事件を「目撃した」と言っているのだから、これは彼が滞日した一八六三（文久三）年の出来事にちがいない。

彼はこの一件について「ヨーロッパ人として一番古参の日本駐在員の一人」と語りあったところ、その男は「これと同様な、民衆の激情に対する幕府の寛大さを示す例」として、「ある町の住民とその隣町の住民とが隊伍を組んで大喧嘩をやったのを、長崎の料亭の回廊の上から目撃」した話をしてくれた。竹槍で武装した戦列がぶつかりあっているのに、警吏の部隊は「戦いを局地的にくい止めるために周囲の門を閉ざしただけにとどめ、手を拱《こまぬ》いて二時間の間、彼らにしたい放題をさせておいた。二時間後、奉行は代理人を派遣して、双方の言い分を聞いてやることにした。そして警吏らに命じて、人々は穏やかに家に立ち帰れと伝えさせた。その結果、この命令は易々と履行されたのであった[*12]」。

おそらくこれはカッテンディーケの伝えるのと同一の事件と思われるが、アンベールがこういう日本の風習について「ヨーロッパにも中世及び革命時代に至るまで、都会でも町同士の憎み合いがあり、村をあげての喧嘩騒ぎのあったことが思い出されて、非常に興味深い」と書いているのは示唆的だろう。つまり、この種の事件が事件たりうるのは、国家権力が、社会内のさまざまな共同団体の自治権を剝奪して近代統一国家権力として自立する以後なのである。近代以前の国家権力は、たとえ絶対王政段階に至っても、共同団体の自治にゆだねられた生活領域に立ち入って規制するような意志も実力ももたなかった。

幕藩権力は年貢の徴収や、一揆の禁令や、キリシタンの禁圧といったいわば国政レベルの領域では、集権的な権力として強権を振るったのであるが、その代償といわんばかりに、民衆の日常生活の領域には、やむをえず発するそして実効の乏しい倹約令などを例外として、可能なかぎり立ち入ることを避けたのである。それは裏返せば民衆の共同団体に自治の領域が存在したということで、その自治は一種の慣習法的権利として、幕藩権力といえどもみだりに侵害することは許されぬ性質を保有していた。そのことは、西欧において絶対王政の段階に至っても、中央官僚権力の集権の範囲は局限されていて、社会内部の多様な共同団体の有する中世的自治権への干渉が事実上困難だったのと同断だろう。幕藩制は近年、西欧の絶対王政にいろいろな点で比定されることが多いが、江戸期の民衆の自由は、西欧中世ないし近世の民衆の自由に案外似通っていたのかも知れない。

前記の事件において、幕吏はなぜ欧米人が不可解とするような対応をとったのであろうか。長崎の場合、町内と町内の武闘は、祭礼などにしばしば伴うことのあった民衆のオルギーであって、その解決の責任は長崎奉行所にはなく、町の長老にあったのである。紛争のエネルギーはけっして幕府支配の根幹へ向うものではなく、民衆に固有な生活領域の埒外へ出るものではなかった。町衆同士で争闘するのは彼らの慣習的な権利だった。幕吏はいわば民衆同士の争闘において、自治を認めたのである。しかし、長崎全体の治安は考慮されねばならなかった。だから木戸は締め切られた。また、争闘の結果死者が出るとすれば、それは幕府法たる刑法の問題だった。ゆえに犯人は事後に訴追されたのである。

横浜の一件も性格は同様だろう。女郎が接客を拒み、楼主がそれを黙認するというのは、民衆の慣習法的世界では一種の不法である。親方を侮辱された別当たちが、徒党を組んで妓楼に掛け合うのは慣習的に認められた権利であって、こういう場合、幕府権力の介入をまたずに当事者間の交渉で決着を計るのもまた、広く認められた慣習だった。別当というのは前記したようにそれぞれ首領をもつ誇り高い社会集団である。岩亀楼に対する示威は彼らの固有の社会的権利だったのだ。幕吏はその権利を否定する権能はもたなかったし、ましてや当事者の談合に介入する意志はなかった。しかし、この掛け合いが放火とか殺人という治安上の問題にまで過激化するのは許せなかった。それは幕府法に触れるからである。従って彼らの対応は、別当の集団を弾圧して解散させることはせぬかわり、両者の衝突を防止するため橋を撤去するという、隔離策となって表われたのである。注目すべきなのは、別当の部隊が幕吏に対して戦闘態勢をとったことだ。つまり彼らは幕吏の措置を、自分たちの当事者交渉権を否定する不法な行為とみなしたのである。ここに至って幕吏は早期解決のために調停を計らねばならなかった。アンベールは、問題の女郎が情夫とともに自殺したのは、幕吏がそそのかしたからだと言っている。幕吏は仲介者の役割を果すことで、別当集団の要求を正当と認めたのである。奉行所の戒告を受けたのは妓楼側であった。つまり幕藩権力というものはこのように、民衆の固有の生活領域内において、特定の社会集団が慣習法的権利を暴力的に貫徹することを許すような権力だったのである。

アンベールが「江戸には現に二つの社会が存在していて、一つは武装した特権階級で、広い城塞の中に閉じこめられており、もう一つは、武器は取り上げられ前者に屈服させられているが、自由から得られる利益をすべて受けているらしい」[*13]と述べていることの意味をいまこそわれわれは理解できよう。またカッテンディーケの眼に、日本の町人がヨーロッパでも見られないほどの自由を享受しているように映った理由も、ようやく得心することができよう。アンベールが日本の庶民の生活に見出したのはもちろん、今日のわれわれが理解するような近代の市民的自由ではない。それは村や町の共同体の一員であることによって、あるいは身分ないし職業による社会的共同団体に所属することによって得られる自由なのだ。その自由は、幕藩権力がその統治の独特な構造のゆえに、町や村の生活領域にあたうかぎり干渉せず、村衆・町衆の自治の慣習を尊重したところから生じた。それがカッテンディーケの眼に、ヨーロッパでもその比を見出さぬほどの自由に見えたのは、当時のヨーロッパでは、そのような共同団体の自律ははるか以前に清算されて過去の遺物となっていたからである。

共同体の利害・面目の係わる問題において、相手方と集団的に対決する権利は、農村においても認められていた。いわゆる山論・水論である。中世後期では、山林原野の境界や河川の帰属をめぐって、惣村どうしは文字通り武装して合戦に及び、戦死者を出すのも日常のことであった。徳川期にはこのように百姓が武装して集団的争闘に及ぶことはかたく禁じられたが、しかしその禁令は、村が自力をもって山林原野河川に関する権利を主張・防衛するのを否定するものではなかった。村は係争相手の村としばしば実力的に対決し、鉄砲・槍が威嚇手段とされることもけっして稀ではなかったのである。村はその際、村人に卑怯な振舞いを禁じ、怪我人を補償する規定を持っていた。ただ幕藩権力の禁令によって、死者を出すまでの争闘には及ばなかっただけである[14]。

江戸の南北奉行所がごく限られた定員の与力・同心しか擁さず、しかも人口百万の大都市の治安が良好に保たれていた事実は、近年しばしば強調されるところだ。むろん、そのようなことが可能だったのは、警察・裁判の機能が大幅に民間に移譲されていたからである。都会・農村を通じて、地域社会は軽微な犯罪・紛争は自らの手によって処理・解決していた。スミス主教の長崎での経験がよくその事実を伝えている。

スミスは長崎では宣教師ウィリアムズ（Channing Moore Williams 一八二九～一九一〇）の住む崇福寺に寄宿したのだが、ある日そのウィリアムズが三十ドルに相当する一分銀の入った財布を盗まれた。犯人の心当りがなかったので、「日本人の友人」に援助を求めたところ、その友人はたちまち犯人の目星をつけ、自白させてしまった。金はウィリアムズに戻った。犯人はウィリアムズの宣教師仲間の召使だった。ウィリアムズの知り合いがとった方法は次のようなものである。彼はまず、寺のまわりの住民の最近の金の遣いぶりを調べた。急に金遣いの荒くなった男がいるとわかると彼を逮捕し、「憤慨まじりの否認に耳を貸さず、彼を裸に」するとそいつの懐ろから金が転がり出た。スミスは書いている。「裁判の慣行が緩慢である国でしばしば行われ、かつまた、この種の犯罪に苛酷きわまる刑罰を加える法律の下では犯人がむしろ喜んで受けいれるある種の私刑法に従って、その盗人はわが日本人の知り合いから縛られ、容赦なく笞で叩かれた[15]」。

さて、「刑事と裁判官と執行吏の三種の権能をふるう」わが日本人の知り合いとは何者であろうか。それはまさに長崎の町乙名にほかなるまい。スミスはここで機能している法を私刑《リンチ》と理解したが、むろんそれは、幕府権力によって容認された町共同体の、公私が分離する以前の法執行能力だったのである。犯人が盗んだのは日本貨幣に換算すると二十数両、十両盗めば首がとんだ時代といわれるけれど、[*16]実際には民間の処理で笞刑ですんでいることに注意せねばならない。

徳川期は刑罰の苛酷さも含めて、建前どおりにとれば、甚だ不自由な時代であった印象を受けかねない。だが、建前と現実の間には甚だしい乖離があり、建前の不自由さが実際の運用によって大いに緩和されていたことは、近年大方の論者の承認するところとなっている。オリファントは表向き禁止されていることに、さまざまな「抜け穴」が設けられていることに気づいた。「日本には不適当な事を『内分』に行なうという慣習がある。他の国にも広まってよい慣習である。内分と呼ばれているが、それは言葉を変えていえば承認された微行でということである」。[*17]この内分（nayboen）という言葉は強い印象を与えたとみえ、彼は自分たちの行動にも冗談まじりにこの語を用いている。

しかし、いちじるしく弾力的な法運用と権限の下級共同体への移譲によって支えられていた徳川期の民衆の自由は、「内分」など認めない明治のピューリタン的国家権力によってやがて撃滅される運命にあった。ヨーロッパでは近代市民的自由は、近代以前の各種の共同団体の保持する自由を胚種として成長し確立したのに対して、日本の前近代的共同団体の伝統的な自治権は明治の革命によって断絶し、その結果、わが国の近代市民的自由は異邦的観念として、生活の中でなく知識人の頭脳の中で培養された。その意味でも、江戸期の民衆の自由の基盤となった前近代的共同団体の自治権は、再検討と再評価を求められていると言ってよかろう。

アレクサンダー・ジーボルトは、先に述べたように名高いフィリップ・ジーボルトの長男で、フィリップが一八五九（安政六）年再来日したときに同伴し、八七（明治二十）年まで滞日した人物であるが、来日した頃の長崎近郊の農村について、「町村の制度はたいへん自由であった——町年寄や庄屋は地主（むろん土地所有者という意味である＝著者注）たちが選んだ」と述べ、さらに「地方に駐在する捕方も、奉行所の役人も全くいなかった。非常に愉快に感じたのは、僧侶の支配力が村民に影響を及ぼさなかったことである」と言っている。つけ加えると、彼もまた「農村の人々の境遇は大部分のヨーロッパ諸国におけるよりましである」という意見の持主だった。[*18]
今日の日本史学はようやく、ジーボルトのこのような証言を、荒唐無稽あるいは事情を知らぬ外国人の皮相の見といったふうに斥けずにすむ段階に到達したようだ。たとえば、佐藤常雄は次のように述べている。江戸時代の封建制は、西ヨーロッパとは違って村と都市の分離を実現し、その結果「農村には原則として武士は存在していなかった。この意味では、江戸時代のムラは、領主の存在しない純粋な農林漁業者の生産者集団なのである。少なくともムラは日常的に武士の武器による暴力支配からはまぬがれていた」。幕藩領主はムラの内部に立ち入らず、年貢の徴集は村請制というムラの自己責任に依存していた。「江戸時代のムラは村請の論理の下で、自分たちのことは自分たちで処置するという自治的組織の性格を帯びていたのである」[*19]。また農民と寺の関係についても、氏は次のように言う。「宗門人別改帳は、一見して幕藩領主の厳しい宗教統制の表われた帳簿とみなされがちである。しかしその実態は、宗門改の内実が形骸化しており、農民自身もかなりひんぱんに寺替・宗旨替を行なっているのである。……農民は宗教上でのさまざまな束縛から解放されており、ムラのしきたりにそむかないかぎり、自家の農業経営であれ日常生活であれ、自由にふるまうことができたのである」[20]。ヒューブナーが明治四（一八七一）年の日本農村について、「ヨーロッパにもこれほど自由な村組織の例はないほどだ」[21]と感じたのは、けっして無根拠ではなかった。そしてその自由は実に、徳川期の遺産だったのである。

専制下における民衆の自由と満足というオールコック以下の所見には、実は先蹤があった。一八二〇年から二九年まで、出島オランダ商館に勤務したフィッセル（J. F. van Overmeer Fisscher 一八〇〇～四八）が、一八三三年に出版した著作には、すでに次のように述べられていたのである。「日本人は完全な専制主義の下に生活しており、したがって何の幸福も満足も享受していないと普通想像されている。ところが私は彼ら日本人と交際してみて、まったく反対の現象を経験した。専制主義はこの国では、ただ名目だけであって実際には存在しない」。「自分たちの義務を遂行する日本人たちは、完全に自由であり独立的である。奴隷制度という言葉はまだ知られておらず、封建的奉仕という関係さえも報酬なしには行われない。勤勉な職人は高い尊敬を受けており、下層階級のものもほぼ満足している」。「日本には、食べ物にこと欠くほどの貧乏人は存在しない。また上級者と下級者との間の関係は丁寧で温和であり、それを見れば、一般に満足と信頼が行きわたっていることを知ることができよう」[22]。

フィッセルの見るところでは、将軍や大名、それに上級の武士階層は何ら羨むべき存在ではなかった。将軍や大名は窮屈な儀礼に縛られ、自分の国土と家臣についてもよく知らず、実権は下級に移行していて、威厳は見せかけだけで何の権力ももたない[23]。しかもこの国では法は平等で、

「どんな人でも法の上に立つということはなく[24]」、また華飾は「上は将軍から下は最も下賤の召使にいたるまで」制限されているのだ[25]。だからこういう支配階級は、「比較的低い身分に置かれている人たち、例えば商人や商店主として、また何かその他の取引あるいは経営を行なうことによって、その勤勉さとその生計の中に楽しく幸福な人生を見出しているところの町人にとっては、さほど羨むべきものではない。こうした人は、いわば国の官吏に対する服従を義務づけられているようなものであるが、しかし多少なりとも利益を生みだすその職業を営むに当っては、まったく誰からも妨げられることなく、また最大限の自由を享受している[26]」。すなわち、この国では「比較的下級の者に対する支配はとくに緩やか」なのである[27]。

フィッセルのこのような言明は、ひと昔前ならば、鼻先で笑いとばされるのが落ちだったろう。だが今日の日本史学は、多くの点でこのフィッセルの言明を承認せざるをえない地点にたどりついている。たとえば将軍・大名の実権が家臣団に移行しているという点も、笠谷和比古の最近の研究が細かく裏づけているところだ[28]。ちなみに「将軍や大名、それに上級武士階層は何ら羨むべき存在ではな」いという点では、一八五四年にドンケル＝クルティウスも本国オランダ宛の報告書で、「確かに公職についていない者はかなり自由な生活を楽しんでいますが、支配層に属する日本人はひどい拘束に耐えて暮らしています。ヨーロッパでは国の主権者は国家最高位にある公僕とみなされていますが、日本では掟の奴隷のかしらとさえ呼ばれているのです[29]」と述べている。

フィッセルの周到な考察を読めば、われわれはオールコック以下の、従来の日本進歩派史学の常識からすればいかにも突飛な観察が、いささかも突飛ではなく、むしろ逆に江戸時代の国家と社会の特質について、きわめて重大で新鮮な示唆を行っているのだと納得できるはずである。このように多様な人物が一致した観察に帰着していることの意味は軽くない。付言しておくと、オールコックがフィッセルを読んではいないのは確実だ。高名な植物学者で、一七七〇年代に出島に駐在したツュンベリをくわしく引用し論評した彼が、フィッセルを読んでいながら言及しなかったとは考えにくい。

フィッセルについては、私はもう一箇所引用したい誘惑にかられる。それは彼がこう書いている部分である。「気取った態度をして、人との交際においてもいんぎんで高慢な役人と、体は強健で、いつも新鮮でゆったりした気分で積極的に仕事におもむき、そこから生れる利益を家族の懐の中で心から分け合っている町民たちとでは、その外観の上でもまた人格の点でも大きな差異が生ずる[30]」。私たちはギメの問、「なぜ主人があんなにも醜く、召使がこれほど美しいのか」というあの問に対する答を、ここで得たことになる。実際、アンベールの“Le Japon Illustré”につけられた豊富な図版に登場する、馬丁・飛脚・人夫らの肉体はまことに美しく逞しい。

フィッセルは「上級者と下級者との間の関係は丁寧で温和」と述べているが、この点はオールコックもまた注目したところだった。「わたしがこれまで観察したかぎりでは、一般的にいって下層階級には、普通人であれ官吏であれ、ペリー提督の『遠征記』からわれわれが信じていたほど平身低頭の奴隷根性はない。身分の高い者が自分より下級の者と応待するときに役人風を吹かすことも、はるかにすくない[31]」と彼はいう。上司は下司に対して「つねにいんぎんで穏やかな態度で話しかける」。日本人は軽蔑や侮辱にきわめて敏感だが、それに「まったく正比例して、他人を腹立たせたり、他人の気にさわることを避けるために、ひじょうに気を使う」のである。[32]
ペリー提督の遠征記の記述というのは、ペリー艦隊に同行した漂流日本人サム・パッチが、米艦上で幕吏と会ったとき祖国の習慣どおりひれ伏して、「米艦上、合衆国国旗の下では、人間の形を有する如何なるものに対してもかかる屈従を示さすべきではない」と決心したペリーの副官から、「すぐ立ち上がれ」と命令された一件[33]を指すのだろう。しかしペリー艦隊の中国語通訳ウィリアムズは、この一件を日記に書き留めながら、一方、上陸時の経験をこう述べている。「水を汲みに行ってくれた少女に硬貨数枚を与えると、案内の役人は彼女にそれを返させた。住民はこれらの役人たちを尊敬していた。だが、こわがってちぢこまっているわけではない」[34]。フランス海軍の一員としてロッシュ公使とたびたび行をともにしたスエンソンも、「日本人は身分の高い人物の前に出た時でさえめったに物怖じすることのない国民」だと言っている。彼はまだ年若い男が、大名や老中とまるで同僚と話すように気楽に会話するのを見た。「青少年に地位と年齢を尊ぶことが教えられる一方、自己の尊厳を主張することも教えられているのである」[35]。
こういう記述は今日のわれわれに意外な感じを与え、ひいては筆者に対する不信感を誘い出しかねない。当時の身分制のもとにあって、上下関係は厳格であったはずだし、事実当時の観察者は、外交交渉の席上、通訳が一貫して跪き、上位者に屈従的態度をとったことを記録しているのだ。スエンソンのいう年若い男というのはいったい何者だったのか。
長崎で幕吏と応待したゴンチャロフは、上司の前で彼らが習慣的に馬鹿面をすることを知った。彼と親しくなった通辞たちに目くばせしても、彼らは上司を憚って気づかぬふりをするのだった。

それでも彼は、そういう態度を奴隷的とは感じなかったのである。「上官に対する彼等の敬意には、恐怖とか卑屈とかいうようなものは見えなかった。彼等のやり方はもっと単純で、誠意があって、温か味と愛情ともいえるものがあったので、見ていて悪い気持はしなかった[*36]」。

オールコックは、下層階級の日本人が身をかがめて主人の言いつけを聞いている姿にさえ、奴隷的というより、「穏やかさと人の心をとらえずにはおかぬ鄭重さ」を感じとった。日本人のあいだには自由はないという、欧米人間に流布している結論に彼が「賛同することにはためらいを感じ」たのは、ひとつはこのような親和的な上下関係をしばしば実感することがあったためかも知れない。「日本の上層階級は下層の人々を大変大事に扱う」とスエンソンは言う。「主人と召使の間には通常、友好的で親密な関係が成り立っており、これは西洋自由諸国にあってはまず未知の関係といってよい[*37]」。

これは明治中期になってからのことだが、アリス・ベーコンはこう言っている。「自分たちの主人には丁寧な態度をとるわりには、アメリカとくらべると使用人と雇い主との関係はずっと親密で友好的です。しかも、彼らの立場は従属的でなく、責任を持たされているのはたいへん興味深いことだと思います。彼らの態度や振舞いのなかから奴隷的な要素だけが除かれ、本当の意味での独立心を残しているのは驚くべきことだと思います。私が判断するかぎり、アメリカよりも日本では家の使用人という仕事は、職業のなかでも良い地位を占めているように思えます[*38]」。召使が言いつけたとおりでなく、主人にとってベストだと自分が考えるとおりにするのに、アリスは「はじめのうちたいそう癪にさわ」った。しかし何度か経験するうちに、召使の方が正しいのだと彼女は悟ったのである。[39]
彼女は主著〝Japanese Girls and Women〟においてこの問題をもっとくわしく論じている。[40]
「外国人にとって家庭使用人の地位は、日本に到着したその日から、初めのうちは大変な当惑の源となる。仕える家族に対する彼らの関係には一種の自由がある。その自由はアメリカでならば無礼で独尊的な振舞いと見なされるし、多くの場合、命令に対する直接の不服従の形をとるように思われる。……家庭内のあらゆる使用人は、自分の眼に正しいと映ることを、自分が最善と思うやりかたで行う。命令にたんに盲従するのは、日本の召使にとって美徳とはみなされない。彼は自分の考えに従ってことを運ぶのでなければならぬ。もし主人の命令に納得がいかないならば、その命令は実行されない。日本での家政はつましいアメリカの主婦にとってしばしば絶望の種となる。というのは彼女は自分の国では、自分が所帯の仕事のあらゆる細部まで支配するかしらであって、使用人には手を使う機械的労働だけしか与えないという状態に慣れているからだ。彼女はまず、彼女の東洋の使用人に、彼女が故国でし慣れているやり方で、こんな風にするのですよと教えようとする。だが使用人が彼女の教えたとおりにする見こみは百にひとつしかない。ほかの九十九の場合、彼は期待どおりの結果はなし遂げるけれど、そのやりかたはアメリカの主婦が慣れているのとはまったく異っている。……使用人は自分のすることに責任をもとうとしており、たんに手だけではなく意志と知力によって彼女に仕えようとしているのだと悟ったとき、彼女はやがて、彼女自身と彼女の利害を保護し思慮深く見まもろうとする彼らに、自分をゆだねようという気になる。……外国人との接触によって日本人の従者が、われわれが召使の標準的態度とみなす態度、つまり黙って主人に従う態度を身につけている条約港においてさえ、彼らは自分で物事を判断する権利を放棄していないし、もし忠実で正直であるならば、仮にそれが命令への不服従を意味するとしても、雇い主のために最善を計ろうとするのだ」。[*41]
このような日本の使用人の特性は、封建制下の家臣のそれから由来したものだとベーコンは考える。封建制における家臣は幾世代にわたって主人に奉仕することに満足をおぼえて来たのであって、自分が仕える家族の歴史、そのメンバーの一人ひとりの特徴を熟知している。したがって自分の頭を使って仕えることができるのだし、命令がなくても進んで主人のためを計ることができるのである。「多くの場合、使用人は自分の主人の人となりとその利害を、当人以上によく知っており、主人が無知であったり誤った情報を与えられている場合には、彼自身の知識にたよって事を運ばねばならない」。[*42] 彼女は華族女学校で、生徒にバーネット夫人の『小公子』を読ませたが、ある召使が若き貴公子の一風変った物言いに笑い声を立てたことで恥をかいたと述べられている一節を説明する段になると、「わが小さな姫君たちは、欧米では、召使が上級者の会話に興味を示したり、あるいは口をはさんだりするのは分不相応なことであって、話しかけられぬ以上けっして口を開かず、どんな事情があろうとにやりと笑ったりすることはないと知って、並々ならぬおどろきを示した」。日本では、夜に入って一家が火鉢のある部屋に集まって団欒すると き、女中もその仲間入りして、自分の読んでいる本の知らぬ字を主人にたずねることができる。また、ある家を訪ねると、女主人が不在のときは女中頭がその代りをつとめて、客といろいろな談話を交わしてもてなすのである。[*43]

チェンバレンもこれとそっくりのことを書いている。「現著者はこの国民と三〇年以上も個人的に交際し、日本人の礼儀は心底から生ずる礼儀であり、単に挨拶をして頭を下げたり微笑したりするものよりは深いものであって、日本人の真の親切心に根ざすものであることを確信するに至った」と前置きしつつ、それでもこの礼儀正しい国民が西洋の規準に照らせば、礼法に背くことをすると彼は言う。「もっとも基本的で全般的な礼法違反は、召使やその他の下級者が目上の者に対する態度に表われている。……諸君は料理人に羊肉を買いなさいと命ずる。彼はすぐに出かけて、牛肉を買ってくる。彼は牛肉のほうが安価であることを知っており、あなたの出費を少なくしようと考えているのである。事実、不服従が慣習になっている。それはわざと悪意をもってする不服従ではない。主人がやるよりも自分のほうがもっと良く主人のためにやれるのだという、下級者の側の根深い信念に基くものである」[*44]。なるほどこれなら、殿様が家臣団から祀りあげられたり、ときによっては押込められたりもするはずだ。昭和前期の軍部の暴走を主導した佐官級幹部の「下剋上」現象も、その淵源するところは深いといわねばならない。

　だがチェンバレンは『日本事物誌』の「礼儀」と題する項目のこのくだりを、主としてベーコンに依拠しながら書いたのであろう。「諸君は、歩いて丘を上ろうと思って、人力車の車夫に降してくれと言う。ところが、車夫がその言いつけに従うまでには、たぶん四回も言わなければならないだろう」と彼はいう。一方ベーコンは書いている。「お客を乗せてけわしくて滑りやすい坂をかけのぼるのは、彼の誇りの問題なのだ。客が車夫のためを思って車から降りて歩くと言っても、彼はけっして言うことをきかない。雪がたいそう柔らかくて彼の足が滑りがちで、けわしい坂を昇るのに三度も転んだものだから、私は降りて歩くと何度もいったのに、私の車夫は断乎として私の申し出を拒むのだった。〝ダイジョーブ〟というのが私の抗議への彼の返事だった」[*45]。

ブスケのいうところでは「奉公人であることは権威を失墜することではない。奉公人は主人に、特に子供に親密に結びついている。彼は臆せず意見を述べ、それを求められるのを待たずに意見を言うことすらある。彼は膝ずりして茶を進め、額を地につけて命をうける。しかし一瞬後には荒っぽい冗談をとばし、その上それが見事に受けとめられる」。まことに「上の者は下の者次第なのだ」[*46]。

ラファージが日本人の礼節に民主的なものを感じたことは先に述べた。彼の言述をもう少し丁寧に引用してみよう。彼は「個人の弱さと不完全さ」が「家と藩の力で補強されてきた」ことに「日本国民独特の礼節の一根源が見出される」としたうえで、「その礼節は、弱者を屈従的なものと思わせないような深遠な自由の感情を伴っているように思える。召使いは礼儀正しく奉仕の義務を果してしまうと、その後は別にためらうこともなく自然のままの関係に入っていくように思われる」[*47]と述べている。また別の箇所では、地方的な割拠と家制度が「人々の態度に見られる、ある種の威厳と自主独立性の基」であると言い、さらに「いたるところに見かけるこの礼儀正しさのなかに、私は民主的――ほかに適切な言葉がない――と呼んでもよさそうなものを感じる。下の者が礼節や服従の義務を果した後で、明らかにそれとわかる個人的な興味を物事に示す様子を見て私はそれを感じる」[*48]と書いているのだ。このように感じたのはラファージだけではない。

メーチニコフもまた、「どんなに貧しく疲れ切った人足でも」礼儀作法のきまりからはずれることはないと述べた上で、「こうした作法には、奴隷的なところや追従的なところはまったくない」と言い切っている。[*49]
ここに至ってわれわれはチェンバレンが「日本にはほとんど専制的ともいうべき政治が存在し(むろん、彼は明治時代の専制を指している＝筆者注)、細密な礼法体系があるけれども、一般的に日本や極東の人びとは、大西洋の両側のアングロサクソン人よりも根底においては民主的であるという事実が、初めのうちは表面から隠れていて見逃がされがちである」[*50]と書いた理由を了解する。その儀平伏を含む下級者の上級者への一見屈従的な儀礼は身分制の潤滑油にほかならなかった。その儀礼さえ守っておけば、下級者はあとは自己の人格的独立を確保することができた。なぜならば上級者は下級者に依存し、その地位を彼らに左右されてきたからである。身分制は専制と奴隷的屈従を意味するものではなかった。むしろ、それぞれの身分のできることとできないことの範囲を確定し、実質においてそれぞれの分限における人格的尊厳と自主性を保証したのである。身分とは職能であり、職能は誇りを本質としていた。尾藤正英は徳川期の社会構成原理を「役《やく》の体系」としてとらえる画期的な見地を提出している。「役」とは「個人もしくは家が負う社会的な義務の全体」であって、徳川期においては、身分すなわち職能に伴う「役」の観念にもとづいて社会が組織されることによって、各身分間に共感が成立し、各身分が対等の国家構成員であるという自覚がはぐくまれたと尾藤は論ずる。[*51]しかもその役の体系としての身分制は、けっして固定的なものではなく、身分間の流動性はかなり高かった。欧米人観察の所見はけっして皮相でも荒唐無稽でもなかったのである。

しかもチェンバレンが日本社会の根底にある民主性と平等を強調するとき、彼の念頭にあったのは、日本社会に流れているのびやかな屈託のなさと、英国の厳格な階級制度とのあまりに劇的な対照であったろう。英国における民主主義とは、ジェントルマン貴族の支配下における議会政治上の概念にすぎなかった。ピューリタン革命と名誉革命をいわゆる市民革命と規定し、十九世紀の英国社会をブルジョワジー主導の「市民社会」とみなして来た旧来の史学は、ジェントルマン資本主義の提唱以来完全に崩壊し、十九世紀英国が地主貴族を中核とするジェントルマンの強固な支配が貫徹した社会であったことはもはや定説となりつつある。[*52]
もちろん、観察者が一様に指摘する民主性や平等なるものは、近代的観念としての民主主義や平等とそのまま合致するものではない。しかし、近代的観念からすれば民主的でも平等でもありえないはずの身分制のうちに、まさに民主的と評せざるをえない気風がはぐくまれ、平等としかいいようのない現実が形づくられたことの意味は深刻かつ重大である。その民主性とは前述のように、各身分にそなわる役の観念によって自主的な行動と発言の根拠が与えられたという事実にかかわる。しかし、それはまず何よりも、社会の「根底」に存在する気分だったのだ。メーチニコフは「日本の舞台には格式ばらない、一種の気楽さが漂っている」と言い、その例として「観客にしても、幕間ともなれば、いとも気安く楽屋に入りこみ、つぎの場面の装置の据えつけをせっせと手伝いはじめるしまつ」だと述べているが、そういうくだけた気楽さは彼によれば「日本の生活全般にわたって言える」特徴なのだった。[*53]彼が「ヨーロッパ人であるわたしがもっとも驚いたのは、日本の生活のもつきわめて民主的な体制であった。モンゴル的な東洋のこの僻遠の一隅にそんなものがあろうなどとは予想もしていなかった」[*54]というのは、社会全体にみなぎるこうしたうちとけた親和感に心うたれたものだろう。

「ヨーロッパにいるわれわれは、東洋といえば、世界でまれに見る強者の富と奢侈、またそれとは対照的な下層階級の奴隷状態と絵にかいたような貧困をすぐ想像してしまうものだ」。こう前置きしながらメーチニコフはまた、明治新政府の高官宅を訪ねて、それが「江戸の質素な庶民の家で見かけていたものとなんら変るところがない」のを知ったときのおどろきを語っている。それはスイス州政府の下級参事官あたりの中流ブルジョワ的豊かさとくらべても、あまりに質素だった[*55]。彼が「日本社会では身分的平等の観念がすでに非常に成熟している」[*56]というのは、こうした経験もあずかっていたかも知れない。日本では上流も下層もあまり変らぬ家に住んでいるというのは、幕末に日本を訪れた観察者のほとんど一致した印象だった。

日本の農民は「大部分のヨーロッパ農民よりも幅広い独立性を享受している」と彼は言う。この判断の根拠は、彼が次のように書いていることにあるだろう。「一般的にこの地の農民は、自分たちの生活圏外で生起するすべての事柄に冷やかな態度をとる、孤立した世界を構成しており、彼らはあらゆる新制度に不信感を抱き、滅多なことでは動揺しないが、ひとたび動き出すとみずからの権利を徹底して守りぬくことができるのだ」[*57]。これは明治初期の農民についていわれた言葉だが、徳川期を通じての農民の自立的な立場を鋭く見抜いた所見であるだろう。神田ニコライ堂の創設者として知られるニコライ（本名イワン・ヂミートリエヴィチ・カサートキン　一八三六〜一九一二）も、メーチニコフにはなはだ近い見かたをしている。

「片田舎の農民を訪ねてみるがよい。政府について民衆が持っている考えの健全かつ自主的であることに、諸君は一驚することだろう。……民衆について言うならば、日本の民衆は、ヨーロッパの多くの国に比べてはるかに条件は良く、自分たちに市民的権利があることに気がついてよいはずだった。ところが、これら諸々の事実にもかかわらず、民衆は、自分たちの間に行われていた秩序になおはなはだしく不満であったというのだ！　商人はあれやこれやの税のことで不満を言い（実際にはその税は決して重くはないのだ）、農民は年貢の取り立てで愚痴を言う。また、誰もかれも役人を軽蔑していて、『連中ときたら、どいつもこいつも袖の下を取る。やつらは碌でなしだ』と言っている。そして民衆はおしなべて、この国の貧しさの責任は政府にあると、口をそろえて非難している。そうしたことを聞くのはなかなか興味深いことであった。それでいて、この国には乞食の姿はほとんど見かけないし、どの都市でも、夜毎、歓楽街は楽と踊りで賑わいにあふれている。これが、支配者の前に声なく平伏《ひれふ》す東方的隷従だろうか」[*58]。

ニコライは、日本の民衆は非常に恵まれた状態にあるのに政府に文句をいう、そしてそのような言い分が口にできるということが彼らが自主的であることの証拠だ、と言っているのだ。彼は一八六一（文久元）年、ロシア領事館つき主任司祭として箱館に来た。右の文章は六九（明治二）年、休暇をえてロシアへ帰ったときに書かれたもので、あくまで徳川末期の北海道での見聞にもとづいている。このような証言は単独で孤立しているならともかく、他の多くの証言と重複・一致している以上、とうてい事情のわからぬ外部者の誤信としてしりぞけることはできない。

ニコライの見た日本民衆は、支配者の前にひれ伏す隷従の民ではなかった。それならば、例の

「下におろう」と呼ばわる大名行列はどうなるのか。オイレンブルク使節団のベルクは悪名高い大名行列への平伏について、たしかに先触れは「下にいろ」と叫ぶが、実際の平伏シーンは一度も見なかったと言っている。というのは民衆が行列を避けるからで、彼の見るところでは彼らは「この権力者をさほど気にしていないのが常」であり、「大部分の者は平然と仕事をしていた」[*59]。またスミス主教のいうところでは、尾張侯の行列が神奈川宿を通過するのに二時間かかったが、民衆が跪いたのは尾張侯本人とそれに続く四、五台の乗物に対してだけで、それが通り過ぎたあとでは「跪く必要から解除されたものとみなして、立ち上って残りの行列を見ていた」[*60]とのことである。

英国公使館員アーネスト・サトウは一八七二（明治五）年日光を訪れ、さらに南方の山岳地帯へ踏みこんだが、ある寺では集まった村人から「ここを通る初めての外国人だということで、『シタニロ』やら『カブリモノヲトレ』やらの号令が示されるなど、大変な敬意をもって迎えられた」。裃をつけた村役人の先導で先へ進むと、子どもたちが「まわりに木以外何もないのに」、シタニロと叫びながら先払いしてくれた[*61]。子どもの遊戯化した「下にいろ」のかわいさでわかるように、貴人への平伏は民衆にとって屈辱ではなく、わずらわしいこともあるが、うらさびしい山村をときに賑わせてくれる景物だったのだ。村役人の裃姿には、貴人を迎えた彼らの心のたかぶりが表われている。この「下にいろ」を含む歓迎に、人なつかしい村人の心を読みとれぬものは、日本民衆の心奥とついに無縁でしかあるまい。

「日本人の間にはっきりと認められる、表情が生き生きしていることと、容貌がいろいろと違

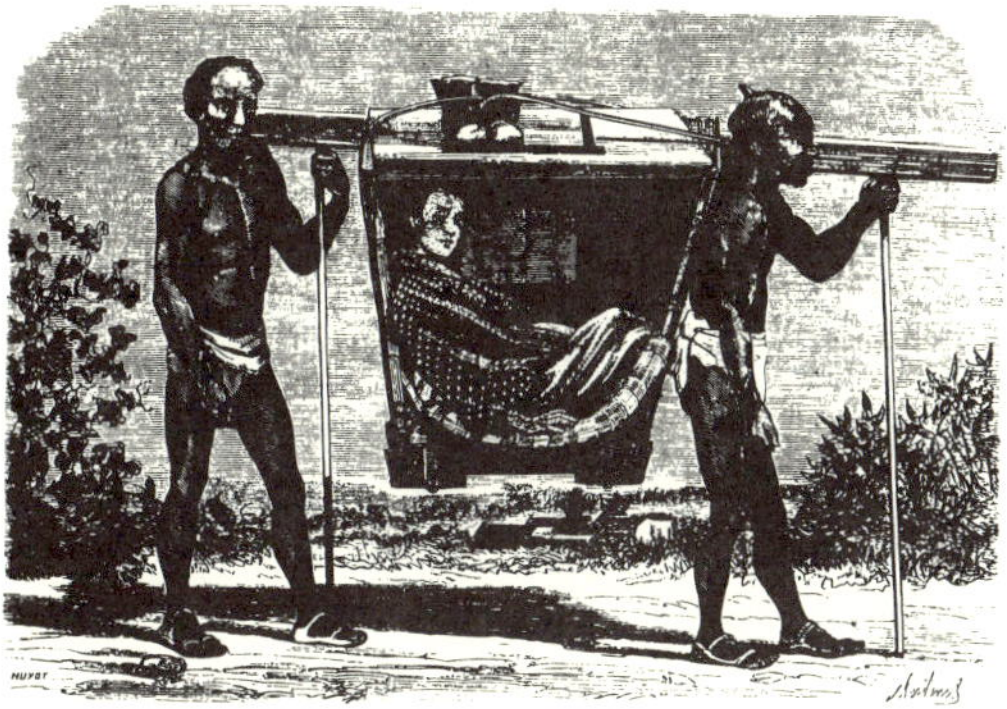

●駕籠かき（Jephson and Elmhirst, Our Life in Japan）

っているのとは、他のアジアの諸民族よりもずっと自発的で、独創的で、自由な知的発達の結果であるように思われる」というアンベール、[62]「卑屈でもなく我を張ってもいない態度からわかるように、日本のあらゆる階層が個人的な独立と自由を享受していること」が東京の街頭の魅力だというバード、[63]「日本人は男にふさわしく物おじせず背筋をのばした振舞いを見せ、相手の顔を直視し、自分を誰にも劣らぬものとみなす。もちろん役人は大いにそうだし、下層の者だって多少はそうだ」というジェフソン＝エルマースト、[64]「下層の人びとでさえ、他の東洋諸国では見たことのない自恃の念をもっている」というホームズ、[65]「日本の駕籠かきは態度においていくらか独立不羈で、外国人をたかりのえじきとみなすという不愉快な習慣を身につけつつある」というスミス主教[66]——幕末から明治初期の日本人の独立心に富んだ態度・相貌についての、このような多彩な証言を黙殺したり無視したりするのは、およそ史家のよくなしうるところではあるまい。

つまり欧米人たちは江戸期の日本に、思いもかけぬ平等な社会と自立的な人びとを見出したのだった。実は、「専制」という彼らの先入見にこそ問題があったのである。専制という場合彼らの念頭にあったのは、かの悪名高い東洋的デスポティズムだったに違いないけれど、このような概念ないしイメージ自体、彼らが東洋に対して押しつけたオリエンタリズムにほかならぬ上に、江戸期の政治体制ほどこの概念に遠いものはなかった。彼らが見たのは、武装した支配者と非武装の被支配者とに区分されながら、その実、支配の形態はきわめて穏和で、被支配者の生活領域が彼らの自由にゆだねられているような社会、富める者と貧しき者との社会的懸隔が小さく、身分的差異は画然としていても、それが階級的な差別として不満の源泉となることのないような、親和感に貫ぬかれた文明だったのである。

注

*1――オリファント前掲書一三一ページ
*2――ベルク前掲書『上巻』三四一ページ
*3――オールコック前掲書『上巻』一三三ページより再引
*4――オールコック前掲書『上巻』三七〇～一ページ
*5――カッテンディーケ前掲書一九ページ
*6――同前一二五ページ
*7――同前一五八ページ
*8――ヴェルナー前掲書五六ページ

＊9――カッテンディーケ前掲書六四ページ
＊10――同前六四～五ページ
＊11――アンベール前掲書『下巻』七五ページ
＊12――同前七五～六ページ。この古参駐在員とはオランダ神奈川副領事の任にあったポルスブルックであろう。
＊13――アンベール前掲書『上巻』二九四ページ
＊14――藤木久志『豊臣平和令と戦国社会』（東京大学出版会・一九八五年）第二章「村落の平和＝喧嘩停止令」。
＊15――Smith, ibid., pp. 39～40
＊16――平松義郎によると、盗難の被害届は十両以上の被害であっても九両三分二朱と書かれることが多く、役人もそれを黙認した。むろん死罪という苛酷な法規定を回避するためである（『江戸の罪と罰』平凡社・一九八八年）。
＊17――オリファント前掲書一二九ページ
＊18――A・ジーボルト前掲書九八～一〇一ページ
＊19――佐藤常雄『貧農史観を見直す』（講談社現代新書・一九九五年）九二～四ページ
＊20――同前一三三ページ
＊21――ヒューブナー前掲書二三八ページ
＊22――フィッセル『日本風俗備考・1』（平凡社東洋文庫・一九七八年）八六～八ページ。原著は Bijdrage tot de kennis van het Japansche Rijk, Amsterdam, 1833
＊23――同前『2』三四～六ページ

*24——同前『1』八七ページ
*25——同前『2』三三ページ
*26——同前『2』三七ページ
*27——同前『2』三四ページ
*28——笠谷和比古『主君「押込」の構造』(平凡社・一九八八年)、同『近世武家社会の政治構造』(吉川弘文館・一九九三年)。
*29——『幕末出島未公開文書——ドンケル　クルチウス覚え書』(新人物往来社・一九九二年)一一〇ページ
*30——フィッセル前掲書『1』八九ページ
*31——オールコック前掲書『上巻』三〇〇ページ
*32——同前二六三ページ
*33——『ペルリ提督日本遠征記・第四巻』(岩波文庫・一九五三年)一八六ページ。同書は合衆国議会より刊行された公式報告書であるが、編纂者はフランシス・ホークスである。今後『ホークス前掲書』として引用。なおサム・パッチの平伏については第三巻一七〇ページにも記述があり、そこでは「起て」と命じたのはアダムズ艦長ということになっている。
*34——ウィリアムズ前掲書二三三ページ
*35——スエンソン前掲書八五ページ
*36——ゴンチャロフ前掲書一二五ページ
*37——スエンソン前掲書八六ページ
*38——ベーコン『内側』八八ページ
*39——同前一六三ページ

＊40――ベーコンは前述のとおり、一八八八（明治二十一）年から翌年まで一年二ヵ月滞日した経験をふまえて、一八九一年本書を出版した。執筆に当っては折から渡米していた津田梅子の助力を得た。彼女はさらに、津田の設立した英学塾の教師として一九〇〇年再来日し、二年間滞在した。一九〇二年刊の増補改訂版はその経験をふまえたものである。なお、ベーコン家は、明治四年岩倉使節団に伴って五人の少女が米国に留学した際、そのひとり山川捨松のホームステイ先だった。従ってアリスは捨松と姉妹のようにして育った仲で、この本もすでに大山巌夫人となっていた捨松に捧げられている（ベーコン『内側』の訳者、久野明子の解説による。なお久野明子『鹿鳴館の貴婦人大山捨松』（中公文庫）を見よ）。
＊41――Bacon, JGW, pp. 299～301
＊42――Bacon, JGW, p. 302
＊43――Bacon, JGW, pp. 304～7
＊44――チェンバレン前掲書『2』一五七～八ページ
＊45――Bacon, JGW, pp. 319～20
＊46――ブスケ前掲書『1』九六～七ページ
＊47――ラファージ前掲書一五〇ページ
＊48――同前一七〇ページ
＊49――メーチニコフ前掲書一二二ページ
＊50――チェンバレン前掲書『2』一五九ページ
＊51――尾藤正英『江戸時代とはなにか』（岩波書店・一九九二年）
＊52――ケイン・ホプキンス『ジェントルマン資本主義と大英帝国』（岩波書店・一九九二年）、水谷三公『英

国貴族と近代』（東京大学出版会・一九八七年）、川北稔『イギリス——繁栄のあとさき』（ダイヤモンド社・一九九五年）、同『工業化の歴史的前提』（岩波書店・一九八三年）等を見よ。
＊53——メーチニコフ前掲書一一四〜五ページ
＊54——メーチニコフ『亡命ロシア人の見た明治維新』（講談社学術文庫・一九八七年）九一ページ。原著は雑誌『ジェーロ』に一八七六年から七七年にかけて発表。今後引用は『亡命』と表記。また『回想の明治維新』は『回想』として引用。
＊55——メーチニコフ『回想』一一九ページ、一二九ページ
＊56——メーチニコフ『亡命』六四ページ
＊57——同前一二五〜七ページ
＊58——『ニコライの見た幕末日本』（講談社学術文庫・一九七九年）一二〜三ページ。原著は一八六九年、雑誌『ロシア報知』に発表。
＊59——ベルク前掲書『上巻』一〇七ページ
＊60——Smith, ibid., pp. 246〜7　スミスの書き振りでは、これは彼の寄宿先のブラウンから聞いた話らしい。「乗物」とは上級武家の用いる頑丈な柄のついたカゴのことをいう。
＊61——サトウ『日本旅行日記・2』（平凡社東洋文庫・一九九二年）二六〜七ページ
＊62——アンベール前掲書『上巻』八一ページ
＊63——Bird, ibid., vol. 2, p. 204　邦訳書は省略。
＊64——Jephson and Elmhirst, ibid., p. 377
＊65——Holmes, ibid., p. 20
＊66——Smith, ibid., p. 101

第八章　裸体と性

幕末来日した西洋人を仰天させ、ひいては日本人の道徳的資質さえ疑わせるにいたった習俗に、公然たる裸体と混浴の習慣があったことはひろく知られている。日本は、西洋では特殊な場所でしか見られない女の裸が、街頭で日常的に目にしうるという意味でも「楽園」だったのである。

ペリー艦隊に通訳として同行したウィリアムズは、一八五四（安政元）年の下田での見聞をもとに次のように断定を下した。「私が見聞した異教徒諸国の中では、この国が一番みだらかと思われた。体験したところから判断すると、慎しみを知らないといっても過言ではない。婦人たちは胸を隠そうとはしないし、歩くたびに大腿まで覗かせる。男は男で、前をほんの半端なぼろで隠しただけで出歩き、その着装具合を別に気にもとめていない。裸体の姿は男女共に街頭に見られ、世間体なぞはおかまいなしに、等しく混浴の銭湯へ通っている。みだらな身ぶりとか、春画とか、猥談などは、庶民の下劣な行為や想念の表現としてここでは日常茶飯事であり、胸を悪くさせるほど度を過している」[*1]。ウィリアムズは「この民族の暗愚で頽廃した心を啓示された真理の光が照らし得るよう、神に望み、かつ祈る」と日記に書くような、無邪気に傲慢な宣教師根性の持主だったから、日本の庶民のあけっぴろげな服装を、可能なかぎり歪曲して誤読したのは仕方ないことだった。だが、春画や混浴にこのピューリタンが嫌悪をおぼえたのはいくらか同情してよいだろう。

おなじくペリー艦隊に随行したドイツ人画家ハイネの場合、ピューリタニズムの眼鏡がかかっていない分、記述は淡々として客観的である。「浴場それ自体が共同利用で、そこでは老若男女、子供を問わず混じり合って、ごそごそとうごめき合っているのである。また外人が入って来ても、

●混浴（下田で。『ペルリ提督日本遠征記』岩波文庫）

この裸ん坊は一向に驚かないし、せいぜい冗談混じりに大声をあげるくらいだった。この大声は、私が察するには、外人が一人入ってきたので、一人二人の女性の浴客があわてて湯船に飛び込んで水をはねかしたり、あるいは、しゃがみ込んだ姿勢で、メディチ家のヴィーナスよろしく手で前を隠すポーズをとったりしたからであるらしかった」[*2]。この記述ぶりからすれば、ハイネの方も一向におどろいた形跡はない。彼は日本人の「極端な綺麗好き」の例証として、入浴シーンを紹介しているにすぎないので、そういう素直な眼のせいでこの混浴情景は、ウィリアムズのいうような野放図な情欲にくまどられた堕落図ではなく、おおらかで自然な習俗としての性格を示すものになっている。

彼がおどろいているのはむしろ、湯加減の極端な熱さに対してである。彼は一人の男が木桶にわかした湯につかっているのを見たが、「驚愕のあまり茫然としてしまった」。湯気が立ちこめ、身体はまるでゆでた蟹のようになっているのに、もう一人の男がどんどん火を焚きつけている。彼は人間が煮られていると思ったのである。彼は西洋中世以前の聖人の殉教を連想した。湯に浸っていた男はすっかりいい気分で、やがて桶から出ると、少しもハイネの眼を恥ずかしがらず、丸裸のままからだを手拭いでこすりはじめたという。日本人の熱湯《あつゆ》好きはこの後、外国人の好箇の話題となるのだが、ハイネの記述はおそらくその最初の例のひとつだろう。

ハイネは二十一歳の時、ワーグナーとともにドレスデン蜂起に参加して、アメリカに亡命したような人物であるから、十九世紀欧米人の感性の枠組であるキリスト教的先入観を免れたところがあるのかも知れない。おなじドイツ人である商人リュードルフは、一八五五年下田に滞在中、浴場を見物して「日本のように男女両性が、これほど卑猥な方法で一緒に生活する国は、世界中どこにもない」[*3]と感じた。彼は下田に寄港中の米艦の将校から浴場の場所を聞かされたというから、この混浴情景はすでに彼ら外国人にとって一見すべき名物になっていたわけだろう。

ウィリアムズとおなじく、混浴の習慣に手きびしい判断を下したのはかのスミス主教である。「老いも若きも男も女も、慎しみとか、道徳的に許されぬことだという はっきりした分別をそなえている様子をまるで示さず、恥もなくいっしょに混じりあって入浴している。人前で見境もなく入浴するこうした慣習を、原始的習慣の無邪気な素朴さとみなし、国によって道徳的によいことと悪いことにには非常な差異があると説くことによって、弁護しようとする人がいる。こういった寛大な理屈に対する明白な答えは、日本人は世界で最もみだらな人種のひとつだということだ」[*4]。

　ウィリアムズやスミスの反応は、彼らのキリスト教徒的な禁忌、というよりそれが近代市民社会特有の偽善に転化した固定観念を示しているだけで、かえって彼ら自身のオブセッションのありかを物語っているといえるが、それにしても、他人が裸になっているところに着衣のまま侵入して見物する非礼と、その非礼を平然とあえてする思い上がりは、いささかも彼らの自覚にはのぼらなかったらしい。日本の庶民は笑ってその非礼を許したのだった。もっとも彼らのために弁ずれば、オイレンブルクによると、風呂屋は「通りに向かった方も格子があるばかりなので、近寄ると中の様子がすっかり見え」[*5]たそうだから、彼らのすべてが浴場に闖入したというわけではない。

　ハリスは一八五六（安政三）年に下田に着任したとき、むろんこの習慣の存在を知ったが、彼自身厳格なピューリタン的感覚の持主だったにもかかわらず、それについては、「私は何事にも間違いのない国民が、どうしてこのように品の悪いことをするのか、判断に苦しんでいる」[*6]と記すにとどまっている。彼は幕吏から、「この露出こそ、神秘と困難によって募る欲情の力を弱めるものだ」という言い訳を聞かされて、混浴が「女性の貞操を危うくするものと考えられていない」ことだけは確からしいと判断したのだが、ある温泉を訪ねてはじめて、その無邪気な実相を知った。湯には子づれの女が入っていたが、「彼女は少しの不安気もなく、微笑をうかべながら私に、いつも日本人がいう『オハヨー』を言った」。ハリスもまんざらではなかったのだろう。「彼女の皮膚はたいへんきれいで、ほとんどサルカシア人のように白かった」と記している[*7]。

英艦バラクータの将校トロンソンも、一八五六年箱館に上陸するや早速浴場を訪ねた一人である。もちろん「この奇妙な施設」についてはさんざん聞かされていた。そこでは男も女も子どももいっしょにかがみこんで湯を惜しみなく使っていたが、トロンソンたちが入って行っても、誰も気にせず仕事は続けられた。「人為的な習慣をもつわれわれは日本人の原始的な素朴さに仰天し、こんなにからだをさらけ出して、若い男女に道徳上の悪い影響がないのかと思ってしまうのだった」[*8]。

オールコックは、文明批評家的な省察をつねとする彼らしく、日本人が日常「はだかであってもはずかしくない」という生活をしているのは、気候に関連した慣習の問題にすぎないと考えた。むしろ彼は「この偉大な入浴施設が世論の源泉だとすれば……他のすべての議会には欠けている男女両性の権利や平等を全面的に認めている点で推賞にあたいする」[*9]とさえ言っている。つまり彼は、湯に浸りながらの世間噺には女も参加できると言いたいのだ。『大君の都』には、混浴や裸体に対する憤慨の言葉は見当らない。

フォーチュンはこの問題について、はなはだ煮えきらぬ意見だ。「通りすぎた村のひとつで、家族の浴室らしいものを見た。そのとき浴槽は、あきらかに三、四世代にわたる老若男女で一杯で、みんな真っ裸だった。……風呂屋とか浴室には、公のものであれ私のものであれ、人でごった返す都会の真ん中で、あるいは今見ているように田舎の村々で、つまり日本帝国のいたるところでお目にかかる。風呂は国家的制度のひとつなのだ。……西洋の厳格な道徳家は混浴のやりかたを、彼らの節度の観念に真向から反するというのできっと非難するだろう。一方、この習慣は堕落以前のエデンの園に存在したような素朴と無垢を示しているだけだと主張する人もいる。私に言えるのは、こういったやり方で入浴するのはこの国の習慣だということ、さらに、この問題を指摘されたならおそらく日本人は、われわれ自身の習慣、たとえば衣服のモードとかダンスなどは、入浴よりはるかに不道徳につながりやすいし、有用でも健康的でもないと言うだろう、ということだけである。ともあれ、この混浴という事例を原始的な素朴さのせいに帰することはできない。というのは、その振舞いにおいて、日本人ほどみだらな国民はほかにはないからだ[*10]」。最後はスミス主教の断言の繰り返しである。

●洗髪（『ワーグマン日本素描集』岩波文庫）

「『礼節』という言葉の正しい定義は何だろう」と問うのはティリーだ。「私が初めて日本の風呂屋へ入ったとき、そう私は自問した。あらゆる年齢の男、そして婦人、少女、子どもが何十人となく、まるでお茶でも飲んでいるように平然と、立ったままからだを洗っていた。そして実をいうと、入って来たヨーロッパ人も同様に気にもされないのである。スタール夫人は、ヘラクレスやヴィーナスの影像を見ていて、同行の若い士官から、慎しみが大そう欠けているとお思いになりませんかと尋ねられ、『慎しみがないというのは、見る方の眼の問題なのね』と答えた。という次第で、日本の裸の礼節に何も怪しからぬ点はないと、私は考えることにきめた」[*11]。

ヴェルナーもティリーとおなじく寛容派だ。彼は公衆浴場で「男、女、主婦、老人、若い娘、青少年が混浴するが、だれも当惑した様子がな」く、「主婦は三助に奉仕され体を洗ってもらうが、そのさい彼女たちは海水パンツをはいているわけでもバスローブをまとっているわけでもない」ことに、当然道徳的疑念を抱かずにはおれなかった。「教育があり上品でもある」日本人に、どうしてこういう羞恥心の欠如がみられるのか。羞恥とは気候によって左右される概念なのだ。暑い日本の夏に、人びとが裸体になるのは無理もない。「ニグロ、インディアン、マレー人については」、その裸体姿をべつに不思議がりはしないわれわれが、日本人の裸体姿からショックを受けるのは、日本人が「精神と肉体の両面でわれわれに近く」「交際する形式からしてもいかにもヨーロッパ風であり、一般に洗練され、折り目正しい態度」をとるからだ。日本人がわれわれとは「慎しみ深さや羞恥について別種の観念をもっている」ことがわかれば「異様で不愉快な衝撃」を受けないですむ[*12]。

しかしこの問題で、正面きって日本人を弁護したのはリンダウである。彼は言う。「風俗の退廃と羞恥心の欠如との間には大きな違いがある。子供は恥を知らない。だからといって恥知らずではない。羞恥心とは、ルソーが正当に言っているように『社会制度』なのである。……各々の人種はその道徳教育において、そしてその習慣において、自分達の礼儀に適っている、あるいはそうではないと思われることで、規準を作ってきているのである。率直に言って、自分の祖国において、自分がその中で育てられた社会的約束を何一つ犯していない個人を、恥知らず者呼ばわりすべきではなかろう。この上なく繊細で厳格な日本人でも、人の通る玄関先で娘さんが行水しているのを見ても、不快には思わない。風呂に入るために銭湯に集まるどんな年齢の男女も、恥ずかしい行為をしているとはいまだ思ったことがないのである」。なんとみごとな文化相対主義であることか。リンダウは「大変育ちの良い日本人」とこの問題について話し合う機会があったが、その日本人は「ヨーロッパ人の憤激と、私が説明しようと努めたためらい」をまったく理解できず、次のように反問したという。「そうですね、私は風呂で裸の御婦人に気づいたとしても、目をそらすことはしませんよ。そうすることに、何か悪いことでもあるのですか[*13]」。

スエンソンも次のように日本女性の身体意識を弁護してくれている。「日本女性は慎しみ深さを欠いているとずいぶん非難されているが、西欧人の視点から見た場合、その欠け具合は並大抵ではない。とはいえそれは、本当に倫理的な意味での不道徳というよりはむしろ、ごく自然な稚拙さによる。……日本女性が自分の身体の長所をさらけ出す機会を進んで求めるような真似を決してしないことは、覚えておいてよいだろう。風呂を浴びるとか化粧をするとかの自然な行為をする時に限って人目をはばからないだけなのである。……私見では、慎みを欠いているという非難はむしろ、それら裸体の光景を避けるかわりにしげしげと見に通って行き、野卑な視線で眺めては、これはみだらだ、叱責すべきだと恥知らずにも非難している外国人のほうに向けられるべきであると思う[*14]」。

パンペリーは一八六二（文久二）年、北海道の鉱山に滞在中風呂に入ろうとして、鉱山頭の妻とその子どもたちが入浴しているところにぶつかってしまった。彼女が引き返そうとすると、彼女は湯から上がってきて、自分たちは別の浴室へ行くからと、彼に入浴をすすめた。むろん彼女は裸だったのである。「いっさいが奥床しく運ばれ、彼女の方にはいささかの困惑もなかったため」、パンペリーはしばしば混乱に陥った。そして彼は結論を下した。「思い邪《よこしま》なる者に災あれ」。混浴は「ヨーロッパ人にはショッキングなものに思われるが、日本人の謙虚さと礼儀正しさとは完全に両立する」[*15]。

リンダウがいうように、日本の女に裸に対する羞恥心が薄いのは、彼女らが恥知らずということではなかった。そのことをよく理解したのは、何ごとにつけ日本の事象に讃嘆を惜しまなかったギメである。彼は言う。「無作法を意識せず、ショッキングであることを知らない、罪以前のイヴたちが相手にされていたのだ。そこで紳士たちの好奇心にかられたまなざしと、(外国人の)レディたちのおびえた叫び声が、今まで知られていなかった罪を明かしているのである。私ははっきりと言う。羞恥心は一つの悪習である、と。日本人はそれを持っていなかった。私たちがそれを彼らに与えるのだ」[*16]。

人生の逸楽に目のない若きボーヴォワルにとって、「生活に隠しごとがない」ように裸体を隠さない日本の風習は、むしろ歓喜に値した。ここでは性的羞恥は知られていない感情だ。それは「地上の天国の天真爛漫さ」なのだ。横浜弁天通の裏の「湯浴みの通り」で見た光景を彼は描き出す。「男の彫物の中で一番豪華なのが、賑やかなニンフたちのバラ色のただ中で輝いている。その肌をこの国公認のこすり手(三助のこと=筆者注)が石鹼で洗い、拭う。……『ショッキング』などと、いわばいいえ。この公認のこすり手くんの社会的特権にケチをつけずに、われわれもひとつ仲間入りとゆくか」[*17]。一八六七年の光景である。

一方、明治十四年に小田原付近を旅したクロウが描き出すある漁村の夜景は、ほほえましい自然な印象を私たちに与える。「あちこち、自分の家の前に、熱い湯につかったあとですがすがしくさっぱりした父親が、小さい子供をあやしながら立っていて、幸せと満足を絵にしたようである。多くの男や女や子供たちが木の桶で風呂を浴びている。桶は家の後ろや前、そして村の通りにさえあり、大きな桶の中に、時には一家族が、自分たちが滑稽に見えることなどすっかり忘れて、幸せそうに入っている」[*18]。

●行水（レガメ画／Guimet，前掲書）

一八五九年、開港直前の長崎を訪れたあの愉快なホームズ船長は町を散策中、あだっぽい娘が全裸の状態で家からとび出して、「家の前の約十二フィートのところにある長方形の桶」にとびこむのを目撃した。彼女はあやうく船長と衝突するところだったが、顔も赤らめず、びっくりしている彼を桶の中から「くすくす笑っていた」。船長はスミス師のように憤慨はしなかった。それどころか彼は「街頭で見かけた夢のような光景をいつまでも頭のなかに追いながら」、茫然と歩み続けたのである。[*19]
むろんこれは混浴と並んで悪名高い行水の光景である。行水についてはブラックの証言がある。「開港初期の日本における体験談を出版した人々は、江戸で目にとまった、婦人の人前でする行水の話をしている。これに対し後日の著者達は、この記述を疑問としている。特に一番広く読まれ、また引用されているある著者は『一日中江戸市内を行ったり、来たりしたが、そんなものは一度も見なかった』と断言している。それはそうだろう。というのは、外国の影響が効果をあらわしている時代に、彼は来日したのだから。一八六二年頃でも、こんなことは江戸と横浜の近辺で見られた。さらに本書を書いている現在（一八八〇年）から五年とさかのぼらない頃でも、こんな光景を居留地のすぐ近所で、また周りの村でも何度も見た。私はこの光景を本村から山手へ通じる道の一つでも、毎晩通行人は見たし、見ている。四方八方へ遠出をする人にとって、いわゆる『見さかいのない行水』はごく普通に見られたので、じきになんとも思わなくなった」。[*20]
この証言は欧米人にとってさえ、女の肉体の露出を見慣れれば、それが性的誇示の意味を含まず、従って猥褻なものでもありえないことが自然に了解されたことを物語っている。まさにチェンバレンが『ジャパン・メイル』の編集者の言として紹介しているように、‘The nude is seen in Japan, but is not looked at.’[*21]なのだった。
モースは日光旅行の際、同行のマレー博士が温泉の温度を計るのを手伝ったが、「オハヨー」とほがらかな声のする方を見ると、前日出会った遠慮深い二人連れの娘が入湯中なのに、ドギマギしてしまった。彼とマレーが次々に浴場の温度を調べて廻ると、老若男女が何をするのか不思議に思ってぞろぞろとついて来た。「ついて来る人は入浴者を気にかけず、入浴者はついて来る人達を気にかけなかったが」、モースには「これは全くしかあるべきこと」に思われた。彼は言う。「我々に比して優雅な丁重さは十倍も持ち、態度は静かで気質は愛らしいこの日本人でありながら、裸体が無作法であるとは全然考えない。全く考えないのだから、我々外国人でさえも、日本人が裸体を恥じぬのと同じく、恥しく思わず、そして我々にとっては乱暴だと思われることでも、日本人にはそうではない、との結論に達する。たった一つ無作法なのは、外国人が彼らの裸体を見ようとする行為で、彼等はこれを憤り、そして面をそむける」。

モースは日光の帰路、ある村で人力車の上から、「一軒の家の前のほとんど往来ともいうべき所で、一人の婦人が例の深い風呂桶で入浴している」のを見かけた。「彼女は身体を洗うことを中止せず、平気で我々一行を眺めやった。人力車夫たちは顔を向けもしなかった」。彼がいそいでマレーの注意を呼び起すと、彼女はそのことに気づいて「多少背中を向けた」。彼女は自分たちのことを田舎者か野蛮人と思っただろうと、モースは感じた。モースは「都会ででも田舎ででも、男が娘の踵や脚を眺めているのなんぞは見たことがな」かったし、また、「女が深く胸の出るような着物を着ているのも見たことがな」かった。彼はそのことを、「若い娘が白昼公然と肉に喰いこむような海水着を着、両脚や身体の輪郭をさらけ出して、より僅かを身にまとった男達と砂の上をブラリブラリしている」母国の風俗と比べずにはおれなかった。そして「日本人が見る我々は、我々が見る日本人よりも無限に無作法で慎みがないのである」と主張せずにはおれなかった。[*22]
モースがこのように感じたのは一八七七年だが、アンベールはすでに一八六三、四年の滞日当時、日本人の裸体や混浴の習慣が自分たちにとってどんなに奇異なものと思われても、日本人自身は、それに非難されるべき一面があるなどとは思ってもみず、家庭生活の慣例と完全に調和し、道徳的見地からしても言い分のないものと信じていたのだという見解をもっていた。彼の考えでは「ヨーロッパ人が風呂屋に足を踏み入れたとき、彼らの方を見てくすくすと笑ったため、そのときまで誰の目にも至極当然なこととして映っていたものを、ふさわしからぬものにしてしまったのである」。彼はパリ万国博覧会に参加した一日本人が語った言葉を記録している。「われわれなら夜でも人前では許されないようなことが、白昼、公然とパリの真中で行われるのを見せていただいた[*23]」。
混浴・行水と並んで外国人をおどろかしたのは、日本人の裸体の習慣である。労働する男たちがふんどしひとつなのはまだしも、女たちが人前で肌を露出して羞じないのはまさに「ショッキング」な風俗だった。ボーヴォワルは鎌倉を訪う途中、金沢のあたりで、あるお屋敷の門番をしている女を見かけたが、髪をとかしている最中の彼女は「太陽の光線」以外、何も身にまとっていなかった。むろん、彼女は上半身を肌脱ぎにしていたのだろう。
グリフィスも書いている。暑い季節には「女性は上半身裸になる。身体にすっかり丸味のついたばかりの若い女でさえ、上半身裸でよく座っている。無作法とも何とも思っていないようだ。たしかに娘から見ると何の罪もないことだ。日本の娘は『堕落する前のイヴ』なのか[*24]」。日本人の生活について内在的に理解しようと努めたバードでさえ、東北の農村で女たちが、時は七月とはいえ「腰まで肌をさらしている」のに抵抗をおぼえた。宿では「一人の下男が私の夕食のために米をといだが、その前にまず着物を脱いだ。それを炊く下女は、仕事を始める前に着物を腰のところまで下ろした。これはちゃんとした女性の間で習慣となっていることである」。彼女は日本人の「基本道徳の水準は非常に低く、生活は誠実でもなければ清純でもない」と判断せざるをえなかった[*25]。

　ラファージが日光への旅で、ある茶店に休んだとき、「女の馬子たちは腰まで衣服を脱ぎ、男の眼もはばからずに胸や脇の下を拭ったりこすったり」した。しかし彼がその姿を写生しているのに気づくと、「まるで私がその裸体を不都合とでも思っているというような様子で、急いで袖や長上衣を露わな肌にひっかけた[*26]」。ラファージは馬子たちのはばかりのなさにはおどろいたかも知れないが、もともと画家であるから、裸体を怪しからぬものとは考えていなかった。「日本の道徳は着衣の簡単さによって一向損なわれないし、また芸術家からみるなら当然のことだが、法律にはいたって従順にできている民族に流れこんだ新しい観念が、これらの習慣（裸体をことさらに羞じぬ習慣＝筆者注）を変えて行くのは残念なことだ[*27]」と彼は述べている。

　メーチニコフは言う。「平民身分の日本人はズボンをまったくはかないので、その恰好たるやヨーロッパ人の意表をつくものとなる（おそらくふんどし姿を指す＝筆者注）。かくて運命の悪戯でこの辺境に連れてこられたイギリスのお上品な淑女などは、それこそ行く先々で、両手で目をおおい、顔を赤らめて『ショッキング！』と叫ぶしまつ」。巡査が裸の人力車夫を追いまわすのも、「明らかに江戸の宣教師やその妻君たちが政府をたきつけた」からである。しかし彼の意見では、「裸と道徳のあいだには直接の関係などありはしない」のだ。[*28]

モラエスによれば、日本人がしばしば裸体や半裸体になることについて、「羞恥心のない女性の国」などと評するのは、「全然知りもしない問題について、愚かにも重大な解釈を下そう」とする「低劣な讒謗者」の行為にほかならなかった。「日本人は、生活の事情上やむを得ないときには、裸体を恥しく思わない。恥しいのは、こうした事情のないのに、ただみえをはっていろいろな欲望を起させることである。日本の女は誰の前でも子供に乳房をふくませる。暑いときに、家の中で一心に働いている際は、戸外を通って内をのぞく者の眼に、裸に近い姿で映るかもしれない。だが誰も、やさ男を惹きつけて欲望を起させる目的で、着物の袖から腕を露わしているとは思いはしない」。日本の女は淑かで上品、落ちついて真面目で地味なのだ。[*29]

アリス・ベーコンが海辺の旅館で夏の一週をすごしたとき、天秤棒で担いだ果物を毎日売りに来る小さな女がいた。ある日アリスが浜辺をぼんやり見ていると、砂浜に見慣れた天秤棒と籠、それに青い着物が置き去られているのが目についた。商売を終えた彼女が海に入っているのだ。やがて、推測どおりに海から現われた彼女は、砂浜でからだを拭い始めた。その時一人の男がその場に出現したが、彼女は顔見知りらしいその男が近づいても平然として、ゆったりとからだを拭い続け、立ち上がって男にお辞儀し、ほほえんで挨拶を交わし始めたのである。むろん、彼女は生れたままの姿だった。

そこでアリスは論ずる。「旅行者が夏、日本の田舎を通りすぎて、道筋の村々から溢れ出し、人力車がとまるたびにそれをとり囲む半裸の男女と子どもたちを目にする時、彼は、いったいこの国にはほんとうの文明が存在するのか、この半裸の者どもは文明人というより野蛮人ではないのかと、疑い呆れることがある。しかし、いたるところに上質な旅館があり、そこでは便所や食卓などのあらゆる設備がきわめて清潔で、サービスも丁寧でゆき届き、契約通りに仕事が進んで行われることを知った時、あるいはまた、外国人が休憩のために村の宿屋に立ち寄ると、光も空気も遮ってしまうほど大勢押しかけて、口を開けて見物している人びとにさえも、最も丁寧で快い行儀作法を見出す時、この国民の生活の特殊な面について以前くだした評価を訂正し、日本には、われわれ自身の文明とは多くの重要な点で異なってはいるが、たしかに高いタイプの文明が存在するのだと結論しないわけにはいかない。……日本人の尺度によると、たんに健康や清潔のためとか、せねばならぬ仕事をするのに便利だからというので、たまたまからだを露出するのは、まったく礼儀にそむかないし、許されもすることなのだ。だが、どんなにちょっぴりであろうと、見せつけるためにだけからだを露出するのは、まったくもって不謹慎なのである。前者の例としては、開放された浴室や裸の労働者、じめじめした季節に着物をまくり上げて下肢をむき出しにすること、夏に田舎の子どもがまったく裸でいること、暑い季節には大人さえも、家のまわりや田園でちょっぴりしか衣服を身につけないのが必要とされていることがあげられる。後者の例としては、西洋の衣裳がからだは完全に覆っているものの、腰から上の体型のあらゆる細部をあらわにしており、きれいな体型を見せつけようとしていることに、多くの日本女性が嫌悪を感じていることを申しあげておきたい。頸や二の腕を衆目にさらしている舞踏室の衣裳について言うな

●化粧（ワーグマン画／I. L. N　1864年）

らば、日本女性は、他人の面前で落着き払って入浴はするけれども、多くの尊敬すべき欧米女性が公衆の前に、そんなにもぶしつけななりをして現われると考えただけでも、羞恥の念にあえぐのである。われわれが日本人という人種には品位のセンスが欠けているとか、日本の女性は女らしい羞恥の本能をまったく欠いているとか結論づけるならば、それは実に性急な判断というものだ」[30]。

徳川期の日本人は、肉体という人間の自然に何ら罪を見出していなかった。それはキリスト教文化との決定的な違いである。もちろん、人間の肉体ことに女性のそれは強力な性的表象でありうる。久米の仙人が川で洗濯している女のふくらはぎを見て天から墜落したという説話をもつ日本人は、もとよりそのことを知っていた。だがそれは一種の笑話であった。そこで強調されているのは罪ではなく、女というものの魅力だった。徳川期の文化は女のからだの魅力を抑圧することはせず、むしろそれを開放した。だからそれは、性的表象としてはかえって威力を失った。混浴と人前での裸体という習俗は、当時の日本人の淫猥さを示す徴しではなく、徳川期の社会がいかに開放的であり親和的であったかということの徴しとして読まれねばならない。
アーノルドが「日本人は肉体をいささかも恥じていない」[*31]というように、彼らの大らかな身体意識は明治二十年代まで、少なくとも庶民の間には保たれていた。モラエスによると「三十年ほど前までは、都会の銭湯の広々とした浴槽は男女とも一つだった。その後、外国人の道学先生流の非難によって、浴槽の間に仕切りができて、一方では男が、片方では女が入浴するようになった。さらにその後、外国人の道学流の非難が止まないので、壁で遮断して、完全に男女を分けてしまった」[*32]。モラエスが三十年前と言っているのがいつか、あいまいであるけれど、政府のたびたびの取締りにもかかわらず、彼が初めて来日した明治二十二年頃、混浴はまだ完全になくなってはいなかった。一八九二（明治二十五）年に来日したオーストリアの美術研究家フィッシャー（Adolf Fischer　一八五六〜一九一四）は、室蘭の宿屋でひとり湯に浸かっていたところ、二人の女が入って来たのにおどろかされた。何とか自分の存在を知らせようとしたが、女たちは平気だった。彼は「空気同然とみなされた」のである。[*33]彼によると当時、混浴は〝奥地〟でいくらでも見られたそうである。[*34]パーマーが明治十九年の伊香保温泉について書いているところでは、旅館は男女別浴だったが、「公衆浴場では庶民階級の男女が、よく道路脇の半分外から見える浴槽の中で、きちんと節度を守り端正に、お互いの存在も、あるいは通行人の視線も気にかけずに混浴してい」[*35]た。ウェストンの記すところでは、ある外国人は温泉に浸っていたところ、知り合いの日本人から声をかけられ、湯の中で、彼の妻子を一人一人紹介されたとのことだ。[*36]
しかし、いくら裸体にことさらめいた羞恥や禁忌をおぼえないからといって、ポンペが記しているように、「男も女も素裸になったまま浴場から街路に出て、近いところならばそのまま自宅へ帰る」[37]というならまだしも、通りかかる紅毛人を一眼見ようとして、裸で風呂屋からとび出してくるに至っては、たんに無邪気とか開放的と言ってすませるわけにはいかない。カッテンディーケは書いている。「下層の日本人は、互いに礼儀というものを全然知らない。……我々が風呂屋の傍を通ることがあれば、彼らはその風呂からとび出し、戸口に立って眺めている」[38]。彼は日本人の礼儀正しさを認めるのにやぶさかではなかったのだから、その彼にそのように言わせたショックは相当深かったのである。

オリファントが一八五八年に、江戸でこの風呂からのとび出しを実見したことは先に書いた。「入浴中の男女は、石鹼またはその日本的代用品のほかには、身にまとうもののないことも忘れて、戸口に集まっている」と彼は書いているけれど、このヴィクトリア朝的婉曲表現を言い直せば、要するに彼もしくは彼女らは真っ裸だったのである。ほとんど信じられぬような情景ではあるが、ホジソン（Christopher Pemberton Hodgson 一八二一～六五）もまたそっくりおなじ経験をしたと言っている。彼は一八五九年長崎領事事務取扱いとして来日し、三ヵ月の勤務ののち、横浜、江戸を経て箱館に領事として赴任した人物であって、江戸での経験を次のように記している。「男女の入浴者が入り乱れて、二十軒ばかりの公衆の小屋から、われわれが通りすぎるのを見物するために飛び出してきた。皆がみな何一つ隠さず、われわれの最初の両親（アダムとイブ）が放逐される前の、生まれたままの姿であった。こんなに度胆を抜かれたことはなかった。……男女の入浴者が全員、裸であるのに平気で、意識も顧慮もせず、新奇な光景をゆっくりみて、好奇心を満足させようとした」[*39]。明治十一（一八七八）年になっても、秋田県横手ではおなじ情景が見られた。バードが書いている。「私が二本の足で歩いていると、人びとは私を見ようとして風呂からとび出して来た。男も女もひとしく、一糸もからだにまとっていなかった」[*40]。

なるほどこれは、無邪気といえば無邪気な光景なのだろう。だがここにはなにか野卑なもの、白痴的なものがうっすらと匂っている。当時の日本庶民には、ことさらに裸を隠さねばならぬような、性にまつわるオブセッションはなかった。その意味で彼らの性意識は抑圧を知らず、開放されていた。しかしこのおおらかさは、同時に、性に関する卑俗なリアリズムに通じかねない危うさをも含意していたのではなかろうか。実は欧米人のある者によって、決して淫らな風習ではないと弁護された混浴も、その実態はかなりセクシュアルな面があったようだ。松浦静山（一七六〇～一八四一）はこう述べている。「江都の町中にある湯屋、予が若年迄は、たまたまは男湯女湯と分りてもありたるが、多くは入込《いれこみ》とて男女群浴することとなり。因て聞き及ぶに、暗処、又夜中などはほしいままに姦淫のことありしとぞ」[*41]。彼は寛政改革後、男湯女湯の区別が厳重になったと言っているが、その仕切りとて、根岸鎮衛（一七三七～一八一五）によれば、上は羽目板だが、下は格子。彼の知りあいの若者は入湯中、「女湯へ入りし女子、隣より見えん事は知らず、陰門をかの格子の方へむけて微細に洗濯するをふと見つけて、壮年の勢い男根突起してなかなか忍びがたく」、ついに風呂へとびこみ、湯当りして気絶しそうになったとのことだ[*42]。

さらにまた、幕末の外国人観察者をおどろかせたのは、春画・春本のはばかりない横行である。ヴェルナーは先述したように、日本人の裸体への禁忌の欠如を同情的に理解しようとつとめたのだが、それを「楽園の無邪気さ」とみなす見解には、同意できないものを感じた。「日本にはそもそも欧米的な意味における無邪気などない。……絵画、彫刻で示される猥褻な品物が、玩具としてどこの店にも堂々とかざられている。これらの品物を父は娘に、母は息子に、そして兄は妹に買ってゆく。十歳の子どもでもすでに、ヨーロッパでは老貴婦人がほとんど知らないような性愛のすべての秘密となじみになっている[*43]」。ヴィシェスラフツォフによれば、本屋でよく見かける三文小説の挿絵には「品位というものにまったく無頓着」なものがあり、しかもそういう絵本を子どもが手にしていた。子どもらは「それが何の絵であるか熟知しているらしかった[*44]」。

トロイ遺跡の発掘で名高いシュリーマン（Heinrich Schliemann 一八二二～九〇）は一八六五（慶応元）年、ひと月ばかり横浜・江戸に滞在したが、大半は先行文献の無断借用からなるその旅行記に、「あらゆる年齢の女たちが淫らな絵を見て大いに楽しんでいる[*45]」と記している。ティリーも長崎で同様の光景を目にしたらしい。「猥褻な絵本や版画はありふれている。若い女が当然のことのように、また何の嫌悪すべきこともないかのように、そういったものを買い求めるのは、ごくふつうの出来ごとである[*46]」。ペリー艦隊に随行した中国人羅森も、下田での見聞として「女が春画をみていても怪しまれない」と書いている[*47]。

フォンブランク（Edward B. de Fonblanque）は、中国での軍事行動に用いる馬匹を購入するため、一八六〇年に訪日した英国兵站部将校だが、次のように述べる。「日本で買物する際、不謹慎なものを買ってしまわないように、大いに注意せねばならない。そういったものは本や絵の中に見られるだけでなく、磁器に描かれたり、漆器に浮き彫りされたり、象牙細工に彫りこまれたり、扇に忍びこんでいたりする。オールコック氏は英国の子どもたちに送るべく挿絵のついた本を購入したが、彼が発送前に、その中にホーリウェル街をも顔色なからしめるような絵を発見したのは、ただ幸運な偶然によってであった。ヴィクトリア主教という神聖な人物でさえ、入念な検査を省いたために、同じような不法行為を犯すところだったと聞いて、私は残念でならない。友人が運よく磁器のカップを調べてみなかったら、それは、たとえ主教の個人的所持品だとしても、通関不能のものとして、英国税関で差し押えられ没収されていたに違いない」[*48]。ちなみにホーリウェル街とは、猥褻本を売る本屋が並んでいることで悪名高かったロンドンの一角である。

ヴィシェスラフツォフは、文字焼き屋が「客の見ている前で柔らかくて甘いこね粉を丸め、われわれのところでは解剖学教室以外では見ることのない例の形を作ってみせる」のを目撃した[*49]。またヒューブナーは一八七一（明治四）年に、小田原の茶屋で砂絵描きの仕事ぶりを見た。絵師は奇妙な装飾模様やら花鳥やらを次々と描いてみせたが、最後に「見物人の甲高い笑い声に包まれて、ポンペイの『秘密の部屋』にも匹敵するエロティックな主題を描くのだった」。それを見て婦人や少女は「欣喜雀躍した」と、ヒューブナーは書きとどめている[*50]。サトウは一八七二（明治五）年、「千住の手前の河原町（二十三軒の女郎屋がある）」で「まらの形をした子供の駄菓子を売る店をたくさん目にした」[*51]。むろんこれは土俗的な信仰と関係があるのかも知れない。

当時の日本人に性に対する禁忌意識がいかに乏しかったかということの例は、それこそ枚挙にいとまがないほどだが、もうひとつ、鎌倉鶴岡八幡宮の境内にあって、子授けの効験で有名だった女陰石をあげておこう。これについては多くの記述があるが、最も要を得たリンダウのそれをひいておく。「それはおよそ三尺ばかりの石で、その上に自然が女の性器をおおざっぱに彫刻したものである。それは木の囲いに取り囲まれていて、古木の陰に立っている。この異様な偶像は帝国全土で大層敬われており、『おまんこ様』という名がつけられている。あらゆる地方からここに巡礼にやって来る。そして高価な寄進をするのである。とりわけ子の出来ない女が、いわば恥ずかしいこととみなされている石女との別れを願いにやって来る。新婚夫婦、娘、それに子供さえも同様にお祈りを捧げる」[*52]。まったく堂々たるものだといっていい。性器崇拝はどの国にもあった古俗だろうけれども、ここに表出されているのは、性についてのまったく翳のない肯定意識というものだろう。

日本人が春画をペリー艦隊の水兵に与えたり、ボートに投げこんだりしたことは先述の通りだが、艦隊所属の一大尉の記録によると、測量に従事しているボートに対して、集まった住民は「上陸するように手招きし、まごうかたない身ぶりをして、われわれを女たちと交わらせようと誘い」、しかも一人の女は「着物をまくしあげて身体を見せつけるようなことまであえてした」という[*53]。これは漁村などではよく知られた性的からかいにすぎないと思われるが、アメリカ人たちが真に受けて仰天したのも無理はないところだ。

ヴィシェスラフツォフは、彼ら一行を見物に集まってきた江戸の町人たちのこんな振舞いを記録している。「娘たちが高い所から恥ずかしがりもせずにわれわれの方を見てほほえんでいると、近くにいた日本人が必ずうれしそうな顔をして二階を見上げ、『ニポンムスメ』、日本の娘といって指をさす。時によってはあまり罪のないとはいえないような仕草をこれに加えるので、あたりの大人や、年相応の子供らしい純真さを失っているように思われる、ませた子供たちを大笑いさせた」[54]。この日本人がどういう仕草をしたのか、およそ想像はつく。つまり徳川期の日本人は、一般に性を笑いの対象ととらえていたのである。それは人間性についてのリアリズムにもとづく、ある種の寛容といってよかろう。ハイネが日本の娘にさわるのを見て、まわりの日本人が大笑いしたというのも、そのような寛容のあらわれといってよいが、人間の欲望を一種の自然として受けいれるそういうリアリズムは、人間性についての卑俗なシニシズムとじつは紙一重であったかも知れない。

ゴンチャロフは幕府全権川路聖謨（一八〇一〜六八）について、次のような挿話を記している。ロシア側が開いた宴席で、川路は出されたケーキの残りを包みこみ、「これをどこかの美人に持って行くのだと思ってもらっては困ります。家来どもにとらせるのです」と、冗談まじりの弁解をした。「話はこれをきっかけに自然と女のことに移って行った。日本人達は軽いシニシズムに陥ちそうなところまで行った。彼らはあらゆるアジア人と同様に、官能の擒《とりこ》となっていて、その弱点を隠そうとも、責め立てようともしないのである」[55]。ちなみに川路は、ゴンチャロフがその聡明ぶりを賞讃してやまなかった人物である。ハリスにも似た経験があった。彼はある日、下田奉行の井上清直（一八〇九〜六七）から宴会に招かれた。清直は食事のあとみごとな手つきで茶を点ててくれたが、やがて「話題はい

●川路聖謨

つもの日本式のものへ移った」。ハリスは書く。「この人たちの淫奔さは、信じられないほどである。要件がすむや否や、彼らが敢えて談ずる一つの、そして唯一の話題がやってくる。……備後守（下田奉行岡田忠養）は、副奉行の一人が私に婦人を周旋する任務を特別に負わされていると告げ、もし私がどの婦人かを好きになったならば、副奉行は私にその婦人を手に入れてくれるであろうなどといった」[*56]。

一生独身を守った謹厳なハリスが眉をひそめ、こういう日本人を内心軽蔑しただろうことは想像にかたくない。だが井上清直は川路の実弟で、幕末屈指の廉直な能吏として知られた人物だった。当時の日本人には、男女間の性的牽引を精神的な愛に昇華させる、キリスト教的な観念は知られていなかった。日本人は愛によっては結婚しないというのは、欧米人のあいだに広く流布された考えだった。たとえばヴェルナーは述べている。「わたしが日本人の精神生活について知りえたところによれば、愛情が結婚の動機になることはまったくないか、あるいはめったにはない。そこでしばしば主婦や娘にとって、愛情とは未知の感情であるかのような印象を受ける。わたしはたしかに両親が子どもたちを愛撫し、また子どもたちが両親になついている光景を見てきたが、夫婦が愛し合っている様子を一度も見たことがない。神奈川や長崎で長年日本女性と夫婦生活をし、この問題について判断を下しうるヨーロッパ人たちも、日本女性は言葉の高貴な意味における愛をまったく知らないと考えている」[*57]。

たしかに日本人は西欧的な愛、「言葉の高貴な意味における愛」を知らなかった。ヴェルナーのいうように、「性愛が高貴な刺激、洗練された感情をもたらすのは、教育、高度の教養、立法ならびに宗教の結果である」。一言でいうならキリスト教文化の結果である。「真の愛情は洗練された羞恥の念なくしては考えられない。なんらかの理由から羞恥の念をもっていない娘は、愛を感じることもないし、また愛を与えることもできない。さらに勝手気ままに多くの妻をめとることを許している日本の婚姻法が、愛をめざめさすことはできない」とヴェルナーはいうが、男女の性的結合は「言葉の高貴な意味における愛」であるべきだとするキリスト教文化の見地に立つならば、彼の言うところはいちいちもっともということになるだろう。われわれはこうしたいわば高度な見識が、プロシャの一海軍将校によって開陳されていることに、十九世紀西欧文明の水準の高さを再認識しないわけにはいかない。にもかかわらず、そのようなキリスト教的な異性愛の観念が、十九世紀後半から二十世紀前半にかけての西欧文学において、いかに多くの「愛」からの脱走者を生んだかということを想いやれば、われわれはこの問題についておのずと違った断面を見出すこともできる。

当時の日本人にとって、男女とは相互に惚れ合うものだった。つまり両者の関係を規定するのは性的結合だった。むろん性的結合は相互の情愛を生み、家庭的義務を生じさせた。夫婦関係は家族的結合の基軸であるから、「言葉の高貴な意味における愛」などという、いつまで永続可能かわからぬような観念にその保証を求めるわけにはいかなかった。さまざまな葛藤にみちた夫婦の絆を保つのは、人情にもとづく妥協と許しあいだったが、その情愛を保証するものこそ性生活だったのである。当時の日本人は異性間の関係をそうわきまえる点で、徹底した下世話なリアリストだった。だから結婚も性も、彼らにとっては自然な人情にもとづく気楽で気易いものとなった。性は男女の和合を保証するよきもの、ほがらかなものであり、従って羞じるに及ばないものだった。「弁慶や小町は馬鹿だなァ嬶《かか》ァ」という有名なバレ句に見るように、男女の営みはこの世の一番の楽しみとされていた。そしてその営みは一方で、おおらかな笑いを誘うものでもあった。徳川期の春本は、性を男女和合と笑いという側面でとらえきっている。化政期には怪奇趣味や残酷趣味が加わるけれども、それも性自体のおそろしさ、その深淵のはらむ奇怪さを意識したものとはいえない。従ってサディズムやマゾヒズムの要素も乏しい。刺激を求めて怪奇な趣向をこらそうとも、本質的にあっけらかんと明るい性意識がその根底にある。オリファントが彼らを「いくらか不真面目で享楽的な民族[*58]」と感じたのは、一理も二理もあるというべきだった。

だが、西欧流の高貴な愛の観念と徳川期日本人の性意識は、いいかえるとハリス的な愛のリゴリズムと幕吏のシニシズムすれすれのリアリズムは、相討ちみたいなところがあって、どちらが思想的に優位であるか判定することはできない。この問題は伊藤整が名論文『近代日本における「愛」の虚偽』で論じたところで、いまは深入りを避けたいが、性を精神的な憧れや愛に昇華させる志向が、徳川期の社会にまったくといっていいほど欠落していたことが、日本人の性に対する態度になにか野卑で低俗な印象を帯びさせているという事実には、やはり目をつぶるわけにはいかない。

しかしそれにしても、当時の日本社会に、性に関するのどかな開放感がみなぎっていたことは、何度強調しても足りない事実なのだ。カッテンディーケは、伝習生の練習航海を指揮して平戸を訪れたときの経験をこう述べている。「我々は若い娘たちに指環を与えた。その娘たちはどうしたのか胸もあらわに出したまま、我々に随いて来る。見たところ、彼女たちは、我々がそれによほど気を取られていることにも気付かないらしい。我々が彼女たちの中で一ばん美貌の娘に、最も綺麗な指環を与えたことが判ると、数名の娘たちは我々の傍に恥ずかしげもなく近寄って来て、その露出した胸を見せ、更に手をさわらせて、自分こそ一ばん美しい指環をもらう権利があるのだということを知らそうとする。こんな無邪気な様子は他のどこでも見られるものではない」。そして彼はつけ加える。「しかしこの事実から、これらの娘たちが自分の名誉を何とも思っていないなどと結論づけようものなら、それこそ大きな間違いである」[*59]。

またオイレンブルク伯爵は、難航する幕府との交渉に鬱々たるある日、息抜きのため有名な行楽地の王子まで遠乗りをした。一行は茶屋で「女将と頸と胸を白く化粧した四人の女」から、「一向遠慮のない」接待を受けたが、「それよりもっと遠慮のないのは隣家の二人の若い女」だった。彼女らは突然小川に入って、プロシャ人たちの視線を浴びながら沐浴を始めたのである。オイレンブルクは「その限りない純真さ」に、心うたれずにはおれなかった[*60]。

湯に浸っているかたわらを通りすぎる外国人に向って、邪心なくにっこりほほえみかけたというかつての日本の娘たち。性について現実的でありすぎ享楽的でありすぎたといえぬこともない古き日本は、同時にまた、性についてことさらに意識的である必要のない、のどかな開放感のみち溢れる日本でもあったのだ。精神的に高貴な愛を知らぬと手きびしい、しかしもっともな判定を下したヴェルナーが、湯上り姿の娘が団扇でからだをあおぎながら通行人としゃべっていても、誰も衝撃を受けない日本の習俗について、「こうして日本人は『禍を転じて福とした』のだとわたしは思っている」[61]と思わず洩らしてしまったのは、実に意味深長というべきではなかろうか。

徳川期の性意識と密接に関連するものとして、制度化された売春が存在し、それが欧米人の好奇心と論議の的となったことは広く知られているとおりだ。謹厳なスミス主教は日本人の混浴や裸体に対して憤慨したあとで、こう書いている。「日本のもう一つの国家的制度、すなわち悪名高き家の政府による規制と、規則的に行われる免許と放蕩者の通う場所の管理からもたらされる公的収入については、ちょっとばかり触れるにとどめる。顔立ちのよい女性は堕落した両親によって売られ、幼い頃から恥辱の生活にゆだねられる。奉公の期限が満ちると、日本の中流階級と結婚することも稀ではない。男たちはこういう施設から妻を選ぶことを恥とは思っていないのだ」[62]。

パンペリーにとっては「日本は矛盾に充ちた国」だった。なぜなら「婦女子の貞操観念が、他のどの国より高く、西欧のいくつかの国々より高い水準にあることは、かなり確かである」のに、「自分たちの娘を公娼宿に売る親たちを見かけるし、それはかなりの範囲にわたっている」からである。しかし彼は同時に、このいとうべき公娼制度が「他の国々では欠けている和らいだ境遇を生み出す」ことも認めないではいられなかった。「犠牲者はいつも下層階級出身で、貧困のために売られる」のだが、「彼女たちは自分たちの身の上に何の責任もないので、西欧の不幸な女たちをどん底に引きずり込む汚辱が彼女たちにつきまとうことはない。これとは逆に、彼女たちは幼少時に年季を限って売られ、宿の主人は彼女たちに家庭教育の万般を教えるように義務づけられているため、彼女たちはしばしば自分たちの出身階級に嫁入りする」[63]。

妓楼の太夫はヨーロッパ的概念での売春婦ではないというのは、カッテンディーケの観察でもあった。なぜなら彼女らは、祭礼中寺詣りを認められていることでもわかるように、「社会の除け者扱い」を受けておらず、年季を勤め上げれば家庭に入ることもできたからである。[*64] ポンペも遊女は二十五歳になると「尊敬すべき婦人としてもとの社会に復帰する」と言っている。「彼女らが恵まれた結婚をすることも珍しくはない」。遊女屋は「公認され公開されたものであるから」、遊女は社会の軽蔑の対象にはならない。「日本人は夫婦以外のルーズな性行為を悪事とは思っていない」上に、彼女らは貧しい親を救うために子どもの頃売られたのである。「子供は両親の家を後にして喜んで出て行く。おいしいものが食べられ美しい着物が着られ、楽しい生活ができる寮制の学校にでも入るような気持で遊女屋に行く」。「この親子はいわば自分たちを運命の犠牲者と考えているのである。両親は遊女屋に自分の子を訪問し、逆に娘たちは外出日に両親のいる住居に行くのを最上の楽しみにしている。娘が病気にかかると、母親はすぐに看護に来て彼女を慰める」。[*65]
ポンペの記述には、じつは先蹤があった。オランダ商館の医師として、一七七五年から六年にかけて出島で暮らしたツュンベリの報告がそれである。ツュンベリは出島蘭館と関わりの深い長崎の遊郭について、「法律やお上が認めている」こういう場所は、「みだらな隠れ家とも卑猥な出会いの場所ともみなされておらず」、身分の高い人びとがそこで友人をもてなすほどで、また年季を了えた遊女が「はずかしめの目で見られることなく、ごく普通の結婚をするのはよくあることだ」[*66]と述べていたのだった。ポンペはこういう記述からむろん影響を受けたには違いないが、しかし彼の見解にはしっかりした実地の観察による裏づけがあった。彼が長崎にいたのは、オランダ人たちが出島幽閉を解かれたのちの安政・文久年間であり、しかも彼は奉行所の後援のもとに病院を開設したのであるから、遊女たちの実態はその目でじかに観察することができた。つまり彼はたんなる伝聞でものを言っているのではない。

むろん西欧的近代倫理の持主であるポンペにとって、「幕府が売春を保護しており、社会もまたそれを恥と思っていない」ような「野蛮行為」は、とうてい容認できるものではなかった。日本人の「いろいろな点において麗しくまた優雅な感情」と、こういう野蛮行為は、「まったく一致しないもの」と彼には思えた。しかもこの制度は性病の蔓延というおそるべき結果を生んでいた。日本人全体が示しているこの「著しい頽廃の兆候」は、一刻も早くくい止めねばならぬと彼は警告を発している。にもかかわらず、売春問題についての彼の長い叙述に弁護のトーンがつきまとっているのは奇妙な事実といわねばならない。つまり彼自身、売春それ自体を悪としながらも、それを悪としない、というよりそういう悪に一定の場所を与えるひとつの文明が存在することに、なにか目を啓かれている風情なのだ。

年季を了えた遊女が社会に復帰できるという点は、ポンペのほかにリンダウ以下、多くの観察者が繰り返すところだ。そしてそれに対してはヒューブナーの批判もある。彼は、これまで吉原について「この国の考えでは遊女の職業はけっして恥ずかしいものではないとか、……名誉ある立派な男たちがここで伴侶を選ぶのをためらわない」とか、「嘘八百」が並べたてられて来たけれども、自分が「江戸で暮している人びとの意見を聞いた」ところでは、何もかも誤りで、「日本でも他の国々と同じく、こうした哀れな女性は名誉を汚しているとみなされているし、……もし国家の官吏がこういう場所に足繁く通いつめるならば、容赦なく職を解雇されるであろう」と確信するに至ったと書いている。[*67] ヒューブナーは日本のために冤を雪《すす》いだつもりだったのかもしれない。また彼が来日した明治四年には、吉原はすでにかつての格式を失っていたのだし、そのように語る日本人あるいは外国人もたしかに居たのかもしれない。だが彼が、古き日本の公認された遊郭の独特な性格を、つかみそこなっているのもまた事実だろう。リンダウにしたって「嘘八百」を並べたわけではなく、年季を了えた遊女の「名誉ある結婚」を、三例にわたたって実見しているのである。[*68]
この問題について意外に冷静なのはオールコックである。彼は言う。「わたしがたしかめえたかぎりでは、この売春の形態といい、また政府がこのような制度を公認するやり方といい、この制度には、それほど特別に注目するにあたいするような変ったことや特徴的なものはない。法律はそのための施設の維持を認めているし（これはあるキリスト教徒の国々と同様である）、契約の当事者双方を保護している。不幸な犠牲者たちは、一般に幼少のころからその職業につくべく育てられ、この人びとにはなんの自由意志もないことを一般の人びとは十分に認めている。そのために、法律の定めるとおりに一定の期間の苦役がすんで自由の身になると、彼女たちは消すことのできぬ烙印が押されるようなこともなく、したがって結婚もできるし、そしてまた実際にしばしば結婚するらしい」。
そして彼は、「このようにやすやすと汚濁の深みから婚姻生活と家庭生活の神聖さに移ってゆくことができる」ということは、「われわれが道徳や国民生活の真の根底と考えるものとは、非常に対立」し、「われわれにとって、そのような移行はまるで美徳と悪徳のあいだの大きな障壁がとり払われたように思われる」ことを認めながらも、「そのような社会的習慣が国民の内的生活に与えるかも知れぬ影響について憶測はしてみるが、見当がつかない」と、判断を留保しているのだ。当時の日本人が「婚姻生活と家庭生活の神聖さ」などという、ブルジョワ的な観念を知らず、売春を西欧的な意味での悪とは認めていなかったことに対して、オールコックが判断を保留したのは、いかにも彼らしい聡明さというものだった。つまり彼は、それに対して強いて自身の倫理的基準を適用すれば、「正しい結論に到達することには完全に失敗するであろう」ようなひとつの文明と遭遇しているのだということを、正しく自覚していたのだ。[*69]売春という日本にも西欧にもひとしく存在する文化項目《アイテム》は、それぞれの文化システムの中に置かれるとき、まったく異なった意味作用をもつ。そういう文化人類学的理解の端緒に彼は立っていた。彼が「家父長時代から現在にいたるまで東洋に存在してきた一夫多妻制と奴隷制は、われわれが先験的に予期するようなすべての結果をかならずしも生んではいない」と言うとき、やがて大英帝国の世界経略の副産物として生れるべき文化人類学は、フレイザーの出現をまたずして、すでにこの思索好きな外交官の頭脳のうちに萌していたというべきだろう。

この売春制度が様々な弊害と悲惨を内包していたのはもちろんのことである。そのことを強調したければ、われわれはウィリス（William Willis 一八三七〜九四）を引けばよい。ウィリスは一八六二年、英国公使館の医官として日本に赴任した人物だが、六七（慶応三）年に英国外務省に提出した報告書で次のように述べている。[*70] 遊女は一般に二十五歳になると解放されるが、たいてい妓楼主から借金を負うはめに陥り、本来の契約期間より長く勤める場合が多い。彼女らの三分の一は、奉公の期限が切れぬうちに、梅毒その他の病気で死亡する。江戸では遊女の約一割が梅毒にかかっているとみられるが、横浜ではその二倍の割合である。梅毒は田舎ではまれだが、都市では三十歳の男の三分の一がそれに冒されている。

だがスミス主教の母国が、彼の聖職者的倫理感覚にふさわしい状況にけっしてなかったことは、一八六〇年代の上院特別委員会報告によって明らかだ。それによるとロンドンの売春婦は四万九千人、全国のそれは三十六万八千人と見積られている。主教は国家が売春に関与しているのがけがらわしいのだと言いたいのだろうが、オールコックのいうように公娼制度はヨーロッパにもあるし、公娼と私娼のどちらがより道徳的に許容できるか、そんなことは断言の限りではない。娼婦の年齢についても、当時の論者は、二十五歳まで生きのびる者は十一人中一人にもみたず、娼婦の四分の一が毎年死んでゆくと言っている。むろんこれには、娼婦はひそかに社会に復帰して、妻の座に納まるのだという反論もある。[*71] ヴィクトリア朝的な厳格な性道徳なるものがあくまでうわべの建前にすぎなかったのは、かの有名なポルノグラフィー『わが秘密の生活』が赤裸々に示すところだ。日本人は別にスミスやフォーチュンから、世界で最も好色な人種などとけなされるいわれはなかったのである。

外国人たちがおどろいたのは、売春の悲惨さに対してではない。悲惨を伴うはずの、そして事実伴ってもいる売春が、あたかも人性の自然な帰結とでもいうように、社会の中で肯定的な位置を与えられていることに、彼らはおどろいたのだった。むろん女郎買いは、当時の日本人の意識の中で、道徳的にまったく問題のないものとされていたわけではない。それが一種の悪と意識されていたのは、悪場所という言葉自体が示している。しかし彼らはその悪に、公然たる存在の場所を与えた。つまりこの国では裸体の場合と同様、売春という記号は西欧におけるのとは大いに異なった意味作用を含んでいたのである。
早くもケンペルは元禄年間（十七世紀末）の見聞として、「村や町にある大小の旅館、茶屋、小料理屋などにいる淫らな女たち」に言及し、とくに東海道の赤坂と御油がひどく、軒を並べた旅館のすべてがこういった女を抱えており、そこでこのふたつの宿場は「遊女の蔵」とか「共同研磨機」とかかんばしからぬ異名を頂戴していると述べている。いうまでもなくこれは飯盛女のことで、道中記などでわれわれにはとっくにお馴染の存在だが、ケンペルは売春は公認の遊郭以外でも広く見られる現象だということがいいたくて、このことに言及したのである。彼によれば「日本ではすべての公共の旅館はまた公けの娼家」なのだった。[*72] ジーボルトも一八二六年の参府旅行記で品川遊郭にふれて、「一般にこうした施設は日本では料理屋と同様、生活に必要なものとみなされているようだ。白昼、娼家から出てくるのは、われわれの国でいえばコーヒー店から出てくるのと同様で、ほとんど問題にならない」と記している。[*73]
ポルスブルックは一八五八（安政五）年、ドンケル＝クルティウスのお伴をして江戸を訪れた折、下関で町年寄の伊藤家に招かれた。伊藤家は代々の出島商館長の参府旅行の際、宿舎となった家柄で、先代は商館長ズーフ（Hendrik Doeff 一七七七～一八三五）からヘンドリック・ファン・デン・ベルヒというオランダ名を与えられ、ジーボルトやフィッセルの参府旅行記にも顔を出す名物男だった。ポルスブルックは当主からまず遊郭に案内され、「私などかつて見たこともないほど美しい娘たち」に迎えられた。そのあと伊藤家へ赴くと、「大変上品な日本婦人である町長の夫人」から、「遊郭はきれいだと思われましたか、お迎えした娘たちはきれいじゃありませんでしたか」と尋ねられ、それが夫人の姑や息子の前だっただけに、彼は「すっかり狼狽してしまった[*74]」。つまりこの夫人にとって、遊郭は人前に出してもなんら恥ずべき話題ではなかったのである。

グリフィスは一八七一年の品川と吉原について次のように書く。「狭い道を進むと、きれいで明るくて、美しい立派な大きい家の前に出る。日本人の目にすばらしくうつり、外国人に魅力のあるこれらの建物は、一般市民の住居のそばにあって田舎家の隣の宮殿のように見えるが、その中でどんなことが行われているのか。そういう家が多数、道路に沿って並んでいる。品川は遊女の里であり、乱暴者、道楽者、泥棒ばかりか、この国の若者もよく行く所である。日本で最も立派な家は娼家のものである。政府認可の女郎屋は数エーカーの土地にわたってあるが、そこは首都で最も美しい場所である。東洋の輝き——街の神話——が現実になるのは、吉原の木戸に横木が置かれる時である[*75]」。

こういう記述に、道徳的な批判の意味がこめられているのはいうまでもない。だがそういう意図とは別に、彼らは娼家という記号が、この国では西欧とは異なる意味作用をもっており、それはたんなる道徳的批判によっては処理できない現象なのだという事実を、ゆくりなくも示してしまっているのだ。ウィリスは前記の報告書で述べている。「妓楼経営者はかなり立派な市民であると考えられている。そして、妓楼の女たちに親切である場合には、賞讃を受けたりしている。彼らは妻帯して普通の生活を営み、下賤な階級として忌避されることはない。多くの町では、妓楼経営者は裕福であり、妓楼の所有権は安定した収入源と考えられていて、けっして世間体と調和しないことはない」。

そして西洋人にとってきわめつきと感じられたのは、幕府の遊郭に対する保護と監督だった。ポンペは「人身売買を許しているばかりか、遊女屋がこれら子供に対して得た特権を保証し保護するところの幕府が悪いのだ」とはっきり書いている。しかもそう書きながら、身売りされる当人が嬉々としている様を述べ、その「献身的行為」に感動しているところが彼の矛盾だった。もし幕府が遊女屋との契約を保護しなければ、親の貧を救う「献身」も保証されないことになろう。幕府の役人についても彼は好意的で、役人はしばしば遊女屋を訪れ、不法が行われていないかどうか、遊女から訴えを聴くと述べている。もっとも楼主の復讐を恐れて、その権利を行使する遊女はいないとつけくわえてはいるが[*76]。

ヴェルナーは「政府が女郎屋を管理するなどということは、まったく世界で唯一の事例であろう」と記す。しかしこれは横浜の岩亀楼について言われた言葉で、岩亀楼はそもそも開港場の特殊性が生んだ、幕府としても初の試みだった。しかもそれは、リンダウによれば「日本人とヨーロッパ水夫の間に、横浜の路上でしょっちゅう繰り返されている血生臭い喧嘩を何とかしようと願う、さる外国領事のたっての要求に基づいて作られた」のだという。店開きの朝、すべての外国人に楼主から宣伝の品々が贈られ、それにには「当楼は外国人の楽しみのために設計されたものである」と英語で説明がついていたとリンダウは書いている。[*77] 岩亀楼ではむろん売春が行われたわけだが、踊りも名物だった。横浜英国守備隊のポインツ少佐（W. H. Poyntz）は、二十人ほどの若い踊子たちが唄の合間に「ヤア、ヤア、ヤア」と掛け声をあげ、衣裳を一枚ずつ脱ぎすててゆく一種のゲームを観賞した。心浮き立つ眺めであり、同席した英国艦隊のキング提督以下士官たちは「すっかり楽しんでいた」という。[*78] むろん、母国では見ることのできない情景だったのである。

一八八五（明治十八）年、フランス海軍大尉ヴィオの乗艦トリオンファントは、午後一時半瀬戸内の三原に碇泊した。彼の日記は次のように語る。「これはまたなんとも奇妙なまち、まるで大きな淫売窟だ。艦は文字通り、この町全女性の侵入を受けた。彼女らはお辞儀をしながら登場し、なんの恥じらいもなく単刀直入に、何しに来たか言う。われわれは女どもが殺到してくるにまかせる。彼女らは砲列の間、乗組員の間に散らばり、夕方まで戦闘をいどむ。全艦小さな叫びと笑いさざめく声[*79]」。艦長は何をしていたのか。このヴィオ大尉、作家としての筆名をいえばピエル・ロティが艦長だったのである。むろん彼女らは三原の「全女性」であるはずはなく、外国船の入港を待ち構える商売女だったのだろう。それにしてもこの祭のような明るいあっけらかんとした風景は何だろう。売春の陰微さ陰惨さはどこにあるのだろう。

イザベラ・バードは伊勢山田を訪ねて、外宮と内宮を結ぶ道が三マイルにわたって女郎屋を連ねていることに苦痛すら覚えた。[*80] 彼女が「この国では悪徳と宗教が同盟を結んでいるようにみえる」こと、「巡礼地の神社がほとんどつねに女郎屋で囲まれている」ことについて、突きこんだ考察を試みた形跡はない。巡礼地が女郎屋で囲まれているのは、むろん精進落しが慣習になっているからである。買春はうしろ暗くも薄汚いものでもなかった。それと連動して売春もまた明るかったのである。性は生命のよみがえりと豊饒の儀式であった。まさしく売春はこの国では宗教と深い関連をもっていた。その関連をたどってゆけば、われわれは古代の幽暗に達するだろう。外国人観察者が見たのは近代的売春の概念によってけっして捉えられることのない、性の古層の遺存だったというべきである。

注

＊1――ウィリアムズ前掲書三〇三ページ
＊2――ハイネ前掲書一三三ページ
＊3――リュードルフ前掲書一〇一ページ
＊4――Smith, ibid., p. 104
＊5――オイレンブルク前掲書一四二ページ
＊6――ハリス前掲書『中巻』九五ページ
＊7――同前二六二ページ
＊8――Tronson, ibid., p. 256
＊9――オールコック前掲書『中巻』一七一ページ
＊10――Fortune, ibid., pp. 93~4

＊11――Tilley, ibid., p. 118
＊12――ヴェルナー前掲書七八〜八〇ページ
＊13――リンダウ前掲書四二〜三ページ
＊14――スエンソン前掲書九四ページ
＊15――パンペリー前掲書九七ページ
＊16――ギメ『かながわ』三六〜八ページ
＊17――ボーヴォワル前掲書二九〜三〇ページ
＊18――クロウ前掲書二六五ページ
＊19――Holmes, ibid., p. 22
＊20――ブラック前掲書『1』九八ページ
＊21――Chamberlain, Things Japanese, complete edition, Meicho Fukyu kai, 1985, p. 60
＊22――モース『その日・1』八七〜九〇ページ
＊23――アンベール前掲書『下巻』一一一〜二ページ
＊24――グリフィス前掲書二三五ページ
＊25――Bird, ibid., vol. 1, pp. 192, 194
＊26――ラファージ前掲書一三三ページ
＊27――同前二五〜六ページ
＊28――メーチニコフ『回想』八〇〜一ページ
＊29――モラエス「日本精神」＝『明治文学全集・第四九巻』（筑摩書房・一九六八年）二三八ページ
＊30――Bacon, JGW, pp. 257〜9

＊31――Arnold, Japonica, p. 51
＊32――モラエス「日本精神」一三八ページ
＊33――フィッシャー『一〇〇年前の日本文化』（中央公論社・一九九四年）三一三～四ページ。原著はBilder aus Japan, Berlin, 1897
＊34――同前八五ページ。奥地とはインテリア、すなわち条約港以外の地の意味だろう。
＊35――パーマー前掲書一四ページ
＊36――ウェストン『日本アルプス』（平凡社ライブラリー・一九九五年）一六八～九ページ。原著はMountaineering and Exploration in the Japanese Alps, London, 1896　ウィリアム・ディクソンもこれと同様の話を、東京のある大学に勤める外国人から聞いたこととして記している。それによるとこの日本人は大学の召使一家だった。Dixon, ibid., P. 651　ウェストンはディクソンの本から話をいただいたのかもしれない。
＊37――ポンペ前掲書三〇六ページ。もちろんふんどし内至湯もじは身につけていた訳だろう。
＊38――カッテンディーケ前掲書一二四ページ
＊39――ホジソン『長崎函館滞在記』（雄松堂出版・一九八四年）一六六ページ。原著は Nagasaki and Hakodate in 1859-1860, London, 1861　なお函館は明治二年まで箱館と表記された。
＊40――Bird, ibid., vol. 1, p. 295
＊41――松浦静山『甲子夜話・2』（平凡社東洋文庫・一九七七年）二八三ページ
＊42――根岸鎮衛『耳袋・1』（平凡社東洋文庫・一九七二年）三四七～八ページ
＊43――ヴェルナー前掲書七九ページ
＊44――ヴィシェスラフツォフ前掲書一一七～八ページ

＊45――シュリーマン『日本中国旅行記』（雄松堂出版・一九八二年）九七ページ。原著は一八六七年出版。
＊46――Tilley, ibid., p. 91
＊47――羅森「ペリー随伴記」＝『外国人の見た日本・第二巻』（筑摩書房・一九六一年）七一ページ。羅森は広東の人。ウィリアムズは日記中、「私の先生」「博識な先生」と記している。帰国後『日本日記』をあらわす。
＊48――Hugh Cortazzi, Victorians in Japan, London, 1987, p. 275　邦訳書『維新の港の英人たち』（中央公論社・一九八八年）には一部省略がある。フォンブランクの原著は Niphon and Pe-che-li, London, 1862 なおヴィクトリア主教とはジョージ・スミスのことである。
＊49――ヴィシェスラフツォフ前掲書一一八ページ
＊50――ヒューブナー前掲書三一ページ
＊51――サトウ『日本旅行日記・2』一四ページ
＊52――リンダウ前掲書二一〇ページ
＊53――ウィリアムズ前掲書三四九ページ。訳者洞富雄による注記より引用。
＊54――ヴィシェスラフツォフ前掲書四七ページ
＊55――ゴンチャロフ前掲書三一三ページ
＊56――ハリス前掲書『中巻』一六八ページ
＊57――ヴェルナー前掲書八二～三ページ
＊58――オリファント前掲書一八六ページ
＊59――カッテンディーケ前掲書八六ページ
＊60――オイレンブルク前掲書八九ページ

＊61――ヴェルナー前掲書七九ページ
＊62――Smith. ibid., p. 104　売春宿（brothel）といえばよいところを、「放蕩者の通う場所」とヴィクトリア朝的婉曲表現をとっている点に注意。
＊63――パンペリー前掲書九四ページ
＊64――カッテンディーケ前掲書四六～七ページ
＊65――ポンペ前掲書三三六～四四ページ
＊66――ツュンベリ前掲書八〇～一ページ
＊67――ヒューブナー前掲書七七ページ
＊68――リンダウ前掲書六三ページ
＊69――オールコック前掲書『中巻』三六四～六ページ
＊70――コータッツィ『ある英人医師の幕末維新』（中央公論社・一九八五年）三四三～五ページ。原著は Dr. Willis in Japan. London, 1985
＊71――以上英国の売春については度会好一『ヴィクトリア朝の性と結婚』（中公新書・一九九七年）による。
＊72――ケンペル『江戸参府旅行日記』（平凡社東洋文庫・一九七七年）六〇～一ページ
＊73――ジーボルト前掲書一八七ページ
＊74――ポルスブルック前掲書六六～七ページ
＊75――グリフィス前掲書四九ページ
＊76――ポンペ前掲書三四三ページ
＊77――リンダウ前掲書一四七～八ページ
＊78――Cortazzi. Victorians in Japan. p. 277

＊79――『ロチのニッポン日記』（有隣堂・一九七九年）一〇七ページ
＊80――Bird, ibid., vol. 2, p. 276　邦訳書は省略。バードはスミス同様「放蕩者の通う場所」（the resorts of the dissolute）という、女郎屋の婉曲表現を用いている。

第九章　女の位相

開国したこの国を訪れた異邦人の〝発見〟のひとつは、日本の女たちそれも未婚の娘たちの独特な魅力だった。ムスメという日本語はたちまち、英語となりフランス語となった。オイレンブルク使節団の一員として一八六〇年初めてこの国の土を踏み、六二年領事として再来日、七二年から七五年まで駐日ドイツ公使をつとめたブラント（Max von Brandt 一八三五〜一九二〇）のいうように、「ムスメは日本の風景になくてはならぬもの」であり、「日本の風景の点景となり、生命と光彩を添え」るものだった。[*1]
オイレンブルク一行は王子を訪ねたさい、染井の植木屋で休憩をとったが、ベルクによれば、「この庭園のもっとも美しい花」はその家の娘だった。「彼女は稀にみる品格と愛嬌のある女性で、われわれが来たときは、質素な不断着で園芸の仕事をしていたが、仕事をやめてわれわれにお茶を出してくれた。控え目でしかも親切な物腰に、われわれの一行はみな魅せられてしまった」と彼は記している。[*2] ところがオイレンブルク自身の手記によると、「私達にお茶を出した若い女の子は、私達が話しかけるといつも可愛らしく顔を赤らめるのであったが、この若い女の子にたちまち私達一行の中の若い人々は心を奪われ」、オイレンブルクは「彼等を発たせるのに非常に苦労」しなければならなかったのである。[*3]
カッテンディーケは咸臨丸の練習航海を指揮して、一八五八（安政五）年、鹿児島を訪問したが、「紗かなにかすき透るような薄物のあでやかな夏着に、房々とした黒髪を肩に垂れた」女たちを見て、オランダの水兵たちは昂奮し、彼に向って、「いまだかつてこんな場面に出会わしたことがない、もう此処へ錨をおろして、どこへも出航したくない」と耳打ちしたという。カッテンディーケたちはその前年にも鹿児島を訪れていて、そのとき彼自身「女のたとえようのない美しい頭髪と、気の利いた結髪」に深い印象を受けていたのだった。[*4]
ベルクたちは江戸に入った翌日、初めて市街を見物し、付添いの役人から茶屋に案内された。むろんこの茶屋とは妓楼ではなく茶や酒を出す本来の茶屋のことであるが、ベルクは給仕女の可愛らしさに「驚嘆した」と言っている。[*5] オイレンブルク使節団を江戸まで運んだプロシャ艦隊の艦長ヴェルナーも、「日本女性はすべてこぎれいでさっぱりしており、平均的にかわいらしいので、日本国土の全体に惚れこんでしまいそうだ」[*6]と感じた。
リンダウは言う。「娘さん達の歯は世界中で一番美しいし、目は優しく、眉は黒く弓型になっている。奇麗な卵型の顔にすらっとした背丈、しとやかな体型、素朴でときには著しく上品な物腰が混じり合っている。この娘さん達が深々とお辞儀をし、優しい笑みを浮かべて近づいてくるのは見ものである。追い越

●茶屋の女（ワーグマン画／Alcock，前掲書）

●「ムスメ」（ビゴー画／前掲書）

していく時、『まっぴらごめんなさい』と言うのは聞くに値する」[*7]。

スエンソンによれば「日本女性は男たちの醜さから程遠い。新鮮で色白、紅みを帯びた肌、豊かで黒い髪、愁いをふくんだ黒い瞳と生き生きした顔は、もう美人のそれである。……背は低いが体格はよく、首から肩、胸にかけての部分は彫刻家のモデルになれるほど。また手足の形がよく、びっくりするほど小さい。彼女たちを見ていると、愛欲過剰な日本の男の気持がわかり、寛容になってしまう」[*8]。ポルスブルックは江戸で、「大名の娘がお付きに囲まれて駕籠に乗ってくるのに出会った」が、その娘がすだれを上げて外へ出している手と腕は、「ヨーロッパではお目にかかれぬほど美し」かった[*9]。

明治七（一八七四）年から翌年にかけて滞日したフランスの海軍士官デュバール（L. F. Maurice Dubard 一八四五〜?）も言う。「日本女性の肌の色は、西洋での噂とは異なり、すくなくとも若いうちは黄色ではない。とくに北の方では、ピンクの肌や白い肌の少女に出会うこともまれではなく、その愛らしさには、小粋なパリ娘も舌を巻くにちがいない。民族衣装の襟からのぞく胸から上の部分は、ほとんど例外なく完璧で、うなじの線、肩の丸み、胸元のどこをとっても、なんともいえず官能的である」[*10]。ただデュバールによれば、「惜しむらくは」ムスメたちの「腰をはじめ下半身の成育はあまりにも幼く」、上半身のゆたかさと釣り合っていなかった。またスエンソンも言うように、彼女らが美しいのはせいぜい三十までで、あとは顔は皺が寄って黄色くなり、容姿は急速にたるんでしまう。彼はその原因を過度な入浴に帰しているが、同様の所見を述べている記録はリンダウ以下非常に多い。またスエンソンが「日本の娘は十三、四の年でもう完全に成熟している」[*11]と書いているのも注目すべきところで、それからすれば、〝ねえやが十五で嫁に行った〟のは当然というものだった。むろん数え齢の十五は満年齢の十三、四にあたる。

以上引用したような記述を、ジャポニズム的幻影として否定し去ることはとうていできない。彼らの記述はむしろ人類学的というに近い。デュバールは「日本といえばエル・ドラドじゃないか。常春と、不思議な花と、拒むすべを知らない女たちの楽園だぞ」といったフランス人の日本女性観を、きびしく批判さえしている[*12]。

ティリーは、前述のようにロシア軍艦に乗り組んで一八五九（安政六）年に日本を訪れた英国人であるが、その見聞記中の一節など、すでに立派な人類学的報

●神奈川県金沢の宿屋の女中
（レガメ画／Guimet，前掲書）

告といってよい。「女性の肌はたいていの欧州人とおなじくらい色白だ。そして腕も手も足も形がよい。履物のせいでぶざまな歩きかたをするけれど、それさえなければ優美といってよいだろう。座って話を交わしているときの彼女らの手や腕の動きはとくに優美だ。ゆたかでかなり硬い黒髪は結われて頭の後部で盛り上がり、金銀や象牙などのほそいかんざしが沢山挿されている。ちょっとライン地方の百姓娘のような風情だ。髪がひとたび結われると、蠟でかためられ、何日もそのままである。眠るときは乱れないように気遣いがなされる。歯は特別な注意の対象だ。娘や男は歯を白くなめらかにしているが、既婚婦人の歯はなめらかだけれども真黒で光沢を帯びている。……娘は十四歳ではまるで天使のようだけれど、その倍の齢になるとくたびれて、ふけて醜くなる。……両性によって履かれるサンダルは藁でできていて、親指とその隣りの指の間を通す紐で固定される。歩くさいにこのサンダルが脱げないようにするには、踵を低くする必要があり、もちろんからだの他の部分もそれに応じて低めなければならない。そこで履き手の外見はぶざまなものになる。急ぎ足の女はよちよち歩きと跑足《だく》の中間みたいに足をひきずらねばならない[13]」。

この「よちよち歩き」についてはスエンソンも書いている。「着飾った小柄な娘たちは、通りを行く時ははにかんで頬を赤らめ、穴にでもはいって隠れてしまいたいといいたげにちょこちょこ歩いていく。高下駄をはいているのは通りの泥で足を汚さないためである。一歩運ぶごとに膝と膝とをすり合わせるので、よろめきはしないかと見ている方が心配になる。大きく結い上げた髪が重たげで、身体の均衡をくずしてひっくり返りはしないかと気が気でなくなる。けれどもそんな心配をよそにして娘たちは、頬を染めて高らかに笑いつつ、よろめきながら先を行く。そうして無事に港へたどり着くことができて自分でもびっくりしたような顔をしているが、日本の娘がどんな風に町を横切っていくかをはじめて目撃した西洋人の驚きも一通りではなかった」[*14]。イザベラ・バードの眼には日本の女は次のように映った。「小柄な日本の女はほんとうに自分をもてあましているように見える。足をほんの少ししか踏み出せないほどかたく着物を巻きつけ、高下駄をはいて内股でよろめいているし、頭に結った重い髷と巨大な帯の結び目のためにトップヘビーなので、今にも前のめりになりそうだ」[*15]。

●街をゆく「ムスメ」（Arnold，前掲書）

日本の女はかならずしも、欧米人の眼に造型的な意味で美しく映ったというのではなかった。テイリーは日本の女は厳密な意味で美しいのではなく、感じがいいのだと言っている[*16]。カッテンディーケは滞日中「実に美人だと思った女は数名にすぎなかった」[*17]。ヒューブナーによれば「正確に言えば、彼女たちはけっして美しくはない。顔だちの端正さという点では、まだ申し分ないとは言えないのである。頬骨が少し張り出しすぎているし、美しい大きな茶色の目も少々切れ長すぎる。また厚ぼったい唇は繊細さに欠けているのだ」。「しかしこうしたことは何ら欠点とはならない」。なぜなら「彼女たちは陽気で、純朴にして淑やか、生まれつき気品にあふれている」からだ。しかも「彼女らはきわめて人なつっこい」[*18]。一八八八（明治二十一）年から翌年にかけて華族女学校で教えた米人アリス・ベーコンによると「日本人の中で長年暮した外国人は、美の基準が気づかぬうちに変ってしまい、小さくて穏やかで控え目で優美な日本女性の中に置くと、自分の同胞の女性が優美さに欠け、荒々しく攻撃的で不様に見えるようになる」[*19]のだった。

欧米人が日本女性のたえられぬ欠点とみなしたのはお歯黒とお白粉のべた塗りである。ティリーが有夫の女の歯は艶々と黒いと言うのはむろんお歯黒のことである。出島蘭館員の記録以来有名なこの風習に対しては、彼らは異口同音に嫌悪の念を書きつけている。たとえばオールコックには、お歯黒をした女の口は「まるで口を開けた墓穴のように」見えたし[*20]、スエンソンは「唇を開いて気持の悪い口の中を見せられるたびに、思わず後退り」せずにはおれなかった。スエンソンによれば、女たちもその醜さに気づいていて、若い女の中には、笑うとき黒い歯を隠そうとして「気の毒なくらい奇妙な具合に唇を歪めている」ものもいた[*21]。

日本に関する著述の中には、眉毛を落し歯を黒く染めるのは女性の魅力を高めるものだと説明しているものもあったが、オリファントにはそれは信じられなかった。女たちは男に身を捧げたしるしに、自分の魅力をわざと台無しにするのだというのが彼の解釈で、この男に対する実意の表現というのは、オリファントのみならず多くの欧米人観察者によって受けいれられた解釈だった。しかし、オリファントも疑問を持ったように、夫以外の男に対して醜くなった女は夫に対しても醜くなっているはずである。夫はそれで満足するのだろうか。しないからこそ妾をもつのだ。それがオリファントの下した断案だった。[*22]
オールコックはとほうもない思弁癖の持主で、かつ報告文書の冗長さと脱線ぶりで公使館の部下たちを悩ませた人物だが、この問題についても冗舌の限りを尽している。彼はお歯黒だけでなく紅《べに》にも辟易したのだが、そういうふうに醜くされた女たちが、夫や愛児に対して魅力を保ちうるとは、彼女らはよほどの弁舌の才と「五十馬力ものへつらいの力」をもっているにちがいないと考える。「女が貞節であるために、これほど恐ろしくみにくい化粧が必要だというところをみると、他国にくらべて、男が一段と危険な存在であるか、それとも女が一段と弱いのか、そのいずれかだ」。それにしても、夫もまた「かりに美的観念をもっているとすれば」、かなり高くつく犠牲を払っているわけだ。もっとも習慣の力で、夫もこういうものを好むようになっているのかもしれないが、だとすれば他の男もそれを好むわけで、それでは貞節の防壁という意味がなくなる。[*23]オールコックの思弁は延々と続くが、それはもうユーモアというものであろう。打開すべき重要問題をかかえる外交官が、異国の女のある習俗について、推理力を総動員して論じ立てている有様は、今日のわれわれの笑いを誘わずにはいない。オリファントやオールコックが誤っているのは、「貞節」の防壁ということをあまりに実利的に考えた点である。だが彼らはまったく的をはずしていたわけではない。だがそのことを論じる前に、私たちはもうひとつの悪癖に触れておかねばなるまい。

ベルクは言う。「年頃の娘たちはときには顔にいっぱい塗りたくり、自然の面差しがまったく消えてしまい、醜い容貌になって、目ばかりが引き立つのである[*24]」。オールコックによれば、化粧した女たちは「ねり粉と白鉛粉を塗った顕現日の前夜祭の女王たちに似てくる」。「日本人の紅や粉おしろいを肌につける熱心さは、ふた目と見られぬほど粉を塗りたくるという醜悪化の技術にほかならない[*25]」。お歯黒同様、この娘たちの塗りたくりについての言及もとても挙げきれぬほどだが、もうひとつ例をひいておこう。ヴェルナーの言及である。「中国女性は赤い口紅をつけているだけだ。日本女性はこれに反し、顔中、それこそ喉、首、いや肩まで白粉をぬりつけ、頬と唇を真赤に染めている。遠方から見るとなかなか効果的だが、近くではしばしばいやらしく感じられる[*26]」。

娘の塗りたくりすぎと、妻たちの眉落し、お歯黒とは、実は複合するひとつの現象だった。そのことを見抜いたのはスエンソンである。彼の見るところでは、娘は自由気ままを満喫していて、その「優雅なる暇つぶしは、笑うこと、おしゃべり、お茶を飲むこと、煙草をふかすこと、化粧、それから、何度もある祭りに参加することである」。しかし、「結婚とともに束縛のない生活は終る。「結婚するや否や女は妻の仕事、母の仕事に献身することになる」。すなわち、落された眉とお歯黒は「それまでの虚栄心と享楽好みを完全に捨て去ったことの目に見える証し」なのである[*27]。

つまり、娘の塗りたくりやお歯黒は、ひとつの文明の中に生きている年齢階梯制の表現なのだった。荒野における自由を満喫し、逸脱行為すら許容されていた若者が、ある日を境に、弁舌と良識によって部族の秩序を保つ長老に変身するという、あのマサイ族の年齢階梯制と本質をひとしくする慣行なのだった。お歯黒が実効的な意味で女の貞節の防壁になるはずがなかった。それは妻たちが一定の年齢階梯集団に属すことの象徴的表示にすぎず、貞節はむろん含意されていたにせよ、それを制度的に保証するものではなかった。

阿部年晴によれば、マサイ族やグジ族に典型的に見出せる東アフリカの年齢階梯制は、人生の段階をいくつかに区切り、各段階に独自の行動様式や権利・義務を割りあて、各段階をつねに全体の生と結びつけ、相互依存の関係に置く社会システムである。つまり、人生はそのシステムにおいて、「一貫した前進のプロセス」を歩む。[*28] お歯黒や眉剃りは、欧米人の多くが想像したように、有夫の女を異性の誘惑から遠ざけるという実体的機能を果したのではない。お歯黒と眉剃りをほどこした女がそれなりにエロティックであり男心を誘うものであったことは、歌麿の春画を見ても知れることである。それはまさしく、スエンソンが正しく見抜いたように、一人の女が娘という階梯から、妻ないし母という次の階梯に進んだことの、つまり人生という全体的なプロセスにおいて完結にむけて一歩前進したことの象徴的表示だった。

阿部年晴によると、マサイ族の娘は三人の恋人を同時にもつことがふつうで、それでももめごとは起らない。ただし「娘たちがこのような自由を享受するのは割礼を受けるまでである。割礼を済ませて結婚すれば、妻として母としての貞淑な家庭生活がはじまる」[*29]。この記述をスエンソンのそれとあわせ読むならば、われわれは徳川期の娘の生態や、有夫の女のお歯黒の風習についてほぼ正確な理解をもつことができよう。それは徳川期の社会においてなお生命を保っていた、日本型年齢階梯制の露頭だったのである。夜這いの慣行をもつ農村部で、娘たちが結婚まで性的な自由を享受していた事実はよく知られている。また、若衆組は典型的な年齢階梯制であるが、マサイ族の戦士（モラン）と呼ばれる若者組織と多くの類似点をもつ。

もちろんこの問題は、社会階層によってかなりの差異があり、一律に論じられぬところがあるだろう。スエンソンは言う。「日本という国を知って間もないわれわれ西洋人は、ほんの短期間の知己を得ただけの日本人一般の性格や特徴について、正しくかつ仔細にわたった描写をするには一体どうしたらよいのか。完全に画一されている社会を対象にしてさえ難しいと思われるのに、日本のようにはなはだ不斉一な要素が混然としている国を相手にした場合、その困難はさらに大きいにちがいない。住民各階級の間に非常に明確な境界が敷かれ、その社会的地位がおたがいまったく異なり、その利益も相反するために、国民の性格に種々多様な刻印が押されているのは当然だし、国の一部にとって真実であることがらも、別の一部では誤りになってしまう」[*30]。まったく恐れいった考察ぶりというほかはないが、いま問題の年齢階梯制についていえば、それが統治者階層にも元服その他の慣習としてひろく見られるものの、基底の民俗社会のほうにより本来的に根付いていたという、「不斉一」を指摘できるかもしれない。それにしても、このような年齢階梯制が徳川期の社会に生きて働いていたことの意味は、これまで十分には解明されて来なかったのではあるまいか。

お歯黒や眉剃りさらには蓄妾の習慣は、日本における女性の地位を疑わしめるものだった。スエンソンは女性の地位を「日本の社会秩序中もっとも悲惨な部分[*31]」と呼んでいる。ホジソンに言わせれば、「この島国には多くの真の家庭愛があり、老人たちは敬われ、子供は甘やかされている」のに、「ただ一人、妻だけが哀れな存在[*32]」だった。なぜなら彼女は妾と同居せねばならぬからである。アルミニヨンも同意見で、「夫婦間の関係で妻が極めて低い地位に置かれているのは嘆かわしい[*33]」と記している。チェンバレンは『日本事物誌』の中に「女性の地位」という一項を設けているが、日本の婦人たちが「今まで男性によって取扱われてきた状態は、寛容な心をもつヨーロッパ人なら誰でも苦痛を感じるほどのものであった」と述べている。なぜなら「女性の運命はいわゆる『三従』という言葉に要約され」ており、「しかも夫は気のむくままに離婚することもできる」からである。しかし彼はそのあとにすぐつけ加える。「日本の女性が実際に虐待されていると考えられては、著者の意図に反する」。日本にはイスラム圏にみられるような、婦人の隔離部屋もヴェールの着用もない[*34]。

中国やイスラム圏にくらべれば、日本女性の地位は高いと感じた観察者は少なくない。たとえばグリフィスはその一人である。「アジア的生活の研究者は、日本に来ると、他の国に比べて日本の女性の地位に大いに満足する。ここでは女性が、東洋の他の国で観察される地位よりもずっと尊敬と思いやりで遇せられているのがわかる。日本の女性はより大きな自由を許されていて、そのためより多くの尊厳と自信を持っている」。「女性が纏足《てんそく》させられることはないし、中・下層階級の女性もアメリカなみにほとんど自由に出歩ける[*35]」。カッテンディーケも同意見である。「日本では婦人は、他の東洋諸国と違って、一般に非常に丁寧に扱われ、女性の当然受くべき名誉を与えられている」。もっとも彼女らはヨーロッパの婦人のように出しゃばることはなく、男よりへり下った立場にあまんじているが、「だといって、婦人は決して軽蔑されているのではない」[36]。

　オリファントも「おそらく東洋で女性にこれほど多くの自由と大きな社会的享楽とが与えられている国はない」と見る。彼の感触では、日本の女性の地位は、東洋よりもむしろ西洋のそれに近かった。ただし彼が「一夫多妻制は許されていない」と言うのは、問題のあるところだろう[37]。しかし、ティリーは「一夫多妻は法の上で許されているにせよ慣習化されてはいない。というのは、貴人はたくさん妾をもつけれど、妻たるは一人のみである。領主に人質として差し出される名誉をもつのはその女だけだ」と書いている[38]。だとすれば彼らには、蓄妾はいわゆるポリガミーとは異なるものと感じられたことになる。「日本の婦人の高い地位を示すもっともよいものは、彼女たちのもつ闊達な自由であり、それによって働き、また男性の仕事にまで加わることができることだろう」と述べるのはベルクである。「これは東洋のほかの国々ではないことである。彼女たちの振舞はしとやかで控え目であるが、同時に天真爛漫でとらわれることなく、この点は平等の権利のあるものにおいてのみ見出せるものであろう」[39]。

　女性の地位という点で日本に高い評価を与えるこうした論者たちは、もちろん、ヨーロッパで志向され実現されつつあった婦人の解放という面で、日本に合格点を与えたのではない。基準をヨーロッパ近代にとるならば、日本における女性の地位はアジア諸国よりましというだけで、けっして肯定に値するものではなかった。それを悲惨と見なした論者たちは先述したように少なくはなかったし、その際彼らはヨーロッパ近代の基準に従ってその判定をくだしたのである。モースは「馬車なり人力車なりに乗るとき、夫が妻の先に立ち、道を歩くとき、妻は夫のすくなくとも四、五フィートあとに従う」さまや、「その他いろいろなことで、婦人が劣等な地位を占めていることに気づい」た。つまり彼はチェンバレンとおなじく、女性の男性への隷属という事実に胸を痛めたのである。「わが国では非常に一般的である婦人に対する謙譲と礼譲とが、ここでは目立って欠けている」と彼は感じた。[*40]つまりカッテンディーケも言うように、「日本では婦人に対する慇懃ということは知られていない」のである。

チェンバレンは「日本の女性は一生の間、だいたい赤児の如くに取扱われているといったほうがよい[*41]」と述べている。これはまさに、自主独立の人格をもち、社会の経営に男子と同等の資格で参加するものとされる、欧米女性を対照として述べられた言葉であるだろう。ピエル・ロティが一八八〇年代の日本の女を、「徹頭徹尾真面目さを欠」き、「人生で最も厳粛な瞬間の真最中でも笑う」ような、おろかしい「ばね付き人形」として描き出し、その「目方の軽い脳味噌」と「ずるそうな、甘ったれた瞳」を強調するとき[*42]、彼はチェンバレンとそれほど違うことを言ったわけではない。チェンバレンはロティが『お菊さん』や『秋の日本』の中で、「自己中心的で非同情的な態度をとり」、結局日本の全体像をつかみそこなっていることをきびしく批判している。またロティ自身も、再訪した一九〇一年には、「十五年前には理解できなかったムスメたちの魅力がやっと私に分かってくる[*43]」と日記に記したように、日本を見る眼が大きく変っていた。だが、「一生の間だいたい赤児の如くに取扱われる」女が、軽佻浮薄でいつも笑ってばかりいる愚かしい人形に見える一面を持っていたのは、何とも自然で仕方のないことではなかったか。

ロティは一八八五（明治十八）年、長崎で日本娘と短期間〝結婚生活〟を送ったのであるが、むろんそれは金で買われた同棲にすぎなかった。開国後、いわゆる条約港（treaty port）で娘を外国人に妾奉公させようとする親たちが少なくなかったことは、ジョージ・スミスの記述によっても明らかである。「当地に最も早くやって来た二人の伝道師の住居には、彼らがこの地に着いた第一日から、娘を住みこませて月ぎめの給金をいただこうとする両親たちがしげしげと訪れるのであった」[*44]。ロティはこの〝結婚〟に早々と嫌気がさした。相手が何の「思想」ももたぬ単なる人形であり、しかもその人形から着物をはぎとってしまえば貧弱な肉体しか残らぬとあっては、彼が逃げ出したくなるのも無理のないところだった。明治二十年代に二度にわたって日本を訪れたオーストリアの美術研究家フィッシャーも、ロティそっくりの話をその著書に記録している。仮にクルトと名づけられているそのドイツ人は、七年の在日のあと「日本人にはもううんざりです」という訳で、祖国へ帰ろうとしている。彼には日本女性に生ませた三人の子がいるのだが、その「代用品の家族」を棄てて、ドイツで「本物の家族」をもとうというのだ。クルト氏はかこつ。「日本の女は、とかく人形みたいで真面目に相手するまでもありません。……あなたは、日本女性相手に話す材料がありますか。だいたい彼女たちはなにを理解できるのでしょう」。一方この愚痴を聞かされるフィッシャーも、もともと「日本女性を装飾品だと思っている」のである[*45]。

しかしチェンバレンは一生赤児のように扱われる日本の女は同時に「不用意な観察者には見抜くことのできない性質をもって」おり、それは「堅固な、ほとんど『きびしい』ともいうべき性質である」と言っている。「このか弱そうな女性が、スパルタ人の心をもっているのである」。いったい赤児がスパルタ人の心などもつものだろうか。すなわち彼は明らかに自家撞着に陥っているのだ。さらに彼は「下層階級においては、中流階級や上流階級におけるほど女性の服従が実行されたことはない」と認めている。「農民の婦人や、職人や小商人の妻たちは、この国の貴婦人たちより多くの自由と比較的高い地位をもっている。下層階級では妻は夫と労働を共にするのみならず、夫の相談にもあずかる。妻が夫より利口な場合には、一家の財布を握り、一家を牛耳るのは彼女である[*46]」。

財布を握り一家を牛耳る女が赤児であろうはずはない。オールコックは熱海に滞在中、買物で「店という店をみなからっぽにしてしまい、頭の混乱する店の主人たちと取り引きすることから生じるすべての楽しさを味わいつくした」。日本中どこでも男は計算がへただと彼は言っている。ところが「不思議なことに、女は主人よりはるかに計算が上手で」、足し算や掛け算をするとき、男たちは「かならず主婦の調法な才能にたよった[*47]」。ウィリアムズの見るところでも、一八五四年の下田では「女たちが商売に関して発言力をもっているのがうかがえた」。彼は「女たちが商売の切り盛りになんとえらい働きをしているかを見て、驚かされた」と言っている。「うすのろ亭主が、われわれが買おうと思っている品物の値段について、女房の考えを聞かざるを得なかったことから、がみがみ女房といっしょになって、亭主をからかい、面白がって騒いでいる大勢の連中を店先で見たこともある。どの店でも、ほとんど女が台の所へ出てくる。何事であれ、女はしゃしゃり出るのだ[*48]」。

ウィリアム・ディクソンの見るところもおなじだ。「こういった店の多くは女、つまり店主の妻によって切り廻されている。この細君たちはきわめてビジネスライクなのがしばしばだ。場合によっては、イージーゴーイングな亭主よりはるかにそうなのだ。彼女らの抜け目なさは予想できぬ形をとる。例えば、ある品物の値段が二十銭だと知って七つ買おうとすると、一円五十銭請求されてびっくりする。二十銭の七倍よりも十銭高い。最初は計算違いをしたなと思う。だが、そうではない。この頭の切れる女あきんどは、そんなへまをするような鈍物ではない。彼女は明らかに、需要が多いのなら値段の方も上がるべきだと考えているのだ」[*49]。

庶民の女たちの地位は支配者の妻たちの地位よりはるかに高いという認識は、チェンバレンだけのものではない。ブスケは農村の女について、「その仕事はヨーロッパの田舎の婦人の仕事とおなじで、その意見はあらゆることに採りいれられている」[*50]と言う。またウェストンは「日本の農村の生活で最も重要な特徴として目につくのは、婦人が非常に重要な役割を演じていること」であり、「これらの有能で金のかからない働き手は、より保守的な上流階級の婦人たちが通常置かれている状態に比べれば、はるかに多くの自由を楽しみ、それ相応の考慮を払われている。農家の主婦は夫と労働を共にするだけでなく、その相談相手にもなる。主婦が一家の財布を預かり、実際に家庭を支配することが多い」[*51]と記している。

ブスケの所見は明治初年、ウェストンのそれは明治後期に関わるが、アレクサンダー・ジーボルトは一八五九（安政六）年から六一（文久元）年にかけて滞在した長崎での所見を次のように記している。それはジーボルト父子が鳴滝に居を構えて、村人に食事を振舞った際の模様だ。「婦人たちは全員揃って姿をみせた。少なくとも年寄りのうちで来ないものはひとりもなかった。

彼女たちにはソバと魚をふるまった。さらに国内で広く飲まれている酒を燗して出した。しばらくすると女たちは〝陽気に〟なり、代表をよこして父に礼を述べ、父を腕で抱えあげかついで歩き回ろうとした。……田舎の人々の間ではほとんど常に一夫一婦制が広く行われているので、妻の座は、金持ちの町人あるいは貴族よりも良く、家庭内ではドイツの主婦と同じような役割を演じている」[*52]。

ベーコンも「日本の農民のあいだに、最も自由で独立心に富んだ女性を見出すことには何の疑いもない」と言う。「この階級では国中を通じて女性は、仕事はつらく楽しみは少ないけれど、頭を使う自立的な労働生活を送り、アメリカの女性の地位と同じように家庭内で尊重された地位を占めている。彼女らの生活は、上流階級の婦人のそれより充実しており幸せだ。何となれば、彼女ら自身が生活の糧の稼ぎ手であり、家族の収入の重要な部分をもたらしていて、彼女の言い分は通るし、敬意も払われるからだ」。上流階級の女たちが結婚後月日がたつにつれて、自己を放棄した表情になってしまうのに対して、夫と肩を並べて働く農民の女の顔は、歳月とともに、自立と生活のよろこびに

●貝殻細工をする江ノ島の娘（レガメ画／Guimet，前掲書）

輝くのである。[53]

ベーコンの観察によれば、「農民や商人の妻は、天皇の妻がそうであるよりずっと夫の地位に近い」のだった。「夫婦のうちで性格が強いものの方が、性別とは関係なく家を支配する」。妻の地位を高めているのは女性の労働の重要さであった。彼女は東京の朝早い街上で、一家で重い荷車を押している光景をよく見かけた。そのうち女は背丈が小さいのと背に赤児を負っているので、やっと女と見分けられた。「しかし、日が暮れて荷物が処分されてしまうと、妻と赤児は荷車の上に坐り、二人の男が近くの村のわが家へ、それを曳いて帰るのだった[54]」。彼女は日光を訪れて、この地方で馬子をつとめるのは女であることを知った。「湯元までの二日間の旅のために駄馬を雇おうとしたとき、交渉相手となったのは小柄な初老の女だった。彼女は手ごわい交渉相手で、できるだけ有利な条件を確保しようとした。一行の出発準備が整ってみると、鞍のついた馬にはそれぞれ男の馬丁がついていたが、荷を運ぶポニーは、十二歳から十四歳くらいのかわいい田舎娘たちに手綱をとられていた。彼女らのキラキラした黒い瞳と真赤な頬は、頭を飾る青い手拭いと楽しげな対照をなしていた。青い木綿地につつまれたほっそりした四肢と、それに赤い帯だけが、彼女らが女だということを暗示していた[55]」。彼女が記録したのは明治二十年代初頭の日本である。

数ある観察者のうち、日本における女性の地位に関してもっとも包括的な考察を行ったのはアリス・ベーコンである。彼女によれば、日本の女はしあわせな少女時代を送る。ただしそれは両親や兄たちのペットとしてである。しかも彼女らは子どものうちから、悲しみや怒りをかくし常にきもちよい態度をとることで、まわりの人びとを楽しくさせるという自己抑制のマナーを徹底して仕込まれる。だが彼女のしあわせは結婚とともに終る。日本ではすべての女性は結婚すべきものなのである。彼女らの結婚生活が不幸なのは、夫と対等ではなく彼の筆頭召使にすぎないからであるばかりか、夫の属する家へ入らねばならぬからである。彼女は生れ育った家から新しい家へ移籍する。その新しい家には夫の両親がいる。とくに結婚生活の初期を不幸にする姑がいる。姑は彼女に家庭生活のあらゆる労苦をゆずりながら、家政の実権は手放さない。両親とくに姑のテストに合格しないなら、夫からどんなに愛されていても離婚の運命が待っている。離婚は日本では異常な高率を示しているが、それは結婚が両性の精神的結合ではなく、家の支配者である両親と夫への従属的奉仕者の採用とみなされているからだ。離婚された女は悲惨である。子どもは夫の家に奪われ、帰る先の実家では、肩身の狭い境遇が待っている。そしてまた、日本には妻妾同居の風習がある。妻は妾を歓迎せねばならないのだ。だから日本女性の美徳は徹底した忍従であり自己放棄である。もっともそのような自己犠牲の習慣から、日本女性の静かで威厳ある振舞いと、いかなる事態にも動じない自己抑制の魅力が生れているのだが[*56]。

以上のベーコンの叙述が、明治の上流家庭における結婚生活、とくに家観念の強い華族、士族出身の高級官吏、大商人や大地主の家庭におけるそれ、しかもその絵に描いたような理念型《イデアル・テユープス》であることはいうまでもあるまい。彼女の東京での交際範囲は、華族女学校教師という地位からしても当然、明治の上流家庭に限られていた。そのような理念型が抽出される現実に限ってみても、そこには様ざまな変異があったに違いないが、何よりもまず、そういう理念型を適用しうる家庭が当時の人口のどれだけを占めていたかが問題だろう。それはたかだか一割にも及ばない日本人の生活現実だった。それ以外の大多数の日本人は、むろん男尊女卑のイデオロギーの影響を受けながら、そのような理念型とはほとんど縁のない結婚生活をいとなんでいた。だからこそベーコンは、農民を初めとする庶民の結婚生活の、よりのびやかで幸福な構図を補足せねばならなかったのである。

たとえば離婚の問題をとっても、彼女が紹介している一例はむしろ当時の女性の自由度を示すものとして読むことができる。彼女が交際している上流家庭にお菊さんという女中がいた。彼女は結婚のためその家からひまを取ったのだが、ひと月余りでまたその家へ舞い戻って来た。主人が「夫が不親切な男だったのか」と問うと、彼女は「いいえ、夫は親切で気のよい人だったのです。でも姑が我慢できない人でした。私を休むひまもないくらい働かせたのです」と答えた。姑がそういうきつい女であるのを、彼女は結婚前から知っていた。だが、夫となる男が、母親を兄のところへやって、自分たちは別箇の世帯をもつと約束したので、彼女は結婚を承知したのである。ところが、母親が移って行った先の兄息子の嫁は怠け者である上に性質が悪かった。それにくらべてお菊さんは大変よい嫁だとわかったので、婆さんは兄息子の家を出て、お菊さんの新世帯に転がりこんだのである。転がりこまれたお菊さんの生活はたえがたいものになった。そこで彼女は離縁を求め承認されたというのだ。[*57] この話のどこに家制度の束縛があり、男の圧制があるのだろう。あるのは女どうしの闘争ではないか。男は女にはさまれてうろうろしているだけだ。姑と嫁の戦いにしても、強い方が勝つのであることは、婆さんが兄息子の嫁から追い出されたのを見てもあきらかだ。しかも、お菊さんは姑から追い出されたのではない。自分の方が我慢できなかったので離婚を請求したのである。そしてベーコンも認めているように、離婚歴は当時の女性にとってなんら再婚の障害にはならなかった。その家がいやならいつでもおん出る。それが当時の女性の権利だったのである。

むろんこれは、ベーコンの描く理念型をはるかに逸脱する庶民世界の話だ。しかし、絵に描いたような上流家庭の場合でさえ、嫁の夫やその両親への従属は「多くの場合、幸福な従属」であるとベーコンは認めている。「妻の座は、とくに子どもたちの母である場合には、往々にして楽しい」[*58]。というのは、夫や姑に気に入られるかどうかは、彼女の自己抑制能力にかかっており、その意味で、一家の雰囲気が楽しいものになるかどうかは彼女次第だからである。つまり彼女は従属者のようでありながら、その自己犠牲は一家のしあわせの源となって彼女に照り返すのである。ベーコンは、日本女性の愛するもののための自己犠牲を、とくに武士階級出身の女のそれを、ニューイングランドの古風なピューリタン的良心に似たものとさえみなしている[*59]。

杉本鉞子《えつこ》は先にも書いたように長岡藩の元家老の家に育ち、東京の青山学院に学んで在米の日本人男性と結婚し、ながくアメリカで生活を送った人だが、幼いとき女なるがゆえの忍従を説かれるのに強い反抗心を抱いた。しかし同時に、何事も運命とたえ忍ぶ母や、大好きな女中のいしが、どうしてあのように「誇らかにさえ見える」のか、不思議にも思わずにいられなかった。彼女は土蔵の中の宝物に女が手をふれてならぬとされていることにも疑問を抱き、家中の尊敬を受けている祖母までが女ゆえにけがれた存在なのかと父に問うた。「お父さまはあんなに大事にしてお上げになるのですもの、そんなはずはないでしょう」と銕子がいうと、父は微笑して彼女の頭を撫でた。「エッ坊や、そうだよ。そういう風に考えればいいんだよ。けれども、小さい時から教えられた女の道ということを忘れてはなりません。あの教こそ、何代も何代も時がたつ中に祖母さまのような立派な婦人を造ってくれたものだよ」。彼女は渡米後、アメリカの主婦が必要な金銭の支出をするのに、夫にいちいちねだったり、甚だしい場合は夫のポケットから抜きとったりせねばならぬのに深い疑問をもった。なぜなら日本では妻は夫の「銀行家」として一切の家計を任せられ、夫の方が金がいるときは妻から受け取っていたからである。[*60]
ベーコンは女たちを訪れる老後の平和についてとくに一章を割いている。日本の女は一般に早老で、三十五歳をすぎると皺寄ってしまうのだが、皺だらけで腰は曲った老婆たちには特有の魅力があって、一度見ると忘れられないのだった。女の一生は日本では服従の連続といわれるが、後半生での服従は名目にすぎない。子どもが成長して嫁をとり、自分は隠居するとなると、女には自由で幸福な老年が訪れる。嫁に家政の実務をゆずりながら実権は保有しているし、息子夫婦にかしずかれて安楽な暮らしを送る。若い頃ままならなかった外出も自由だ。芝居見物、寺社詣りなど、毎日は娯しみにみちている。結婚生活前半の苦労は、この自由と安楽のためだったのである。[*61]しかし、だとすると、ベーコンの述べる家制度のもとでの女の不幸とはいったい何だろうか。夫の横暴ということを別にすれば、新婦の苦労の源は姑だったはずである。「幸いなるかな、夫に親なき乙女は」とさえ彼女は述べている。しかし姑は、かつては彼女自身の姑によって虐げられる嫁だったのだ。つまり家制度とは女たちが、前半は辛苦をしのび後半は楽をするという生活サイクルを世代ごとに繰り返すシステムではなかったか。

しかも、それなら子をなさなかった寡婦は不幸かというと、それがそうではない。彼女によると、兄弟や甥の家に身を寄せているそうした寡婦でさえ、しあわせな晩年を送る。「私は髪を短く切ったり剃ったりしたそんなお婆さんに大勢会ったことがある。彼女はほかの女たちに訪れるよろこびを、寡婦の悲しみによって奪われているはずなのに、その陽気な皺だらけの顔や、しあわせそうな子どもっぽい態度を見ていると、悲しみの日々は過ぎ去って、平和と安息が彼女らの老後を訪れているのだという、よろこばしい感じを受けてしまう。できるかぎりの細々とした家の仕事をやり遂げて来たので、家庭の尊敬すべき一員としてのおばさんは、子どもたちから敬愛されるという点で、おばあさんと一向変らないのだ。両者とも同じように、彼女らの最も近しい最愛の人びとの家庭に憩いの場を見出すのである」。そういう「おばさん」の一例として、ベーコンは次のような事例を紹介する。それは彼女が「これまで会ったうちで最もしあわせな老女のひとり」の物語なのだ。彼女は嫁ぎ先で多くの子を生んだが、そのす

●日光近傍の農婦。夫は帰農した武士という（明治９年，レガメ画／Guimet，前掲書）

べてに先立たれ、婚家のお荷物になるよりはと、弟の家に身を寄せた。そこは子沢山だったので、彼女は実の母とともに子どもたちの世話をひき受けた。上の子から下の子まで、次々と彼女の世話になった。彼女の背中で眠り、なやみがあれば聞いてもらい、いっしょに街歩きをたのしみ、彼女の引き出しから思いがけず現われるおもちゃや菓子によろこばされた。七十歳になったとき、彼女が手がけた子どもたちはみな成人して、その幾人かは自分の家を構えていた。彼女の曲った腰と皺だらけの顔は、そのどこでも歓迎された。彼らはかわるがわるよろこんで彼女をもてなし、彼女が自分たちに惜しみなく降り注いだ愛情にむくいるのだった。「彼女の彼らに対する子どもっぽい誇りと信頼を見るのは、そして、彼女の現世の幸福の望みを奪い去った死んだ子たちによる空白が、彼らによって埋められているのを知るのは歓びである」[*62]。

ベーコンは開明的で自立心旺盛なアメリカ女性として、日本の女に忍従を強いる家制度をむろん否定的にとらえている。しかし彼女の委曲を尽した考察と、ふんだんに紹介される事例を読めば、家制度とは男性本位のように見えて、その実、女性を主軸とする一種の幸福の保障システムではなかったのか、という気がしてくる。当時の人びとは何よりも家庭内の和合を重んじた。妻妾同居などは、大名あるいは上級武士の家にのみ見られる家系存続システムにほかならなかった。男の勝手で妾が欲しいときは、妻や子どもに遠慮して別宅に囲うのがふつうであって、しかもそんな贅沢は一部の男にしか許されないと、彼女自身が認めている。彼女は日本の女は家庭外の世界に何の関心ももたぬと言う。しかしそれは男たちの大部分にとってもそうであったので、明治になって立身出世とか立志とかが男の課題となるまでは、男たちはやはりおのれの家の圏内で、しあわせなあるいは不幸な一生を送ったのである。そしてそれがしあわせか不幸かを決定するのは女たちだった。だとすると、嫁が家によってテストされ、家にもっとも新しく加わったメンバーとして家風に合わせて教育されるのは、嫁自身も死ぬまでそこに所属する家庭の平安と幸福を保障する当然の措置ではなかったか。女の忍従と自己犠牲はおのれの家を楽しいものとするために払われたのであり、その成果は彼女自身に戻って来るのだった。結婚によって他人の家に従属するといっても、ベーコンの認めるとおり老後にはそれは彼女自身の支配する家となる。自己抑制と自己放棄は彼女たちに静かな威厳をそえた。チェンバレンのいう日本女性のきびしい一面というのは、このような幼少時からの自己鍛練のもたらすところだったのだ。

ベルクは一八六〇年の知見として、「多くの老婦人の気品ある容貌は、その道徳的使命と平和な生活境遇とを物語っている」と書いている。[*63]「その道徳的使命と平和な生活境遇」とは何を意味するのか、いまや明らかといってよかろう。モースもこれは明治十五年、和歌山県を訪ねたときのことであるが、「私は、老婦人たちが著しくよい顔立ちをしているのに気づいた。非常に優しく、母性愛に満ち、そして利巧そうな顔である。事実私は、日本で私が訪れた多くの土地の中で、ここにおけるほど立派な、そして知的な老婦人が多い場所はないといいたい[*64]」と書いている。さすがは御三家のひとつ紀州藩の遺風というばかりではない。その「よい顔立ち」の理由ももはや明らかといってよいのではあるまいか。

しかし日本の女は、けっして忍従ばかりはしていなかったようだ。外国人観察者が最初に強い印象を受けたのは、日本の女のいちじるしい活発さに対してだった。リュードルフは安政二年の箱館での印象として、「日本の女性は一般に、健康ではつらつとした様子をしていた」[*65]と書いている。また『ペルリ提督日本遠征記』によれば、下田の娘たちの「立居振舞は大いに活潑であり、自主的である」[*66]という。つまり日本の女たち、少なくとも庶民の女たちは、観察者たちにけっして抑圧された印象を与えはしなかったのだ。

日本の女が外国人に対して物おじしないのは、彼らには非常に印象的だった。一八五六（安政三）年箱館に上陸したトロンソンはこう書いている。「彼女らは中国人のように、外国人の前ではにかんだり尻ごみしたりすることはない。茶店に入って腰かけると、人の好い主婦か娘の一人が近寄って、お茶碗を置いて、ぴかぴかの真ちゅうか磁器のポットからお茶を注いでくれる」[*67]。また一八五八年江戸を訪れたオズボーンは上陸当日、自分たちのボートに日本人の一家を乗せた船が近づいて来たときのことをこう述べている。「ひとりの婦人が子ども連れで船の中に座っていた。着物から彼女が上流の身分だとわかった。……彼女は船尾に落着いて、たいしたことのないわれわれ自身とかボートとか乗員とか、見るに値すると彼女が思うものを、娘の一人に指さして教えていた。その若い娘は（われわれの眼の保養だったけれど）、娘らしい慎しみは保ちながら、はなはだ慎ましすぎる東洋の習いである男性種族への疑ぐり深い恐怖を、全然現わしていなかった」[*68]。またフォーチュンは一八六〇（万延元）年、横浜から江戸へ向う途中、名所の梅屋敷に立ち寄ったときの感想をこう記している。「日本の婦人は作法や慣習の点で、ずいぶん中国女性と違う。後者にとっては、外国人の顔を眼にするや否や逃げ去るのがエティケットなのだが、日本の女は逆に、われわれに対していささかの恐怖も気おくれも示さない。これらの茶屋では、彼女

●運上所役人の家族（Humbert，前掲書）

らは笑顔で近づいて来てわれわれをとり囲み、衣服しらべにとりかかる。握手することさえ覚えてしまうのだ」[*69]。

武士階級の女たちでさえ、われわれが想像する以上にものおじせずのびやかであったようだ。アンベールは横浜のオランダ公使館に落着いてまもなく、運上所（税関）の幕吏の夫人たちから訪問を受けた。一行は既婚婦人四名、年頃の娘二人、それに大小の子どもたちで、夫の許しを受けての訪問とのことである。彼女らは最初は、下駄を脱いだものかどうかなどとしおらしかったが、応接間の鏡の前に来るとどっと大声で笑い出した。自分たちの全身が映し出されているのが珍らしかったのである。あとは壁にかかっている画は誰を描いたのかとか、家具のひとつひとつの使用法とか、質問の洪水が始まった。彼女らはアンベールの私室にまで侵入し、ボタン、化粧品、裁縫道具に好奇の眼を光らせ、ボタンや版画のプレゼントを受けてやっと退散した。[*70] 手真似と片言で結構話は通じたらしい。
ホジソンは日本の妻は哀れな存在と言っているが、彼が箱館在任中に家族ぐるみで招き招かれつつ交際した奉行夫人など、彼の記録によればどこが哀れかというほどのものだ。夫人は美しく着飾って「まるでマリー・スチュアートのようだった」。宴席では奉行が自ら酒を給仕した。食事がすむと彼女はホジソン夫人とその娘を別室に連れこみ、侍女たちとともに二人の衣裳調べにとりかかった。そしてお返しに屋敷内を案内し、自分の着物もみせてくれた。ホジソン宅での招宴では彼女はホジソン夫人の洋服を着たがり、自分の洋服姿に大満足だった。そして『ロンドン絵入り新聞』に夢中になり、古い号をもらって侍女に持ち帰らせたのである。[*71]
ベルクは「中流階級の夫人や娘たちはヴェールをかぶらず外出するし、通りを歩くのに男の付添いもないこと」に注目した。[*72] スミス主教は言う。「下級と中流の階層では、既婚婦人は見知りのない者や訪問客や顧客と親しくつき合うことを許されているようだ。このことは外見上、ヨーロッパ社会の考え方と習慣によく似ている」。[*73] 両者とも一八六〇年時点での観察だが、このような日本女性の自由さは、すでに一八二〇年代にフィッセルによって気づかれていた。主婦たちは「友人たちとの社交が好きで、喜んで友人を訪問する。婦人たちはまた物見遊山にも姿を見せ、美しい自然を十分に享受する。良家の婦人や娘が常に召使を従えている姿をよく見受ける」[*74] と彼は書いている。
山川菊栄は水戸藩の武家の女について、「良家の婦人が外へ出るのは盆暮に実家への挨拶、親戚の吉凶、親の命日の墓参り、神社の参詣ぐらいのもので、ほかにはまず出ませんでした」と述べている。しかしお供さえあれば女は外出できたのであって、菊栄の母の千世は少女のころ、近所のご隠居さんからお供によく借りられたそうだ。*75 ご隠居さんは神社詣でをするわけだが、これが女の気晴らしであったのはいうまでもない。千世の裁縫のお師匠さん夫妻は、「春秋の時候のいいころには」、ご自慢の縫子たちをつれて、那珂川の土手伝いに野遊びに出かけるのがつねであった。草を摘んで時を過したあとは、夫妻の知る辺《べ》の大きな百姓家で、お茶をもらって弁当を開くのだった。この夫妻が武家であったことは前に述べた。

菊栄のいうところによれば、彼女の祖父延寿の兄で青山本家を嗣いだ延光の後妻は、「尼将軍」と異名をとった猛婦で、亭主を完璧に管理したばかりでなく、息子の嫁を四人にわたって追い出したという。オールコックは「母親は息子に対して、他に例がないほどの、そしてどの点から見ても異常なほどの権威をもっている」と言い、そのことを「女がうける不当な扱い」をつぐなうものとみなしているが、この尼将軍は「不当な扱い」どころか、青山家の完全な独裁者だったわけである。この女人は昔の家来が挨拶に来たとき、出て来たその足ですぐ訪ねなかったというので、「そちは昨日出て来て昨夜は某家へ泊ったであろう。おれの家にもそちに食わせるぐらいの米がないではないぞ」と叱りつけたそうだ。菊栄は、このころは「女でもいばっている人」は、自分のことを「おれ」というのは珍らしくなかったと断わっている。*76

江戸の庶民に、男言葉と女言葉の差がほとんどなかったことは、十返舎一九や式亭三馬を読めばあきらかだ。菊栄は、彼女の祖母の叔母にあたる人が江戸見物に出て、湯屋で失敗した話を書いているが、[*77]それによると、その人はお湯をたっぷり汲んだ桶をみつけ、さすがにお江戸は気が利いていると思って使ってしまったところ、それは他人が汲んでおいた湯だった。自分の湯を使われてしまった女は、あやまる彼女に「さあさあ、遠慮はいらねえ、たんとお使いなせいやし」と、かえって親切にしてくれたというのだが、その「伝法なかみさん」の番頭とのやりとりがすさまじい。「オイ番頭さん、おいらの上り湯がないよ」「そこに汲んどきましたぜ」「めくらじゃあるめえし、汲んである湯が見えねえでどうする」といった具合で、こんな口調が江戸前の女言葉だとすると、慎しみ深く従順な日本女性などという定型化したイメージは吹っ飛ばないわけにはいかない。

明治の大富豪安田善次郎（一八三八〜一九二一）の若き日を回顧したある女の話によれば、十五歳の彼女が井戸端で洗濯をしていると、うしろから肩を突っつく者がある。それが善次郎とは知らず、「また小僧の清公がからかいやがると、伝法な声を張上げ」てしまったのだが、その「伝法な声」というのが「何をしゃアがるんでイ」だった。[*78]これは幕末の話だが、化政期の庶民の女が、男か女かわからないべらんめえ口調でものを言ったことは、紹介ははばかるが当時の春本からもあきらかなのである。

夫との関係も対等で、フレイザー夫人によれば、彼女の女中の一人はボーイ頭である夫に、「どうしてこんな馬鹿に嫁いだのだろう」と嘆きながら、何時間も小言をいうのだった。夫はというと、その間我慢強く耳を貸し、言うだけ言わせてしまうと、煙管を渡して掃除させ、ついでに「お茶」と命ずるのである。[*79]ジェフソン＝エルマーストは横浜の連隊での勤務が終ると、よく骨董屋の並ぶ通りをひやかしたが、ある日懇意な店の前を通ると、老女がひとり坐っていたので「ご主人はどうした」と声をかけた。すると彼女は「たぶん娘っ子でも追いかけてるのさ」と答えて、「そんな愉快な老いぼれ犬を夫に持っているという考えに打ち興じるように」笑い声をあげるのだった。次にその店を訪ねた折、彼らはその年老いた色男をからかってみたが、彼は妻が与えた名声をよろこぶどころか、躍起になって打ち消そうとした。二人の解釈によれば、老女は夫について自慢たっぷりの法螺を吹いたのだった。*80

ジェフソン＝エルマーストらの属する第九連隊のバッジは英国の象徴たるブリタニア女神像だったが、ある茶屋で日本人たちから、この娘は誰かとたずねられた。話の中で英国国王が女性だとわかると、茶屋のおかみは首をもたげて主人に叫んだ。「ごらん。女をうやまう国もちゃんとあるんだよ。この唐人たちはけっして野蛮人じゃないのさ」。男たちはとまどった顔つきだったが、やがてたずねた。「お国じゃ、女も闘うのかい」。英人将校たちは声を揃えて答えた、「闘うとも」。中でも二、三人の細君持ちの声はひと際高かった。*81 しかし日本の女も「闘う」ことに関しては、英国女にひけはとらなかったようだ。山川菊栄によると、水戸藩のある学者の家の妻女はしっかり者で有名だったが、その娘の思い出話では、ある日主人に馬乗りになってぽかぽかなぐりつけたことがあったそうだ。*82

清河八郎（一八三〇〜六三）はまだ志士として名を売る以前、安政二年に母を伴って西国旅行に出たが、新潟で泊った宿屋のおかみは清河親子を見送るとて湯田上まで同行したばかりか、途中で自分もいっしょに善光寺まいりをしようと思い立ち、泊りを重ねて出雲崎までついて来た。

主人にはお伴の下女を帰してその旨伝えさせたというのだから、この女の自由度は相当なものである。齢は三十代、べつに色恋沙汰ではなかったようだが、八郎にひかれていたのはまちがいあるまい。出雲崎で実家の母から使いの者が来て、断念して家へ帰ったというのだが、彼女にとってこの行動はいっこう醜聞でも常識はずれでもなかったようなのだ。八郎も同様で、心に恥じるところはなかったのか、「松木屋の妻は婦人ながらも気性あらく、物事におくれをとらず、すこぶる豁達、男児の風ありて、かねて我等をしたひ、見送りながら善光寺迄いたらんつもりに相成りけるに」と、わるびれた風は一切見えない。八郎の母親が、主人ある身でとか何とか、常識めいた止め立てをした形跡がないのもおもしろい[*83]。

篠田鉱造（一八七一～一九六五）は明治年間『報知新聞』の記者をしていた頃から、幕末明治初年の世間噺を記録して来た人だが、彼にある女が自分の母のことを語ったのによると、彼女は若い頃六千石の旗本に「御小姓」として奉公した人だが、とにかく「ズバヌケたことをやる性分」で、「女友達同士で、新宿へお女郎買いに」行ったことがあるという。かわいらしい十八ばかりの花魁が相方で、吸付たばこをして、いろいろ世間話や身上話をしたとのことで、彼女はその花魁にあとでも半かけなどを送ってやっていた[*84]。「随分変った母でした」というのだが、とにかく江戸時代やその遺風の残る明治初年には、こういう豪快豁達な女性は稀ではなかったようだ。

徳川期の女性はたとえ武家であっても、飲酒喫煙は自由であったらしい。ホジソン夫人は箱館奉行役宅に招かれたとき、妻女から煙草をすすめられて断わったが、妻女はそれが意外であったようだ[*85]。ちなみにホジソン夫人はフランス人であった。ベルクは「喫煙がこれほど一般的なのはおそらく他の国にはないであろう。成人で、たえず煙草入れを身につけていない人は稀なのである。多くの妻君や娘も家の中でのみ喫煙する」[*86]と書いているし、ヴェルナーも「日本女性は男たちと同様、大の喫煙家だ」[*87]と言っている。飲酒についていうと、山川菊栄によれば、彼女の祖母は夫が一滴もたしなまなかったのに、自分は「お酒のみに育ったので、毎日晩酌に一本ずつつけた」よしである。[*88]旗本井関家の妻隆子（一七八五～一八四四）の遺した日記によると、彼女の子息の妻の母親が井関家をおとのうたとき、「酒のむ人なれば」主人が酒席の用意をしたという。[*89]彼女の日記には女の飲酒の記述は少なくない。

徳川期の女性はたてまえとしては三従の教えや「女大学」などで縛られ、男に隷従する一面があったかもしれないが、現実は意外に自由で、男性に対しても平等かつ自主的であったようだ。多くの外国人観察者が東洋諸国にくらべればと留保しながら、日本の女性に一種の自由な雰囲気があるのを認めねばならなかったのは、女性の男性への服従という道学的なたてまえだけでは律しきれぬ現実が存在することに、彼らが否応なく気づかねばならなかったからではないか。徳川期の女の一生は武家庶民の別を問わず、そう窮屈なものではなく、人と生れて過すに値する一生であったようだ。悲惨な局面があったように見えるとすれば、それは現代人の眼からそう見えるだけで、それも一種の知的傲慢であるのかもしれない。徳川期の女ののびやかで潑剌としたありかたは、明治に入ってかなりの程度後退したかに見える。しかしまだその中期ごろまでは、前近代的性格の女の自由は前代の遺薫をかおらせていたのである。

外国人観察者は少数の例外を除いて、こぞって古き日本女性を讃美した。彼らのある者は、日本の男は醜いが、女は別人種のように美しくて優れているとさえ書いた。その代表はモラエスであり、アーノルドである。明治三十年代に日本に滞在した道楽者のゴードン・スミス（Richard Gordon Smith 一八五八〜一九一八）も、「この国ではひとりとして恰好いい男を見かけない。ところが女のほうはまるで反対だから驚いてしまう」[*90]と日本到着後六日目の日記に書きつけている。そういう讃美者のひとりに、おなじく明治三十年代の日本を訪れた英人写真家ポンティング（Herbert Goerge Ponting 一八七〇〜一九三五）がいる。

ポンティングには日本という国は、「婦人たちが大きな力を持ってい」る国に見えた。彼女らが支配しているのは家庭と宿屋である。外国人は食事が口に合うわけでもないのに、外国式ホテルではなしに日本風の旅館に泊りたがる。「それは日本の家に一歩踏み入れば、そこに婦人の優雅な支配力が感じられるからである」。家庭では「彼女は独裁者だが、大変利口な独裁者である。彼女は自分が実際に支配しているように見えないところまで支配しているが、それを極めて巧妙に行っているので、夫は自分が手綱を握っていると思っている」。彼がとくに深く印象づけられたのは、日露戦争中の婦人の振舞いだった。彼は広島の陸軍病院と、松山捕虜収容所の病院を視察し、「日本の看護婦こそまさに慈愛に溢れた救いの女神だと、心底から感じた」。「松山で、ロシア兵たちは優しい日本の看護婦に限りない称賛を捧げた。寝たきりの患者が可愛らしい守護天使の動作の一つ一つを目で追うその様子は、明瞭で単純な事実を物語っていた。何人かの勇士が病床を離れるまでに、彼を倒した弾丸よりもずっと深く、恋の矢が彼の胸に突き刺さっていたのである」。「日本の女性は賢く、強く、自立心があり、しかも優しく、憐れみ深く、親切で、言い換えれば、寛容と優しさと慈悲心を備えた救いの女神そのものである」[*91]。

何とうわずった空疎な賞讃であることか。これは現代の知的日本人のすべての胸に浮かぶ反応であるだろう。彼らは日本に関して何ごとかを賞讃されれば、冷笑と不信をもって反応するように、すでに教育されているのだから。しかし考えてもみよ。今日誰が、ある特定の民族の女性に対してこのような熱烈な讃辞を捧げうるだろうか。しかもポンティングは特異な単独例ではないのモラエスはそしてアーノルドは、ずっと気羞ずかしくなるような日本女性讃を書き連ねているのだし、もっと冷静な、批判を留保しつつの讃辞に至っては、少数例を除くほとんどすべての欧米人観察者の共有するところなのだ。このような賞讃が一時の感激にすぎず、現実に日本女と生活をともにするとなれば、ロティのようなあるいは先述のクルト氏のような失望と嫌悪に反転するとしても、問題は残る。たとえ一時的であろうと彼らを感動させうる特質を、日本の女性は持っていたのだという問題が。ポンティングは、日本女性の置かれている不当な従属的地位を包括的に論じたアリス・ベーコンを読んでいたし、ピエル・ロティの日本女性への侮蔑と嫌悪もよく承知していた。ポンティングやポンティングたちは、西洋近代の諸価値のただ中で育ち、たとえそれに懐疑や疲労をおぼえていたとしても、その尺度においてしか思考し行動しえなかった人びとである。だからこそ彼らは、そのような価値とは異なる価値にもとづいて構成されたひとつの文明における、女性のありかたと特質を明瞭に知覚したのだった。そのとき彼らの胸に、ポンティングのような極端にわたらずとも、ある種の讃嘆の念が湧いたというのは、けっして看過さるべきではない。その讃嘆は十九世紀において頂点に達した男性支配文化の、性差別的まなざしのあらわれではないか、彼らが賞讃する日本女性の美質とはことごとく、男性支配に好都合な美質ではないかという、フェミニストの反論があるだろうことを私は承知しないではない。彼らは多くのポンティングたちが発見してその前に考えこまされてしまった前近代的特質を、ウルトラ近代的立場から否定抹殺することをもって正義かつ進歩と信じるしあわせな人びとである。
英国公使夫人メアリ・フレイザーは、公使館で「隔週に英文学の読書会を、それのない週にはこの翻訳の朗読会」を開いていた。それは彼女が興味と共感を抱く日本婦人の人生に少しでも近づきたいからであり、あまりにも知的な楽しみから隔てられている日本婦人に、来日以来の親切のお返しをするとともに、別の多くの点で彼女たちから教えてもらいたいからだった。彼女は何を日本の女から学びたかったのだろうか。会が進むとともに感動した聴衆からさまざまな反応があったが、その一人がメアリに言った。「人の心というものは欧州でも日本でもおなじなのですね。英国のご婦人はまことに勇敢で義務に忠実のようですが、それこそ私たちの理想なのです」。メアリは「ため息まじりに」答えた。「その点に関しては、あなた方こそ私たちにもっと教えて下されるはずです」。そのとき彼女は「もし我々西洋の女性が東洋の姉妹たちから、勇気ある謙遜、義務への忠実、比類なき無私を学ぶなら、どんなにか世のなかを変えることができるだろう」と考えていたのだった。[*92]
むろん「ひとつの美点があまりに大きすぎると、自然の厳格な天秤はつりあいを保つために、きっと欠点をあたえる」。メアリは日本の夫たちが妻たちに与える不当な冷遇を思った。そして「この国では、西欧と違って結婚は人生における至高の関係ではなく……私たちが言うような愛とは何の関係も」ないという事実について、考えをめぐらさぬわけにはいかなかった。「日本女性にとって結婚とは子供の時代の屈託ない幸せな日々から、理性により責務を負う段階への移行です。全身全霊、頭も心もこの一事——新しい家の主人とその一族をことごとく満足させること——に捧げなければならないのです。私たちから見れば、これはとても辛く冷酷なことです。西欧の最良の女性は、自分の価値をはっきり意識するよう教育されていますから、もしこのような絆に縛られれば、自分の人格がばらばらになったと感じることでしょう」。しかし、「英国の歴史のどこを探しても、日本の妻たちがしばしば主人の足もとに捧げたような崇高で強い愛の例は見あたらない。「愛はほんとうは、私たちには束縛としか見えないもののなかに生れるのかも知れない。メアリはそう考えて、今聞いた日本の女の目を見張るほど潔よい話について、「彼女はどんなにか夫を愛していたことでしょう」と叫んでしまった。ところが「小柄な我が日本の友は、黒い瞳にあどけない微笑といくぶんの驚きを見せ」ながら言うのだった。「違います。それは彼女の義務だったのです。彼は彼女の夫でしたから[93]」。

杉本鉞子はミッション・スクール在学時に、「西洋の書物に描かれた恋愛をおもしろくまた楽しく」読んだが、それでも「それは精神の強さや高貴さという点では、親の子に対する恩愛の情とか、主従間の忠節とかには、較ぶべくもないように」感じた。彼女はのちになって「この未知の問題に対してゆがめられた考え」を持っていたと反省しているのだが、フレイザーが直面したのはまさに「感情よりも義理を重んずる」武士家庭のしつけだったのである[94]。

「どうやら『惚れた腫れた』という万人共通の楽しみは、結婚生活の義務を優しく心をこめて遂行することとまったく無縁であるように思われます。そしてひとりの人間がもうひとりの人間を全人格を傾けて崇拝する栄誉を授かるのに、なにも結婚前に準備として恋の病にかかる必要などないのかもしれません」と、フレイザーはやや冑を脱ぎ気味である。つまり彼女は日本人の友が、なぜそれは愛ではないと否定したのか、その理由がわかっていたのだ。〝日本人の友〟は愛を恋愛と受けとり、主人公が夫のために自己犠牲を払ったのは恋愛感情からではないと言いたかったのである。もはや惚れた腫れたなどという恋の病とは無縁の義務、それこそより深い意味の愛でなくして何だろうか。愛は恋と無縁に、義務という束縛の形をとって育つ。これはフレイザーにとって発見だった。しかしなおかつ彼女には、トゥルバドゥール以来の西欧の伝統であるロマン主義的な恋、トリスタンとイズー風な運命的恋愛への夢を棄て去ることは不可能であったに違いない。彼女も言及しているように、日本の古き文明はそれを実生活とは関わりない舞台上の心中に閉じこめたのである。

注

＊1――ブラント『ドイツ公使の見た明治維新』（新人物往来社・一九八七年）二四一ページ。原著は Dreiundrelssing Jahre in Ost-Asien Erin-nerungen eines deutshen Diplomaten, Leipzig. 1901〜2
＊2――ベルク前掲書『上巻』一二九ページ
＊3――オイレンブルク前掲書八八ページ
＊4――カッテンディーケ前掲書九八、一一四ページ

＊5――ベルク前掲書『上巻』一七ページ
＊6――ヴェルナー前掲書七七ページ
＊7――リンダウ前掲書五二ページ
＊8――スエンソン前掲書九二～三ページ
＊9――ポルスブルック前掲書九六ページ
＊10――デュバール『おはなさんの恋』（有隣堂・一九九一年）五五ページ。原著は Le Japon Pittoresque, Paris, 1879　邦訳書は抄訳。
＊11――スエンソン前掲書九三ページ
＊12――デュバール前掲書四〇ページ
＊13――Tilley, ibid., pp. 83～5
＊14――スエンソン前掲書四四ページ
＊15――Bird, ibid., vol. 1, p. 40　邦訳書では省略
＊16――Tilley, ibid., p. 84
＊17――カッテンディーケ前掲書四八ページ
＊18――ヒューブナー前掲書一一ページ
＊19――Bacon, JGW, p. 60
＊20――オールコック前掲書『上巻』二九一ページ
＊21――スエンソン前掲書九五ページ
＊22――オリファント前掲書一〇四～五ページ
＊23――オールコック前掲書『上巻』二九一～四ページ

＊24──ベルク前掲書『上巻』一〇五ページ
＊25──オールコック前掲書『上巻』二九一ページ
＊26──ヴェルナー前掲書七六ページ
＊27──スエンソン前掲書九一～二ページ
＊28──阿部年晴『アフリカ人の生活と伝統』（三省堂・一九八二年）一一四ページ
＊29──同前一〇〇～一ページ
＊30──スエンソン前掲書八二ページ
＊31──同前九一ページ
＊32──ホジソン前掲書二五九ページ
＊33──アルミニヨン前掲書一六九ページ
＊34──チェンバレン前掲書『2』二九五～六ページ
＊35──グリフィス前掲書二六四、二六八ページ
＊36──カッテンディーケ前掲書四七ページ
＊37──オリファント前掲書一〇五ページ
＊38──Tilley, ibid., p. 87
＊39──ベルク前掲書『上巻』一九九ページ
＊40──モース『その日・2』四ページ
＊41──チェンバレン前掲書『2』二九六ページ
＊42──ロティ「日本の婦人たち」（『ロチのニッポン日記』所収）。これは一八九一年に『フィガロ』紙に発表された論文である。

＊43――『ロチのニッポン日記』一三七ページ
＊44――Smith, ibid., p. 131
＊45――フィッシャー前掲書三三四～四三ページ
＊46――チェンバレン前掲書『2』「女性の地位」
＊47――オールコック『中巻』二〇八ページ
＊48――ウィリアムズ前掲書二九三、三六七ページ
＊49――Dixon, ibid., p. 228
＊50――ブスケ前掲書『1』二五七ページ
＊51――『ウェストンの明治見聞記』五三ページ
＊52――A・ジーボルト前掲書九八～九ページ
＊53――Bacon, JGW, pp. 260～1　彼女の四七八ページに及ぶ“Japanese Girls and Women”は次の章立てをもつ。第一章子ども時代、第二章教育、第三章結婚と離婚、第四章妻そして母、第五章老年、第六章宮廷生活、第七章城と屋敷の生活、第八章侍の婦人、第九章農民婦人、第十章都市の生活、第十一章家庭使用人、第十二章家庭の内部、第十三章進歩の十年。明治二十年代の女性の生活に関する無二の概観といってよいが、単に女性にとどまらず当時の生活全般についてヴィヴィッドな観察がなされている。バードの Unbeaten Tracks in Japan と並んで日本観察記の双璧といいうる。女性はこまやかな観察能力と現実感覚の点では、もともと男性より優れているという感想を抱かせる。
＊54――Bacon, JGW, pp. 107～9
＊55――Bacon, JGW, p. 245
＊56――Bacon, JGW, chapter 1～4

＊57——Bacon, JGW, pp. 73〜4
＊58——Bacon, JGW, pp. 86〜7
＊59——Bacon, JGW, p. 219
＊60——杉本鉞子前掲書九九〜一〇一、一二七〜八ページ
＊61——Bacon, JGW, chapter 5 Old Age
＊62——Bacon, JGW, pp. 123〜5
＊63——ベルク前掲書『上巻』一九九ページ
＊64——モース『その日・3』一一二ページ
＊65——リュードルフ前掲書五四ページ
＊66——ホークス前掲書『第四巻』一七ページ
＊67——Tronson, ibid., p. 258
＊68——Osborn, ibid., pp. 148〜9
＊69——Fortune, ibid., pp. 69〜70
＊70——アンベール前掲書『上巻』六一〜五ページ
＊71——ホジソン前掲書二二八〜三三ページ
＊72——ベルク前掲書『上巻』一九九ページ
＊73——Smith, ibid., p. 107
＊74——フィッセル前掲書『2』一一七ページ
＊75——山川『武家の女性』二三ページ。以後山川『武家』として引用。
＊76——同前一一六〜九ページ

＊77――同前六八～九ページ
＊78――篠田鉱造『幕末明治女百話・下巻』（岩波文庫・一九九七年）二〇〇ページ
＊79――フレイザー前掲書八九ページ
＊80――Jephson and Elmhirst, ibid., p. 180
＊81――Jephson and Elmhirst, ibid., pp. 74～5
＊82――山川菊栄『覚書幕末の水戸藩』（岩波書店・一九七四年）一〇二ページ。以後山川『幕末』として引用。
＊83――清河八郎『西遊草』（岩波文庫・一九九三年）五五～六六ページ
＊84――篠田前掲書『上巻』一五五ページ
＊85――ホジソン前掲書二二九ページ。ホジソン夫人がフランス人であることは、オールコック前掲書『中巻』二五三ページに見える。
＊86――ベルク前掲書『上巻』二六八ページ
＊87――ヴェルナー前掲書七五ページ
＊88――山川『武家』七七ページ
＊89――『井関隆子日記・上巻』（勉誠社・一九七八年）一六八ページ
＊90――『ゴードン・スミスのニッポン仰天日記』（小学館・一九九三年）三九ページ。原著はThe Japan Diaries of Richard Gordon Smith, London, 1986
＊91――ポンティング『英国特派員の明治紀行』（新人物往来社・一九八八年）一六一～七四ページ。原著はIn Lotus-Land Japan, London, 1910　邦訳書は抄訳である。
＊92――フレイザー前掲書二四六～八ページ

＊93――同前二四九〜五〇ページ
＊94――杉本鉞子前掲書九三〜四ページ

第十章　子どもの楽園

日本について「子どもの楽園」という表現を最初に用いたのはオールコックである。[*1] 彼は初めて長崎に上陸したとき、「いたるところで、半身または全身はだかの子供の群れが、つまらぬことでわいわい騒いでいるのに出くわ」してそう感じたのだが、この表現はこののち欧米人訪日者の愛用するところとなった。

事実、日本の市街は子どもであふれていた。スエンソンによれば、日本の子どもは「少し大きくなると外へ出され、遊び友達にまじって朝から晩まで通りで転げまわっている」[*2] のだった。一八七三（明治六）年から八五年までいわゆるお傭い外国人として在日したネットー（Curt Adolph Netto 一八四七～一九〇九）は、ワーグナー（Gottfried Wagener 一八三一～九二）との共著『日本のユーモア』の中で、次のようにそのありさまを描写している。「子供たちの主たる運動場は街《まち》上《なか》である。……子供は交通のことなどすこしも構わずに、その遊びに没頭する。かれらは歩行者や、車を引いた人力車夫や、重い荷物を担いだ運搬夫が、独楽を踏んだり、羽根つき遊びで羽根の飛ぶのを邪魔したり、紙鳶《たこ》の糸をみだしたりしないために、すこしの迂り路はいとわないことを知っているのである。馬が疾駆して来ても子供たちは、騎馬者《うまののりて》や馭者を絶望させるような落着きをもって眺めていて、その遊びに没頭する」[*3]。

一八七二年から七六年までおなじくお傭い外国人として在日したブスケもこう書いている。「家々の門前では、庶民の子供たちが羽子板で遊んだりまたはいろいろな形の凧をあげており、馬がそれをこわがるので馬の乗り手には大変迷惑である。親は子供たちを自由にとび回るにまかせているので、通りは子供でごったがえしている。たえず別当が馬の足下で子供を両腕で抱きあげ、そっと彼らの戸口の敷居の上におろす」[*4]。こういう情景はメアリ・フレイザーによれば、明治二十年代になってもふつうであったらしい。彼女が馬車で市中を行くと、先駆けする別当は「道路の中央に安心しきって坐っている太った赤ちゃんを抱きあげながらわきへ移したり、耳の遠い老婆を道のかたわらへ丁重に導いたり、じっさい一〇ヤードごとに人命をひとつずつ救いながらすすむ」[*5]のだった。

明治四年、静岡学校教師として招かれた米人クラーク（Edward Warren Clark 一八四九〜一九〇七）は、六年の末に東京へ移ったが、「街頭で最も興味ある光景は、子供の遊戯」だった。「米の粉で化粧され、唇は真赤に染められ、頭髪は甚だ異様に結いあげられた」少女たちが、五、六人輪を作って羽子板遊びをしていた。彼女らの歌っているのは、羽根つきの邪魔をする風を鎮める歌だった。男の子たちは凧あげに夢中だ。クラークは最初、ぶーんぶーんという「空から聞えてくる不思議な音」が何だかわからなかった。竹馬に乗って競争する子たちがいるかと思うと、六歳くらいの子が角力をとっている。「彼らの身体は頑丈で丸々と太っていて、その赤い頬が健康と幸福を示していた」[*6]。クラークの見たのはむろん正月風景である。

エドウィン・アーノルドは一八八九（明治二十二）年来日して、娘とともに麻布に家を借り、一年二ヵ月滞在したが、「街はほぼ完全に子どもたちのものだ」と感じた。「東京には馬車の往来が実質的に存在しない。四頭立ての馬車はたまにしか見られないし、電車は銀座とか日本橋という大通りしか走っていない。馬にまたがり、鞍垂れをつかんで走る別当を連れて兵営を往き帰りする将校にときたま出会うくらいだ。こういったものは例外だ。従って、俥屋はどんな街角も安心して曲ることができるし、子どもたちは重大な事故をひき起す心配などこれっぽちもなく、あらゆる街路の真っただ中ではしゃぎまわるのだ。この日本の子どもたちは、優しく控え目な振舞いといい、品のいい広い袖とひらひらする着物といい、見るものを魅了する。手足は美しいし、黒い眼はビーズ玉のよう。そしてその眼で物怖じも羞かみもせずにあなたをじっと見つめるのだ」[*7]。

子どもが馬や乗物をよけないのは、ネットーによれば「大人からだいじにされることに慣れている」からである。彼は言う。「日本ほど子供が、下層社会の子供さえ、注意深く取り扱われている国は少なく、ここでは小さな、ませた、小髷をつけた子供たちが結構家族全体の暴君になっている」[*8]。ブスケにも日本の「子供たちは、他のどこでより甘やかされ、おもねられている」[*9]ように見えた。モースは言う。「私は日本が子供の天国であることをくりかえさざるを得ない。世界中で日本ほど、子供が親切に取り扱われ、そして子供のために深い注意が払われる国はない。ニコニコしている所から判断すると、子供達は朝から晩まで幸福であるらしい」[*10]。いちいち引用は控えるが、彼は『日本その日その日』において、この見解を文字通り随所で「くりかえし」ている。

イザベラ・バードは明治十一年の日光での見聞として次のように書いている。「私はこれほど自分の子どもに喜びをおぼえる人々を見たことがない。子どもを抱いたり背負ったり、歩くときは手をとり、子どもの遊戯を見つめたりそれに加わったり、たえず新しい玩具をくれてやり、野遊びや祭りに連れて行き、子どもがいないとしんから満足することがない。他人の子どもにもそれなりの愛情と注意を注ぐ。父も母も、自分の子に誇りをもっている。毎朝六時ごろ、十二人か十四人の男たちが低い塀に腰を下して、それぞれ自分の腕に二歳にもならぬ子どもを抱いて、かわいがったり、一緒に遊んだり、自分の子どもの体格と知恵を見せびらかしているのを見ているのが大変面白い。その様子から判断すると、この朝の集りでは、子どもが主な話題となっているらしい」[*11]。彼女の眼には、日本人の子どもへの愛はほとんど「子ども崇拝」の域に達しているように見えた。

●子どもたち（レガメ前掲書，明治32年）

男たちが子どもを腕の中に抱いている光景にはオールコックも注意をひかれた。「江戸の街頭や店内で、はだかのキューピッドが、これまたはだかに近い頑丈そうな父親の腕にだかれているのを見かけるが、これはごくありふれた光景である。父親はこの小さな荷物をだいて、見るからになれた手つきでやさしく器用にあやしながら、あちこち歩

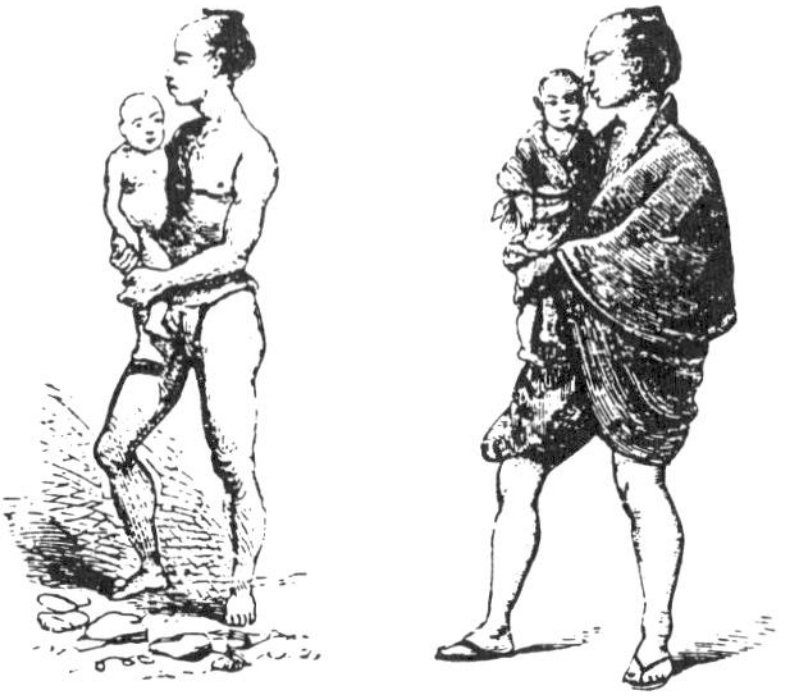

●子どもをあやす（左は夏，右は冬。Alcock，前掲書）

きまわる」[12]。このくだりにはワーグマンのスケッチがついている。モースも父親が子どもと手をつなぎ、「何か面白いことがあると、それが見えるように、肩の上に高くさし上げる」光景を、珍しげに書きとめている。

カッテンディーケは長崎での安政年間の見聞から、日本人の幼児教育はルソーが『エミール』で主張するところとよく似ていると感じた。「一般に親たちはその幼児を非常に愛撫し、その愛情は身分の高下を問わず、どの家庭生活にもみなぎっている」。親は子どもの面倒をよく見るが、自由に遊ばせ、ほとんど素裸で路上をかけ回らせる。子どもがどんなにヤンチャでも、叱ったり懲らしたりしている有様を見たことがない。その程度はほとんど「溺愛」に達していて、「彼らほど愉快で楽しそうな子供たちは他所では見られない」[13]。

日本人が子どもを叱ったり罰したりしないというのは実は、少なくとも十六世紀以来のことであったらしい。十六世紀末から十七世紀初頭にかけて、主として長崎に住んでいたイスパニア商人アビラ・ヒロン（Avila Giron）はこう述べている。「子供は非常に美しくて可愛く、六、七歳で道理をわきまえるほどすぐれた理解をもっている。しかしその良い子供でも、それを父や母に感謝する必要はない。なぜなら父母は子供を罰したり、教育したりしないからである」。日本人は刀で人の首をはねるのは何とも思わないのに、「子供たちを罰することは残酷だと言う」[14]。かのフロイスも言う。「われわれの間では普通鞭で打って息子を懲罰する。日本ではそういうことは滅多におこなわれない。ただ言葉によって譴責するだけである」[15]。

ヒロンやフロイスが注目した事実は、オランダ長崎商館の館員たちによっても目に留められずにはおかなかった。ツュンベリは「注目すべきことに、この国ではどこでも子供をむち打つことはほとんどない。子供に対する禁止や不平の言葉は滅多に聞かれないし、家庭でも船でも子供を打つ、叩く、殴るといったことはほとんどなかった」[16]と書いている。またフィッセルも「日本人の性格として、子供の無邪気な行為に対しては寛大すぎるほど寛大で、手で打つことなどとてもできることではないくらいである」[17]と述べている。

このことは彼らのある者の眼には、親としての責任を放棄した放任やあまやかしと映ることがあった。しかし一方、カッテンディーケにはそれがルソー風の自由教育に見えたし、オールコックは「イギリスでは近代教育のために子供から奪われつつあるひとつの美点を、日本の子供たちはもっている」と感じた。「すなわち日本の子供たちは自然の子であり、かれらの年齢にふさわしい娯楽を十分に楽しみ、大人ぶることがない」[18]。

オイレンブルク伯は滞日中、池上まで遠乗りに出かけた。池上には有名な本門寺がある。門を開けようとしない僧侶に、つきそいの幕吏が一分銀を渡してやっと見物がかなったが、オイレンブルク一行のあとには何百人という子どもがついて来て、そのうち鐘を鳴らして遊びはじめた。役僧も警吏も、誰もそれをとめないでかえってよろこんでいるらしいのが、彼の印象に残った。日本人は子どもを打たない。だからオイレンブルクは「子供が転んで痛くした時とか、私達がばたばたと馬を駆って来た時に怖くて泣くとかいう以外には、子供の泣く声を聞いたことがなかった[*19]。

日本の子どもは泣かないというのは、訪日欧米人のいわば定説だった。モースも「赤ん坊が泣き叫ぶのを聞くことはめったになく、私はいままでのところ、母親が赤ん坊に対して癇癪を起しているのを一度も見ていない[*20]」と書いている。イザベラ・バードも全く同意見だ。「私は日本の子どもたちがとても好きだ。私はこれまで赤ん坊が泣くのを聞いたことがない。子どもが厄介をかけたり、言うことをきかなかったりするのを見たことがない。英国の母親がおどしたりすかしたりして、子どもをいやいや服従させる技術やおどしかたは知られていないようだ[*21]」。

レガメは一八九九（明治三十二）年に再度の訪日を果したが、神戸のあるフランス人宅に招かれた時のことをこう記している。「デザートのとき、お嬢さんを寝かせるのにひと騒動。お嬢さんは四人で、当の彼女は一番若く七歳である。『この子を連れて行きなさい』と、日本人の召使に言う。叫ぶ声がする。一瞬後に子供はわめきながら戻ってくる。……これは夫人の言ったままの言葉だが、日本人は子供を怖がっていて服従させることができない。むしろ彼らは子供を大事にして見捨ててしまう[*22]」。つまり日本人メイドは、子どもをいやいや服従させる手練手管を知らなかったのだ。日本の子どもには、親の言いつけをきかずに泣きわめくような習慣はなかった。

だから日本人の召使はそういうフランス少女を、どう扱ってよいかわからなかったのである。そしてまた、後述するように日本の子どもは、大人が楽しむときにひとり個室に追い払われることもなかった。

日本の子どもが泣かないのは、モースの言を借りれば、「刑罰もなく、咎められることもなく、叱られることもなく、うるさくぐずぐず言われることもない」からであったろう。だがそれは一面では、子どもの方が親に対して従順で、叱られるようなことをせず、従って泣く必要もなかったということなのだ。モースは「世界中で、両親を敬愛し老年者を尊敬すること、日本の子供に如《し》くものはない」と言っている。[*23] またブスケも、日本の子どもはたしかにあまやかされているが、フランスの庶民の子どもよりよくしつけられていると感じた。マクレイは一方では日本の

●池上本門寺の鐘楼（Die Preussi-sche Expedition nach Ost-Asie nach amtlichen Ovellen＝以下 P. E. O と略記）

「親は子供をひどく可愛がり甘やかす」といいながら、「同時に子供に対してけっして手綱を放さない」と見ている。[*24]
フレイザー夫人は日本の子どもは、「怒鳴られたり、罰を受けたり、くどくど小言を聞かされたりせずとも、好ましい態度を身につけてゆく」と言っている。「彼らにそそがれる愛情は、ただただ温かさと平和で彼らを包みこみ、その性格の悪いところを抑え、あらゆる良いところを伸ばすように思われます。日本の子供はけっしておびえから嘘を言ったり、誤ちを隠したりはしません。青天白日のごとく、嬉しいことも悲しいことも隠さず父や母に話し、一緒に喜んだり癒してもらったりするのです」[*25]。彼女は「小さな家庭では、子供がすべてを牛耳ってい」ると認めながらこう述べる。「それでもけっして、彼らが甘やかされてだめになることはありません。分別がつくと見なされる歳になると――いずこも六歳から十歳のあいだですが――彼はみずから進んで主君としての位を退き、ただ一日のうちに大人になってしまうのです」[*26]。
日本の親は子どもを放任しているのではなかった。子どもは小さいときから礼儀作法を仕込まれていたし、アンベールも証言しているように、親の最大の関心は子どもの教育だった。あまやかしや放任のようにみえたのは、これもアンベールの言うとおり、親が子どもの「玩具にも遊戯にも祭礼にも干渉しない」からだった。[*27] バードはいつも菓子を用意していて子どもたちに与えたが「彼らは、まず父か母の許しを得てからでないと、受け取るものは一人もいな」かった。許しを得るとにっこりと頭を下げ、他の子どもにも分けてやる。「堅苦しすぎるし、少しませている」とバードは感じた。しかし一方、「子どもたちが遊びの際に自分たちだけでやるように教えられているそのやりかた」に彼女は感心した。「家庭教育の一部は、いろいろなゲームの規則をならうことである。規則は絶対であり、疑問が生じた場合は、言い争ってゲームを中断するのではなく、年長の子供の裁定で解決する。彼らは自分たちだけで遊び、たえず大人を煩わせるようなことはしない[*28]」。つまり日本の子どもは自分たちだけの独立した世界をもち、大人はそれに干渉しなかったのである。だからこそモースは、日本の子どもが「他のいずれの国の子供達より多くの自由を持」っていると感じたのだ。

子どもは大人に見守られながら、彼らだけの独自な世界をもっていた。一八一二（文化九）年、日向国佐土原藩の修験者野田成亮は、全国の霊山を訪ねる修行の途上、肥後国日奈久での見聞を次のように記している。「当所に子供地蔵といふあり。木像にて高さ一尺一寸ばかりあり。子供、遊び道具にす。夏分どもには、地蔵さんも暑からうとて川の中へ流し、冬は炬燵に入れる。方々持ち廻り、田の中などへ持ち込めり。しかりといへども障《さは》りなし。大人ども叱りなどすれば、たちまち地蔵の機嫌をそこなひ障りあり[*29]」。これは局地の奇習ではない。大人とは異なる文法をもつ子どもの世界を、自立したものとして認める文明のありかたがここに露頭しているのだ。徳川期の文明はこのように、大人と子どものそれぞれの世界の境界に、特異な分割線を引く文明だったのである。そのような慣行は明治の中期になってもまだ死滅してはいなかった。しかしそのように、子どもの自立した世界を認める文明は、また一方では、大人の生活のあらゆる面に子どもの参加を認める文明でもあった。

子どもは自分たちの世界の独自さを保ちつつ、大人の祭礼に参加した。モースは祭のさいに子どもが自分たちの山車を出している光景を次のように描いている。「色の淡い提灯を持った子供達が、車を二台引張って来た。車は乱暴に板でつくり上げた粗末な二輪車で、子供ならではやらぬ調子で太鼓を叩き、叫び、笑う子供達で一杯つまっていた。その上部の枠組は、紙の人形、色布、沢山の提灯等で、念入りに装飾してあった」。この山車には大人が数名つき添っていたという。小さな子どもさえ、提灯で小さな車を飾り立てて町内を曳き廻していた[*30]。モースのスケッチによれば、それは小さな台車の上に立てた竹棹にいくつか提灯をとりつけたもので、なるほどこれなら小さな子でもひとりで曳けそうだ。モースがとくに嬉しく思ったのは、祭などの場で、またそれに限らずいろんな場で大人たちが子どもと一緒になって遊ぶことだった。それに、日本の子どもは一人家に置いて行かれることがなかった。「彼らは母親か、より大きな子供の背中にくくりつけられて、とても愉快に乗り廻し、新鮮な空気を吸い、そして行われつつあるもののすべてを見物する」。

ブスケによれば、「父と母とが一緒に見世物に行くときは、一人か二人の子供を背中に背負うか、または人力車の中に入れて連れてゆくのが常である[*31]」。ネットーの言うところでは「カンガルーがその仔をそのふくろに入れて何処へでも連れてゆくように、日本では母親が子供を、この場合は背中についている袋に入れて一切の家事をしたり、外での娯楽に出かけたりする。子供は母親の着物と肌とのあいだに栞《しおり》のように挟まれ、満足しきってこの被覆の中から覗いている。その切れ長な眼で、この眼の小さな主が、身体の熱で温められた隠れ家の中で、どんなに機嫌をよくしているかを見ることができる」。ネットーは続ける。「日本では、人間のいるところなら何処を向いても見ても、その中には必ず、子供も二、三人は混っている。母親も、劇場を訪れるときなども、子供を家に残してゆこうとは思わない。もちろん、彼女はカンガルーの役割を拒否したりなどしない」。こうして子どもは、寺詣りにも花見にも、長旅の巡礼にさえお伴してついて行く。[*32]
ウェンディとマイケルは、両親がパーティに出かけて二人で留守番をしている夜に、ピーター・パンの初めての訪問を受け、ネバーランドへの冒険に出かけた。日本の子どもには、そんな空想物語は不必要だった。なぜなら、子どもは大人といっしょにどこへでも出かけたからである。オールコックは大阪の芝居小屋でそういう光景を見て仰天した。というのは、上演されている劇は淫猥きわまるもので、とても子ども連れで観るようなものではなかったのである。[*33]前述したように、子どもは春画や春本、その他性的な玩具類から隔離されていなかった。
つまり徳川期の日本では、大人と子どもの分割線の配置が現代とは異なっていた。フィリップ・アリエス（Philippe Aries 一九一四〜　）はヨーロッパでも近世に至るまで、子どもは小さな大人として扱われ、子どもという特別な人生のステップは認められていなかったと言う[*34]が、それはどうだろうか。人類史上の年齢階梯制の普遍性からいっても、子どもと大人の分割線を設けない文明があるはずはない。アリエスの言うのは、十八世紀後半以降に設けられたような、特殊近代的な子どもと大人の分割線は、それ以前においては存在しなかったということにすぎない。
チェンバレンは日本の「子供の服装は、大人の服装をだいたい小型にしたものだ」[*35]と言うが、バードもそれとおなじことを書いている。「子供に特別な服装はない。これは奇妙な習慣なので、何度でも繰り返さないわけにはいかない。子供は三歳になると着物と帯をつける。……この服装で子供らしい遊びをしている姿はグロテスクなものだ」[*36]。ジェフソン＝エルマーストもいう。「子供が大人とまったくおなじ衣裳をしているという事実は、初めわれわれの眼には、彼らにひどく滑稽な外見を与えるものに見えた。二歳の児と七十歳の老人が正確におなじ種類の衣服をまとっている。後者を向きを逆にしたオペラグラスで見ると、前者のように見える」[*37]。これはアリエスがブリューゲルの絵などを論拠として、中・近世のヨーロッパでは子ども特有の衣裳というものはなく、子どもは大人の服を小さくしたものを着ていたというのと、同一の状況をあらわしている。

チェンバレンはまた「日本の少女はわれわれの場合と違って、十七歳か十八歳まで一種の蛹《さなぎ》状態にいて、それから豪華な衣裳をつけてデビューする、というようなことはない。ほんの小さなヨチヨチの子どもでも、すばらしく華やかな服装をしている」[*38]と言っている。彼は七・五・三の宮詣りの衣裳にでも目を留めたのであろうか。彼が言いたいのは、日本では女の子は大人の衣裳を小さくしたものを着ているということだ。つまり日本では、ナターシャ・ロストヴァが少女時代は寝巻のような少女服を着ていて、ある夜、初めて大人の夜会服を身につけて舞踏会へデビューするようなことは起らなかったのだ。だがいうならば、こういう子どもと大人の特殊近代的な分割線は、ピョートル一世以前のロシアにもありはしなかったのである。

フレイザーは一八九〇（明治二十三）年の雛祭の日、ある華族の家に招待されたが、その日のヒロインである五歳の少女は「お人形をご覧になられますでしょうか。別の部屋においで下さる労をおかけしますことをどうかお許しください」と口上を述べ、「完璧に落ち着きはらって」メアリの手をとって奥の間に導いた。彼女のその日のいでたちをメアリは次のように描写する。「彼女は瑠璃色の縮緬を着ていたが、その裾は青に、肩は濃い紫をおび、かわいらしい模様の刺繡が金糸でほどこされ、高貴な緋と金の帯がしめられていた。頭上につややかに結いあげられた髪は、宝石をちりばめたピンで止められ、まるいふたつの頬には紅がやや目立って刷かれていた」[*39]。メアリの著書に「私の小さな接待役」とキャプション入りで掲げられている写真を見ると、彼女は裾模様のある振袖の紋服を着、型通りに右手に扇子を持ち、胸には懐剣を差している。つまりこの五歳の少女は完全に大人のいでたちだったのである。

しかし、それは服装だけのことではなかった。イザベラ・バードは明治十一年、日光の入町村で村長の家に滞在中、「公式の子どものパーティ」がこの家で開かれるのを見た。主人役の十二歳の少女は化粧して振袖を着、石段のところで「優美なお辞儀をしながら」やはりおなじ振袖姿の客たちを迎えた。彼女らは「暗くなるまで、非常に静かで礼儀正しい遊戯をして遊んだ」が、それは葬式、結婚式、宴会といった大人の儀礼のまねごとで、バードは「子どもたちの威厳と落着き」にすっかりおどろかされて

●「私の小さな接待役」（フレイザー『英国公使夫人の見た明治日本』淡交社）

しまった[*40]。おなじ「子どもたちの威厳と落着き」（dignity and self-possession）を、彼女は土崎港の祭でも見た。町筋を練り歩く車の上の舞台で、顔を真白に塗り、かつらをかぶった八つか九つくらいの少女が、まるで「江戸の新富座の俳優」のように巧みに踊るのを見ると、その落着きが完璧であるほどバードの胸は痛んだ[*41]。

北日本の旅から帰ると彼女は、アーネスト・サトウの催したパーティに招かれた。それは雅楽を聴く会であって、彼女はその奇怪な音楽に頭が痛くなりかけたが、九歳の華族の娘の舞いの「威厳と没入」にはまたもや、感動とも哀憐ともつかぬ複雑な感情を味わった。「この小さな〝公女〟が舞っている間の完璧な落着きはまったく見ものだった。そして最後の観客すべてに向けてのお辞儀は芸術だった。その威厳を見て起るのは、滑稽さではなく苦痛の感情だった。この小さな娘が、ちょっとばかりよろめいてくれたら、あるいは戸惑ってくれたら、あるいは私たちの存在をいくらか意識してくれたらと、私は何度願ったことか。舞いが終って私たちの讃辞を受ける際にも、子どもらしさはいささかも表われなかった。日本の子どもが大好きなデソーマレズ氏が[*42]彼女の好意を得ようと努めていたが、何の甲斐もなく、彼女はほとんど口を開かなかった。彼女は完全に無関心だった。顔には何の動きもなく、威厳はうわべだけではなくほんものだった[*43]」。

だがバードは、この歳に似合わぬ自己保持（self-possession）をいたましく思う必要があったのだろうか。ヴェルナーは「十歳から十二歳位の子どもでも、まるで成人した大人のように賢明かつ落着いた態度をとる[*44]」という。これは幕末の観察である。幕末から明治二十年代にかけて、日本の子どもの大人並みの自己保持能力はこのように欧米人観察者をおどろかしたのだが、彼らのおどろきはルソー以来の「子どもの発見」、すなわち純真な子どもらしさという近代的強迫観念にもとづいていた。日本の古き文明には、童心とか無邪気な子どもらしさといった観念は存在しなかった。誰しも認めたように、日本の子どもは無邪気で愛らしい、子どもらしい子どもだった。オールコックのいう通り、大人ぶった気どり《アフエクテーション》は彼らの知らぬ感情だった。しかしそのことは、いったん必要あれば、大人顔負けの威厳と落着きを示すことを何ら妨げなかったのである。なんとなれば彼らは、不断に大人に立ち交って、大人たちの振舞いから、こういうときはこうするのだと学んでいたからである。

メーチニコフは一八七四（明治七）年来日して間もなく政府高官の高崎正風宅を訪問したが、正風は留守で、十五歳くらいの少年が取り次ぎに出た。彼は煙草盆を持って来てメーチニコフにすすめると、自分も煙管にタバコをつめ、あっという間に二服吸い終えた。[*45]メーチニコフがさほどおどろかなかったのは、すでに劇場で、大人にまじって子どもまでも煙管でタバコを吸う光景を見ていたからである。しかも当時の文明では、満の十五といえばすでに元服をすませた立派な大人だった。

バードの見たところでは、日光入町村の子どもたちは「両親とおなじようにおそくまで起きていて、親たちのすべての話の仲間に入っている」のだった。彼ら独自の遊びの世界を持つことを大人から認められている子どもたちは、同時にきわめて幼少の頃から、大人の友であり仲間だったのである。彼らが親とともに働いたのはいうまでもない。モースは「小さな男の子が往来でバケツから手で水を撒いている」のを見かけることがあったが、そんなことは彼らの手伝いのほんの一部であったろう。ハリスは下田地方では、子どもは「競技も演戯もやらず、団体遊戯もしない」、輪投げ、縄跳び、独楽廻しをやらず、そういう遊び道具ももたぬらしいと、一八五七年五月の日記に書いている。なるほど農村では子どもは労働力なのだから、旧暦四月という農繁期に遊んでいるひまはなかったかもしれない。彼は子どもが凧をあげているのを見て「ようやくほっとした」。

しかしネットーによれば、子どもが母親の背から降りるようになって第一にする仕事は、弟や妹の子守りだった。そこで、街中に「子供に背負われた子供や、子供を背負った子供が見られることになる。「背負っている方の子供が、背負われている子供に比べてあまり大きくないこともある」[*46]。ブスケによると「日本の子供は歩けるようになるとすぐに、弟や妹を背負うことをおぼえる。……彼らはこういういでたちで遊び、走り、散歩し、お使いにゆく」[*47]。もちろんこれは庶民のならわしだった。チェンバレンは、弟妹を背負った子どもたちが東京の「下町の風景に独特な味を添えている」[*48]と書いている。モースは来日間もなく田植えの風景を見たが、親も子もいっしょになって働いている傍らの田の畔《くろ》では、小さな子が赤ん坊を背負って一家のすることを見物していた。「子どもが六人いれば五人まで、必らず赤坊を背負っている」[*49]と彼は記している。

明治九年横浜に上陸したとき、ギメは「膝を締めて歩き、足を引きずり、身体の平衡を保つのに必要な動きをその上部に与え、頭は一歩ごとに肩と逆の方向に回転する」日本の女の歩みぶりに、たいしておどろきはしなかった。それはすでに屏風の絵で知っていたからである。ただ彼は「出会う女性がすべて、老若の婦人も若い娘も、背中に子供をおぶっていること」におどろかされた。しかも「肩にしている赤ん坊とほとんど同じくらい小さな子供に、こうして背負われている子供さえ見える。これほどの子供をどこで見つけられるだろうか」[*50]。

つまり日本の子どもはネットーの言うように、「まだしゃんと立てないうちは、母親の背中にあるその王座を去ることはめったにない」。しかし、しゃんと立てるようになっても、彼らは「母親の背中にたいする要求は放棄するが、まだ母親の乳房は捨てない」[*51]のだった。アリス・ベーコンは「日本の子どもは三歳ないし四歳になるまで完全には乳離れしない」[*52]と言っている。むろんこれは満年齢である。バードは福島県の田舎町で宿に泊ったが、その宿の男の子は五歳というのにまだ乳離れしていなかった。五十歳くらいに見える母親にいくつになるかと尋ねたところ、バードがおどろいたことには彼女はまだ二十二歳だった[*53]。ネットーはおそくまで乳を与える習慣は「母体を早く老けさせる」けれども、避妊効果はあると言っている。

だがそのようにある意味であまやかされた子どもは、「母親の背中にたいする要求を放棄」するとまもなく、ギメやネットーの見たように、自分とあまり身丈の変ら

●子守り（レガメ画／Guimet，前掲書）

ぬ弟や妹を背負わねばならなかった。ベーコンはいう。「下層階級の赤ん坊は生れて二、三週もたつと、家族の誰か、多くは姉とか兄の背にくくりつけて運ばれる。その姉や兄はときにはわずか五、六歳ということもある。家庭が貧しいほど、幼な児が誰かにおんぶされる時期が早く来る。生後ひと月になるかならないくらいの赤児が、頭をぐらぐらさせたり、まばたきをしたりしながら、兄か姉の背に長い布のバンドでくくりつけられ、どんな天候の下でも街中で過しているのをよく見かける。寒いときは姉さんの羽織が特別の覆いの役目をするし、日差しが烈しいときは姉さんの日傘が、ぐらついている髪の生えぬ頭を日差しから守ってくれる。こんな風に世間の中で過しているので、彼らはすぐ賢そうで生き生きした顔つきになるし、年上の子どもたちのやっている遊びを、おんぶしている者の背中から、遊んでいるものとおなじくらい楽しむのである」[*54]。アーノルドによれば、日本の赤ん坊はおんぶされながら、「あらゆる事柄を目にし、ともにし、農作業、凧あげ、買物、料理、井戸端会議、洗濯など、まわりで起るあらゆることに参加する。彼らが四つか五つまで成長するや否や、歓びと混りあった格別の重々しさと世間智を身につけるのは、たぶんそのせいなのだ」[*55]。

バードは青森県の碇ヶ関で、子どもたちが竹馬の競争をするのを見た。しかし彼女は「私たちが子供の遊びと呼んでいるもの」、すなわち「いろんな衝動に奔放に身を任せて、取っ組みあったり、殴りあったり、転げまわったり、跳びまわったり、蹴ったり、叫んだり、笑ったり、喧嘩したりする」のを見なかったと書いている[*56]。日本の子どもは「遊んでいるときも静か」なのだった。カッテンディーケのように、「日本の子供は世界中で一番厄介な子供であり、少年は最大の腕白小僧である」[*57]というふうに見た者もいるが、概して子どもの遊びはおとなしいものであったらしい。モースは日本の子どものおとなしさを再々強調し、「日本の男の子は、わが国の普通の男の子達の間へ連れて来れば、誰でもみな『女々しい』と呼ばれるであろう」と言っている。[*58]事実、明治文学に現われるいじめっ子は、ある日いじめられっ子から反撃されて他愛なく泣いてしまうような、そんな程度の悪童なのである。凶暴な子どもは見られなかった。もしくは、見られたとしても稀だった。

ポルスブルックは一八五九（安政六）年から、神奈川でオランダ副領事の地位にあったが、やはり子どもたちのおとなしさを記録している。「私の近所に住む日本人のほとんどは漁師だったが、いつも丁寧で礼儀正しかった。一方連中の方も私に満足していたはずだ。というのは、毎週三回私の中庭を開けて子供達を遊ばせてやったり、持って来たおもちゃを貸してやったからだ。私は、あんなに行儀よくしつけの良い子供達は見たことがない。子供達は喧嘩したり叫んだりすることなくおとなしく遊び、帰る時間になるとおもちゃをきちんと片づけて、何度も丁寧に御礼を言って帰るのだ[*59]」。

グリフィスは一八七四（明治七）年、日本アジア協会で日本の子どもの遊戯と競技について講演を行ったが、彼があげた子どもの遊びは、正月の羽根つき、凧あげ、独楽廻し、かくれんぼう、鬼ごっこ、竹馬、豆鉄砲、雪合戦、それに室内遊戯としてのかるたなどで、なるほど雪合戦を除けば、それらは欧米人の眼からするとおとなしい遊びだったろう。彼はこのほかに、「源氏と平氏」という集団競技が学校で行われると言っているが、これはもともと武士の団体競技で、明治になって新しく学校行事として導入されたものだろう[*60]。

羽根つき、凧あげ、独楽、竹馬についていえば、一八五九年二月、通商条約発効直前の長崎を訪れたヘンリー・ホームズ船長は上陸したその日の印象を次のように記している。「おおいにおどろいたことに、まず私たちの眼にはいったのは、次のような仕方で楽しんでいる大勢の子どもたちだった。独楽を廻したり、凧を揚げたり、竹馬に乗ったりしている男の子、羽根つきをしている女の子。これがおどろきだったのは、独楽にせよ凧にせよ、また羽子板にせよ、私の子どもの頃に手にしたものより、すべてがすぐれた作りだったからだ[*61]」。ホームズが長崎に上陸した二月九日は安政六年一月七日に当る。彼が見たのは長崎の正月風景だった。

グリフィスのあげている遊びのひとつには「大名行列」がある。それは「先供、役人などがいて、昔の大名行列の盛観をできるだけ真似」たもので、男の子に人気があったという。つまり子どもの主要な遊びのひとつには、大人のすることの真似があったのである。グリフィスは言う。「子供の室内遊戯の多くは、大人の生活の重大な出来事を真似したものにすぎない。芝居に行って来た男の子が家に帰ると、有名な役者の真似や、即席で芝居の物真似をする。小さな子の遊びに病気のふりをし、『医者みたいに振舞う』のがある。おかしくなるほど几帳面に丸薬と粉薬の本物の医者のように、まじめくさって大層らしく振舞い、病人は苦しんで見せる。食事、茶会、結婚式、葬式までも日本の子供は真似をして遊ぶ[*62]」。つまり日本の子どもは小さな大人なのだった。羽根つき、凧あげ、独楽廻し、かるたは子どもだけのものではなかった。大人もそれをして子どもとともに遊んだ。子どもは大人の生活のあらゆる面に参加してなじんでおり、それを遊びとして模倣することで大人の生活のミニアチュアを経験するのだった。大人の干渉から自由な日本の子どもは、その反面大人と深く相互に浸透しあっていたのである。

「日本ほど子供の喜ぶ物を売るおもちゃ屋や縁日の多い国はない」[*63]とグリフィスは言う。だが、彼があげる大道芸やのぞき眼鏡や講釈やしんこ細工や見世物は、子どもだけでなく大人も楽しんだのである。それを見る大人たちはたいてい口をあけていると、オールコックが書いている。スエンソンによれば「日本のおもちゃ屋は品数が豊富で、ニュールンベルクのおもちゃ屋にもひけをとらない。みな単純なおもちゃだが、どれもこれも巧みな発明が仕掛けてあって、大人でさえ何時間も楽しむことができる」[*64]。ヒューブナーも言う。「玩具を売っている店には感嘆した。たかが子供を楽しませるのに、どうしてこんなに知恵や創意工夫、美的感覚、知識を費やすのだろう、子供にはこういう小さな傑作を評価する能力もないのに、と思ったほどだ。聞いてみると答えはごく簡単だった。この国では、暇なときはみんな子供のように遊んで楽しむのだという。私は祖父、父、息子の三世代が凧を揚げるのに夢中になっているのを見た」[*65]。

フォーチュンも「あらゆる種類の玩具が豊富に揃っていて、中にはまことにうまく出来ていて美しいのがある」のに感心した。「おもちゃの商売がこんなに繁昌していることから、日本人がどんなに子どもを好いているかがわかる」[*66]。オズボーンの見るところも彼とひとしい。これは川崎大師へ遠乗りした時の品川郊外での見聞である。「道に群れている沢山の歩行者の中に、市場から家路を急ぐ農夫たちの姿があった。大都会で何か買物したものを抱えているのだが、この気のいい連中のうち、子どものおもちゃを手にしていないものはごく稀であることに目がひかれた。

●家庭の情景（Humbert，前掲書）

おもちゃ屋がずい分多いことにすでにわれわれは気づいていた。こういったことは、この心のあたたかい国民が、社会の幼いメンバーにいかにたっぷりと愛を注いでいるかということの証拠だろう」[*67]。子どもの遊びの問題を研究すれば、「日本人が非常に愛情の深い父であり母であり、また非常におとなしくて無邪気な子供を持っていることに、他の何よりも大いに尊敬したくなってくる」[*68]とグリフィスは言う。そしてモースもまた述べる。「日本人は確かに児童問題を解決している。日本の子供ほど行儀がよくて親切な子供はいない。また、日本人の母親ほど辛抱強く愛情に富み、子供につくす母親はいない」[*69]。

グリフィスは横浜に上陸して初めて日本の子どもを見たとき、「何とかわいい子供。まるまると肥え、ばら色の肌、きらきらした眼」という感想を持った[*70]。またスエンソンは「どの子もみんな健康そのもの、生命力、生きる喜びに輝いており、魅せられるほど愛らしく、仔犬と同様、日本人の成長をこの段階で止められないのが惜しまれる」と感じた。彼らが「幸せに育っているのはすぐに分かっ」た。[*71]「子供は大勢いるが、明るく朗らかで、色とりどりの着物を着て、まるで花束をふりまいたようだ。……彼らと親しくなると、とても魅力的で、長所ばかりで欠点がほとんどないのに気づく」[*72]と言うのはパーマーである。母親とおなじ振袖の着物を着てよちよち歩きをしている子どもほど、「ものやわらかでかわいらしいものはない」[*73]とシッドモアは言う。日本についてすこぶる辛口な本を書いたムンツィンガーも「私は日本人など嫌いなヨーロッパ人を沢山知っている。しかし日本の子供たちに魅了されない西洋人はいない」[*74]と言っている。チェンバレンの意見では、「日本人の生活の絵のような美しさを大いに増している」のは「子供たちのかわいらしい行儀作法と、子供たちの元気な遊戯」だった。日本の「赤ん坊は普通とても善良なので、日本を天国にするために、大人を助けているほどである」[*75]。モラエスによると、日本の子どもは「世界で一等可愛いい子供」だった。[*76]
かつてこの国の子どもが、このようなかわいさで輝いていたというのは、なにか今日の私たちの胸を熱くさせる事実だ。モースは東京郊外でも、鹿児島や京都でも、学校帰りの子どもからしばしばお辞儀され、道を譲られたと言っている。モースの家の料理番の女の子とその遊び仲間に、彼が土瓶と茶碗をあてがうと、彼らはお茶をつぎ合って、まるで貴婦人のようなお辞儀を交換した。「彼らはせいぜい九つか十で、衣服は貧しく、屋敷の召使いの子供なのである」。彼はこの女の子らを二人連れて、本郷通りの夜市を散歩したことがあった。十銭ずつ与えてどんな風に使うか見ているると、その子らは「地面に坐って悲しげに三味線を弾いている貧しい女、すなわち乞食」

の前におかれた笊に、モースが何も言わぬのに、それぞれ一銭ずつ落し入れたのである。[*77]この礼節と慈悲心あるかわいい子どもたちは、いったいどこへ消えたのであろう。

しかしそれは、この子たちを心から可愛がり、この子たちをそのような子に育てた親たちがどこへ消えたのかと問うこととおなじだ。またバードが、日本人は「家は貧しいけれども、男たちは自分の家庭生活を楽しむ。とにもかくにも子どもが彼らをひきつけている。英国の労働者階級の家庭を往々にしてビアガーデンに変えてしまうような喧嘩騒ぎや口答えは、従順と服従が揺籠の時分から当然のこととして教えこまれているこの国では、見ることができないのだ[*78]」というふうに述べたこの国の家庭生活が、どこへ消えたのかと問うこととひとしい。

欧米人の衆目を集めた子どものかわいさは、これまた彼らの感嘆の的となった親たちの愛情と照応していた。そしてこの日本人の子どもへの異常ともみえる関心は、眼の色肌の色を異にする異邦の子どもたちにさえ向けられたのである。

一八五九（安政六）年六月、英国領事として長崎に着任したホジソンは妻と二人の娘を伴っていた。長崎奉行岡部長常はそのことを知ると長女のエヴァへ贈物を届けさせた。ホジソン夫人によれば、それは次のような品々だった、「まずとても可愛らしい日本の人形、それは立派な衣裳をつけ、頭と腕と足には私たちと同様に関節がついております。それから『クレープ』ではられた二つの箱。その一方には端を金の細い針金でくくった沢山の小さな蕾（水中花）が入っています。それをほどいて水につけると開いて見事な花になるのです。もう一つの箱には、親指の爪よりも小さな十二個の豆人形と、奇妙な絵をかいた『絵巻物』がはいっていました[*79]」。これは外交というものではなかった。なぜならエヴァへ贈物をしたのは奉行だけではなかったからである。

ホジソン夫人は初めて長崎へ上陸したときおそろしく不愉快な目にあった。その日は祭礼に当っていて、街は群衆で混みあっていたが、その群衆が西洋女とその子どもを一目見ようと殺到したのである。五千人はいたと彼女は言っている。彼らはエヴァの上着や帽子にさわり、とうとう彼女は泣き出してしまった。またひとりの男は「数百ヤードも」ホジソン夫人を追跡し、彼女の「ガウンや裾ひだをあげてそれを写生しようとした」。あとで聞いたところでは、この男は長崎では知られた画家ということだった。彼女らはやっと港会所へ逃げこんで難をのがれたが、ホジソン夫人は母への手紙にこう書いている。「こういうわけで私の長崎の第一印象はおよそ愉快とは縁遠いものでした。見物したものを一々申し上げるわけにはまいりませんが、デリケートな女心に不快の感を与え、およそそむかむかさせるようなものを一杯見ました。それをくわしく書こうと思えばできますが、ここでとても書く気になれません」*80。

しかし一家が指定された寺に落着き、長崎の街へ何度か出かけるようになると、ホジソン夫人の日本印象は徐々に好転した。三度目に街へ出かけたときのことである。「私の小さな娘が、老若を問わず、すべての人々に与えた喜びがどんなものだったか、誰も想像することはできないでしょう。老婆という老婆、また数多くの老人たちも、この娘を愛でるために店から飛び出してきました。そして半ばいざるような恰好で、あとからあとから彼女にお菓子やら、茶碗やら、その他沢山の贈物をくれました。そのため夫のポケットも、二人の役人と通訳の袖もたちまち一杯になってしまいました。私にはまだ、どうして一人の子が彼らにとってこんなに呼びものになったのか分かりません」。娘たちに贈物をしたがったのは街の年寄りたちだけではない。一家が住んだ寺の老僧とその家族も、エヴァとサラに「お菓子やボンボンを贈ることに夢中になっていた[*81]」。

ホジソンはその年のうちに長崎を去り、箱館領事に就任したが、ある日奉行所の役人をディナーに招待した。「二人の奉行および奉行格と三人の支配組頭、それに彼らの随員」は、十分に料理を平らげシャンパンをたしなんだが、そのうち「家族を大勢もっている奉行格」がホジソンの子どもが列席していないのをいぶかって、いつまでも子どものことを尋ねた。「彼があまり娘のことを聞くので、ついに迎えにやることになった。彼女が現われ、二人の奉行と奉行格に頭を下げると、奉行格はテーブルの端にいたが、手一杯にケーキやお菓子をもって、わざわざ彼女のところにやって来て渡した。エヴァはちょっとギョッとしたが、母親の目くばせで『ちょっと会釈』して、奉行格の好意を受けて引き退った[*82]」。奉行格はある文明の習慣に従っただけであった。そしてかの長崎の奉行や老人たちとおなじく、はるばる海を越えて来たこの異人の少女がいとしくてならないだけのことであった。このいとしがり可愛がるというのはひとつの能力である。しかしそれは個人の能力ではなく、いまは消え去ったひとつの文明が培った万人の能力であった。

箱館ではエヴァとサラのために「おばさん」が傭ってあった。ある日ホジソンは、エヴァが他の子どもたちと喫煙しているのを見つけた。彼は「おばさん」に二度と喫煙を許してはならぬと厳命した。「しかし、その後もすぐに、彼女の障子窓からもうもうといかがわしい煙が出ているのを見つけた。足音の近づくのが聞えると、煙草がその同じ便利な隙間から投げ捨てられた。子供はまたしても吸っていたのだ。しかし、おばさんが助けにかけつけてきて、自分だけが吸っていたのだと釈明するのだ。けれども、真犯人のその罪深い顔から誰が吸っていたかは明々白々であり、その臭気たるや、オーデコロンをふんだんに使っても消しがたい。それでも付添いは罪のないごまかしをすることに一生懸命であり、愛情をこめてかばおうとするのだ[*83]」。

またあるとき、エヴァは庭の池で昆虫や水草を採集していた。すると蛇が出て来たので、おばさんは心配して採集をやめさせようとした。エヴァは「とりに行かせてくれないのなら、あなたがとりに行きなさい」と言って、おばさんを池の方へ押しやった。ざぶんという音がしたのでホジソンたちは池へかけつけた。「哀れな付添いは腰まで水につかっていた。もちろん、われわれは池につき落とした犯人が誰か感づいていた。おばさんを助け出してから、彼女を罰しようとすると、このやさしい年寄りはすっかり濡れて水がぽたぽた落ちているのに、自分の名誉にかけても、落ちたのは自分の過ちで、ご迷惑をおかけして申し訳ありませんといって詫び、子供を助けるために思いつくかぎりのことを喋った。……彼女がまたしても、監禁と乾パンの罰から免れるよう愛情深く守ってやろうとしているのが、われわれの心に伝わってきた。これは、日本人の善良な心と子供への愛についての二つの例である。子供と付添いは一心同体で、一方はいつも思いどおりのことをしてもらい、他方はどんなつまらないことでも喜んで従う[*84]」。

このふたつの挿話が誘い出す連想には限りがない。だがいま必要なことだけをいえば、このような子守婆さんの子どもへの愛情は、先にあげた神戸のフランス人主婦からすれば、子どもをスポイルする途方もない盲愛ということになろう。しかしホジソンは、多少はおなじような見方をしたかもしれないが、やはりこの盲愛に近い愛情に感動したのである。すなわちかつての日本人とは、ことの是非は措くとして、このように純粋で濁りのない愛情を、ことに触れてほとばしらせることのできる人びとだったのだ。ホジソンは日本人の子ども好きからすれば、エヴァはひとりで「親切と歓待と保護だけを受けて、日本を罷り通ることができる」と確信した。しかしエヴァはひとつの例にすぎない。バードが一八七八(明治十一)年に新潟を訪れたとき、そこではルースという三歳のイギリス少女が、人びとの人気の的になっていた。

「私は新潟で大いに歩き廻っている。そして、目下のところ当地で唯一のヨーロッパ婦人であるファイソン夫人と、彼女の三歳のきれいなイギリスっ子であるルース嬢と一緒の時は、大群衆が私たちのあとからぞろぞろついて来る。というのは、波うつ金髪を肩に垂らしたこの別嬪の嬢ちゃんを見ていると、まったく魅せられてしまうからだ。男も女も子どもをひきつけるやさしいやり方を心得ているので、ルースは群衆をこわがるどころか、彼らににっこり笑いかけ、日本風にお辞儀をし、彼らに日本語で話しかける。自分の同国人からは離れていたい気味もあるようだ。彼女を私たちと一緒に歩かせるのはとても難しく、姿が見えないのでうしろを振向くと、数百人の群衆の輪の中に日本式に座って、人びとの賞め言葉や感嘆を受けて離れたがらないでいることが、二、三度あった[*85]」。

ルースが同国人とよりも、日本人と一緒にいたがった理由はあきらかだ。日本人の子どもに注ぐ強い愛情は、彼女にとって初めて知る蜜の味だったのである。彼女の同国人は、そういう手放しの愛情は子どもをスポイルするものだと考えていた。バードはこう書き加えている。「日本人は子どもに真の情愛を持っている。だが、ヨーロッパの子どもが彼らとあまり一緒にいすぎるのはよろしくない。彼らは子どもの倫理観をだめにするし、嘘をつくことを教える」。

日本人はルースに、いったいどんな道徳的悪習とどんな嘘を教えたというのか。エヴァの子守り婆さんは、まさか彼女に喫煙を仕込んだのではあるまいが、少なくともそれを助長した形跡はある。日本人の大人は子どもを自分たちの仲間に加え、自分たちに許される程度の冗談や嘘や喫煙や飲酒等のたのしみのおこぼれを、子どもに振舞うことをけっして罪悪とは考えていなかった。すなわち当時の日本人には、大人の不純な世界から隔離すべき〝純真な子ども〟という観念は、まだ知られていなかったのだ。むろんそういう観念は西洋近代の産物である。バードは偏見の少ないすぐれた観察者であるけれども、彼女の使用する「道徳的堕落」とか「嘘」という用語には、西洋近代において成立する神経症的オブセッションが色濃くまつわっている。ちなみに、ルースの父親ファイソン（Philip Kemball Fyson　一八四六〜一九二八）は一八七四年に来日し、新潟で七年間伝道に従事した英国人宣教師である。

盲愛とはもっとも純粋な愛のかたちなのかもしれない。少なくとも、中勘助（一八八五〜一九六五）の『銀の匙』に描かれた「伯母さん」の、主人公たる少年への盲愛ぶりには、私たちにそのように感じさせるなにものかが存在する。中の年譜によれば、この人は彼の母の一番上の姉ということだが、勘助が生れる頃は中家に寄寓していて、どういう事情があったのか母代りのようにして勘助を育てた。つまり彼女は、ベーコンのいうあの不幸にして幸せなおばさんの一人だったのである。『銀の匙』前編はこの伯母にからむ思い出で成り立っている。母親はほとんど出てこない。この人の夫はもともと小身ながら、美濃今尾藩の藩士であった。夫婦そろってお人好しで、秩禄処分で得たわずかな金も人に借り倒され、夫はコレラで亡くなって、旧今尾藩主家の家扶として東京へ出ていた中家に寄寓するようになったのである。

勘助は外に出るときは必ずこの伯母に負われ、五つぐらいまではほとんど土の上に降りたことがなかった。この子は人間というものがこわい子どもで、伯母に負われて近所へ遊びにゆくほかは、家にこもってこの伯母と遊ぶのが日課だった。彼女は戦さ道具をひと揃いもっていて、勘助には烏帽子をかぶせ刀を差させて、自分は薙刀とった鉢巻姿で廊下で山崎合戦を演じるのだった。勘助は加藤清正、彼女は四天王但馬守で、最後は清正が四天王の首をとるのである。彼女は立ち廻りに息をからして立ち上がれぬこともあった。おそらく五十路にかかっていたのだろう。目が悪くて、外に出るときは勘助に鈴をさげさせていた。勘助はひよわで食が細かった。そこで彼女は庭の築山を東海道に見立てて、お伊勢詣りの趣向でぐるぐる歩き廻らせたあげく、石燈籠にかしわ手を打って弁当をひらく。説話まじりに偏食の彼の気をひきながら、竹の子や蛤をたべさせる。自分で箸をとらないと、小さな茶碗を口にあてがって、「すずめごだ、すずめごだ」といいながらたべさせてくれる。

彼女は漢字は読めなかったがおそるべき博聞強記で、勘助にありとあらゆる説話を語ってくれた。彼はそのようにして賽の河原の巡礼歌も、千本桜の初音の鼓の話もおぼえた。百人一首も彼女の口移しでおぼえた。彼女は大の信心家で、おなじく大の迷信家だった。勘助は彼女から、夏雲の形に文殊や普賢菩薩の姿を見ることを教わった。彼女はべつに勘助を教育しようと思ったのではない。この病弱で人みしりする子がただ盲目的に可愛かったのである。彼女は自分のすべてをこの子に注ぎこんだ。びっこの鶏を見ても涙する人であった彼女は、万物が愛と涙の対象である世界に、この子とたったふたりで棲んでいたかったのである。

勘助は明治三十三年、中学三年のとき、故郷でわび住いしている彼女を訪ねた。彼女は目の見えぬ老婆になっていた。その不自由なからだで彼女は魚屋へ足を運び、勘助に夕食を作ってくれた。皿には二十数匹の鰈《かれい》が並んだ。勘助のために店の鰈をありったけ買い求めたのである。彼女が世を去ったのはそれから間もなくのことだった。

ふたたび言う。子どもを可愛がるのは能力である。だがその能力はこの女人だけが授かっていたのではない。それはこの国の滅び去った文明が、濃淡の差はあれ万人に授けた能力だった。しかしこのような盲愛に近い子どもへの愛情は、子どもの基本的な情感と自我意識につよい安定を与えると同時に、一方では別種の問題を生じさせる可能性もあった。

カッテンディーケは前述の通り、日本人の幼児への態度を『エミール』にたとえて賞讃したが、一方「彼らの教育は余りに早く終りすぎる」とも感じた。年齢がやや長ずると親は子どもを放任する。これは彼らの品性陶冶のために有害で、「或る階級の日本人全部の特徴である自惚れと自負はすべて教育の罪だ」というのが彼の結論だった[*86]。またチェンバレンも日本の子どもを賞讃したあとにこう書いている。「残念なことは、少し経つと彼らの質が悪くなりがちなことである。日本の若い男は、彼の八歳か十歳の弟よりも魅力的でなく、自意識が強くなり、いばりだし、ときにはずうずうしくなる」[*87]。つまり、意外な感を与えるかもしれないが、欧米人の眼からすれば、この時代の日本人の子育てはあまりに非抑圧的で、必要な陶冶と規律を欠くもののように見えたのである。

最後に欧米人観察者の「子どもの楽園」論に対しては、当然日本人の側から反論があることを紹介しておきたい。萩原竜夫はモースの言辞を引きながら「しばしば日本は子どもの楽園だといわれた。われわれにはそれが過褒だとしか思えない」と述べ、宮本常一の『家郷の訓』を援用して、「明治・大正を通じても乳幼児の死亡率は非常に高かった」ことをもってモースら外国人観察者への反証としている。[*88] しかし、これはまったく筋違いの議論というほかはない。幼児死亡率の高さということと、子どもに対する甘やかしに近いような可愛がりかたとは、まったく別次元の問題である。近代以前いや近代初期には、ヨーロッパとて幼児死亡率は高かった。一方、日本人は子どもを打たないというのは、すでに十六、七世紀の交より異邦人の認めるところだった。徳川期日本でも近世ヨーロッパでも乳幼児の死亡はいたしかたない神の意志であって、そのことと子どもが幸せかどうかは関係のないことであったのだ。

また氏家幹人は「妖精のように愛らしいムスメたちの笑いがさんざめく緑の都市エド（そして江戸時代）においても、まぎれもない児童虐待が日々演じられていた証拠として」、数々の事例を紹介し、「これだけは繰り返し断言できるだろう。〈江戸〉は、少なくとも心優しい異邦人たちが束の間の滞在、限られた体験の中から織り出したような意味での〈子供の天国〉ではなかったと。……それは、豊かで多彩な児童虐待の例を提供してくれる、十分に成熟した社会だったのである。た、す、け、て」と結んでいる。[*89] 異邦人観察者のすべてが心優しかったかどうか、そんなことは議論の限りではないし、彼らの滞在がすべて束の間であったわけでもない。しかしそれはこの際措くとして、この人の議論もまた筋違いなのである。徳川期に様ざまな児童虐待の例がみられるというのは、われわれが承知しておいてよいことである。だが、そのことをもって日本は子どもの天国などではなかったというのは、「天国」という修辞にとらわれすぎた議論だろう。この地上にそもそも天国などありようがない以上、修辞をとらえて日本は天国ではなかったと証明してみせてもむなしい労苦でしかないし、さらにまた、外国人観察者がそのような修辞で表現しようとしたある事実の存在に対する反証にもなりえない。氏家が挙げている事例はことごとく児童を対象とする犯罪である。犯罪の起らぬ国がどこにあろう。観察者がたとえば、日本人が子どもを打たないというとき、それは一般的事実について述べているのであって、そういう例が皆無だと述べているわけではなく、ましてや児童に対する犯罪が起らないと言っているのではない。彼らが述べているのは、日本では子育てがいちじるしく寛容な方法で行われるということと、社会全体に子どもを愛護し尊重する気風があるという二点にすぎない。しかもその事実は賞讃されるとはかぎらず、かえって批判の対象ともなる場合がある。このような正常な社会全体のマナーを対象とした彼らの議論に、特異例としての児童虐待犯罪を対置しても、それが何かの反証になるわけがなかろう。

注

＊1――オールコック前掲書『上巻』一五二ページ。Alcock, ibid., vol. 1, p. 82　原文の表現は a very paradise of babies

*2——スエンソン前掲書九六ページ
*3——ネットー、ワーグナー『日本のユーモア』(刀江書院・一九七一年)一七七ページ。原著は一九〇〇年刊。
*4——ブスケ前掲書『1』九八ページ
*5——フレイザー前掲書三六ページ
*6——クラーク『日本滞在記』(講談社・一九六七年)一四五〜六ページ。原著は Life and Adventure in Japan, New York, 1878
*7——Arnold, Japonica, pp. 44, 47
*8——ネットー、ワーグナー前掲書一七六ページ
*9——ブスケ前掲書『1』九九ページ
*10——モース『その日・2』六八ページ
*11——Bird, ibid., vol. 1, p. 143
*12——オールコック前掲書『上巻』二〇一ページ
*13——カッテンディーケ前掲書二〇二〜三ページ
*14——ヒロン『日本王国記』=『大航海叢書第十一巻』(岩波書店・一九六五年)六〇、六四ページ
*15——フロイス前掲書五三七ページ
*16——ツュンベリ前掲書一二一ページ
*17——フィッセル前掲書『2』一二五〜六ページ
*18——オールコック前掲書『下巻』二二六ページ
*19——オイレンブルク前掲書一〇八〜九、一四六ページ

＊20――モース『その日・1』一一ページ
＊21――Bird, ibid., vol. 1, p. 373
＊22――レガメ前掲書二〇三ページ
＊23――モース『その日・1』三七〜八ページ
＊24――Maclay, ibid., p. 347
＊25――フレイザー前掲書二三七ページ
＊26――同前一一九ページ
＊27――アンベール前掲書『上巻』八八ページ
＊28――Bird, ibid., vol. 1, p. 373
＊29――野田成亮『日本九峰修行日記』＝『日本庶民生活資料集成・第二巻』（三一書房・一九六九年）一三ページ
＊30――モース『その日・2』一八〜九ページ
＊31――ブスケ前掲書『1』九九ページ
＊32――ネットー、ワーグナー前掲書一七六〜七ページ
＊33――オールコック前掲書『中巻』三八八〜九ページ
＊34――アリエス『子どもの誕生』（みすず書房・一九八〇年）
＊35――チェンバレン前掲書『1』一五五ページ
＊36――Bird, ibid., vol. 1, p. 373
＊37――Jephson and Elmhirst, ibid., p. 68
＊38――チェンバレン前掲書『1』一五五ページ

＊39——フレイザー前掲書一五〇～一ページ
＊40——Bird, ibid., vol. 1, pp. 134～5
＊41——Bird, ibid., vol. 1, p. 339　邦訳書では省略。
＊42——James st. Vincent de Saumarez（1843～1933）一八七六～八〇年、英国公使館二等書記官（『アーネスト・サトウ公使日記1』＝新人物往来社・一九八九年、二七一ページの訳注による）。
＊43——Bird, ibid., vol. 2, pp. 211～2　邦訳書では省略。
＊44——ヴェルナー前掲書八九ページ
＊45——メーチニコフ『回想』一三四ページ
＊46——ネットー、ワーグナー前掲書一七六ページ
＊47——ブスケ前掲書『1』九九ページ
＊48——チェンバレン前掲書『1』一一八ページ
＊49——モース『その日・1』一一ページ
＊50——ギメ『かながわ』二四～五ページ
＊51——ネットー、ワーグナー前掲書一七六ページ
＊52——Bacon, JGW, p. 11
＊53——Bird, ibid., vol. 1, p. 173　この五歳というのは数え歳であろう。バードの質問に女が満年齢で答えたはずはないから。二十二歳というのも聞き違えの可能性はある。
＊54——Bacon, JGW, pp. 7～8
＊55——Arnold, Seas and Lands, p. 207
＊56——Bird, ibid., vol. 1, p. 373

＊57――カッテンディーケ前掲書二〇三ページ
＊58――モース『その日・2』七八ページ
＊59――ポルスブルック前掲書一一一ページ
＊60――グリフィス前掲書一五五～六三ページ。「源氏と平氏」という模擬戦については、クラークが静岡学校で行われたそれの詳しい記述を残している（クラーク前掲書六一～四ページ）
＊61――Holmes, ibid., p. 12
＊62――グリフィス前掲書一六二、一六〇ページ
＊63――同前一五三ページ
＊64――スエンソン前掲書九七ページ
＊65――ヒューブナー前掲書九六ページ
＊66――Fortune, ibid., pp. 35～6
＊67――Osborn, ibid., pp. 136～7
＊68――グリフィス前掲書一六四ページ
＊69――モース『その日・2』六九ページ
＊70――グリフィス前掲書三九ページ
＊71――スエンソン前掲書四五、九六ページ
＊72――パーマー前掲書一八ページ
＊73――シッドモア前掲書八一ページ
＊74――ムンツィンガー前掲書
＊75――チェンバレン前掲書『1』一一七～八ページ

＊76――モラエス前掲書一七三ページ
＊77――モース『その日・3』一五九ページ、一七九ページ
＊78――Bird, ibid., vol. 1, p. 361
＊79――ホジソン前掲書一三四ページ
＊80――同前一二八〜九ページ、六〇ページ
＊81――同前一四一〜二ページ、一四五ページ
＊82――同前二二二〜四ページ
＊83――同前二六三ページ
＊84――同前二六三〜四ページ
＊85――Bird, ibid., vol. 1, pp. 223〜4
＊86――カッテンディーケ前掲書二〇三ページ
＊87――チェンバレン前掲書『1』一一七ページ
＊88――柳田国男編『明治文化史13・風俗』（原書房・一九七九年、元版は一九五四年刊）二八三〜四ページ
＊89――氏家幹人『江戸の少年』（平凡社ライブラリー・一九九四年）七四〜九六ページ

第十一章　風景とコスモス

欧米人たちに日本を楽園と感じさせた要件のひとつが、その恵まれた自然の美しさだったことはいうまでもない。彼らは口を揃えてその美しさを讃美せずにはおれなかった。

彼らの多くはまず長崎に寄港したが、その美しさはすぐに彼らの間で語り草になった。プロシャの輸送艦エルベの艦長としてこの港に入ったとき、ヴェルナーは「すでに港の美しさについて多くのことを聞いていた」。しかし「期待は現実によってまったく凌駕された」。リオ・デ・ジャネイロ、リスボン、コンスタンチノープルは世界の三大美港とされているが、「長崎の港口はこれら三港のすべてにまさっている」[*1]というのが彼の実感だった。ポンペは一八五七（安政四）年初めて長崎湾の風景を見たときのことを、「乗組員一同は眼前に展開する景観に、こんなにも美しい自然があるものかと見とれてうっとりしたほどであった」と記している。彼はオランダ海軍の教育隊員としてこの地で任務につかねばならないのだったが、「本当にここで二、三年生活することになっても悔いるところはない」と感じた。[*2]リンダウは「私はヨーロッパ人で、長崎の町の素晴らしい位置とその全景の魅力的な美しさに心打たれることなく長崎に上陸した者を知らない」[*3]と言っている。

長崎は郊外も素晴らしかった。ヴェルナーとおなじくオイレンブルク使節団の一員であるベルクは「郊外の美しさはたとえようがない。どこに足を向けようと豊饒ですばらしい景観だった」[*4]と記す。オランダ教育隊の隊長カッテンディーケも長崎の郊外についてこう述懐している。「四囲の情勢が変わりさえすれば、こんな美しい国で一生を終りたいと何遍思ったことか。例えば二本木、浦上、北華山、金比羅、蜜柑山、三形その他の場所の名は一生忘れることはできない。これらの地に住む人々こそ、地球上最大の幸福者であるとさえ思われた」[*5]。

日本の自然の美に彼らがきわめて鋭敏に反応したのは、ひとつには、それが彼らの母国の自然と温帯的な特徴を共有していたからかもしれない。グラント将軍の随員として一八七九（明治十二）年に来日したヤングは、長崎港に入ったときその美しさから故国を想い出していた。グラント一行は欧州に遊んだあとインド、東南アジア、中国を経て日本を訪れたのだが、ヤングは「ココヤシとか、褐色の干からびた土地とか、赤く燃えた空とか、野生のつる植物が茂る森などにうんざりしていた」。ところが彼が長崎で見たのは「どれもみな緑の美しさ」だった。「温帯の昔からのこういった緑を、私はイギリスを発ってからというものまだ見たことがなかった」。「緑地は正直ですなおな、汚れのない色をたたえ、丘の頂上から水際までつづき、長い気持のよい影を水面に投げかけてい」[*6]た。

チェンバレンにとって、日本の魅力は「下層階級の市井の生活」を初めとして数々あったけれど、中でも「心を奪われる」のは自然の美しい景観だった。「苔むす神社に影を落している巨大な杉の樹。言いようもないほど優美な幾何学的曲線を描く円錐形の火山。油断なく飛び石伝いに渡らなければならない渓流。蜘蛛の糸のように伸びていて一歩踏むごとに震える吊り橋が懸かる深い谷川。野の花が絨緞のように敷きつめ、鶯や雲雀の啼き声が響き渡り、微風の吹く高原。霧が白い半透明の花輪となって渦巻く夏山。深紅の紅葉と深緑が交錯する谷間。その谷間から上を見上げれば、高く聳える岩壁は鋭い鋸歯状の線を描き、青空をよぎっている。――確かに日本の美しさは、数え上げれば堂々たる大冊の目録となるであろう」[*7]。

一八六二（文久二）年から七五（明治八）年まで、初めはプロシャ領事のちにはドイツ公使として在日したブラントは、日本に対するなかなか辛口の批評家だったが、その彼にとっても日本の自然だけは「不断の喜び」であり「無上の慰め」だった。「花咲く椿の枝に雪が積もったり、針葉樹の密林から棕櫚や木生シダが覗いたりする」「北国の植物と熱帯性植物の特異な混生」に彼は深い感銘を受けた。猟銃を肩に山野を行けば、「小川や水田は青と白の菖蒲に縁どられ、草地には黄や白や虎ぶちの百合が一面に咲き乱れていた。丘には色とりどりの躑躅《つつじ》が咲き誇り、また松の杜、竹藪、そして秋には浅黄深紅の濃淡も見事な楓の林など、いずれも心を強くとらえて離さない」。春夏秋冬を問わず、日本の田園は遊子の心を魅了せずにはおかないのだった。[*8]
日本の秋景は、遅々として進まぬ幕府との交渉に気を腐らせるオイレンブルクの心をもとらえた。一八六〇年十一月十七日の日記に彼は書く。「今日ヒュースケンとリヒトホーフェンと共に散歩した騎行は永くはなかったが、非常によかった。私の生涯中で此処ほど美しい木の葉の色や秋の景色を見たことはない。全く飽かぬ眺めであった」。同月二十六日にはこう記載される。「冬が来た。……この数日の中に急に落葉した樹々はほとんど丸裸になっているが、近所の美しさは之がために傷つけられない。むしろその反対だ。両側とも深い藪に覆われていた私たちの騎行道路の多くから、遠くが見渡されるようになって、野や丘や常緑樹の森が見えて、素晴らしい眺めだ。美しい澄んだ空気と快適な騎行。この上何を望もうか。この土地にいて、このような好い人達の間に、またこのような美しい自然の中に住めば、本当に幸福になれるだろう」[*9]。
そして春は……。アンベールは言う。「世界中でこれ以上絢爛たる開花と、笑みこぼれるよう

●江戸の近郊（P. E. O）

な、そして優雅に満ちた春の植物を求めることはできまい」[*10]。もっとも彼は、日本の美しい自然と匹敵しうるのはスイスの風光だけだと感じながら、一方また、「自然に人間の手が加わえられすぎて」おり、「憂愁の魅力に欠けている」という感想を書きつけてもいるのだが。

ベルクは江戸近郊の田園の美にうたれた。「これほど優美な地方を考えることはできない」と彼は言う。「至る所に農家、村、寺院があり、また至る所に豊かな水と耕地がある。……作地は花壇のように手入れされ、雑草は一本も見ることはできない」。竹林の中の農家、高くのびた杉の木蔭道、緑の木立に隠れたお宮。椿、槙の生垣。「植物相は無限なほど形態が豊富」[*11]だ。

フォーチュンは江戸西南郊へ遠乗りに出かけた時のことをこう書いている。「この時われわれが通ったような魅惑的な道に、私は他の国々を遊歩した際に出会ったことはなかった。それは時折、英国の田園地帯のいくつかで出会った道を思い出させたが、最初は先入見があったにもかかわらず、英国にはこれと較べられるようなものはないと認めないわけにはいかなかった。広い並木道や、松やとくに杉の木立としばしば出会ったが、その木立は道を縁どってすばらしい日蔭をつくり出していた。時折みごとな生垣も目についた。それはときにはさまざまな種類の常緑樫、ときには杉などの常緑樹でできていた。丁寧に刈りこまれ、あるときは、わが英国貴族の庭園でよくお目にかかるヒイラギやイチイの丈高い生垣を思い出させるほど、高くのび揃えられていた。どこでも小屋や農家はきちんとしており清潔に見受けられた。こんな様子はほかの東洋諸国では見たことがない。……風景はたえず変化し、しかもつねに美しい――丘や谷、広い道路や木蔭道、家と花園、そこには勤勉で、労苦におしひしがれておらず、明らかに幸せで満ち足りた人々が住んでいる」[*12]。

一八六一（文久元）年から横浜で暮らした米人宣教師の妻マーガレット・バラ（Margaret T. K. Ballagh 一八四〇～一九〇九）も、この生垣のファンだった。「横浜をはずれたあたりではとても見事な生け垣が見られます。田園地帯の素晴しさは、おもにこうした生け垣のおかげなのです。みすぼらしい農家が素敵な生け垣にすっぽりかこまれ、家そのものはわびしくても全体としてはとても美しい情景になっています」[*13]。

日本の家屋は一般に木造平屋建であるから、村の家並みは単調になりがちだった。モースによればその「うんざりするような単調さ」を救っているのが「絵に描いたように美しい」茅葺屋根なのだった[*14]。フォーチュンは、これは寺院の茅葺屋根についてであるが、「私は世界中どんなところでも、こんなに美しい茅葺は見たことがない。まったくこれは、日本を訪れるあらゆる外国人の嘆賞の的となっている」[15]と記している。

シッドモアは横浜近郊の農家を次のように描写する。「この道路に面した百姓家は絵のように美しく、とても実利一点張りの用途を持つものとは思えない。現実の住みかというよりは、むしろ今まさに巻いて片づけようとする舞台用の絵のようなのだ。草ぶき屋根は新しいうちは明るい黄色だが、古くなると色も変って柔らかな落着いたものになる。雑草が生え、親株のまわりに子株をつけた植物が小さな灰緑色の束となり点在する。また、棟木づたいには、育ちざかりのユリの花床も見える」[16]。シッドモアがユリと記しているのは、あやめ科の

●江戸近郊の農家。屋根にいちはつが植えられている。
(Fortune, Yedo and Peking)

多年草いちはつのことらしい。『広辞苑』には「火災を防ぐという俗信から、わら屋根の上に植えることがある」とある。この茅葺屋根の棟の花壇についての記述は多いが、たいてい百合とか菖蒲とか記されている。しかしモースが「北日本の家屋の屋根梁の多くは赤い百合で覆われている」という一方、「東京付近では、青いいちはつがこの装飾に好んで用いられるらしい」と記しているところをみれば、百合を屋根に植える場合もたしかにあったのである。

いずれにせよその光景は美しかった。モースは言う。「高くて広い、堂々たる古い萱葺の屋根が素晴しい斜面をなして軒に達し、その上に赤い百合が風にそよいで並ぶこれ等の屋根が、如何に美しいかは、見たことのない人には見当もつかない[*17]」。ボーヴォワルも横浜西郊で「青い百合」で飾られた屋根を見た。この「空色の光輪さながらの空中庭園」について彼はこう述べる。「つつじや椿の茂みの間に散在するこうした家々は、わら屋根の上の部分が土の軽い層で覆われており、そこには濃い毛の冠り物のように、花ざかりの青い百合が栽培されていた[*18]」。この「青い百合」というのはむろんいちはつのことだ。アンベールは言う。「田舎を大観すれば、一言でいうと一つの公園であり、庭の続いたものであり、そこに農家が点在する。……茶屋は無数にあって、魅力ある隠れ家には自然の美しさがみちている……その屋根の頂きまで咲き揃った鳶尾《いちはつ》の花が輝いている[*19]」。

ヒューブナーは明治四年に富士山の北東山麓を旅行したが、彼が通過した村々は「どれも清潔で瀟洒で、見るからに栄えている様子」だった。「美しい大きな村々が短い間隔をおいて次々に現われる」。帰途に立ち寄った静岡県の小村は「木の生い茂った二つの山に挟まれて佇む様子がなかなかあだっぽい。村の中を澄んだ小川が流れ、美しい花々が川岸に咲いている」。村長の家まで降りてゆくと、「それは珠玉のようにかわいい家だった」。村々をつなぐ「街道はただの小道にすぎないが、しかし手入れが行き届いており、たいへん活気にあふれてい[*20]」た。

モースが日光への旅の途上通った道路も「ニューイングランドの田舎で見受けるものより遥かによかった[*21]」。そして道はしばしば両脇に並木が植えられていた。ジーボルトは参府旅行のさいに、大村湾を見晴らしながら「一マイルに及ぶサクラの並木道に沿って進んだ」と記している[*22]。ギメは日光見物の途中、例幣使街道のみごとな並木道を人力車で行きつつ、「日本の道は何と夢のようなのだろう[*23]」と感じた。道を行けば回り燈籠の絵のような変化が待っている。ジーボルトは播州竜野あたりの風光をこう描いている。「いまわれわれは幅広い街道に立ってすばらしい景色をあかず眺めた。両側に緑の苗床や菜園があり、マツ林を通りぬけ、村々の間を通るよく手入れされた道は、わが故郷の公園にある散歩道に似ていた。この道は、曲り角に来ると新しい景色が旅行者を驚かすように考えて作ったように思われる[*24]」。

フィッセルは「この地上の天国またその美しい自然」の魅力にとりつかれ、その様を「十分に満足の行くまで描き出すことは、到底私の力の及ぶところではない」と感じた人物であるけれども、参府旅行の折に見た「都の近くにある湖水」は、イタリアのマジョレ湖よりもっと美しいと言っている。「夏の日には、そのような湖水の上には何百もの帆がただよい、数えきれぬほどの遊覧船が、さながらまき散らしたかのように浮んでおり、夕べには照明の燈りが美しく、また音楽が聞えて散策する者を水辺に誘い、人々は気晴らしに興じるのである[*25]」。スエンソンによれば

「日本のジャンク船は本当に絵のように美しい」[26]。

時代は一八八九（明治二二）年にくだるが、英国駐日公使として赴任する夫に伴ったメアリ・フレイザーは、瀬戸内海を航行中、白帆の大群に取り囲まれたときのことをこう描き出している。「海は突如として、白いオウム貝の小艦隊のように見えるもので覆われた。いずれも張り出した帆をはためかせ、太陽を浴びて水を切りすすむ百のへさきが奏でる涼しい音楽を響かせながら、私たちのまわりに寄り集まってくる」千差万別のパタンをもつ日本の舟の帆が「独特の柔らかな輝きをたたえて風をはらむ姿は、青空を背景に銀の蜘蛛の巣を眺めるようだった」。彼らはまるで北京の円明宮の白い蓮の花のように、彼女の船を取り巻いて動けなくし、風向きが変ると広い半円をなして流れ去り、「やがて夜のとばりがおりると海の果をかざる星の縁取りとなったのである」[27]。

フレイザー夫人はまた、日本の山々の独特な美しさにうたれた。「松の木に縁取られた日本の山々ほど、ひとつひとつがこの世ならぬ個性の美しさをたたえているものはない。曲線や突起のある、繊細でしかも大胆な表情。それらは西洋の山にはないものだ。頂きにはかならず一群の松がなごやかに並び、靄が涙のしずくをたらす暗緑色の小枝や、強い日ざしを受けて輝く金銅色の大枝を張り出している」[28]。彼女はローマで生れ、アメリカ、イギリス、スイス、プロシャ、オーストリア、中国、チリなどで暮らしたことのある人物で、けっして狭い限られた比較でものを言っているのではない。

観察者の多くは、日本の森林がよく保護されていることに気づいた。たとえば、一八五五（安

●群れをなして飛ぶ鳥（P. E. O）

政二）年に箱館と下田を訪れたリュードルフは書いている。「日本に至る所に素晴らしい森林があり、木を育成したり保持するために、多大の労が払われていることは特筆に値する。だから当局の許可がなければ、木の伐採は認められていない。また伐採されたあとには、若木が必ず再び植林される。森はそれ自体で、国土の景観を美しくしている[*29]」。

鳥もまた保護されていた。リュードルフは「鳥という鳥がみなよく人になれている」のに驚いた。「たとえば、鴨がわれわれのボートのすぐそばまで来たり、雀が人家に入る。こうしたことは狩猟の禁止に原因があるらしい。鳥獣を撃つことは厳重に禁じられている[*30]」。しかしこれは、早くから出島のオランダ人によって知られていることだった。ツュンベリは「銃で脅かされたり乱獲されたりすることがない」ので、「しばしば信じ難いほどの大群がいる」と記している[*31]。ジーボルトは参府旅行のさい、尾張の砂子川の砂州に数千の野鴨が集まっているのを見た。聞けば藩主の命で保護されているという。池鯉鮒（現在の知立）の手前では、稲田の中に何羽かのトキを認めた。村の乙名にこの珍鳥を撃たせてほしいと申し出ると、火器の使用は当地の藩主によって禁じられているとのことだった。[*32] いやツュンベリやジーボルトをまつまでもなく、日本の鳥がまったく人馴れしていて、街道周辺におどろくほど多数群がっているというのは、一六五一年、オランダ使節団の一員として参府したヴィルマンのすでに認めるところだったのである。[*33]
一八六三（文久三）年四月、平戸を経て瀬戸内へ入ったアンベールの次の記述によれば、日本が鳥の楽園であるのは、海上から一見してあきらかだった。「日本群島のもっとも特色ある風景の一つは、莫大な数の鳥類で、鳴声や羽搏きで騒ぎ立てている。ここでは鷲や禿鷹が岩の上を飛び回っているかと思うと、かしこでは鶴が杉林から悠然と飛び立っている。はるか彼方では、鵜や鷺が葦の茂みや潮のさしこむ静かな入江で魚をあさっている。至る所で雁や鴨が秩序正しい列をつくって、波の上を飛んだり空を渡ったりしており、鷗や海燕《ちどり》が岬や暗礁のあたりを群をなして飛び交っている」。[*34]
狩猟は江戸十里四方でも禁じられていた。だから江戸はまさに鳥類の天国だった。その様相を伝えているのは『オイレンブルク日本遠征記』の著者ベルクである。江戸城の「堀は所々大きな池となって広がる。見事な樹木が蓮の生えた浅い池の上に枝を垂らし、その池には何千という野鴨が住み着き、また城壁の樅の木には、無数の鳥やその他の猛禽が巣くっている。これらの鳥は誰にも追われたりしない。その狩猟は将軍のみが持つ特権に属するものだからである」。「池上から西へ丘陵を越えて行くと、小さな湖（洗足池）に出る。秋になると、そこには何千という野鴨がやって来るが、ここでも江戸の周辺と同様、誰もこれを捕えることは許されない。この地方は鳥類が豊富なのである。ことに鷺や鶴は田圃の泥の中を歩いて、蛙や魚を注意深く探している。冬には、ここに雁の大群が集まってくる。農夫たちはときおり釣針でこれを捕えるそうである」。「大君の家の北の墓地（寛永寺霊廟）」を囲む庭園は、中には入れてもらえなかったが、外から見ると魅力的で、隣接する「湖には蒼鷺の大群と無数の野鴨が住みついており、沈む夕陽の光を浴びて、えもいえぬ光景を呈していた」。[*35]
江戸十里四方の禁猟についてはアルミニヨンもふれているが、彼は、農民が「これらの小鳥の農作物に及ぼす害を気にせず、そのことでこぼしているようにさえ思えない」のが不思議だった。「日本の夏は湿気が多いため虫が多く、小鳥はそれをとって食うからだろう」と彼は推測した。[*36]
江戸が当時世界で最大の人口を擁する巨大都市であることは、来日した外国人たちにもよく知られていた。しかし彼らが実見した江戸は、彼らの都市についての概念からあまりにかけ離れた「都市」であった。それはヨーロッパの都市と似ていないのはもとより、彼らの知るアジアの都市にも似ていなかった。つまり江戸は、彼らの基準からすればあまりに自然に浸透されていて、都市であると同時に田園であるような不思議な存在だった。ひと口でいえば、それは巨大な村だったのである。
一八五九（安政六）年、ムラヴィヨフ訪日艦隊に勤務する英人士官ティリーは、江戸市街から四マイルほど離れた碇泊地からの眺めを次のように述べている。「碇泊地から見たところでは、世界でも最大の人口を擁する都市のひとつの近傍に、いま自分はいるのだといった気はまったくしない。波止場とか、聳えたつ建築物とか、尖塔や仏塔といったものは、探したって見つからない。そんなものは日本にはありはしないのだ。目に入るのはただ、ところどころ丘陵でとぎれた低い波打際が、緑に覆われて内陸の方へ次第に高まっている有様と、その背景をなす高い山並みだ。そしてその上にひと際高く、一万二千フィートの壮麗な円錐形火山が四十マイル彼方に聳え立っている。だがじっと見ていると真相があらわれてくる。夜になると、岸辺に沿って何マイルも燈火が暗闇の中で瞬くのが見えるし、昼間望遠鏡をのぞくと、岸辺に沿ってとぎれずに続く低い家並みが見え、はるか彼方に木立に囲まれた寺院のとがった屋根が見える。そして、往き来する帆かけ船の数や、湾上にそれぞれ群をなして散らばる漁船の船隊のにぎやかさから、自分が巨大な人口を有する地域の近くにいるのだということを思い出すのである」[*37]。ヴェルナーも「江戸はいわゆる百万都市でありながら、まったくヨーロッパの大都市とは比較できない」と感じた。それはむしろ「巨大な豊裕な村」の連なりのように思われた。「何か壮大なもの」が光景には欠けているのだ。「突然江戸に来た者は、将軍の居城のみが都市自身であり、これに反し江戸の市街地はいずれも郊外かあるいは周辺の村落だと思うであろう」[*38]。

　ブスケは一八七二（明治五）年に来日したのだが、東京と名を変えたばかりのこの都市に対する彼の初印象は次のようなものだった。「ひとは少なくとも一個の壮麗な都、巨大な門、壮大な様式の町並や橋を見出すものと期待する。しかし、東海道を通ってここに着き、汚い車を傭って乗り、木造の低いそして古くなって黒ずんだ家が立ち並び、時々空地を通りぬける汚い不揃いの道を走り廻るとき……何という裏切られた気持になることだろうか」。つまり彼にも江戸は「はてしない木造の村」に見えたのである。しかし、都市と田園を峻別し、モニュメンタルな壮麗さを都市の指標とするような都市概念からひとたび自由になれば、江戸の都市としての特異な魅力はいやでも見えて来ずにはいなかった。幻滅的な第一印象を述べたあとで、ブスケは自問自答する。「だが住みつくと、この都会からなかなか抜け出せなくなるのはどういうわけだろうか。そこであちこち歩き回っても倦きないのはどういうわけだろうか。それは、この街が貧しい小さな家の単調でありふれた外観の下に、限りない変化を与えられているからであり、また、そこで人に知られぬ絵のような場所を毎日見つけることができるからである」[*39]。緑の丘陵と谷間の水流、庭園、寺社、森、野原――つまり「江戸の美は田園的なもの」なのだ。

ベルクも江戸の特異さを、それが田園をとりこんだ都市だという点に認めた。「寺院の多くは丘の上にあり、常緑の樹々に覆われ、広い墓地に取り囲まれている。また大名の所有地も壮大な公園・庭園施設をもっている。そこで至る所、緑の樹々と水の流れと、実に多種多様な建築物が見られる」。表通りには人家が密集しているが、「裏街道ならすぐ楽しい田舎の風景に接するのである。田園の造りも、人口が密集した地区の中にまで入り込んでいるから、もともと都市と田舎との境界をはっきりつけることは困難である」[*40]。ヒュープナーは「繁華街にある英国大使館を出て小路を下ると、少しずつあたりは村のようになってくるが、もう少し歩くとまったく人気のない静かな田舎のような場所に出、さらにもっと進むと今度は街中に戻るのだ」[*41]といい、一八六三

（文久三）年に来日したフランス海軍将校ルサン（Alfred Roussin 一八三九〜一九一九）は「人々に溢れ、喧騒にみちた街路から外に出ると、いきなり静かな長い道路、時には田畑や果樹園へ入りこむ」[*42]という。ブラントの記すところもまったくおなじだ。「江戸においてさえも、幾らも歩かずに、賑やかな表通りから仄暗い静寂な寺の森へ行ったり、家並みが姿を消し、田畑や湖沼、緑の丘が続く台地へ出ることができた。そしてこうした丘の上にはきっと寺院の屋根や朱塗りの塔がそびえ、その丘の遠い彼方には富士が見えたのである[*43]」。

富士といえば、ミットフォードは横浜初上陸のさいひどい悪印象を得て迎えた翌日のことをこう記している。「午後のひととき、公使館のまわりをぶらぶらと歩いていると、不意に水平線から、なだらかに優美な曲線をえがき、白雪をいただく円錐形の山頂がくっきりと天空にそびえ立つ富士山の全容が、私の目に映った。私は名状しがたい強烈な興奮に駆られた。昨日までは考えもつかぬ狂気にちかい気持の高ぶりであった。そして、その時の異常な興奮はいまもなおその余韻がさめやらぬし、おそらく生涯の終りまで消えることがないだろう[*44]」。

「数多くの公園や庭園がこの江戸を埋めつくしているので、遠くから見ると、無限に広がる一つの公園の感を与える」と書くのはリンダウである。「江戸は庭園の町である。それはどこまで見ても際限のない、海に洗われ、大きな川に横切られ、別荘で飾られた町である。いくつかの界隈には、規則的な通りを作っている家々の途切れることのない連続が見られる。しかし目を移すたびごとに、寺院や庭園や屋敷が町並の統一性を壊しにやってきて、江戸を世界で最も個性的なものにし、初めて見た時旅行者に、最も強く最も心地よい驚きを生み出させるあの特異な様相を作り出しているのである」[*45]。

長崎分析究理所で化学教師の任にあったオランダ人ハラタマ（Koenraad Wouter Gratama 一八三一〜八八）は、一八六六（慶応二）年初めて江戸を訪れたが、彼の目にも江戸は田園に見えた。「日本の町はどこも余り変りばえがせず、似たりよったりですが……江戸は例外で、全く特別な印象を受けました。……町中ところどころに公園と云ってよい大きい庭園があるので、まるで田園の村の中にいるような気分になります。……町屋、屋根、庭、街路の織りなす多様さが素晴らしい景観をつくり出しています。町の一方は、地平線の彼方まで伸び、もう一方は、無数の漁船が群がる江戸湾に臨んでいます」[*46]。

風俗習慣については無粋で口やかましいスミス主教も、ある丘の上から得られた「江戸の美観《ベルヴュー》」を前にしては、表情もゆるんだようだ。「こんな地点にいると、自分がいま二百万の人びとのただ中にいるのだという事実を実感するのがむずかしいときがある。まわりの全景はハイド・パークあるいはケンジントン・ガーデンの連続といったふうだ。すなわち緑の斜面とこんもりした木立からなる一都邑で、ひろびろとした道路はときには開けた野面まで延び、いたるところ路ぞいに人家がまばらに散在している。南を望むとはるか先に、和船の一群を泛《うか》べた港の美景が、向う岸のおぼろにかすむ丘陵まで、ずっと拡がっていた。家々の輝く白壁や点在する寺院が、もっと人びとがひしめきあう商業地域の町々から立ちのぼる靄で、ちょっとばかりかすんで見えるのを別にすれば、人口稠密な首都の存在を思わせるものはほとんどなかった。ひとつを除いてヨーロッパの首都を全部訪れたことのある友人が、木立に恵まれた風景の美観と、周辺の絵のような眺めという点では、江戸は西洋諸国のあらゆる都市を凌駕しているという意見を開陳するのを、私は聞いたことがある」[47]。

ボーヴォワルは、城壁の上にそそりたつ椿や月桂樹などの生垣に気をうばわれた。「まわりを白い羽毛の神聖な鳥がひらひらと飛んでいる。この生垣は、わたしがかつて夢に描いたバビロンの空中庭園よりも、もっと輝かしく、もっと夢幻的であるように思われた」。泉岳寺へ登ると「台地の高みから見えるものは、やぶの茂みと緑の小さな谷ばかり。人口数十万の都市のただ中において、ヴィルギリウスによって歌われた緑地の静けさが息づいている」[48]。

しかし、江戸というこの特異な都市への頌《オード》として最後に引くに値するのは、やはりオールコックのそれだろう。「ヨーロッパには、これほど多くのまったく独特のすばらしい容貌を見せる首都はない。また、概して首都やその周辺の地方に、これに匹敵するほどの美しさ——しかもそれはあらゆる方向に、数リーグにおよんでいる——を誇りうる首都はない」。「この首都には、ヨーロッパのいかなる首都も自慢できないようなすぐれた点がある。それは、ここが乗馬をするのに、ひじょうに魅力的な土地だということである。都心から出発するとしても、どの方向に進んでも、木のおい茂った丘があり、常緑の植物や大きな木で縁どられたにこやかな谷間や木蔭の小道がある。しかも市内でさえも、とくに官庁街の城壁沿いの道路や、そこから田舎の方向に向かって走っている多くの道路や並木道には、ひろびろとした緑の斜面とか、寺の庭園とか、樹木のよく茂った公園とかがあって、目を楽しませてくれる。このように、市内でも楽しむことのできるような都市はほかにない」。江戸は郊外も美しい。太刀打ちできるのはイングランドの生垣の列の美しさくらいのものだ。「東洋的な太陽がほとんど一年中、晴れた空から万物の上に光の洪水をそそぎかけて、アーチ型をなしている木々から、たえず上下に変化する模様窓格子の絵のような濃い影をつくりだしては、われわれを驚喜させる」[*49]。

そしてフォーチュンの次の言葉は、この特異な首都についての、欧米人の見地からする概括的断案といってよかろう。「江戸は大都市であり、注目すべき点も多いが、堂々たる建築物、商店のみごとさ、その商品の値打ちのどれをとっても、ロンドン、パリといったヨーロッパの主要都市とは比べものにならない。江戸にはウーリッジやグリニッジはないし、セント・ポール寺院やウェストミンスター寺院も、シャンゼリゼやヴェルサイユもない。パリのブールヴァールやロンドンのリージェント・ストリートに似たものもない。……にもかかわらず、江戸は外国人訪問者の眼には驚異的な場所であり、つねに独特のひきつける力をもっている」[*50]。

江戸北郊の王子は、来日した異邦人が必ず一度は訪ねる名所だった。むろんここは有名な稲荷があって、江戸っ子の春と秋の行楽地だったわけだが、幕吏が欧米の外交使節をとくに好んでここへ案内したのは、そこがまた美しい茶屋で有名だったからかもしれない。アンベールは「実益と愉楽」「神聖と俗事」が結びついた庭園で、庶民に愛好されている、といったふうに紹介している。「これは山の峡谷の入口にあり、小さな川が滝となって流れ出して、谷の中を優雅に蛇行している。この清い流れの上に、茶屋の離れや回廊がずっと続いて建っている。水の清涼さと、建物を取り巻いた大木の緑蔭をともに満喫できる所である。客間や縁側や畳や障子は、輝くばかり清潔に手入れされているし、客扱いも際立って淑やかで、しかも質朴である」[*51]。

●江戸近郊・王子の風景（Tilley, Japan, The Amoor and The Pacific）

エルギン卿使節団は幕吏に案内されて王子まで遠乗りに出かけたが、オリファントの記述によれば、彼らはまず「どこまで行ってもきりがないように思われ」る江戸の広さにおどろかされた。街路は桃や梅の樹で縁どられ、「満開の季節には、実に見事な芳香に満ちた並木道となるに違いない」。街はまだ終っていないのに、庭園や田舎家が現われた。「果樹や、息がつまらんばかりにしめつける蔦の中に、藁屋根をもたげている小さな田舎家は、風雅にしつらえた色鮮やかな花壇にとり囲まれ、丹念に刈られた生垣の間に通路があった」。一行はその「雅致をきわめた趣味を見て、驚嘆と喜びにみたされた」。彼らは「イギリスの模範地区でも、江戸の郊外を飾っているこのような『飾られた小舎』を作ることはできないと感じた」のである。さらに印象深いのは、「町から遠ざかるにつれて、田舎家はいっそうまばらになったが、田園はいっこうに文明の様子を失なわな」

いことだった。最後に谷を下ってゆくと、「そこには見事な村が森に包まれて横たわっていた」。王子だった。美しい風景に囲まれた茶屋で、彼らは娘たちの「しとやかで品のよい」接待を受けたのだった。[*52]
ボーヴォワルも王子を訪れた一人である。「市街から田園へと気づかぬうちに移ってゆき、道路は次第に花咲く藤のしたかげの小径となった。ついさっき天守閣の濠をみたしていた水は、曲りくねった小川となり、つつじのトンネルの下から流れ出ていた。緑の楽園のただ中の、この蛇行する川ほど愛すべきものはない。ああ、日本の何と美しくのどかなことか」と彼は書く。そして彼もまたオイレンブルクと同様、「娘と若者五十名ほどが急流の清らかな水の中で戯れてい」るのを見たのである。[*53]
ヴィシェスラフツォフは王子もさることながら、そこへ到る行程に深い印象を受けた。彼は、宿舎の三田大中寺から騎馬で三時間ほどかかって「町の外に出た」と書いている。「われわれが通り抜けたのは見事な公園だったのか、それとも日本の首府の周辺地域は、どこに行ってもここと同じように美しいのだろうか」と、彼は正直な嘆声をあげる。「何と変化に富み、豊かな植物群であろう！」。高台に登って茶屋で休息すると、「眼前に突然、魂に焼きついて一生消えずに残るにちがいない景観が広がった」。銀色に輝く川や、エメラルドのような緑の稲田や、村々や木立や、波打つ庭園の樹々や、地平線の薄靄などからなるその風景は、「見たまえ、これが江戸だ」というひと言によってしか表わせぬ永遠の相に輝いていた。[*54]
オールコックが江戸について、「ヨーロッパには、これほど多くのまったく独特のすばらしい容貌を見せる首都はない」と述べたことの意味を、ようやくわれわれは理解する。江戸はパリやローマや、あるいはロンドンやウィーンのような、大廈高楼を連ねた壮麗な都ではなかった。江戸にそういうものを求めた観察者は、残らず深い失望を味わった。江戸の独自性は都市が田園によって浸透されていることにあった。だから欧米人たちは江戸と郊外の境い目がわからなかったのである。都市はそれと気づかぬうちに田園に移調しているのだった。しかも重要なのは、そのように内包され、あるいはなだらかに移調する田園が、けっして農村ではなく、あくまで都市のトーンを保っていたという事実だ。オリファントが「文明の様子を失なわなかった」と言うのは、そのことを指している。つまり江戸は、けっして「大きな村」なのではなかった。それはあくまで、ユーニークな田園都市だった。田園化された都市であると同時に、都市化された田園だった。これは当時、少なくともヨーロッパにも中国にも、あるいはイスラム圏にも存在しない独特な都市のコンセプトだった。後年、近代化された日本人は、東京を「大きな村」ないし村の集合体として恥じるようになるが、幕末に来訪した欧米人はかえって、この都市コンセプトのユーニークさを正確に認識し、感動をかくさなかったのである。すなわち、このような特異な都市のありかたこそ、当時の日本が、世界に対して個性あるメッセージを発信する能力をもつ、一個の文明を築きあげていたことの証明なのだった。

江戸には自然が侵入していたのではない。そのことを語るのはベルクだ。[*55] 江戸の街を飾る庭園について彼は言う。「日本の花園の施設は十七、八世紀のフランスのそれに似ている。亭ときっちり刈り込んだ灌木がある点でフランスと共通なのである」。むろん日本の庭園は、フランスのそれよりずっと規則的ではない。しかし「バロック的な人工性」では志向は似ている。「住宅に面した部分の庭園では、樹木も灌木も自然の姿をしていない」。扇や帆かけ舟やついたての形をした植物が生えている。美しい砂利道に盆栽や花鉢が置かれ、金魚の池や人工の曲りくねった小川には苔むした岩が突き出し、庭の隅には社《やしろ》が建っている。つまり「ここでは、自然はサロンのように着飾られ髪結われている」。そしてそういう庭園は「あらゆる不自然さにもかかわらず、流行に合わせて飾りたてた可愛らしい貴婦人のように美しく快い」。このように述べて、ベルクがさらにつけ加えている次の評語は注目に値する。「それは西洋の『よき社交場』の伝統的な教養や風習が求めているものと同様である」。すなわち彼は、江戸という街が示す田園的様相はひとつの文明の所産だと言っているのだ。

アンベールは江戸城の南、西、北には小高い丘が連なっているので、「美しい岩、こぎれいな谷間、洞穴、噴泉、池」などに恵まれていると記している。*56 なるほどこれは自然的条件であるだろう。だが彼が、こういう要素を巧みに利用して変化ある風景がつくりだされているというとき、さらに「もし自然に恵まれていなければ、生垣や蔓草の這う竹垣などを使って、気持のいい隠れ家とするように心を配る」というとき、言表されているのはあくまで自然が都市的田園に造形された様相なのだ。「庭の入口が通りに面しているときには、前を流れる掘割にひなびた橋を渡し、こんもり茂った喬木や灌木で橋が隠れるようにし、そこに足を一歩踏み入れると、人里遠く離れた原生林にいるような気がしてくる」。あくまで気がしてくるだけであって、もともとこれは模せられた自然だ。自然はやはりここでも「髪結われている」のである。アンベールは丘から得られる展望について、「この風景の全体を見ても、細部を見ても、すべてが精神を鎮静させ、やさしい夢想で精神を和らげ、うっとりした休息の楽しみ以外の印象を与えない」と述べている。これは、田園的であると同時にまぎれもなく都市であるところの江戸について言われた言葉なのである。「時に日本の景色、特に郊外の景色に浴せられる非難は、それがあまりに整いすぎているという点に向けられる。自然が十分に自然のままにされていないという非難だ[*57]」とスエンソンが言うのは、まさにこういう文明による自然の馴致しぶりに関わっていよう。

このような江戸の特異な魅力は、しかし明治に入ってからの改造によって大方失われたようだ。将軍と大名たちが江戸を見棄てたあと、広大な屋敷地は荒廃にゆだねられた。明治十四（一八八一）年に来日したフランスの旅行記作家エドモン・コトー（Edmond Cotteau 一八三三〜九六）は、そうした変化のため「かつての日本への訪問者を魅了した不思議な美しさの大部分は街に見られなくなってしまった」と記している[*58]。

観察者たちの眼には、しかしたんに日本の自然の美しさや、自然と融和した江戸の魅力だけが映ったのではなかった。その美しさもさることながら、彼らは、当時の日本人の自然と親和する暮らしぶりにおどろきと讃嘆を禁じえなかったのである。「日本人は何と自然を熱愛しているのだろう。何と自然の美を利用することをよく知っているのだろう。安楽で静かで幸福な生活、大それた欲望を持たず、競争もせず、穏やかな感覚と慎しやかな物質的満足感に満ちた生活を何と上手に組み立てることを知っているのだろう[*59]」という感嘆はギメだけのものではなかった。

彼らのある者は日本の田園の名物である茶屋に、自然との親和の好見本を見出した。「日本人

●江戸のある邸宅の入口（Humbert，前掲書）

は狂信的な自然崇拝者である。ごく普通の労働者でさえ、お茶を満喫しながら同時に美しい景色をも堪能する。したがって茶店の位置も、目を楽しませるという目的のために特別の配慮をして選んである」[*60]「わたしは、日本人以上に自然の美について敏感な国民を知らない。田舎ではちょっと眺めの美しいところがあればどこでも、または、美しい木が一本あって気持のよい木蔭のかくれ家が旅人を休息に誘うかに見えるところがあればそんなところにも、あるいは、草原を横切ってほとんど消えたような小径の途中にさえも、茶屋が一軒ある」[*61]。

ジェフソン＝エルマーストは「日本人で、茶屋に寄らずに通りすぎるような心の持主を見たおぼえがない」と言う。「金がある奴はお茶か酒、たいていは後者を一杯やる。金のないのは腰掛けに坐り、他人が一杯や

●江戸近郊の茶屋。屋根にいちはつが見える。(Humbert，前掲書)

っているのをじっと見つめてご満悦なのである」[*62]。

ブスケは「自然に対する素樸にしてほとんど度外れというべき愛」を、「日本精神の支配的な諸性質の一つ」とみなした。もっとも彼はその指摘に好意をこめたのではない。その自然への愛は、「地球が供する素晴らしい光景の無批判的で無制限な讃美」であって、自然の無秩序から秩序を生みだす精神の働きを欠くもののように、彼には思えたのである。しかしそういう彼でさえ、「芸術と自然とが相互に与えあっている美を日本の建築家ほど理解できた者は誰もいなかった」[*63]ことを、認めるのにやぶさかではなかった。

ヒューブナーは言う。「日本人は自然が好きだ。ヨーロッパでは美的感覚は教育によってのみ育み形成することが必要である。

ヨーロッパの農民たちの話すことといえば、畑の肥沃さとか、水車を動かす水量の豊かさとか、森の値打ちとかであって、土地の絵画的魅力についてなど話題にもしない。彼らはそうしたものに対してまったく鈍感で、彼らの感じるものといったら漠然とした満足感にすぎず、それすらほとんど理解する能がない有様なのである。ところが日本の農民はそうではない。日本の農民にあっては、美的感覚は生まれつきのものなのだ。たぶん日本の農民には美的感覚を育む余裕がヨーロッパの農民よりもあるのだろう。というのも日本の農民はヨーロッパの農民ほど仕事に打ちひしがれてはいないからだ」[*64]。ヒューブナーはオーストリアの貴族であり、かつメッテルニヒの腹心だったという外交官である。いったい彼は自国の農民についてどれだけのことを知っていてこういう断言をしたのだろうか。また、「肥沃な土壌と雨と太陽が仕事を半分してくれる」ので、日本の農民は戸口で寝そべって美しい風景を楽しんでいるなどと、どんな知見に基づいて書くことができたのだろうか。しかしこれが全部与太話だとしても、彼が前引のように感じたという事実は残る。彼は、自分が実見した富士山麓の美しい村々のたたずまいに幻惑されたのかもしれない。だが当時の日本の村のたたずまいには、自然美を生活の重要な一部としてとりこんだ暮らしを直感させるような、何ものかがあったことはたしかだ。

ヒューブナーは箱根の畑村の宿で、雨の一日を過す経験を持った。畑村はオランダ商館員の参府旅行記にもしばしば登場する集落で、ヒューブナーによれば「風光明媚と茶屋とその庭で有名な所」である。「読者諸氏にはこういう言いがたい幸福感を思い描くことがおできになるだろうか。つまり、篠つく雨が絶え間なく朝から晩までどしゃぶりに降って、快い涼しさをふりまいているなかで、……庭に向かってぱっと開け放たれた瀟洒な部屋で、とても綺麗な畳に寝ころがっているという幸せを」[*65]。つまりヒューブナーは、生活が自然のなかに露出していて、そのことによってかえって深いやすらぎを得るという、当時の日本人のすべてが知悉していた経験を生れて初めて味わったのである。その意味で、彼が駕籠に乗った経験を次のように記しているのも注目に値する。「駕籠に乗って旅をするのは、いわば地面すれすれに飛ぶようなものだ。午前中、草原を横切っている時、草や地衣類や花の茎が私の頬をなでていたし、私の視線は、歩行者なら足で踏むとすぐさま視界から逃れていく神秘的な地帯へと入りこんでいくのだった。これは私にとって一つの啓示のようなものだった。太陽は木の葉の陰や草の茎と戯れていた。私は蜜蜂や蝶や無数の昆虫が花々の萼にこっそり忍びこむのを観察した。それにしても何と美しい花々だったことか。巨大な撫子の花の上に優美に傾いている大きな釣鐘形の青い花。細長い草の円天井の下に咲いている百合の花。あらゆるものがこの国ではにこやかに笑っているのだ」[*66]。この記述によってわれわれは、駕籠で旅した古き日本人たちの前に世界がどのような相貌で現われていたか、まざまざと知ることができる。

徳川後期の日本人が四季折々の行楽をたのしむ人びとであったことは、いまさらとり立てて述べる必要もない事実だ。このことはむろん外国人観察者の注意をひかずにはおかなかった。一八五八年に江戸を訪れたオズボーンが早くもこう書いている。「江戸において公共の娯しみのために設けられた場所の数から判断すれば、日本人は非常に休日が好きな連中だと記述してしかるべきだ。町全体が庭園や茶屋や寺院でとり巻かれていて、老幼男女を問わず保養のためにしじゅうそこを訪れる」[67]。ベルクによれば、「日本の市民の最大の楽しみは、天気のよい祭日に妻子や親友といっしょに自然の中でのびのびと過すことである。墓地や神社の境内や、美しい自然の中にある茶店にも行く。老人たちは愉快に談笑し、若い者は仲間同志で遊んだり、釣をしたり、小さな弓で的を射たりする。釣や弓は若い女性にも好まれている遊びである」[68]。公園や郊外の田園でのどかに一日を過すという習慣は、むろん西洋人とて知らなかったわけではなかろう。十八世紀中葉、いわゆるロココ時代の、ワットーやブーシェによって代表されるあの田園趣味ひとつとっても、そのことはあきらかというものだ。しかしそれは貴族の趣味であって、庶民の楽しみではなかった。ベルクは自然のなかで休息し嬉戯する習慣が、庶民のあいだにひろまっていることに注目しているのだ。モースは言う。「この国の人々が、美しい景色をいかにたのしむかを見ることは興味がある。誇張することなしに、我国の百倍もの人々が、美しい雲の効果や、蓮の花や、公園や庭園をたのしむのが見られる」[69]。

スミス主教が長崎で得た見聞によると、「晴れた日には必ず、中流階級の商人たちが大勢家族連れで、休日の華やかな装いをして、田舎の絵のように美しい丘に登ったり、この国の街道や行楽地の名物である茶屋で飲食したりしに出かけるのが見られる」。「彼らは休みをとって楽しくやるのを宗教的義務とみなしているようだ」とスミスは感じる。スミスたちが馬に乗って田舎へ出かけると、村人たちは「今日は日曜（Zondag）かね」と問いかけてくる。彼らはこの言葉をオランダ人から学んで、単なる休日と思いこんでいるのだ[70]。

行楽のうちでも最大のたのしみが花見であったことはいうまでもない。シッドモアは明治十年代の見聞であるけれども、横浜近郊の杉田という梅の名所についてこう述べている。「梅見の期間を除けば、杉田の存在はほとんど注目を引かない。……花が開くと杉田は休日の雰囲気をかもしだす。茶店も開けば、立て場茶屋もさっと姿を現わし、赤もうせん敷きの縁台をたくさん小森じゅうに並べる。……浜辺に向けて小舟が数珠つなぎになってゆっくりと進入し、丘はと見れば、人力車の縦列が何組ともなく越えてゆく。とぼとぼ歩いてやって来るのは巡礼さんだ。……この小さな村里を訪れる者が一日に千人ということも珍しくない。……人込みなのに、万事が気品あり、落着きがあり、きちんとしている。枝もたわわな花の下に腰を掛け、沈思、夢想にふける人。梅花に寄せて一句を物し、書き留めた紙片を枝に結びつける人。こうした日本的な耽美ほどあか抜けした悦楽はないのだ[*71]」。

川添登によれば、江戸の桜花見の元祖は上野寛永寺で、寛文・延宝期（十七世紀後半）にはすでに鳴物入りで酒宴が行われていたという。しかし一六八〇年代になると、鳴物は御法度などかなり規制がすすんで、元文年間（一七三〇年代）には賑わいは飛鳥山へ移り、さらに寛政期（十八世紀末）には日暮里が栄え、天保期（一八三〇年代）には向島の全盛を迎えた。「寛政の頃の花見は、たんにドンチャン騒ぎをするのではなく、歌・浄るり・おどり・俳諧・狂歌などをする、という、はなはだ文化的な花見となって」いた。日本橋から四キロの地点にある飛鳥山が桜の名所となったのは、将軍吉宗が享保五（一七二〇）年から六年にかけて、江戸城内の吹上御所から、桜一二七〇本を移植させてからだという。「それまでの飛鳥山は、欅の多い単なる雑木山にすぎなかった」。吉宗が開いたのは飛鳥山だけではない。品川御殿山、隅田川堤、小金井堤などの桜の名所はみな彼が開いたのである。[*72]
むろん花見には泥酔や喧嘩口論がつきものだった。オールコックが書いている。「江戸の日本人は四月いっぱい郊外の庭園や寺へピクニックにでかけるが、これは彼らの大きな楽しみのひとつである。男や女や子供の群れが、一家ごとに野外の春を楽しむために木蔭の道を列をなして進んでいるのを見かけることがある。……悲しいことには、このような牧歌的な情景が、しばしば過度の飲酒のためにだいなしにされている。男たちは野外の花のさわやかさを吸入するだけではあきたらずに、酒を鯨飲する。この習慣が男だけに限られていればまだしもだが、実際は男ばかりに限られてはいない。帰り道はこれらの酔っぱらいのためにけんのんである[*73]」。
井関隆子も天保十一年三月の日記に、飛鳥山の花見のさいの出来事を伝聞してこう記している。「矢部の何がしとかや、女子《めのこ》など引つれて詣でけるに、夕づけて庚申塚てふわたりを帰りくる時、酔《ゑひ》しれたる男《をのこ》どもの打《うち》つれたるが、女ども具したりと見るよりわざとゆきあたり、いさかひせんとする様なれば、みなかいけち（搔い消ち）逃《にげ》けるに、幼き子を下郎に負せたる、おくれて来けるを、酔人ども引とらへていたくうちさいなみ、稚児ともに打《うち》も殺しつべき様なれば、あるじ引返してさまざま言和《いひなご》め、詫けるをさらに聞入れず、刀ぬきつれて切かかりければ、せん方なく立向ひ打あふほどに、壱人をば切たふし、いま一人は手を負ひ皆逃失たりとぞ[*74]」。隆子はこういう酔漢について、「遠き国々より出《いで》来て、国の守などに仕うる男」が、「酔しれたるひたぶる心に、男女の打まじり遊びありくを見て、すずろに妬ましう思ふより、……とかくしていさかひを求め、浅ましき事をば仕出」すのだと注釈しているが、これではオールコックが「彼らの飲酒癖やけんか癖は、ヨーロッパの北方民族にけっしてひけをとらず、飲むと最悪で、ひじょうに狂暴となる」というのも無理はないところだ。

一方モースをはじめとして、祝祭や娯楽の場における日本人のマナーのよさを賞讃している観察者は少なくない。シッドモアも明治十年代の向島の花見について、客たちのおどけぶりと陽気さを「全員が生まれつきの俳優、弁士、パントマイム役者なのだ」と評しながら、「こんなに酔っぱらいながらも、表現するのは喜悦と親愛の情だけで、いさかいや乱暴な振る舞いはない。野卑な言葉も聞かれない」[*75]と述べている。いささか好意的にすぎる見方かもしれないが、やはりこれは彼女の実感だったのである。それもこれも、古き日本人の一面だったのだとここでは言っておこう。

話は日本人の酒癖に脱線してしまったけれども、花見の例が雄弁に語るように、日本人の行楽は四季折々の花々と切っても切れぬ縁にあった。まさにそれはシッドモアのいうように「花の祭典」の観を呈していた。彼女は「暦は花の咲く時期に分かれている」といい、明治十年代の東京での梅、桜、つつじ、牡丹、藤、菊、楓の名所を数えあげている。[*76]注目すべきなのは、この四季の花々が団子坂の菊人形の例を見てもあきらかなように、高度に園芸化された産物だったことだ。

ジーボルトは大著『日本』に『花暦について』という一節を設け、「貧しい田舎のわらぶき屋根の下にも、緑の葉や花をつけた枝がそれぞれの小さな場所を得て、家の神々を助けている。咲き匂う桜や藤棚の下で、愉快な宴会が開かれて喜びと親しみを増し、音楽や詩が植物界の奇蹟をたたえる……豊かな自然は、この風土の自然人に永遠の暦を与えた。自然は四季を象徴する植物を与え、月々を暗示する花々や果実をきめてくれた。日本人はそこから花暦をつくり出した[*77]と述べている。彼は文化七年に江戸で刊行された『茶席挿花集』とか、文政八年刊の『乙酉花暦』、あるいは大阪刊の絵入りの花暦などに依拠しつつ、月々の花々を列挙しているが、その花木や草花はいずれも自然が与えたというより、徳川期の高度な花卉園芸技術がつくりだしたものだった。

中尾佐助によれば、世界の花卉園芸文化の第一次センターは西アジアと中国で、日本のそれは中国に由来する第二次センターだとのことだが、江戸時代にはすでに中国という第一次センターを凌駕し、おなじく第二次センターである西欧よりはるかに先に進んでいたという。つまり「江戸期の日本の花卉園芸文化は全世界の花卉園芸文化の中でもっとも特色のある輝しい一時期であ」った。花卉文化が大衆に普及し始めたのは、中尾によると元禄期からで、西欧より二百年早い。「花見や菊人形のような大衆の参加する花卉文化が発展し、花卉の同好団体が多く誕生し、植木屋、庭師といった花卉園芸の専門業者が出現し、園芸書の出版がはじまった」のは、世界にさきがけて日本においてだったのである。椿と桜の品種改良は早くも室町時代に始まり、徳川期に入ると椿は欧州に紹介されて評判をとり、桜は四、五百品種、梅は二百品種の多きに達した。世界的に見てもこのように「高木性の花木が大改良された例は見あたらない」と中尾は述べている[*78]。

そういう江戸期の輝かしい花卉文化は、ケンペル、ツュンベリ、ジーボルトなどの紹介でひろく世界に知られていた。フォーチュンはその評判にひかれて、一八六〇（万延元）年から翌年にかけて日本を訪れた英国のプラントハンターである。彼の目的は「ヨーロッパに知られていない、観賞用ならびに有用な、樹木あるいは植物の品種」を収集することにあった。彼がそのために訪れたのは、主として江戸郊外の団子坂と染井である。いずれも当時名だたる園芸センターだった。染井について彼はこう書いている。「公園のような景観、木々や庭園の数々、きれいに刈りこまれた生垣が次々と続いた。そしてついにつき添いの役人が、染井村に着いたと知らせてくれた。この地域はまるごと育樹園で覆われている。一マイル以上続く直線道路にそって、その育樹園は並んでいるのだ。私はかつて世界のいかなる地域においても、これほど多数の植物が売物として栽培されているのを見たことはない。育樹園はそれぞれ三、四エーカーの土地を占め、管理はゆき届き、鉢植えや露地植えの数千の植物を保有している。こういった育樹園はおおむね特徴をともにしているので、ひとつの有様を述べれば、他のすべてを説明したことになる」[*79]。

彼は団子坂と染井で、ヨーロッパに知られていない高度な園芸植物をふんだんに見出し、そのすべてを買いこんだ。彼にとって日本は、文字どおり宝の山だったのだ。しかし彼の収集は団子坂と染井に限られたのではない。江戸中の植木屋が彼の滞在する英国公使館に珍種を持ちこむようになったし、神奈川宿方面においても彼は、日本人助手を傭って近郊の寺院や農村で見出される珍種の収集に怠りなかった。もともと彼はロンドンの王立園芸協会から、園芸植物収集のため中国に派遣され、そこから母国へ数々の未知の品種を送り出したのだが、世界中の未知の花卉類を母国ひいては欧州のコレクションにもたらすことに、異常ともいえる使命感をもっていた。彼は日本訪問の第一歩を長崎で印した。長崎郊外には二度目の来日を果したジーボルトが住んでいて、彼はさっそく表敬がてら、ジーボルトの植物園を偵察したのだが、ジーボルトの長男アレクサンダーによれば、彼は「父の留守に」やって来て、「許可も受けずに、新しいすべての植物の枝を折り花を摘みとった」。ジーボルトは「そういう行為に利己的な学問上の争いの気配を感じて、すっかり興奮してしまった」という[*80]。もちろんフォーチュンは〝Yedo and Peking〟の中に、そんなことは一行も書いてない。

一八六〇年度に彼が調査し〝荒しまわった〟(ransack)のは秋と冬の日本の植生だった。しかしこのプラントハンターの執念は翌六一年の春、この国を再訪させずにはおかなかった。こんどは春と夏の植生を観察しようというのである。当時、江戸市中へ入れるのは条約国の外交官に限られていた。六〇年に彼が江戸に滞在できたのは、オールコックの客として招かれたからである。しかしそのオールコックは、マイケル・モス事件で香港に召還されて当地にいない。公使代理をつとめるマイバラ(Fredrick Gerhard Myburgh 一九三八〜六八)に頭を下げたくなかった彼は、アメリカ公使ハリスの好意にすがった。ハリスは大歓迎で、おかげで江戸入りがかなったフォーチュンは、五月の染井と団子坂に対面することができた。「染井の庭園は、秋の頃とはまったく異なった装いをみせていた。それらは夏の衣を身につけていたのだ。木々は葉で覆われ、花をつける種類の灌木や草本類は花盛りだった[*81]」。

彼は団子坂でも染井でも、去年見ることのできなかった珍種を見つけ出し、片っ端から買い求めた。「あらゆる隅々が調べ尽された」のである。中尾佐助によれば、このようにして彼によって英国へもたらされた品種には、たとえばアオキの雄木がありクリンソウがある。「ヨーロッパの庭園には斑《ふ》入りの庭木はほとんどなかったが、ただアオキだけは斑入りがすでにヨーロッパに入っていた。ところが雄の木がなかったので、実をつけることがなかった。彼が日本から雄のアオキを導入したので、ヨーロッパ庭園の斑入りのアオキも、秋冬に赤い実が見られるようになった」。またクリンソウは大型のサクラソウであるが、フォーチュンによる移入以後、英国でもてはやされ、いろいろな品種が生れていまでは日本へ逆輸入されているという。*82 しかし英国臣民たるフォーチュンのアメリカ公使館滞在は物議を呼んだ。マイバラは書信をよせて即時江戸退去を要求し、彼はそれに従うしかなかった。もっとも彼はほしいものは十分手に入れていたので、いわば金持ち喧嘩せずの心境だったのである。ただし、マイバラへの返信でいや味だけはたっぷり言っている。

川添登によれば、フォーチュンの「訪れたのは団子坂から染井までであり、その背後の巣鴨では、植木・花卉の栽培が、さらに広大な地域にわたって展開しているのを知らなかった。染井・巣鴨は、花卉・植木栽培の文字通り、世界最大のセンターだったのである」。*83 徳川期の花卉栽培文化が当時の世界をリードした淵源は、川添によると、大名や旗本の屋敷あるいは寺社に庭園が設けられたことにあったらしい。江戸には、大名屋敷に付随する庭園だけでも千を数え、そのうち後楽園、六義園クラスのものが三百あったという。それに旗本屋敷や寺社のそれを加えれば、江戸の庭園の数は数千にのぼっただろう。リンダウが「数多くの公園や庭園がこの江戸を埋め尽しているので、遠くから見ると、無限に広がる一つの公園の感を与えてくれる」と言ったのも、思えばもっともな話だ。庭園はむろん観賞用植物を必要とする。その必要にこたえて江戸北郊に園芸センターが展開したのは先述の通りだ。江戸の花卉文化は先述の吉宗将軍の事例もふくめて、武士階級のリードするところだった。第一、武士は閑だった。大久保のつつじが染井のそれを抜いて名を売ったのも、同地の鉄砲同心たちが閑にまかせてその栽培に精出した結果だというし、有名な肥後六花を生み出したのも、細川藩士が結成した花連である。一方、寺社の貢献も無視できない。フォーチュンは神奈川周辺で珍種をあさるさい、標的をお寺に定めた。彼が念願のアスナロの種子を採取できたのも、そういう寺のひとつにおいてだった。

井関隆子は天保十一（一八四〇）年八月（旧暦）、長男の嫁の兄、戸田氏栄《うじよし》の邸に招かれた。戸田は五千石の旗本で、後年ペリーの第一回来航のさい応接にあたることになる人物である。ちなみに隆子は天明五年の生れ、後妻として旗本井関家に嫁し、この年満五十五歳。夫はすでに亡く、当主の長男は先妻の子。国学の教養深く、悠々たる隠居の身であった。

さて戸田家の「前栽《せんざい》」の有様は、「あるじもとより植木をめで、、むかひに棚をかまへ、陶物《すえ》どもに植えたる草木いと多し。はた右ひだりのめぐりに、蝦夷菊あまた植たる今さかりなり」。庭にしつらえた席で酒宴となり、隆子は蝦夷菊にちなむ歌などを数首詠み、「夜になりて帰るほど、酔《えひ》て物覚えず」といった始末となった。蝦夷菊はその翌日、隆子の屋敷の庭でも咲きそめた。彼女は「此花いまいと多かれど、野山におのづから生《おひ》ぬは、もとこゝの物ならぬ故なめり。一とせ蝦夷の嶋へ司人《つかさびと》たちあまたゆきかひしつれば、其頃よりいと多くなりぬとぞ」とその由来を記し、かきつばたや藤にまがうその紫色を賞美して、あの未開の島にこんな花が咲くかと思えば、一概にさげすむものではないと記している。*84 もって江戸幕臣の花卉愛好ぶりの一端をうかがうに足りよう。「一とせ蝦夷の嶋へ司人たち」云々とあるのは、田沼政権のもとで行われた天明年間の蝦夷地調査をいうのであろう。隆子の生れた頃、有名な最上徳内（一七五四～一八三六）をもその一員として行われた数次にわたる蝦夷地見分は、その副産物としてこの異郷の菊をもたらし、五十年後にそれは江戸の庭々に根づいて可憐な花を咲かせていたのである。

だが花卉に対する好尚はやがて中流階級に、そして市井の庶民にひろがった。「花暦」に従って名所や寺社の四季の花々にむらがり寄るのが、徳川期の日本人の習性になった。こういう花見の習性はけっして人類普遍のものであるわけではなくて、あくまで徳川期における花卉文化の大衆への浸透の結果生れた特殊な様相なのだと中尾は言っている。アンベールが「果樹園の花盛りには、町人や画家や学生たちが、田園の詩を味わい……都会の労働と歓楽を逃れて、一日や数日は、できたら森蔭や郊外の茶屋に隠れる」[*85]と述べているのは、そういう人びとの花暦への熱狂が、同時に文化的な風流でもあった事実を指しているのだ。

シッドモアは亀戸天満宮の梅林で、老人が茶をすすり煙草を一服しながら、やおら矢立てをとり出してさらさらと何か書きつけ、「顔をほころばせ、うれしそうにささやきながら下駄をつっかけ、いちばん魅力的な梅の木まで足を運び、さっきの紙片を枝々にくくりつける」光景を目撃した。[*86]むろん老人は一句あるいは一首ものしたのである。ラファージも友人から「桜の盛りに、ある老人が手には酒の入った大きな瓢簞をさげ、帯には太い巻紙をはさみ、花の雨の下に坐って、人に見てもらおうというのではなく、たった一人で眺め飲み詠ずる光景を見た」と聞いて、「こんな愉しい馬鹿馬鹿しさが、どこの国にありうるだろうか」と思った。[*87]これは明治前期のことだが、すでにジーボルトは十九世紀初頭の日本について次のように書いていたのだ。「花好きと詩は日本において分離できぬ車の両輪である。スモモと桜が雪のような花をつけて人目をひき、満開の藤が厚く藤棚を覆う時、日本の詩人は彼の愛する満開の花の影の下に憩い、軽やかな筆でその感興を金色を散らした小さい紙に書きつけ、その紙を彼が詩に詠じた樹々の枝に結びつける」[*88]。

花卉への愛好が社会の隅々にまで下降するにつれて、徳川後期には、菊、朝顔、桜草、花菖蒲、万年青《おもと》など草本花卉が次々と流行を繰り返した。むろん広大な庭園など営みようもない中流以下の市民の欲求によるものである。しかしこの場合でも、嘉永年間の万年青の流行に見るように武士は一定のイニシャティヴを失っていなかった。これも川添によれば「万年青を上手につくって利をあげるのは、旗本の隠居や御家人で」、嘉永六年の『町奉行上中書』は大いにそれを慨嘆しているという。むろんこの年はペリー来航の当年で、上を下への黒船騒動をよそに、旗本八万騎のあるものは町人に交って利を争うのに忙しかったわけである。

しかも当時の日本の花と樹木の文化は、けっして武士を初めとする都市の上中流層や植木屋のみによって担われていたのではない。神奈川宿近くの農村について、フォーチュンは書いている。「馬に乗って進んでゆくと、住み心地のよさそうな小さな郊外住宅や農家や小屋を通りすぎるが、それには小さな前庭がついていて、その地方で好まれる花々が二、三種類植えこんである。日本人の性格の注目すべき特徴は、もっとも下層の階級にいたるまで、万人が生れつき花を愛し、二、三の気に入った植物を育てるのに、気晴らしと純粋なよろこびの源泉を見出していることだ。仮にこのことが一国民の文明の高さのしるしだとするならば、日本の下層階級はわが国のおなじ階級とくらべるとき、大変有利な評価を受けることになる」[*89]。バードも奈良を訪れるべく、京都の南郊を通ったときのことをこう述べている。「私たちは伏見に着くまで、七マイルほど続く町々を通り抜けた。その間大部分はもっとも貧しい階層の住居からなっていた。だがそれは悪徳やむさ苦しさのない勤勉な貧しさであって、粗末で狭く黒ずんだ住居のほとんどすべてが、寺院の庭師が羨望にかられるような盛り上った大輪の菊を少なくとも一鉢は飾っていた[*90]」。

一八七四（明治七）年に来日して、築地居留地で病院をいとなんだフォールズは、富士山麓地方を周遊したときのことをこう書いている。「日本人は美しい景色だけでなく、花も大好きなのだ。むっつりした顔つきの車夫が、がたの来ている人力車の梶棒をおろし、まるで小学生のように両手を拡げて丈の高い花叢へかけこんだとき、私はそれほど驚きもしなかった。熱狂の発作がいくらか鎮まると彼は、腕いっぱい、明るい黄色や白色のキク科の花や、オレンジ色の百合や、たくさんの美しい真紅の実のついた優美な枝を抱えて戻って来て、それで彼の車を飾った[*91]」。もっとも、何か嫌味を言わずにはおれないこの医療伝道師は、「私の車夫の美的教養のおかげで、この溶岩の野で二度も道に迷ってしまった」とつけ加えているのだが。

しかし四季の景物によって生活の節目節目を飾り、一年のリズムをつくり出すという文明の様式は、花卉のみによって支えられていたのではない。名所には雪の名所があり、虫の名所もあった。アンベールは言う。「冬、雪が降ると、人びとは家族揃って神田明神の境内の立像とか、浅草の高い塔とかのいつもと違った眺めを観賞しに行かずにいられず、むしろ喜びとしている。そして忘れずに場末の茶屋を訪れる。たとえば、深川近くの二軒茶屋もその一つで、そこでは、雪によって新しく飾られた田園や、湾内の風景がゆっくり眺められた。夏は、蟬の声が響きわたる道灌山の高台がそれで、よき父親は子供たちを忘れずにそこへ連れて行き、子供たちは、夜の歌い手たちの住家となる小さな籠を携えて行く[*92]。川添登によると、道灌山は、「江戸第一の景観の地」である「上野――日暮里――飛鳥山とつづく連丘」からひとつづきの丘陵で、その名物はひばりと秋の虫だった[*93]。アンベールが蟬と記しているのは、むろん鈴虫松虫などの鳴虫のことであろう。

月見といえば旧暦八月十五夜ということになるが、その頃の人の心はこういう歳時記的なリズムで鼓動していたようで、天保十一年の『井関隆子日記』には十五夜の月を待ちかねるように、十三日から月の記事が出てくる。「夕されば待ほどもなくさしのぼる月影、いと花やかなり。むかしより月の盛《さかり》には、寐られぬものにいひ置しも、げにことわりなり。夕月の程はかのいぶせきもみの木をとくこえぬれば、程なき住居にさしいる光り、昼よりもげにまばゆう、床のわたりもあらはに、はしたなきまで照せる影、いと涼しうたぐひなし」。こういう夜に隔てのない友がうち集《つど》って、盃はとりながら度を過すこともなく、たがいの心のうちを語り合ったら、長い夜もなお飽くことはないだろうと隆子は思った。十五夜はむろん、餅と酒を月に奉り、瓶に尾花を挿した。昔は人里もまれな武蔵野であったところに人家が櫛比し、草から出て艸に入っていたであろう月影は、山の端ならぬ家の端から現われる。昔の面影はわずかに尾花に偲ぶのみ。隆子は「かうありがたき御世に生れあふ」幸を思って、一首ものせずにはおれなかった。「あめつちと相さかえむとみちたらふ　月おしてれり武蔵国原[*94]」。

今日では月の光が座敷を照らすことはないし、「月の盛」に寝られぬ思いをする者もいない。

形ばかりの月見はあっても、生活のリズムを生み出すには程遠い。だが隆子の時代には、十五夜の月を待ちのぞみ、その一夜を月と過すのは、生きているということと同義だったのだ。月には宗教的な意味さえもあった。七月二十六日は月待ちの行事で芝高輪、品川あたりは夜っぴて賑わったらしい。隆子は「雅《みやび》をかはすたぐひならず、たださしのぼるきはを、がまむとて也。……いやしき者は水ぎはに物打敷て数珠おしもみ、念仏となへつ、まつもあり。はた高き家どもには、軒に灯籠ともしつらね酒飲かはし琴かきあはせ歌ひさわぎつつ月待ほどを遊ぶもあり。大路には物うり所せく集ひ、行かふ人の歩みひまもなし」と記している。この夜「海をはなる、ほどの月の光り、三尊の弥陀の形ちにをがまれ給う」という俗信にもとづく行事で、一心に沖のかたを見まもり、海面がほのぼのと明らむと「声のかぎりを尽し念仏となふる事おびただし」ということになる。隆子の屋敷は九段坂にあったので、海辺に人びとが寄り集い、商人たちの夜店や家々の火影が空に映って輝くのが遠望された。「大方今宵ねぬ人多かめり」と彼女は書いている。ただし国学の徒である隆子は、「日月すらもみな仏になしたる」法師どもの言説を、「いはむ方なくゆゝしう浅まし」く思っていた。[*95]
月といえば、前述した修験者野田成亮は文化十二年八月、加賀国から天領飛騨へ入る際に奇妙な体験をした。「中山と云ふに飛州の番所あり、御領故に大公儀よりの番人也。此所にて出切手出す。此所の番人異人にて、当番所は通り手形にて通用出来ず、一句無くしては通し不申《もふさず》と云ふ。是れは迷惑、我々共は無学の者也、一句の事は半句と出来不申、御免下されと辞退すれば、いやいや只人《ただびと》に非ず、先達ても大阪の商人と云ひしが一句書き置き通りたり、御方にも無くては通し不申と云ふ。然らば先夜明月の句出来あり、書付申さんと云へば、硯、料紙恭《うやうや》しく持出したり。天下の御番所なれど恐れもなく先夜の明月の句書付け出《いだ》したり。甚だ賞美して発句噺長談に及べり」[*96]。

もちろんこれは当時の発句熱の普及を証する一史料であるだろう。だがそれだけではあるまい。ジーボルトは「花好きと詩は日本において分離できぬ車の両輪である」と述べたが、それはなにも花に限ったことではなかった。月も含めて四季の景物は、当時の人びとの心においてかならず詩を呼び醒した。野田成亮が出会ったこの番人は、いささか「異人」であったかもしれないが、四季の景物をことごとく詩として受けとる当時の文明の習慣を奇人ふうに表出しているにすぎない。そして、難題に応じて名月の句の用意のあったこの修験者についても、事情は同断である。氏家幹人によれば徳川期には、芸人は通行手形がなくても芸を演じることで関所の通行を許されるという慣行が存在したというが[*97]、これはその一例ともなるだろう。もっとも野田は手形はちゃんと所持していたのだが。

むろんこの四季の景物は、花鳥諷詠という悪名高い言葉が示すように、文明によって飼い馴らされた自然であり世界である。だが人間は裸形の自然の中で生きるものではない。また、混沌としての実在世界をありのままに認知し、その中に定位しうる存在でもない。そもそもありのままの実在とは、人間にとって認知を超えたものである。人間は自然＝世界をかならずひとつの意味あるコスモスとして、人間化して生きるのである。そして、混沌たる世界にひとつの意味ある枠組を与える作用をこそ、われわれは文明と呼ぶ。それ自体無意味な世界を意味あるコスモスとして再構成するのは人間の宿命なのだ。問題はその再構成された世界が、人間に生きるに値する一生を保証するかどうかにあるだろう。徳川後期の文明は世界を四季の景物の循環として編成し、その循環に富貴貧賤を問わず人びとの生を組み入れ、その循環の年々の繰り返しのうちに、生のよろこびと断念を自覚させ、生の完結へと導くものだった。そしてまた、人びとは花や雪や鳥虫や月によって心を結び通わせあった。このような文明を批判するのはやさしい。だがそのうちに生きる人びとは、いみじくも井関隆子が大いなる徳川の御代に感謝したので知れるように、けっして不幸ではなかった。

四季の景物が当時の日本人の生にとっていかなる意味をもったかという点については、中尾佐助の鋭い考察がある。古典園芸植物と今日では呼ばれる一群の鉢物がある。マツバラン、イワヒバ、オモト、セッコク、フウランなどで、「江戸時代に流行期があり、大発達したが、明治以後に衰えており、いまは社会の一部の篤志家の間で保存されている植物をさす」。これらは特殊な美学にもとづいて高度な品種改良を経た植物だが、西洋人はその価値をまったく評価していないと中尾はいう。もっとも断わっておくと、この一群のうち斑《ふ》入り植物は別で、当時西洋にはほとんど存在しなかった斑入り植物に対してはフォーチュンも鋭い関心を示し、「染井と団子坂の育樹園の最も顕著な特色は、斑の入った葉をもつ植物が非常に多いことだ。斑入り植物と称する奇妙な自然の変異に、西洋の好みが関心を示し賛嘆するようになったのは、ここ数年のことにすぎない」*98と書いている。

西洋人が古典園芸植物に関心を示さないのは、中尾によると「子どもにもわかるような、一見して明快な美しさを欠いている」からである。つまり「それを鑑賞するには、そのための教養と知識が必要」なのだ。だから古典園芸植物を育てて保持したのは、「中級武士や商人、農村では庄屋、地主」だった。「そしてこれらの人びとの哲学は、どうも貝原益軒のいう、生れつきの分限を心得て、強いて栄達を求めず、安定した平和な生活を送ることであり、そうした人びとにとって古典園芸植物はうってつけの娯楽となるものであった」[*99]。中尾は古典園芸植物を「日本文化の一時期の生きた証人」と呼んでいる。なにごとにおいてもチャレンジと個性発揮を旨とする現代の風潮は、松葉蘭や万年青《おもと》に托された徳川後期の心性を、退嬰的な隠居趣味としか受けとらぬだろう。だが、そういう華麗さというものをまったく欠いた目立たぬ植物を丹精した心性は、どんなに微小で平凡な存在のなかにも、世界と照応する善と美を見出そうとする心性であったのだ。人生の意義は名声や栄達を求めることにはない。四季の景物、つまり循環する生命のコスモスのうちにおのれが組みこまれることによって完結する生――それをこの時代の人はよしとしたのである。松葉蘭も万年青も、そういうコスモスの一部だった。この「日本文化の一時期」の心性に、われわれは反発してもっともである。だがそれを不幸な心性と呼ぶことはできない。

それにしても、人びとの営みがつくりだしたこの時代の自然の景観は、なんと美しかったことだろう。井関隆子は娘のころ両親きょうだいたちと二子玉川に遊んだ記憶を一生忘れなかった。「八月頃なりければ、千種の花咲みだれたる道をわきつゝ、打ひらけたる河原にむしろ打敷きて、人々集ひ見渡すに、うべも玉河といへるもしるく、川水鏡の如くすみ渡り、庭の真砂もみがけるが如く清ら也。河原には目なれぬ草ども花さき、かたへの岡なだらかにて、小松どもしゞに生《おひ》たるに、小さき童の立ちまじれるは、初茸てふ物とるとて也。むかひには連なりたる遠近の山ども、はる〴〵と見わたされたる、えもいひしらず」。近在のものを傭って網を入れ、自分たちも川へ入って戯れたあと、網にかかった鮎を焼きつつ喰った味は、「似る物なく珍らか」だったと彼女は回想する。[*100] また彼女はその昔、羽田の沖で「はぜ釣」を試みたこともあった。暁も暗いうちから舟を出したのだが、そのうち「例の日影とも見え」ぬ大きな太陽が登った。「日はれ〴〵とさしのぼり、海ごしの山はる〴〵に見わたされ、遠近《をちこち》にうかぶ帆かけども絵に書きたるやうにて、沖より磯にゆきかふ海人の釣舟、げに秋の木の葉の浮べるが如し」[*101]。

さらにまた彼女は子どものころ、松虫をとりに駒場野に伴われ、一日遊び暮らしたことがあった。ここは将軍の猟場でふつうはいれないところだが、鷹匠に知る辺があって入れてもらえたのである。「此頃の事なりければ、広野の気色えもいひやらず、芝生など常に御馬艸《みまぐさ》にかりはらへばか、高やかにも繁らず、打わたすに限りしられず緑をしけるに、萩薄女郎花よりはじめこゝらの花ども咲まじりたる、いかで七種《くさ》には限らむ。摘手にあまり、折る手もたゆきまで多かれば、わらは心地におき所なきまでうれしうおもしろかりき。男共《おのこ》は虫とらへむとて、尾花おしわけあさるに、こゝらの虫どもふためきとびはしる中に、松虫すゞ虫も打まじるめり」。そしてこの花野からは、遠くに富士が見えたのだった。[*102] 隆子は晩年こそ義理の息子夫婦にかしずかれ、国学や歌の友とも行き来して、幸せな境涯だったらしいが、一度は結婚に失敗し、後妻として井関家に嫁した人である。人並みの不幸や苦労もなめたはずだけれども、その一生を彩るこういう美しい記憶があって、彼女の生の芯の部分を支えていた。

今泉みね（一八五五〜一九三七）も一生、幼ないころ馴染んだ隅田川の光景を忘れなかった人である。彼女は幕府の奥医師であり、かつ蘭学の家として名高かった桂川家に人となり、わが家に集う蘭学者たちの寵児として幸せな少女時代を送った。だが幕府瓦解後桂川家は没落し、めあわされた今泉利春は江藤・西郷の一党としてしばしば下獄するなど、彼女の境遇は辛酸にみちていた。だが彼女が口述して昭和十五年に版となった『名ごりの夢』には、かつての大江戸の栄華がひたすら照り映えるのみである。

「私の幼いころのすみだ川は実にきれいでした。……真底きれいで水晶をとかしたとでも申しましょうか。……物見のお窓から背のびして垣間見た私の幼時の記憶にのこっていますものの中で、ただ今も忘れられず美しかったとまぼろしのように憶い出でますのは、鏡のような静かな水の面に泛かんだ屋根舟でした。……橋のあたりを船はすべるように行く、チャンチャラチャンと三下りの都々逸かなにか、三味線の音は水にひびくようです。その調子やひびきに、まったく水は馴れています。そうして船頭は大てい浴衣一枚、それもほんとにちょっと手をとおしているばかりなのを風にふかせて、くるくるっと細く撚《よ》った手拭いを頭にのっけてるようにした鉢巻、……見るからに威勢はよいのです。そしてふりまわす棹の雫はパラッと玉のように散る[*103]」。「向島の花には水があり、花が水をたすけ水が花をたすけしたのでございます。ほんとにあのころのすみだ川の水にうつる花見のよさ美しさ……上野の花ですが、この方には鐘の音がありました。……鐘が桜を散らすのか花が鐘を鳴らすのか、そのこうごうしさと言うものは……[*104]」。

「先だって」というから、昭和十年前後のことだろう。みねは「このごろの両国です」と写真を見せられて、「ただアッというたばかり」なにもものが言えなかった。[*105]「自分の心にだけは、せめてそのままに大事にしておきたかった」風景が「根こそぎ」失われたことを彼女は知ったのである。しかし「あの美しい雅致ある眺め」は、彼女の記憶から消えようがなかった。そして、その記憶ゆえに彼女の一生は生きるに値するものとなった。
文明というものの意義は、このように人の体験の核心に喰い入って、その生の意味をあかしするような景観を構築するところにある。欧米人たちが言うように、なるほど日本は自然的条件に恵まれていたにちがいない。だが彼らが讃美した日本の自然美は、あくまでひとつの文明の所産だったのだ。たとえば松林は照葉樹林を破壊したあとの二次林であり、萩は原生林ではなくそういう二次林にともなう植物である。[*106]
欧米人が讃美したいわゆる日本的景観は、深山幽谷のそれを除いて、日本人の自然との交互作用、つまりはその暮らしのありかたが形成したものだ。ましてや景観の一部としての屋根舟や帆掛け舟、船頭の鉢巻、清らかな川原、そして茅葺屋根やその上に咲くいちはつに至ってはいうまでもない。つまり日本的な自然美というものは、地形的な景観としてもひとつの文明の産物であるのみならず、自然が四季の景物として意識のなかで馴致されたという意味でも、文明が構築したコスモスだったのである。そして徳川後期の日本人は、そのコスモスのなかで生の充溢を味わい、宇宙的な時の循環を個人の生のうちに内部化した。そして、自然に対して意識を開き、万物との照応を自覚することによって生れた生の充溢は、社会の次元においても、人びとのあいだにつよい親和と共感の感情を育てたのである。そしてその親和と共感は、たんに人間どうしの間にとどまるものではなかった。それは生きとし生けるものに対して拡張されたのである。

注

＊1――ヴェルナー前掲書二四ページ
＊2――ポンペ前掲書二七三ページ
＊3――リンダウ前掲書三一ページ
＊4――ベルク前掲書『下巻』一一六ページ
＊5――カッテンディーケ前掲書四九ページ
＊6――ヤング前掲書二七〜八ページ
＊7――チェンバレン前掲書『2』二二一ページ
＊8――ブラント前掲書二三九〜四〇ページ
＊9――オイレンブルク前掲書一四七、一五〇ページ
＊10――アンベール前掲書『上巻』二七〜九、七一〜二ページ
＊11――ベルク前掲書『上巻』一一八〜九ページ
＊12――Fortune, ibid., pp. 94〜5
＊13――バラ『古き日本の瞥見』（有隣堂・一九九二年）一三一ページ　原著は Glimpses of Old Japan 1861-1866, 1908
＊14――モース『住まい』六九ページ
＊15――Fortune, ibid., p. 50
＊16――シッドモア前掲書二二ページ

＊17――モース『その日・2』一九六ページ
＊18――ボーヴォワル前掲書一二二ページ
＊19――アンベール前掲書『下巻』二六四ページ
＊20――ヒューブナー前掲書四五、四九、六五ページ
＊21――モース『その日・1』四二ページ
＊22――ジーボルト前掲書五〇ページ
＊23――ギメ『東京日光』一三五ページ
＊24――ジーボルト前掲書一四五ページ
＊25――フィッセル前掲書『1』一〇二、一一六ページ
＊26――スエンソン前掲書一三一ページ
＊27――フレイザー前掲書三一～二ページ
＊28――同前三一ページ
＊29――リュードルフ前掲書二五九ページ
＊30――同前五五ページ
＊31――ツュンベリ前掲書三一五ページ
＊32――ジーボルト前掲書一六九～七一ページ
＊33――ヴィルマン前掲書二七、二八、三二、三五ページ
＊34――アンベール前掲書『上巻』一一ページ
＊35――ベルク前掲書『上巻』一一〇、一二七、一六九～七〇ページ
＊36――アルミニヨン前掲書九〇ページ

＊37――Tilley, ibid., pp. 144～5
＊38――ヴェルナー前掲書四三、四五ページ
＊39――ブスケ前掲書『1』六八～九ページ
＊40――ベルク前掲書『上巻』七一ページ
＊41――ヒューブナー前掲書八五ページ
＊42――ルサン『フランス士官の下関海戦記』（新人物往来社・一九八七年）一八〇ページ。原著はUne campagne sur le côtes du Japon, Paris, 1866
＊43――ブラント前掲書二四〇ページ
＊44――ミットフォード前掲書一八ページ
＊45――リンダウ前掲書一六五、一七二～三ページ
＊46――『オランダ人の見た幕末・明治の日本――化学者ハラタマ書簡集』（菜根出版・一九九三年）五一ページ
＊47――Smith, ibid., pp. 303～4　スミスが二百万と述べているのはむろん誇大だが、江戸の人口について当時行われていた推計のひとつである。
＊48――ボーヴォワル前掲書七四～五ページ
＊49――オールコック前掲書『上巻』二一六、二〇九ページ
＊50――Fortune, ibid., p. 202　ウーリッジはドック、兵器庫、陸軍士官学校のあるロンドン東部地区。
＊51――アンベール前掲書『下巻』二七三ページ
＊52――オリファント前掲書一四九～五二ページ
＊53――ボーヴォワル前掲書八三～四ページ

＊54――ヴィシェスラフツォフ前掲書一五六～八ページ
＊55――ベルク前掲書『上巻』二五五～六ページ
＊56――アンベール前掲書『下巻』一〇八～九ページ
＊57――スエンソン前掲書一一〇ページ
＊58――コトー『ボンジュール・ジャポン』(新評論・一九九二年)六四ページ。原著は Un touriste dans l'Extrême Orient. Paris, 1884
＊59――ギメ『かながわ』一五五ページ
＊60――スエンソン前掲書一一〇ページ。スエンソンは「町にあるあまり道徳的でない娯楽場」である茶屋と、「旅人の便宜のためにある」茶店を区別している。正しい指摘だが、後者もまた茶屋と呼ばれていた。
＊61――ボーヴォワル前掲書三六ページ
＊62――Jephson and Elmhirst, ibid., p. 73
＊63――ブスケ前掲書『2』六六三～四、六七一ページ
＊64――ヒューブナー前掲書六二ページ
＊65――同前五七ページ。ヒューブナーは畑の茶屋の微妙な魅力は「ベアトの写真にはよく似た痕跡すら見いだせない」という。ベアトは文久年間来日して、幕末・明治初期の日本を写真で記録したイタリア人であるが、ベアトに限らず当時の写真記録に接するとき、このヒューブナーのコメントを忘れてはなるまい。
＊66――同前三五ページ
＊67――Osborn, ibid., pp. 179～80
＊68――ベルク前掲書『上巻』一九六ページ

＊69――モース『その日・2』七二ページ
＊70――Smith, ibid., pp. 115～6
＊71――シッドモア前掲書四八～九ページ
＊72――川添登『東京の原風景』（ＮＨＫブックス・一九七九年）二三～三三ページ
＊73――オールコック前掲書『上巻』一九八～九ページ
＊74――『井関隆子日記・上巻』九八～九ページ
＊75――シッドモア前掲書一〇四ページ
＊76――同前九六～一一二ページ
＊77――ジーボルト『日本・第三巻』（雄松堂出版・一九七八年）三六二ページ
＊78――中尾佐助『花と木の文化史』（岩波新書・一九八六年）第三章「日本の花の歴史」
＊79――Fortune, ibid., pp. 109～10
＊80――Ａ・ジーボルト前掲書九五ページ
＊81――Fortune, ibid., pp. 193～4
＊82――中尾前掲書八三～四ページ
＊83――川添前掲書五一ページ
＊84――『井関隆子日記・上巻』二八七～九ページ
＊85――アンベール前掲書『下巻』二六四ページ
＊86――シッドモア前掲書九九ページ
＊87――ラファージ前掲書二一ページ
＊88――ジーボルト『日本・第三巻』三六七ページ

＊89――Fortune, ibid., pp. 92～3
＊90――Bird, ibid., vol. 2, pp. 261～2
＊91――Faulds, ibid., pp. 133～4
＊92――アンベール前掲書『下巻』二六五ページ
＊93――川添前掲書三五ページ
＊94――『井関隆子日記・上巻』二七四～八ページ
＊95――同前二六二～三ページ
＊96――野田前掲書一三一～三ページ
＊97――氏家前掲書三一ページ
＊98――Fortune, ibid., p. 114
＊99――中尾前掲書一七七～八ページ
＊100――『井関隆子日記・上巻』二五九～六〇ページ
＊101――同前三三〇～一ページ
＊102――同前二六五～六ページ
＊103――今泉みね『名ごりの夢』（平凡社東洋文庫・一九六三年）一四八～九ページ
＊104――同前一五二～三ページ
＊105――同前一五九ページ
＊106――中尾前掲書一一〇ページ

第十二章　生類とコスモス

ホジソン夫人は長崎で領事館にあてられた寺に落着いたが、朝起きてベッドから足をおろすと、足もと数インチのところに蛇がいた。彼女は悲鳴をあげ、召使を呼んで始末させたが、彼はその蛇をどうしても殺そうとはしなかった。またある日、蛇は客間に侵入して、とぐろを巻いた。先日の蛇とは別な奴だったが、そいつは「おれはもう一度やって来るぞ」といわんばかりに、彼女をにらみつけて立ち去った。そして「約束どおり」二、三日後の夜、エヴァの枕もとを滑って通りすぎた。ホジソン夫人はしばしばその蛇を庭で見かけたが、それを殺させることはできなかった。蛇はお寺の主だったのだ。
また彼女はむかでに悩まされた。そいつは彼女の肩を這ったり、ドレスや靴の中にいたり、まったく油断がならなかった。ある夜、跪いてお祈りをしていると、大きな奴がすぐ横にいた。彼女は剣をとって何回も振りおろして殺したが、「自分のしたことへの恐ろしさの余り気が遠くなりそう」だった。まさにリユードルフの言うように、日本は「昆虫や危険な爬虫類の天国」なのだった。そしてまた、夜ごとに「猫ほどもある大きな鼠が、枕許で踊ったり鳴き声を立てたり」した。彼女は「怖ろしさの余り、夜中にとび起きたこともたびたび」だった。[*1]
マーガレット・バラは夫とともに、文久元年から神奈川宿の成仏寺に住んだが、「コウモリや鳥や昆虫が、ぶんぶん、ちゅうちゅう、ひゅうひゅうと絶え間なく鳴く声、飢えた狼のように犬が吠える声、ずうずうしく物をさらってゆく悪がしこいカラスの鳴き声」にはうんざりだった。彼女の考えでは、「市場に出かけた召使が買い物を入れた籠を頭にのせて帰れないのは、このカラスどものせい」だった。この古寺では、夜中になると鼠たちが走りまわって、「地震」を起した。小猫は鼠がよほどこわいらしく、「物音がしただけで飛んで逃げ」る。日本の猫は「大きくてつやつやと肥えていますが、怠惰で、ネズミをとって食べる気はないのです。ここのネズミは猫と同じくらい大きいものですから、猫のほうは飛びかかっても無駄だと知っているのでしょう。ネズミはおかげでしたい放題、とても横暴です」[*2]。

アンベールは言う。日本の「猫は鼠を取るのはごく下手だが、ごく怠け者のくせに人に甘えるだけは達者である」[*3]。そしてリュードルフによれば、日本の「可愛らしい猫」が鼠を全然捕えないのは、「婦人たちの愛玩物」であって「大事にされすぎて」いるからなのだ[*4]。そして鼠といえば、中勘助を育てた例の伯母さんの家運が傾いたのも、ひとつには、白鼠を大黒様のお使いだといって「お福様、お福様と後生大事に育て」た結果、鼠算でふえたそいつらに「米櫃の米を食い倒され」たからだった。

江戸は野犬の目につく街であった。オリファントは言う。「江戸の街には犬がはびこっている。……つやつやして、よく肥えた図々しい獣で、主人はいないが部落に育てられ、部落に反抗しているらしい。耳と尾を立てて傲然と走って行く。横町で出会うと実に恐ろしい。この獣は昔エジプトでそうであったように、たいした崇敬と尊敬を受けている。彼らは種族として、これまで私の見たもっとも見事な街の犬というべきである」[*5]。江戸の犬の大部分は特定の飼主がいなくて、町内で養われている犬なのだった。つまり彼らは町共同体の一員だったのである。オリファントは「コンスタンチノープルのみじめで汚ならしい野良犬や、インドの宿なし犬」と比較して、江戸の無主の犬を高く評価したのだが、この連中は人間に対しては「傲然」としていても、果して犬どうしの実力においてはどうだったか。リュードルフはファウストという名のニューファウンドランド種の犬を船上で飼っていた。ある日彼に伴われて箱館に上陸したファウストは土地の日本犬とたたかって連戦連勝、ついに箱館奉行から今後の上陸を差しとめられたのである。[*6]
江戸の犬についてもっとも包括的な叙述を行ったのはフォーチュンだろう。「犬はわれわれに敵意を示す唯一の動物で、その敵意は見間違えようがない。彼らは家から猛然ととび出し、怒り狂った様子でわれわれに吠えかかった。だが彼らはその上臆病で、たいてい用心して距離を保っている。……昔のオランダ人の著作家によると、これらの街の犬は特定の飼主はおらず、特定の町に住んでいていわば公共の所有なのだそうだ。また、彼らは住民から一種の迷信めいた感情で見られているという。……私の考えでは、この言述は疑わしいし、あるいは部分的にしかあてはまらない。こういった犬には家もなく飼主もいないものもいるけれども、大多数はその両方とも持っている。また仮に住民が彼らを神聖な動物とみなし、彼らに何らかの迷信じみた感情を持っているとしても、この崇敬の感情を特に不敬なやりかたで示すのは確かだ。暑い夏の午後、こいつらが公道の上に長々と寝そべって、あきらかに熟睡しているのを見かけるが、われわれに随行する従者が、彼らを蹴ったり、鞭をくれたりして、大変無造作に道から追い出すのは始終あることだった」[*7]。
フォーチュンは背中に「役人」の刀による切傷を負った犬を見ると言っているが、スミス主教も背や腰に、大名の家来から受けた傷をもった犬が多いと書いている。先駆する別当が、鞭を振るって昼寝している犬を追い払うと述べているのも、まったくフォーチュンとおなじで、あるいはフォーチュンは、自著より二年早く出ているスミスの著書から、この部分をちゃっかり借用しているのかも知れない。犬に対する崇敬とか迷信については、スミスはケンペルによって記述されたその事実は、今日ではまったく廃れていると見た[*8]。

切傷を負った犬についてはオールコックも書いている。彼は「背中をめった切りにされたり、もっと恐ろしい残忍な目にあわされたりして、びっこをひいている犬をたくさん見かけ」た[*9]。彼はこのことを、彼の嫌悪する二本差し階級の試し斬りの結果だと考えた。彼の所見に十分根拠があることは、山川菊栄の『幕末の水戸藩』中の一節でもたしかめることができる。彼女は書いている。「この時代の男の子の荒々しさは明治以後の者には想像できぬ程度のもので、……犬の試し斬りぐらい平気で、血だらけの犬がキャンキャンなき叫びながら走りまわるのを、私の母は少女時代に水戸でよく見かけたという[*10]」。

しかしこういう記述から、徳川期の犬が虐待されていたように思いこむのは粗忽というものだろう。切傷を負った犬が多いというのは、切り殺されてはいないということだし、いくら武士や別当から威嚇され追い出されても、犬は道の真中でねそべることをやめてはいないのである。彼らは人間に対して「傲然」としていたのであって、むしろそのようなあまやかされた横着さが、時に侍たちに刀を振るわせたと見るべきだろう。第一、犬が迫害されていたら、街にはびこるはずがない。江戸だけのことではない。神奈川宿に住んだヘボンはこう書いている。散歩のさい「わたしは東海道をさけ、またできるかぎり市街の道路をさけております。色々とうるさいことがあるからです。それは犬なのです。犬はたいへん多くいて、飼い主がいないのです。しかしよ

●大山神社の小犬たち（I. L. N 1873年）。特派員は参詣人の与える餌を目あてに集まる小犬の数におどろいた。30匹以上いたという。

く肥って、人に慣れています。が外人をみるやいなやほえて逃げて行きます。犬のほえ声はつぎつぎに伝わって、街中にひびき渡るのです。わたしはこの騒音をさけます」[*11]。バラ夫妻はヘボンとおなじ寺に住んだが、妻マーガレットは言う。「この国の犬は外国人と見れば吠えつき、町にはきまって狼のようなすごいのがはびこっています」[*12]。

明治に入って、侍から切りつけられることもなくなった犬たちは、いよいよ安心して街道に寝そべったらしい。明治七年、日光旅行途上に出会った犬たちについてマクレイは言う。「日本の犬はあまやかされている。彼らは道路の真中に寝そべって、道をあけるなんて考えもしない。気のよい人力車夫たちは、彼らにぶち当てるなどけっして考えつきもせず、つねに車を片側に寄せる。そして犬を叱るが、犬の方は尾を振る始末。ジャックは小石をひとつかみ拾って、車の上からそいつを犬どもにばらまく。効果はてきめん。それでも横着な奴が一匹動こうとしない。車夫はそいつをよける。だが、ジャックの乗った車の車輪が、そいつのゆっくり振っている尾の上に乗る。犬君はひとっ跳びで堤のてっぺんにかけ上った」[*13]。

モースは「私は（人力）車夫がいかに注意深く道路にいる猫や犬や鶏を避けるかに気づいた。今迄のところ、動物に対して癇癪を起したり、虐待したりするのを見たことがない」と述べ、このことは自分の限られた経験から言うのではなく、「この国に数年来住んでいる人々の証言に拠って」言うのだと断わっている。モースはさらに次のように書く。「先日の朝、私は窓の下にいる犬に石をぶつけた。犬は自分の横を過ぎて行く石を見ただけで、恐怖の念はさらに示さなかった。そこでもう一つ石を投げると、今度は脚の間を抜けたが、それでも犬はただ不思議そうに石を見るだけで、平気な顔をしていた。その後往来で別の犬に出くわしたので、わざわざしゃがんで石を拾い、犬めがけて投げたが、逃げもせず、私に向って牙をむき出しもせず、単に横を飛んで行く石を見つめるだけであった。私は子供の時から、犬というものは、人間が石を拾う動作をしただけでも後じさりをするか、逃出しかするということを見て来た。今ここに書いたような経験によると、日本人は猫や犬が顔を出しさえすれば石をぶつけたりしないのである」[*14]。

日本人は犬を崇敬していたわけでも何でもない。フォーチュンやスミスがケンペルの言述は過去のことだと見たのは正しい。しかしケンペルが「長崎の住民には、住民同様に扱われている犬の数も加えるべきかも知れない。……往来の到るところに犬が寝そべっていて、馬が通ろうが人が通ろうが退こうともしない」[*15]というとき、彼の言述はけっして誤っていなかったのである。フォーチュンのいうように、飼主のある犬はもちろんいたろうが、江戸でも神奈川でも長崎でも、おびただしい無主の犬が町内に棲みついていた。モースが石を投げても彼らが逃げなかった理由はあきらかである。彼らは特定の飼主はいなくとも、町内の犬であったので、人びとから共同体の下級メンバーとして遇せられ、理由もなしに石を投げられたことなど一度もなかったのだ。人力車夫が犬猫をよけて走ったのは、彼らが路上で遊ぶ子どもたちを避けたのと変るところはなかった。いずれも、彼ら大人にとっては、いつくしむべき小さきものたちだったのである。
さて馬はといえば、日本の馬は欧米人たちの間では、癖が悪いので有名だった。パンペリーはこれは北海道の馬についてだが、「去勢されていない牡であるため、彼らの劣悪な性質は普通はっきりとあらわれる」と言う。何が劣悪かというと、乗り手を放り出すのである。彼はこの馬たちのことを「始末に負えない獣」と呼んでいる。[*16]オイレンブルク一行も日本の馬には悩まされた。ベルクは言う。「馬は小さく体格が悪く、跑足《かけあし》やギャロップは多くやるが、速歩はいやいやながらかろうじてする。しかし、けわしい斜面の道や多くの階段は至る所にあるので、駆け上ることには非常に長じている。騎乗するのは牡馬のみであるが、常に注意深くしていなければならない。なぜなら、ほとんどすべての馬は咬みつく癖があり、またたがいに歯や蹄で喧嘩し合うからである」。[*17]
明治六（一八七三）年、マクレイは船で青森につき、任地である弘前へ向おうとしたが、その朝五時に出発の予定だったのが八時までのびた。というのは馬たちに荷を積むのにえらく時間がかかったからで、「彼らは満足するまで蹴り合ったり、噛み合ったりしないと、落着こうとしなかった」のである。[*18] 一八六〇（万延元）年、フランスとともにアロー号事件の最終決着を計る英国は、北部中国での軍事行動のために兵站部将校を日本へ派遣して、三千頭の駄馬を購入させた。スミス主教は長崎でこれら軍馬の列と出会った。「千五百頭あまりの馬が集められて、白河の近くに送られるのを待っていた。上海へ送られたのもあったが、船上で起きた馬の暴動のために、フランス政府は最初に船積みした馬の四分の三を失った。気性の激しいポニーたちは囲いをぶち破り、行く手のあらゆるものを打ち倒し、噛み、ひき裂いた。ヨーロッパ人の船員は重傷を負い、激昂したけだものと同乗するのを拒否した。一週間の航海ののちに、無事に上海に着いたのは三百頭中わずか六十頭しかいなかった[*19]」。

英国第九連隊は一八六六（慶応二）年横浜到着後、日本の馬《ポニー》を購入した。ジェ

●馬子（レガメ画／Guimet，前掲書）

フソン＝エルマーストはいう。「こいつらの大部分は慣らされておらず獰猛で、ベンガルの虎とおなじくらい、背中に鞍を乗せられるのをいやがっている」。二人は日本のポニーのいろんな奇癖・珍談を披露しているが、中には「もう十分に走ったと勝手にきめこんで、あらゆる道徳的物理的説得にもかかわらず、その地点から一歩も前へ踏み出さぬ[*20]」奴もいた。困るのは、日本の馬が外国人になかなか馴れず、乗り手を振り落そうとすることだった。彼らは馬にとっても異人だったのである。ボーヴォワルが東海道ですれちがった馬のごときは、「われわれヨーロッパ人を見るや否や、後脚で立ち、後ずさりし、傍らの家に大穴をあけ、通行人を踏みつぶし、積荷をひっくり返した[*21]」。

馬は日本では一般的に調教されていなかった。というのは、ひとりで騎乗するのは武士の特権であったし、その武士もふつうは馬丁に口綱を曳かせて乗っかっているばかりであったからだ。オールコックは言う。「役人は危険きわまりない鞍の上にまたがっており、両手に巻き絹の手綱を広く離してにぎり、馬の口も裂けよとばかりに小型のくつわを前後にゆすっている。両側のあぶみのところには、馬丁がひとりずつついて歩き、主人が襲われでもしたときには防ぎ、落馬しそうになったときには手を貸すのである。さらにもう二人の馬丁が、この手に負えぬ馬をひいてゆく。たまには急用にゆく官吏が、よろよろと馬を走らせる。人も馬もこういう速さになれていないので、どう見てもその走り方は、そのいずれにとってもあぶなっかしく見える。日本では馬を疾駆させることは、野卑で下品だということになっている[*22]」。

ハリスの採点も大差はない。「日本人は騎馬上手ではない。手綱をとるのに両手を使用する。

鞅《むながい》を握らぬから、馬は鼻を真直ぐにつきだし、頭をひじょうに高くして進む。それだから、うまく馭し得ず、馬丁が常に、その目的のためにつけた三番目の手綱で馬をみちびくのである」。神奈川奉行はハリスの馬の乗りかたを見て、彼の「安全について極めて憂慮した」。「日本の馬は至って癖が悪いので、日本人の流儀と異った方法で乗るならば、命が危い」というのである。奉行の言では「日本の馬はよく人を噛んだり、蹴ったりする」のだった。だがハリスは欧米流のやり方で乗りこなし、階段の多い下田の町を「乗りあげ、乗りおろし」た。「ヒュースケン君の馬上姿と私の乗馬ぶりは、日本人の間に絶讃をはくした」と彼は書いている。[*23]
スエンソンは「乗馬の上手な日本人は稀である」と言い、その理由をオールコックとおなじく、「社会的地位が高くなればなるほど動作はより緩慢、より威厳を保っていなければならないという迷信」に帰している。[*24]速歩や疾駆は威厳と両立しないというわけだ。だが、この反対の見方もあるのだから、外国人の見聞記というものは厄介だ。ヴェルナーは「日本人は一般に乗馬が上手だ」と見た。なぜなら、彼らが役人たちに「一ぱい食わせてやろうと思って派手な疾走をした」とき、「彼らは勇敢にペースをあわせてきた」からである。「武士の乗馬術はなかなか見事だ」と彼は言う。[*25]ボーヴォワルも、護衛の武士たちが、馬上で「二人ずつ並んでギャロップで走り、陽気なアラビア騎兵の騎芸のように、互いに手をとりあったりする」[*26]と書いているから、幕臣にもたしかに乗馬に巧みなものはいたのである。しかし、ヴェルナーやボーヴォワルは、スエンソンの言う「稀」なほうの事例に出会ったのだろう。騎乗をつねとする欧米人の護衛に、乗馬の下手な役人が選抜されたはずはない。彼らはおそらく選ばれた乗り手だったのだ。大方の幕臣が、馬丁に口綱を曳いてもらってただ乗っかっているだけの〝乗り手〟だったのは、大塩の乱のとき銃声におどろいた馬から落馬した大坂町奉行の例をひくまでもなく、一般に承認された事実だった。

ただし彼らの乗馬姿は美しかった。ヴィシェスラフツォフは書く。「乗馬隊は、癇の強い馬に背筋を伸ばして優雅にまたがったふたりの役人に先導されていた。上等な厚手の上着の幅広い袖が蝶の羽のように広がって、それと、廂《ひさし》が弓なりになった丸い藁帽子が、軽やかで鮮やかな印象を与えていた」。彼は乗馬姿の日本人を「華やかな騎手の古典的な典型」のひとつとさえ呼んでいる。それは洗練されて美しく、勇敢で見映えがよかった。しかも「その勇敢さには柔弱さが伴い、女性的とでもいえるほど」だと彼は言う。絹の着物をまとって、髪をきざになでつけて固めたその「女々しい奴」が、荒馬を巧みに乗りこなすのは見ものだった[27]。ルサンも「たっぷりした絹の着物を着、大きな縁が額にまで伸びた漆塗りの帽子を被る馬上の武士は絵のように美しい[28]」と言っている。

日本の鞍とあぶみは、欧米人からすると非実用的かつ危険で、ベルクによるとそれをつけて「長く騎乗することはまさに拷問だった[29]」。だがアンベールによると、兵制改革によって日本の騎兵隊がヨーロッパ式の装備に切り換えたとき、彼らは「見た目にみすぼらしくなってしまった」。「なぜならヨーロッパの皮革や馬勒《ばろく》、鞍やその付属品は……日本の武士が自慢の種とした絹の緒、紐、房、また漆塗りの鞍の前輪、鐙などに比較すると、いたって散文的であると認めざるを得ないからである[30]」。つまり、幕末の日本においては、乗馬は軍事技術ではなくて、ひとつのモードでありファッションだったのである。むろんそれは社会的地位の表示だったが、それだからこそ一連の装飾をともなう美化・趣味化の方向をたどった。ヴィシェスラフツォフが幕臣の髪型や衣服に柔弱で女性的な優美さを感じたのは正しかった。徳川後期はまさに社会全体の心性がいちじるしく女性化した時代だったのである。

話を本筋にもどそう。日本の馬が日本人自らが認めるように癖がわるく、噛みついたり蹴ったりするのは、要するに十分な調教を受けていなかったからである。石川英輔は次のように述べている。「一般人が馬に乗る時は、馬方が手綱を引いて前を歩くから、引く方向について来るように子馬の頃から慣らすだけで日常の役に立つ。それなら、飼い主としては面倒な手間をかけて厳しく調教する必要などまったくないし、民間にはその意欲もなかった。馬も、その方が楽だったろう」[*31]。実際、馬たちは楽をしていたのである。彼らは十分にあまやかされていた。癖が悪いというのは、十分調教されぬままに本来望んでもいない仕事をさせられるのだから、したい放題をするのである。その癖の悪さは明治二十年代になってもまだ改まっていなかった。アリス・ベーコンが書いている。「日本には、性格のよい子馬はめったにいません。蹴とばしたり、噛みついたり、前足を振りあげたりす

●馬を駆る役人（Alcock，前掲書）

る機会を始終ねらっています」[32]。

だが日本の馬のそういう様相を委曲をつくして説きあかしているのは、何といってもイザベラ・バードだろう。彼女は東北地方から北海道まで、ほとんど馬に乗りっぱなしで長旅をしたのであったから。彼女は秋田市（当時は久保田）に着くまで、「七十六頭のおそろしい馬にばかり乗ってきた」[33]と言っている。全旅程を終えたとき、彼女が乗った馬はおそらく百頭に近かったのではないか。先述したように、彼女は陸運会社の駅馬を利用したのである。彼女が駅馬を利用したのは日光からであるが、ここから福島県を経て新潟県に至る間に乗った馬は至極おとなしかった。なぜなら、この地方の駅馬はみんな牝馬だったからである。彼女らは前髪をもじゃもじゃ垂らしていて、そのためにほとんど前が見えないくらいだった。「馬は六フィート前をとぼとぼ歩く馬子の綱に盲目的について行くだけである」。手綱があったとしても「馬は手綱の何たるかがわからないから乗り手はどうすることもできない」。乗り心地は極めて悪く、「馬の頭越しにすべり落ちて泥の中に突っこんだとき」、彼女は「ほっとしたくらい」だった。また藁靴をはかされているため脚は弱く、けっして始末のいい生きものとはいえなかったが、とにかく彼女らはおとなしかった[34]。

ところが山形県の小松から様相はがらりと変った。「二頭のおそろしく獰猛な顔つきの馬が（旅館の）玄関にいた」。彼女は「初めておそるべき日本の駄馬に出会った」のである。彼女が乗ったそいつは、西洋の女を見物に集まった千五百人もの群衆におどろいて綱を切り、「主に後脚で街路を突進し、いななき、前脚で激しく打ちかか」って、群衆を追い散らした。「振り返ると、伊藤（バードの通訳）の馬は後脚で立っており、伊藤は地面に落ちていた」。バードの馬は溝をとび越え、人びとに歯をむき出し、彼女がとび降りて地面に倒れると今度は彼女に襲いかかったのである。*35

それまでバードは、馬にまったく手こずらなかったわけではない。福島県の片門《かたかど》という村落では、「二百頭以上の駄馬が集っていて、咬んだり悲鳴をあげたり蹴ったりして騒いでいた」。一頭の性悪な馬は彼女の乗った馬に体当りして来た。「私の荷馬は荷をおろすと怒り狂った。右左と人びとに嚙みつき、前脚で激しく打ちかかり、後脚を蹴りあげて、馬子を壁に釘づけにしようとした」*36。そういうことはあったが、山形県の馬は、バードがそれまで利用して来た牝馬とはおよそ比較にならなかった。というのは、彼らは去勢されていない牡馬だったのだ。バードによれば、それはおそるべき馬たちであったらしい。或る日乗った奴などはとくに性悪で、人間を見れば「必ず耳をねかせ」て嚙もうと身構えるのだった。彼女が鞍に手をかけると、後脚で蹴ろうとする。おまけにそいつは蠅が大嫌いで、蠅が鼻にとまったというので、後脚でそれを蹴ろうとし、荷を振り落してはね廻り、大

●駄馬（I. L. N　1861年）

騒ぎを演ずるのだった。[*37]
日本の馬のこういう癖の悪さについて、ハリスはその原因を、日本人が毎月馬の腹に焼きごてをいれるからだと考えていた。[*38]後年ハリスは大変な日本人びいきになるのだが、日記にこう記したのは、まだ日本人のすることをいちいち悪い方に曲解していた時期だった。そもそも、こういう怪しげな情報をどこから手に入れたかも不明だが、バードの見るところはまったく違っていた。「馬の性質が悪くなるのは、調教のときに苛めたり、乱暴に取り扱うからだと以前は考えていたが、これは日本の馬の性悪さの説明にはならない。というのは、人びとは馬を大変こわがっていて、うやうやしく扱う。馬は打たれたり蹴られたりしないし、なだめるような声で話しかけられる。概して馬のほうが主人よりよい暮らしをしている。おそらくこれが馬の悪癖の秘密なのだ」[*39]。要するに彼女は、日本の馬はあまやかされて増長していると言いたいのだ。「馬に荷物をのせすぎたり、虐待するのを見たことがない。……荒々しい声でおどされることもない。馬が死ぬとりっぱに葬られ、その墓の上に墓石が置かれる」[*40]。馬は家族の一員であったのだ。彼女は馬子たちがけわしい道にかかると、自分の馬に励ましの言葉をずっとかけどおしなのに気づいていた。
野田成亮は日本廻国の途次、文化九年の十月に阿蘇南郷谷に入って下市村の農家に一泊したが、その家の二十ばかりの息子は飼馬を大事にしていて、「言語人間に云ふが如」くであったという。[*41]野田はこのことをいくらか度が過ぎていると感じたればこそ記録にとどめたのだろうが、その程度はさておいて、馬を人間並みに扱うのは、むかしの日本人にとっておよそありふれた習慣にすぎなかった。

日本人は牡馬を去勢する技術を知らなかった。知らぬというより、そうしようとしなかったというべきか。古き日本にも駅逓の制があり牧の制があって、馬を集団的に統御する必要がなかったわけではない。それなのに、去勢をはじめとする統御の技法がほとんど開発されなかったのには、なにか理由がなくてはならぬ。それはやはり彼らが、馬を自分たちの友あるいは仲間と認め、人間の仲間に対してもそうであったように、彼らが欲しないことを己れの利便のために強制するのをきらったからであろう。バードは馬に馬勒をつけさせようとして、人びとの強い抵抗に出会った。彼らは「どんな馬だって、食べるときと嚙みつくとき以外は口を決して開けませんよ」と言って、馬勒をつけるのは不可能だと主張した。バードが「銜《はみ》を馬の歯にぴったり押しつけると、馬は自分から口を開けるものだ」と説明し、実際にそうやって見せて、彼らはやっと納得したのである。[*42]つまり当時馬を飼っていた農村の日本人は、銜をかませるなどというのは馬の本性に反することで、本性に反することは強制できないと考えていたことになる。去勢などは、馬の本性すなわち自然にもっとも反することであったろう。彼らは馬に人間のため役立ってほしいと思っていたに違いないが、さりとて、そのために馬に何をしてもいいとは考えていなかった。彼らは馬にも幸せであってほしかったのだ。人間の利益と馬の幸福の調和点が、外国人から見ればいちじるしく不完全な、日本的な馬の扱いとなって表われたのである。

石川英輔によると、十九世紀の英国での馬車馬は、四年働ける馬は稀なほど酷使されていたという。彼は「私が十九世紀の馬なら、イギリスより日本に生まれたい」と書いている。[*43]ただし、明治十一年の北海道では、眼を覆いたいほどの馬の虐待が行われていたことを補足しておかねば、話は不公平になるだろう。バードがそれを実見している。

彼女が見たところでは、北海道の馬はみな背中にひどい傷を負っており、中には「手が入るような大きな穴」のあいているものがいた。「粗末で腹帯もつけない荷鞍と重い荷物」のせいでそうなるのだ。しかも彼らは「重い棒で眼や耳を無慈悲に打たれる」[*44]。あるとき彼女は、日本人が馬を調教している光景を目撃した。その馬は人を乗せるのは初めてで、少しも癖の悪いところはなかった。それなのにその男は「残酷な拍車」で責めつけて全速力で走らせ、馬が疲れて立ちどまろうとすると板切れで打ちのめした。そんな繰り返しのあと、馬はついに血を吹いて倒れた。するとと乗り手はうまくとび降りて、馬が立てるようになると小舎へ曳いて行った。彼女は言う。「馬は調教されたといっても、実際は馬の心がめちゃくちゃにされたのであり、これから一生、役に立つまい」[*45]。こんな〝調教〟が、それまでの日本人の習慣になかったことはいうまでもあるまい。北海道の荒々しい新天地では、未知のなにものかが生れつつあったのである。だからこの馬たちは、寄ると馬どうしで大乱闘を演じ、人間に対しても、たとえば浅瀬でわざと寝転んだり、「あらゆる種類のずるいことをする」。また「山腹や海岸にいる馬の大群を見ると、いつもその中に入りたがる」。もともと彼らはそういう群れから捕獲されて来たのだった。明治三十年代に来日したポンティングは「日本では馬がしばしば虐待され酷使されている」[*46]と言っている。新しい時代は確実に日本全土を覆いつつあったのである。

ハリスは廃馬の処置に困った話を日記に書いている。乗馬に凝っているヒュースケンが、ハリスの貸した馬を痛めてしまったのだ。ハリスによれば「ヒュースケン君と馬との間に意見の衝突がおこ」り、その結果馬の肩骨がはずれたというのだが、ヒュースケン自身の日記では急な坂を降りる際、馬が「足をすべらせて、右前肢のつけ根を挫いた」[*47]ということになっている。

いずれにせよ馬はもう使いものにならない。ハリスは「その哀れな獣を屠殺するように命じたが、誰も屠殺者の役目をひきうけるものがなかった」。ハリスの手許に拳銃はなかった。自分で咽喉をかき切るのはいやだった。しかし幸運にも、彼は「それを人手に渡すことに成功した」。彼は書いている。「考えてもみよ！　ロンドンの廃馬処分者、モンマルトルの屠殺の親方、ドイツの『本物のボロニヤ』ソーセージ製造者の諸君よ！　どこの国に、『煮て食おうと、炙《や》いて食おうと』勝手にしろと、馬をくれてやるのに、こちらから頭をさげて頼みこむところがあろうか」[*48]。

もちろん日本人には牛馬を食する習慣はなかった。食する以前に殺す習慣がなかった。一八六八（慶応四）年、プロシャの外交官ブラントは大阪で豚を一頭入手したが、彼らの宿舎になっている寺の僧が、寺院の敷地内で豚を殺すことを承知しなかった。そこでブラントは僧たちにたっぷりお布施を包み、「寺院に隣接している野菜畑の一番遠い隅で豚を殺す許可を取りつけ」たのである[*49]。またホジソンは箱館に赴任するとき十六頭の羊を食用として伴っていた。領事館の設けられた寺院にそれを収容する際にもひと悶着起ったが、いざそれを寺の中庭で屠殺するとなると、坊主たちは恐慌をきたした。「坊主たちはみな恐れ震えながら見ていた。和尚は屠殺の間ずっと、私の執務所にかけこんで、今後いけにえを捧げる場合はどうか離れ家の羽目板の中でしてもらいたいと、私に懇願しつづけた」[*50]。

僧侶たちが寺での殺生を忌んだのであることはいうまでもない。しかしふつうの日本人の意識では、家畜を殺すのを忌むのは仏教の殺生戒によるというよりも、それが家族の一員であるからだった。アーサー・クロウは明治十四（一八八一）年、木曾福島町の旅館で鶏肉にありついた。それは「鞣革《なめし》」のように固かったが、飼主はその鶏を殺すのに、人に知れぬよう川に浸けたとのことだった。「ひとつは血を流すことを忌む仏教徒の掟によって、またひとつには彼らの情深い性質によって、日本人は滅多にその家禽を、殺されると分かっていれば、手放そうとしない。もっとも、その玉子を取るのは平気である。家禽は普通一家の愛玩動物で、歩きたければ畳敷きの部屋の中を歩きまわることも許されている。……これまで私が見た家禽は、たいてい珍種のちゃぼだった。実に見事な鳥で、家の女衆の一人が、まるで愛玩用の子犬に櫛を入れるように、丁寧に羽毛を洗ったり撫でつけたりして、少しも汚点のないように綺麗にしている。われわれは、このように家禽の手入れをしているのをしばしば見かけた[*51]」。

訳文で家禽とあるのは原語は fowl だろう。だとすればこの場合「鶏」と訳すべきところだが、それはともかく、おなじことはバードも言っている。「どの村にも鶏はたくさんいるが、食用のためにはいくらお金を出しても売ろうとはしない。だが、卵を生ませるために飼うというのであれば、喜んで手放す[*52]」。彼女がこう書いたのは久保田でのことだったが、北海道の旧室蘭でも彼女はおなじ経験を重ねた。「伊藤は私の夕食用に鶏一羽を買って来た。ところが一時間後に彼がそれを締め殺そうとしたとき、持主の女がたいへん悲しげな顔をしてお金を返しに来て、自分がその鶏を育ててきたので、殺されるのを見るに忍びない、と言うのだった[*53]」。その鶏は、卵を生むことで一家に貢献しつづけてくれた彼女の家族だったのだ。

明治政府の招きで一八六八（明治元）年来日し、灯台建設に携わった英人ブラントン（Richard Henry Brunton 一八四一～一九〇一）は、紀伊の大島で荷役に使われている黒い牡牛を一頭購入した。値段はすぐ折合いがついたのだが、やがて牛が食用に供されるのだと知った島民は「断固として商売を拒否した。彼らが言うには、牛が自然死するまで待つのであれば売ってよいが、屠殺するなら売らないというのであった」[*54]。ブラントンは値段を釣りあげるほか、「ごまかし」を使って結局購入したと書いているが、むろん島民はこれまで家族の一員として働いて来た牛が屠殺されるのにたえがたかったのである。

バードは山形県で馬の代りに美しい牝牛の背に乗ったことがあった。彼女は新鮮な牛乳が手に入るとよろこんだが、彼女の言葉を聞くと人びとはみんな笑った。通訳の伊藤の説明によると彼らは、乳というのは子牛が飲むもので、人間が飲むのは「とても胸の悪くなるような」行為だと思っているとのことだった[*55]。つまり彼らにとって、人間が牛乳を飲むのは子牛のものを盗みとる行為に思えたのだ。いやそれだけではない。獣の乳というものに、彼らは禁忌を触発するような一種の肉感性を感じてもいたのだろう。

ハリスは下田に居を定めるとすぐに、奉行所に対して牛乳の給与を要求した。奉行は通訳森山多吉郎に次のように答えさせている。「牛乳は国民一切食用致さず、殊に牛は土民ども耕耘、そのほか山野多き土地柄故、運送のため飼ひおき候のみにて、別段蕃殖いたし候儀更にこれなく、稀には児牛生れ候義これあり候ても、乳汁は全く児牛に与へ、児牛をおもに生育いたし候こと故、牛乳を給し候儀一切相成りがたく候間、断りにおよび候」[*56]。これは牛乳が手に入りにくいこの地の事情を、ただ正直に述べたものにほかならないが、それにしても、乳は子牛が飲むものですぞ、というたしなめめいた口吻が感じられないでもない。当時の日本人の感覚からすれば、農耕にせよ運搬にせよ、牛は十分に働いていた。家族全員がそうしているように、牛もその一員として労働せねばならぬのに、その上、本来は子牛のものたるべき乳まで収奪しようというのは、いささか没義道にすぎるというものだった。乳牛という観念は、この国ではまだ成立していなかった。

ホジソンが箱館で、英国人従者に牛の乳をしぼらせたときは、二人の役人が付きっきりで制止せねばならぬほどの見物人が集まった。一パイント（約四七〇ミリリットル）ほどの乳がしぼり出されたとき、彼らはどよめいた。「これまでこの有用な必需品を彼らが発見していなかったことは明白であった」[*57]。ホジソンによれば、あとでは寺の和尚もお茶に牛乳を入れて飲むようになったそうだが、見物人たちがどよめいたのは、こういう利用法もあったのかというおどろきもさることながら、一方では、そこまでやるのかという、牛に対する同情の思いが動いたからではなかったか。徳川期の日本人にとって、馬、牛、鶏といった家畜は、たしかに人間のために役立つからこそ飼うに値したのだが、彼らが野性を捨てて人間と苦楽をともにしてくれることを思えば、あだやおろそかに扱ってはならぬ大事な人間の仲間だったのだ。

ホジソンは伝聞として次のような話を披露している。ある外国人が窓の外を見ていると、「一人の哀れな男が千鳥足で歩いてきて寺院のそばの溝に落ちた」。その男のちょっと離れたところでは、小犬が水の中でもがいていた。ちょうど、下級の僧侶が通りかかったので、てっきり溝に落ちた男を助けるものと思っていたところ、彼は「溝から犬を引っ張り出し、やさしく背中をなでてやったが、不運な老人に対しては眼もかけなかった」[*58]。その外国人が坊主に対して憤慨したのはいうまでもない。ホジソンもその憤慨をともにする。「僧侶は同胞の一人を救うのではなく、一匹の小犬の命を助けるために、進んで自分の指を汚ない溝につっこむのだ！」。しかし、これは言いがかりというものだろう。この僧侶は「哀れな男」の正体をよく知っていたのだ。昼日中から泥酔して溝に落ちる奴で、落ちたからといって命に関わりはしない。そのうち自分で這いあがるのである。だが、小犬はちがう。放っておけば溺死する。ただ、この光景に対してホジソンたち欧米人がおぼえた違和感には、彼らなりのもっともさがある。彼らにとって、人間より動物の救助を優先するというのは、神の似姿たる人間に対する冒瀆であって、倫理感の根本を破壊する行為だった。彼らに動物愛護の精神がなかったというのではない。むろんそれは彼らによって言表されすぎるほど言表されていた。しかしそれは、あくまで人間に対して従属的な劣位にあるものへの、優者たる人間の崇高な道徳的責務であって、それと霊魂ある人間への同胞愛をごっちゃにするなど、神と信仰に対する許すべからざる冒瀆にほかならなかった。

徳川期の日本人にとっても、動物はたしかに分別のない畜生だった。しかし同時に、彼らは自分たち人間をそれほど崇高で立派なものとは思っていなかった。人間は獣よりたしかに上の存在だろうけれど、キリスト教的秩序観の場合のように、それと質的に断絶してはいなかった。草木国土悉皆成仏という言葉があらわすように、人間は鳥や獣とおなじく生きとし生けるものの仲間だったのである。宣教師ブラウンは一八六三（文久三）年、彼を訪ねて来た日本人とともに漢訳の『創世記』を読んだが、その日本人は、人間は神の最高の目的たる被造物であるというくだりに来ると、「何としたことだ、人間が地上の木や動物、その他あらゆるものよりすぐれたものであるとは」と叫んだとのことである。[*59]
彼らは、人間を特別に崇高視したり尊重したりすることを知らなかった。つまり彼らにとって、〝ヒューマニズム〟はまだ発見されていなかった。オールコックが「社会の連帯ということがいかに大切かということを忘れるおそれのある人は、日本にきて住めばよい。ここでは、そういうことはまったく知られていない」[*60]と言うのはそのためである。彼は日本人の虚言癖に憤慨してこう書いているのだが、当時の日本では、虚言をいちいち神経症的に摘発して真実を追求せねば、社会の連帯は崩壊するなどと考えるものは、おそらくひとりもいなかった。彼らは人間などいい加減なものだと知っていたし、それを知るのが人情を知ることだった。そして徳川期の社会は、そういう人情のわきまえという一種の連帯の上にこそ成立しえた社会だった。
一八九〇年代に訪日したフランスの文人ベルソール（André Bellesort 一八六六〜一九四二）は、熊本の本妙寺に蝟集するハンセン氏病患者の悲惨さに心を痛め、「日本人の善意は家族の線を越えることはない」と断じた。[*61]まことにもっともな断定である。彼は日本には普遍的ヒューマニズムが存在しないと言っているのだ。しかし、「見知らぬ者の苦しみは日本人の心をいささかも動かさないかのように思われる」と書くとき、やはり彼は誤っていた。「思いやりや情けが……差し向けられたのは、肉親、仲間、隣人、旧家臣同士の間に限られていた」という彼の指摘は、この国の近代知識人が繰り返して来た、日本人の共同体的閉鎖性と普遍的連帯の欠如というエンドレス的テーマを先取りしたものといってよいが、しかしものごとには反面というものがあった。

なるほど日本人は普遍的ヒューマニズムを知らなかった。人間は神より霊魂を与えられた存在であり、だからこそ一人一人にかけがえのない価値があり、したがってひとりの悲惨も見過されてはならぬという、キリスト教的博愛を知らなかった。だがそれは同時に、この世の万物のうち人間がひとり神から嘉《よみ》されているという、まことに特殊な人間至上観を知らぬということを意味した。彼らの世界観では、なるほど人間はそれに様がつくほど尊いものではあるが、この世界における在りかたという点では、鳥や獣とかけ隔たった特権的地位をもつものではなかった。鳥や獣には幸せもあれば不運もあった。人間もおなじことだった。世界内にあるということはよろこびとともに受苦を意味した。人間はその受苦を免れる特権を神から授けられてはいなかった。ヒューマニズムは人間を特別視する思想である。だから、種の絶滅に導くほど或る生きものを狩り立てることと矛盾しなかった。徳川期の日本人は、人間をそれほどありがたいもの、万物の上に君臨するものとは思っていなかった。

徳川期の日本人が病者や障害者などに冷淡だと見なされたとしたら、それは彼らの独特な諦念による。不運や不幸は生きることのつきものとして甘受されたのだ。他人の苦しみだから構わないというのではない。自分がおなじ苦しみにおちたときも、忍従の心構えはできていた。近代ヒューマニズムからすればけっして承認できないことだが、不幸は自他ともに甘受するしかない運命だったのである。彼らにはいつでも死ぬ用意があった。侍の話ではない。ふつうの庶民がそうだったのである。カッテンディーケは言う。「日本人の死を恐れないことは格別である。むろん日本人とても、その近親の死に対して悲しまないというようなことはないが、現世からあの世に移ることは、ごく平気に考えているようだ。彼等はその肉親の死について、まるで茶飯事のように話し、地震火事その他の天災をば茶化してしまう。……私は長崎の町の付近で散歩の途次、たびたび葬儀を見た。中にはすこぶる著名の士のそれさえ見たが、棺は我々の考えでは、非常に嫌な方法で担がれ、あたかもお祭り騒ぎのように戯れていた」[*62]。

ヴェルナーも長崎で葬列に出会い、参列者が「快活に軽口を飛ばし、笑い声をたてていた」[*63]。「死は日本人にとって忌むべきことではけっしてない。日本人は死の訪れを避けがたいことと考え、ふだんから心の準備をしているのだ」と、彼は思わずにはいられなかった。長崎は特別だったのだろうか。いや、神奈川宿に住んだマーガレット・バラは当地の葬送の風習を紹介するついでに、「いつまでも悲しんでいられないのは日本人のきわだった特質の一つです。生きていることを喜びあおうという風潮が強いせいでしょう。誰かの言葉に『自然がいつも明るく美しいところでは、住民はその風景に心がなごみ、明るく楽しくなる』というのがありましたね。この国の人たちがまさにそれで、日本人はいつのまにかそういう自然に感化され、いつも陽気で、見た目によいものを求めながら自分を深めてゆくのです」と述べている[*64]。

モースは「悲哀に際して彼らが示す沈着、というよりむしろ沈黙は、北米のインディアンを想わせる」と言っている[*65]。これは前述した茶化すような陽気さとは一見矛盾するようだが、根底では死をはじめとする人生の悲哀に対する同一の態度だといってよい。彼は火事の際の日本人の特異な態度にたびたび言及しているが、これも「悲哀に際して彼らが示す沈着」の一例であるにちがいない。

モースは友人のスコットから、火事で「焼け出された人々も必ず幸福そうにニコニコしている」という話を聞いていた。この「スコット氏」というのは、一八七一年に来日して大学南校や東京師範学校で教えた米人 Marion Mc-Carrell Scott（一八四三〜一九二二）にちがいない。だがモースは、それをわが目で見ることができた。ある晩大きな火事があって、彼はスミス教授（おそらく一八七四年開成学校教師として来日した英人 Robert Henry Smith 一八五一〜一九一六）に誘われて、人力車を傭って見物に出かけたのだが、現場では「僅かな家財道具類の周囲に集まった人々」は、老幼男女みな「まるで祭礼ででもあるかのように微笑を顔に浮べてい」た。彼は「この一夜を通じて、涙も、焦立ったような身振りも見ず、また意地の悪い言葉は一言も聞かなかった。時に纏《まとい》持の命があぶなくなるような場合には、高い叫び声をあげる者はあったが、悲歎や懸念の表情は見当らなかった」[*66]。スエンソンは慶応二年の横浜大火直後の様子をこのように伝えている。「日本人はいつに変らぬ陽気さと暢気さを保っていた。不幸に襲われたことをいつまでも嘆いて時間を無駄にしたりしなかった。持物すべてを失ったにもかかわらずである。……日本人の性格中、異彩を放つのが、不幸や廃墟を前にして発揮される勇気と沈着である」[*67]。彼はそういう日本人を「宿命論者」と呼んでいる。

エドウィン・アーノルドも一八八九（明治二十二）年から九〇年にかけての滞京中に、大火事を二度目撃した。「住民の冷静さが目立つけれど、それは疑いもなく、自分の持ち家に住んでいる者が少ないという事実によるものだ。自分たちのわずかな家財道具を運び出してしまうと、紅蓮の焔が自分たちの都市をなめ尽し、黒煙が空に巨大で奇妙な形の雲を生み出すのを、彼らはむしろ楽しんでいるようにみえる」。子連れの母親とか祖母とかが、道傍に持ち出した箪笥の番をしているが、やおら「近くの家のまだ燃えている残骸から火をつけて、落着き払って煙管をくゆらすのである」[*68]。

クララ・ホイットニー（Clara Whitney 一八六〇～一九三六）は商法講習所の教師として招かれた父とともに、一八七五年に来日したアメリカ人少女であるが（来日時十四歳）、七六年十一月に銀座が焼けた翌朝、さっそく火事場を見に出かけた。「この人たちが快活なのを見ると救われる思いだった。笑ったり、しゃべったり、冗談を言ったり、タバコを吸ったり、食べたり飲んだり、お互いに助け合ったりして、大きな一つの家族のようだった。家や家庭から追い出されながら、それを茶化そうと努め、助け合っているのだ。涙に暮れている者は一人も見なかった」。しかも彼女が「驚嘆したことには、あちらこちらに新しい建築の枠組が立てられていた。その進行の早さは驚くべきものだった」[*69]。

日本橋から京橋にかけて一万戸を焼いたというこの火事は、その年の六月に来日し、東京医学校（翌七七年東京大学医学部と改称）で教鞭をとっていたベルツ（Erwin Bälz 一八四九～一九一三）によっても記録されている。「日本人とは驚嘆すべき国民である！　今日午後、火災があってから三十六時間たつかたたぬかに、はや現場では、せいぜい板小屋と称すべき程度のものではあるが、千戸以上の家屋が、まるで地から生えたように立ち並んでいる。……女や男や子供たちが三々五々小さい火を囲んですわり、タバコをふかしたりしゃべったりしている。かれらの顔には悲しみの跡形もない。まるで何事もなかったかのように、冗談をいったり笑ったりしている幾多の人々をみた。かき口説く女、寝床をほしがる子供、はっきりと災難にうちひしがれている男などは、どこにも見当らない」[*70]。むろん二人はしめし合わせて、全く相似の内容を日記に記したわけではない。もっとも、ベルツはホイットニー家と交際があった。クララの兄がベルツの学生だったからである。

焼け跡の立ち直りの早さは、火事馴れした江戸っ子の伝統だった。シッドモアも言う。「焦土と化したばかりの場所に日本家屋が建て直されるスピードは驚嘆に値し、比類がない。大火のあと十二時間のうちに、小さな店の主人は元の所で商売を再開してしまうのだ」[*71]。フレイザーによると「大工は地面が冷たくならないうちにもう仕事を始め」[*72]る。ジェフソン＝エルマーストによると「日本人が、燃え尽した古い家々のあとに新しい家々を急造するやりかたは驚異だ。余燼はまだ燻っているのに、灰からよみがえったフェニックスのように新しい家が建てられているのが見受けられる。火事が収まって二、三時間も経つとひとつひとつの通りがまるごと再建されるのだ。一八六六年十一月の横浜大火では、こういったふうにひとつの通りがまるまる再建されたが、風向きが急に変って火が逆もどりし、新しく建った家々を呑みつくしてしまった」[*73]。

この時代の日本人は死や災害を、今日のわれわれからすれば怪しからぬと見えるほど平然と受けとめ、それを茶化すことさえできる人びとだった。ベルソールがハンセン氏病者に対する人びとの冷淡と見たものは、実は己れ自身の不運を沈着寡黙に受けとめるこうした諦念の、別な形のあらわれだったのである。いわば人間はまだ、自分自身を見つめてはいなかった。彼の目は自分がその一員にすぎぬ森羅万象を見つめていたのだった。そして彼らの情けは、けっして家族や知人の範囲に閉じられてはいなかった。フレイザーが言っている。火事のさいに「一般には、罹災者にたいして皆がたいへん親切にしますし、その地域全体が、家を奪われた人々を保護するために自分たちの家を開放します」[*74]。一八八七（明治二十）年に来日し、東京大学史学科で十五年教壇に立って、日本近代史学の基礎を築いたリース（Ludwig Rieß 一八六一～一九二八）は、火事の際の「同じ地区の住民たちの思いやりのある援助」について触れ、「これが実はドイツの小都市とそっくりなのである」と述べている[*75]。「してみると、東京は（その人口百五十万に達するものの）本当に『大都市』と呼べるものなのか、疑問に思える」。つまりリースによれば、東京の住民は隣人の運命に冷淡な大都会の住民ではなく、地域社会の連帯感によって結ばれた共同体のメンバーだったのである。むろん彼らの人情は火事の際に限られてはいなかった。一八一一（文化八）年、ロシア海軍のディアナ号艦長ゴローヴニン（Vasilii Mikhailovich Golovnin 一七七六～一八三一）が国後島で捕えられ、箱館へ連行されたとき、そしてさらに彼が松前の獄舎から脱走してふたたび捕えられ、松前に引き戻されたとき、沿道の村人たちはこの不幸な囚人のために涙し、きそって彼に食物を与えたのである。

　だがベルソールの目に、日本人が普遍的ヒューマニズムを知らないというふうに映ったとしたら、それは彼の誤りではなかった。モースは、荷車を曳く牛の頭上に、大きな莚の日除けが設けられているのを見て感動した[*76]。また、舷《ふなばた》から身を乗り出して海水で魚を洗っている女を、カラスがすぐそばにとまって眺めているのに感心した[*77]。彼が人力車のそばで外套を着ていると、カラスが下りて来て人力車の提灯に穴をあけ、蠟燭《ろうそく》をたべてしまうのだった[*78]。そしてモースが記録にとどめたこうした人間と鳥獣のへだてない親和は、まさに普遍的ヒューマニズム成立以前の、いわば人間による人間自身への無関心が支配する世界の特徴だったのである。

　ボーヴォワルは箱根・畑宿の茗荷屋という有名な茶屋に泊ったとき、女中たちの奇妙な行事を目撃した。夕靄迫る頃になると、彼女らは池のまわりに輪をつくり、手を拍いて魚を追い立て始めたのである。「彼女たちの説明によると、毎晩この魚を人造の岩を切り開いてつくった洞穴の奥へ戻らせる。魚はそこではいいたかや、魚をとって食べる鳥を避けて一晩中じっとしているのだという。おお、この子どものような民族の何と面白いことか[79]」。四年後茗荷屋に泊ったヒューブナーも、やはりこの行事を記録している。

　池の魚は人間の仲間だった。そして亀さえもそうだった。今泉みねの生家桂川家は御一新後、築地の屋敷を立ちのかねばならなかった。「お池には亀もたくさんの子をもって長くすんで、日ごろ親しんでましたので、いよいよの時私はほんとに別れにくうございました。『お前達、みんな連れていっしょに行きたいのだけれどね、こんど行くとこにはお池も何もないからおいてゆくのよ。お前達はこのお池を離れないで、いつまでも仲よくおあそび』と私がいえば、口々にあばよあばよを皆もいいながら泣きました。年寄の千代などはしばらくそこをうごきもえないでいたあの光景など、まるで昨日のように目に見えて来ます[80]」。

　この桂川家というのは狸が出る家だった。みねの祖父の甫賢が夜おそく調べものをしていると、トントンと戸を叩くものがいる。「たぬか、はいれ」と言うと、戸がスウッとあく。狸はときには将軍の声色を遣って「この夜更けに何をしておるか」などと言う。甫賢もこれにはまいって、

「おい、それだけはよしてくれ」とあやまって、油揚をやるのがつねだったという。[*81]桂川は蘭学の元締めといわれた家筋である。その家にしてこのことがあったとすれば、ふつうの武家屋敷に狐狸のたぐいが棲みついていたとしても一向に不思議はない。

これも山川菊栄の伝える話だが、水戸藩の弓鉄砲の指南役小笠原家の裏山には狐が棲みついていた。この家は百石取ってはいたが大変な貧乏で、邸は荒れ果て、「おじいさん」は客が来ると畳の破れの一番ひどいところを選んで坐った。それを「まだ貧乏がかくせる気でいる」と笑っていた「おばあさん」とは、若き日江戸に出て湯屋で失敗をした例の女性である。この屋敷の狐は子どもの下駄や草履をちょいちょい失敬する。おばあさんが狐の穴にお赤飯と油揚を供えて「これをあげるから、子どもの穿き物は返しておくれよ」と頼むと、翌朝縁側の上にちゃんと返してあるのだった。彼女の考えでは、狐は履物を子狐のおもちゃにするのである。狐はよく娘姿になって「御隠居さん、遊びましょ」とやって来る。しかしおばあさんの話では「狐というものは、人間の通りに口はきくけれども、言葉の初めはハッキリしていて、しまいの方がグズグズでよく分からない」ので、すぐに見分けがつくのだった。この狐はなかなか律儀なたちで、ときにはふとった雉子を縁側に置いてゆくこともあった。[*82]菊栄の母の千世は、子どもの頃、このおばあさんの話をみなほんとうのことと信じて聞いたのである。

この時代の狐は一体に律儀者であったらしい。根岸鎮衛によると京都郡代小堀数馬家の玄関に、ある日三千石格式の供廻りを揃えた来客があり、「久々御世話にまかりなり、数年の懇意御厚情にあずかり候ところ、このたび結構に出世して、他国へまかり越し候。これによりお暇乞いに参りたり」と挨拶して帰った。小堀家ではこの客の心当りがなく、不審のままうち過ぎたが、ある夜、屋敷の鎮守の白狐が夢に現われたので、この狐の暇乞いだったとわかったという。[*83]
只野真葛（一七六三〜一八二五）は『赤蝦夷風説考』の著者として知られる工藤平助（一七三四〜一八〇〇）の長女であるが、彼女の書きのこした『むかしばなし』には化物・妖怪のたぐいがしきりに登場する。むろん彼女はその実在を信じていたのである。人を化かすのは狐狸ばかりではない。猫もまた化かすのである。仙台藩が袖ヶ崎に江戸藩邸を構えたとき、長屋に石が打ちこまれたり、蚊帳の釣手が落ちたり、妖異が絶えなかったが、長屋の廂《ひさし》に昼寝している大猫の姿が小面憎いというので、ある人が鉄砲で仕止めたところ、その後異変ははたとやんだと彼女は書いている。[*84]だが彼女によれば、化猫にはずいぶんと愛らしいのもいた。土井山城守の居城刈屋城には、いつしか小犬ほどの猫が棲みついていた。ある春のこと、「花の盛りいつよりも出来よく、日もすぐれて長閑《のどか》」だったので、御番の侍たちは申し合わせて、外庭の芝生で花を見ながら弁当をつかっていた。そこへどこから現われたか、「えもいわれず愛らしき小猫の毛色見事にぶちたるが、紅の首たが掛けて走りめぐり、胡蝶に戯れ遊び狂うさま、あまり美くしかりし故、いずれも見とれて居たりしが」、そのうち「首輪をかけたのは飼猫の証拠。こんな小猫がどうやって城中まで迷い来たのか、怪しい怪しい」と言いながらある者が焼お握りをひとつ投げてやると、小猫はたちまち大猫の正体を現わしてそれに喰いついた。正体を見せたのを羞じたのか、お城に棲むその大猫はその後二度と人前に姿を見せなかったという。[*85]
猫といえば菊栄の母千世はこんな話も聞いている。これも例の小笠原のおばあさんからの仕込みなのだが、ある日おばあさんがかたわらの猫に「私の帯もこう古くなってシンまで出ては困ったものだ。新しいのにかえたいねえ」と愚痴ったところ、数日後、猫が新しい帯をくわえて来たというのだ。この手の話には、帯の代りに鯛というのも世間にはあって、「猫は魔性のものだから、猫の前で愚痴ってはならぬ」という教訓がつくところまで型通りなので、これだけでは聞かされた千世もいくらか頭をかしげたかもしれないが、小笠原のおばあさんの話には実はすごい後日譚がついていて、千世は信じないわけにはいかなかった。その後何日かして、豆腐屋が外を通ったので、おばあさんが「松や、お豆腐屋を呼んで」と女中に声をかけたが、聞えないのか返事がない。すると猫がつと立ち上がって唐紙をあけざま「お松さん、お豆腐」と呼んだ。ちょうど台所にはいって来たお松が「あっ、猫が口をきいた」と叫ぶと、猫はとび出してそれきり姿を消してしまったというのである[*86]。

　山川菊栄は小笠原のおばあさんという人を、様ざまな話を作り出して楽しむ人だったのだろうと推測しているが、それはなかなか微妙なところだ。あるいはそうだったのかもしれないが、周りにそれを信じる雰囲気がなければ作った話は生きようがなかったろう。只野真葛は先にあげたような怪異譚をことごとく信じていたが、彼女自身はけっして蒙昧な庶民の女というのではなく、その卓越した知力を滝沢馬琴からも認められた学人だったのである。

　猫がものを言う話は根岸の『耳袋』にものっている。番町あたりのある武家では、どんなに鼠害がひどかろうと猫を飼わなかった。というのはその家の二代前のこと、主人が可愛がっていた猫が縁の端に降りたった雀をねらってとびかかったが、仕損じて「残念なり」と呟いた。主人が

「おのれ畜類の身として物いう事怪しき」と火箸で打ち殺そうとすると「ものいいし事なきものを」と言って身を翻し、行方知れずになったという。[87] また、もうひとつの類話では、猫が鳩をねらっているのを見た寺の和尚が、声をかけて鳩を逃がしたところ、猫が「残念なり」と言ったということになっている。[88]『耳袋』には狐をはじめ動物の怪異譚が多数収録されているが、筆者根岸鎮衛は勘定奉行、町奉行を歴任した名うての能吏だった。

真葛や鎮衛は十八世紀から十九世紀にかけて生きた人だが、幕末まではいうに及ばず、明治の前期においてすら猫の怪異力を信じる人は大勢いた。というよりこの国の近世文明は、猫や狐の怪異を承認するような心性を基盤として環境世界と交渉する文明だったのである。でなければ漱石は『猫』という作品を発想できなかっただろう。『猫』はけっしてティーク（Ludwig Tieck 一七七三〜一八五三）やホフマン（E. T. A. Hoffmann 一七七六〜一八二二）の流れを受けて生れた作品ではなく、猫に自分の愚痴を聞いてもらうような江戸期の想像力のうちにはらまれた作品なのだ。

その滅び去った文明は、犬猫や鳥類をペットとして飼育する文明だったのではない。彼らはペットではなく、人間と苦楽をともにする仲間であり生をともにする同類だった。山川菊栄が書いている。「どこの屋敷にも大きな樹が繁っているので、梟《ふくろう》もいましたが、あの真白な軟い胸毛に濃い空色の長い尾羽、黒いびろうどの帽子をかぶったような可愛い小さないたずら者、鵲《かささぎ》の兄弟の尾長もそれぞれの屋敷につきもののようになっていました。人なつこい鳥で子供たちのいい遊び相手でしたから、近処の家では、小さい女の子と尾長を部屋に入れておくと、お守《も》りの代りになるといっていたくらい。千世の家でも、桐の大木に巣をつくって、毎年夏になると、これを見て下さいといわんばかりさも自慢そうに可愛い雛を何羽もつれて親鳥が庭へ出て来て遊ぶのでした」[*89]。

今泉みねによれば、桂川家には代々学者肌の人物が主人の弟にあったそうで、そういう人物のひとりが「少し気がへんになるくらい学問にこって、一生兄のもとで暮らしていた」ことがあり、その仇名が虱《しらみ》の殿様というのだった。虱が背中をはっていないと落着いて本が読めないというのだが、風呂に入れた間に下着から全部新しくとり替えておくと、泣き顔になって「どうか一匹だけは種に残しておいておくれ」と手を合わせて頼んだという[*90]。十返舎一九がこの人物のもとに相談に通っていたというから、文化文政の頃の人だろう。しかしこの人物は、ともに生きる仲間が虱だったというのが変っているだけで、その心性はやはりこの時期の文明の埒外にあるものではなかった。

モースやバード以下の観察者たちが記録した、彼らからすると奇異に思えるような日本人の生類に対する関係の基礎には、ひとと生類とがほとんど同じレベルで自在に交流する心的世界があった。もちろんこれはなにも、日本文化の独自性といったものではない。それは色合こそ多少異なれ、かつては西洋にも存在した心的世界である。しかしそれは、西洋ではつとに滅び去った世界であったゆえに、十九世紀の欧米人に古き日本の特性として印象づけられた。

序章ですでに明らかにしえたと思うが、私の関心は日本論や日本人論にはない。ましてや日本人のアイデンティティなどに、私は興味はない。私の関心は近代が滅ぼしたある文明の様態にあり、その個性にある。この視角の差異は私にとって重要だ。そしてその個性的な様態を示すひとつの文明が、私自身の属する近代の前提であるゆえに、それは私の想起の対象となるのだ。それにしても、狸が将軍の真似をしたり、猫が鯛や帯をくわえて来たりする文明が、いったい想起に値する文明といえるだろうか。それは理性の光輝く西洋近代に照らすとき、ひとつの羞ずべき未開の文明ではないか。その問いに対しては、そうだ、明治以降の日本人はことごとくそう考えたのだといまは答えておこう。

明治の日本人知識人が己れの過去を羞じ、全否定する人びとだったことについては、先にチェンバレンの証言をひいた。ベルツもまた、一八七六（明治九）年に来日してすぐ、おなじ事態に直面した。彼は故郷への手紙の中で書いている。「現代の日本人は自分自身の過去については、もう何も知りたくはないのです。それどころか、教養ある人たちはそれを恥じてさえいます。『いや、何もかもすっかり野蛮なものでした（言葉そのまま！）』とわたしに言明したものがあるかと思うと、またあるものは、わたしが日本の歴史について質問したとき、きっぱりと『われわれには歴史はありません、われわれの歴史は今からやっと始まるのです』と断言しました。なかには、そんな質問に戸惑いの苦笑をうかべていましたが、わたしが本心から興味をもっているこ とに気がついて、ようやく態度を改めるものもありました。……これら新日本の人々にとっては常に、自己の古い文化の真に合理的なものよりも、どんなに不合理でも新しい制度をほめてもらう方が、はるかに大きい関心事なのです[*91]」。

私たちはここに描かれた明治初期の父祖の姿に同情をもってしかるべきだ。先述したようにエドウィン・アーノルドが日本を美の国、妖精の国と賞めたたえたとき、ここ二十数年の近代化の努力をあざ笑うものとして反発したわれわれの父祖に、私たちはなにがしかの共感をもっていい。狐狸妖怪のたぐいを信じるのはたしかに「野蛮」であった。そういう「野蛮」から脱して近代化への途を歩まないでは、日本が十九世紀末の国際社会で生き残ることはできなかった以上、過去は忘れるに如《し》くはなかった。

しかしそのゴールとしての近代が、少なくとも〝先進国〟レベルにおいては踏破されつくした今日、過去の「野蛮」はまったく異なる意味の文脈でよみがえらずにはいない。なるほど狐が人を化かし猫がものを言うというのはそれ自体としては蒙昧を意味する。しかしそのように生類がひとと交流・交歓する心的世界は野蛮でもなければ蒙昧でもない。それはひとつの、生きるに値する世界だった。ベルツはことにふれて日本人について「幸福な国民だ、幸福な気質」だと感じないではいられなかった。*92 これは日本人論ではない。日本人をそうあらしめていた、おしよせる「文化革命」（ベルツの表現）の波にもかかわらずまだそうあらしめていた、ひとつの文明の残照について言われた言葉である。

注

＊1――ホジソン前掲書一三八～四〇ページ
＊2――バラ前掲書八八～九、一〇五ページ
＊3――アンベール前掲書『上巻』八七ページ

＊4――リュードルフ前掲書二六二ページ
＊5――オリファント前掲書一二六ページ
＊6――リュードルフ前掲書六六、六九ページ
＊7――Fortune, ibid., pp. 96~8
＊8――Smith, ibid., pp. 306~7　いうまでもなく、ケンペルが『日本誌』中の参府旅行記で記述したその事実は、綱吉の生類あわれみ令が背景となっている。なお、フォーチュンの時代の他者からの借用についていうと、著作権がやかましくなかったからか、意識は非常におおらかで、他人の記述をまるで自分のもののように、断わりも引用符もなしに借用している場合が少なくない。それはおそらく、自分の著書をより充実させようとする意識から来るもので、今日でいう剽窃とはニュアンスを異にするようだ。だから彼らの見聞記を利用する場合、とくに一般論の形をとる記述では、それが彼自身の見聞にもとづくのか、それとも先行文献からのいただきなのか、見分ける必要がある。しかし後者の場合においても、表現は先行文献からいただいても、自分自身の経験で裏づけられていることもある。フォーチュンの場合、犬に関する記述はあきらかにスミスからいただいている部分が多いが、だからといって彼自身、別当が犬を追い払う場面や、切傷を負った犬を目撃しなかったとはいえない。
＊9――オールコック前掲書『上巻』二〇六ページ
＊10――山川『幕末』二一四ページ
＊11――『ヘボン書簡集』六四ページ
＊12――バラ前掲書七三ページ
＊13――Maclay, ibid., p. 178　ジャックとは同行の友人である。
＊14――モース『その日・1』三〇、一七一ページ

＊15――ケンペル『日本誌・下巻』（霞ヶ関出版・一九八九年）一四～五ページ
＊16――パンペリー前掲書一〇七～八ページ
＊17――ベルク前掲書『上巻』一一七ページ
＊18――Maclay, ibid., p. 44
＊19――Smith, ibid., pp. 176～7
＊20――Jephson and Elmhirst, ibid., p. 56, p. 38
＊21――ボーヴォワル前掲書五〇ページ
＊22――オールコック前掲書『上巻』二一五～六ページ
＊23――ハリス前掲書『中巻』三一四ページ
＊24――スエンソン前掲書八一ページ
＊25――ヴェルナー前掲書一一九～二〇ページ
＊26――ボーヴォワル前掲書六五ページ
＊27――ヴィシェスラフツォフ前掲書一三八～九ページ
＊28――ルサン前掲書六八ページ
＊29――ベルク前掲書『上巻』一一七ページ
＊30――アンベール前掲書『下巻』九一ページ
＊31――石川英輔『大江戸テクノロジー事情』（講談社文庫・一九九五年）二二〇ページ
＊32――ベーコン『内側』一〇〇ページ。ここで子馬と訳されているのはポニーのことだろう。西洋人にとって日本の馬はポニーだった。
＊33――Bird, ibid., vol. 1, p. 322

＊34――Bird, ibid., vol. 1, p. 125, p. 155, p. 162
＊35――Bird, ibid., vol. 1, pp. 265〜6
＊36――Bird, ibid., vol. 1, p. 187
＊37――Bird, ibid., vol. 1, p. 294
＊38――ハリス前掲書『中巻』三一四ページ
＊39――Bird, ibid., vol. 1, pp. 294〜5
＊40――Bird, ibid., vol. 1, p. 322　訳文は邦訳書による。
＊41――野田前掲書一五ページ
＊42――Bird, ibid., vol. 1, p. 153　訳文は邦訳書による。
＊43――石川前掲書二三三ページ
＊44――Bird, ibid., vol. 2, p. 126, p. 139
＊45――Bird, ibid., vol. 2, p. 124　訳文は邦訳書による。
＊46――ポンティング前掲書一三六ページ
＊47――ヒュースケン前掲書一六一ページ
＊48――ハリス前掲書『中巻』二八二〜三ページ
＊49――ブラント前掲書一二八ページ
＊50――ホジソン前掲書一六八〜九ページ
＊51――クロウ前掲書一二一ページ
＊52――Bird, ibid., vol. 1, pp. 321〜2
＊53――Bird, ibid., vol. 2, p. 128

＊54――ブラントン『お雇い外人の見た近代日本』（講談社学術文庫・一九八六年）三八ページ。これはブラントンの未刊草稿の翻訳である。
＊55――Bird, ibid., vol. 1, p. 258
＊56――ハリス前掲書『中巻』五六ページ
＊57――ホジソン前掲書一六九〜七〇ページ
＊58――同前一六七ページ
＊59――『S・R・ブラウン書簡集』一四一ページ
＊60――オールコック前掲書『中巻』一七七ページ
＊61――ベルソール『明治滞在日記』（新人物往来社・一九八九年）一五〇〜一ページ。原著は Les journées etles nuit japonaises, 1900
＊62――カッテンディーケ前掲書一三〇ページ
＊63――ヴェルナー前掲書一七六〜七ページ
＊64――バラ前掲書九三〜四ページ
＊65――モース『その日・1』二〇三ページ
＊66――モース『その日・2』七二〜三ページ
＊67――スエンソン前掲書一〇四ページ
＊68――Arnold, Seas and Lands, pp. 393〜5
＊69――ホイットニー『クララの明治日記・上巻』（中公文庫・一九九六年）一八一〜二ページ
＊70――ベルツ前掲書『上巻』五九〜六〇ページ
＊71――シッドモア前掲書八八〜九ページ

＊72──フレイザー前掲書一五九ページ
＊73──Jephson and Elmhirst, ibid., pp. 331〜2
＊74──フレイザー前掲書一五九ページ
＊75──リース『ドイツ歴史学者の天皇国家観』（新人物往来社・一九八八年）一六九ページ。原著は Allerlei aus Japan, 1905　邦訳書は抄訳。
＊76──モース『その日・1』二〇七ページ
＊77──モース『その日・2』二〇六ページ
＊78──同前二二一ページ
＊79──ボーヴォワル前掲書一三七ページ
＊80──今泉前掲書一六二ページ
＊81──同前六四ページ
＊82──山川『武家』一一〇〜二ページ
＊83──根岸前掲書『1』一〇六〜七ページ
＊84──只野真葛『むかしばなし』（平凡社東洋文庫・一九八四年）一八〜二〇ページ
＊85──同前一五五ページ
＊86──山川『幕末』一九二〜三ページ
＊87──根岸前掲書『2』五〇ページ
＊88──根岸前掲書『1』二四三ページ
＊89──山川『武家』一〇五ページ
＊90──今泉前掲書一〇九〜一一〇ページ

＊91——ベルツ前掲書『上巻』四七〜八ページ
＊92——ベルツ前掲書『下巻』三六一ページ

第十三章　信仰と祭

欧米人観察者の眼には、日本人はいたって宗教心の薄い民族にみえた。一八五九（安政六）年、江戸を訪れたヴィシェスラフツォフは言う。「日本人はまるで気晴らしか何かするように祭日を大規模に祝うのであるが、宗教そのものにはいたって無関心で、宗教は民衆の精神的欲求を満足させるものとしては少しも作用していない。それに反して迷信は非常に広く普及していて、お守りとか何かの象徴を住居その他につけるのがごく普通になっている。病魔を遠ざけるために家の扉に蟹を釘で止めたりするかと思うと、好運の日、不運の日があって、船乗りは暦でどの方角を避けるべきか前もって調べた上でないと港を離れない。寺社には老女と子供しかおらず、老女が祈っている間、子供の方はお祈りや念仏が唱えられているというのに、大声をあげて遊び回っている」[*1]。

寺詣りをするのは下層階級と女性であることは、観察者に早くから認められていた。ティリーはおなじく一八五九年、箱館の寺院を観察したが、「役人とか地位のある男性の姿はめったに見られず、貧乏人と女が唯一の参詣者であるように思われた」[*2]。ヒュースケンによると、一八五七年の下田でも状況はおなじだった。「女が祈っているのはつねに見かけるが、男のそういう姿をめったに見かけないというのはじつに注目すべきことである」[*3]。一八五九年から翌年にかけて英国箱館領事をつとめたホジソンは言う。「私は十六ヵ月間、寺の近くに住んで、参詣人の大部分があらゆる階級の婦人と、子供と乞食であることに気がついた。儀式に参列する男子は主として商人、小売商人、下層社会の人々で、その数も大した数ではない。その地位の上下を問わず双刀を帯びた武士が仏寺に詣でるのは、友人の葬式か、物故した英雄や主君の法要の時以外、きわめて稀である」[*4]。この事実は一八九〇年代になっても変らなかった。フィッシャーは言う。「寺詣でをする者は、日本のどこでもきわめて貧しい住民や農民ばかりである」[*5]。

　ベルクによれば「教養ある日本人は、本当は仏教とその僧侶を軽蔑している。……それは、下層階級と同じように僧侶のばかばかしいいかさま説法の対象となるのは、威信を下げると彼らが思っているからである」[*6]。ハリスは一八五七年五月の日記に書く。「特別な宗教的参会を私はなにも見ない。僧侶や神宮、寺院、神社、像などのひじょうに多い国でありながら、日本ぐらい宗教上の問題に大いに無関心な国にいたことはないと、私は言わなければならない。この国の上層階級の者は、実際はみな無神論者であると私は信ずる」[*7]。ヴィシェスラフツォフは役人に向って「どうしてお寺へ行かないのか」と尋ねたことがあった。答はこうだった。「わしが寺へ行くようになったりしたら、坊主たちは何をすりゃいいんだね。わしらみんなのために祈るのが坊主たちの仕事だ」[*8]。一八九〇年代日本に滞在したドイツ人宣教師ムンツィンガーも「サムライ階級」を無神論者と断定している。それに対して「小市民、職人、農民、労働者、女性という大群は、今日に至るまでいつも宗教的であった」[*9]。武士階級が信仰に無関心でとくに僧侶を軽蔑するというのは、すでに一八一〇年代にゴローヴニンが認めた事実だった。彼は「日本にも、ヨーロッパと同様に、自由思想家がいるし、或いはわが国より数が多いかも知れない。……無神論者や懐疑派は大変に多い」と記し、さらに「寺社なんかに一度も詣ったことはないといったり、宗教上の儀式を嘲笑したりして、それをいくらか自慢にしている日本人をわれわれは沢山知っている」[*10]と言っている。むろん彼は箱館や松前の獄舎にあったのだから、接触した日本人はほとんど武士階級だったのである。

われわれはふつう、知識階級が仏教や神道というこの国の伝統的宗教から離れ、従って旧い信仰を保っている民衆から切り離されたのは、明治以来の近代化・世俗化の結果だと信じている。あに計らんや、それは徳川期以来の伝統であったのだ。一八七一（明治四）年来日したヒューブナーは池上本門寺を訪れ、その建築の優美に感動したが、付添いの政府役人は「煙管を口にしたまま境内にずかずか入りこみ、笑ったり喋ったり、大声で僧侶や仏をからかったり」していた。「宗教心は消え失せかけている。朝晩、日の出と日の入りに家を出て太陽に平伏するのは、もう老婆しかいないのだ。……宗教行事や迷信は腐るほどあるのだが、上流階級や知識人階級では、信仰心も宗教心もまったく欠如している。……私はこの国の有力者たちに信仰を持っているかどうか幾度も尋ねてみた。するといつも判で押したように、彼らは笑いながら、そんなことは馬鹿らしいと答えるのだ」[*11]。

バードは一八七八（明治十一）年の東北地方縦断の際、久保田（現秋田）の師範学校を見学したが、校長と教頭に対して生徒たちが宗教について教えられているかどうか尋ねると、二人は「あからさまな軽蔑を示して笑った」。「われわれには宗教はありません。あなたがた教養のおありの方々は、宗教はいつわりだとご存知のはずです」というのが教頭の答だった。バードは言う。「破綻した虚構にもとづく帝位、人々から馬鹿にされながら、表面上は崇敬されている国家宗教、教養ある階級にはびこる懐疑主義、下層階級の上にふんぞり返る無知な僧侶。頂点には強大な専制をそなえ、底辺には裸の人夫たちを従え、最高の信条はむき出しの物質主義であり、目標は物質的利益であって、改革し破壊し建設し、キリスト教文明の果実はいただくが、それを稔らせた木は拒否するひとつの帝国――いたるところでこういった対照と不調和が見られる」[*12]。しかし、知識階級の宗教心の欠如は明治という新時代の特徴なのではなかった。ヒューブナーの見た政府官吏の不敬な態度も、バードが聞いた教師の反宗教的見解も新時代の産物というよりむしろ、徳川というアンシァン・レジームからひき継いだ知識層の心性だったとみるべきである。むろんその底には儒学的合理主義と徹底した現世主義が存在した。

リンダウは「宗教に関しては、日本人は私の出会った中で最も無関心な民族である」と言う。日本には数多くの寺社があるにもかかわらずそうなのである。僧侶は「いかなる尊敬も受けていない」。彼らは愚かな怠けもので、教義についても何も知らない。仏教と神道の区別もはっきりしない。民衆は「宗派の区別なく、通りすがりに入った寺院のどこでも祈りを捧げる」。しかし彼らは信仰からそうするのではなく、神聖とされる場所への礼儀としてそうしているのである[*13]。

リンダウの所見は文久年間の見聞にもとづく。スエンソンも言う。「聖職者には表面的な敬意を示すものの、日本人の宗教心は非常に生ぬるい。開けた日本人に何を信じているのかたずねても、説明を得るのはまず不可能だった。私のそのような質問にはたいてい、質問をそらすような答か、わけのわからない答しか返ってこなかった。時に立ち入って聞き出すと、そのうちの何人かは、戯言の寄せ集めが彼らの宗教、僧侶は詐欺師、寺は見栄があるから行くだけのところ、などと語ってくれた。……社会の上層部、特に知識人の間には、神道にも仏教にも与しない開けた日本人が数多く見出せる。彼らは外見的な神仏信仰を斥け、孔子の教えの規範に多少の修正を加えたものに従っている。……その信奉者はふつう、無神論者とみなされている」[14]。これは慶応年間の観察である。チェンバレンは「日本人に、あなたの宗教は何か、仏教か神道かとたずねると、全く困った顔つきをするので」おもしろく思った[15]。しかしこれはけっして、明治という時代の新現象ではなかったのである。

スエンソンは「諸宗派の間にも驚くべき寛容が成立して」いるというが、これはイエズス会の宣教師以来定説となってきた陳腐な所見だろう。しかし、それはやはり驚きであったにちがいない。カッテンディーケも「日本人ほど寛容心の大きな国民は何処にもない」と感じた。「もし日本人が、歴史上キリスト教徒のことについて何も知らないならば、彼らは平気で日本の神様の傍にキリストの像を祭ったであろうと私は信ずる」[16]。スミス主教は長崎滞在中、崇福寺に寄宿したのだが、スミスがもっと広い空間がほしいというと、住職はいともあっさり隣接した仏間(small chapel)から仏像を撤去してくれた[17]。仮に日本の仏僧が英国の教会堂に寄宿して同様の希望を出した場合、いったい牧師が小礼拝堂のキリスト像を撤去するものだろうか。ヘボンとブラウンはともに神奈川宿の成仏寺に住んだが(ヘボンは本堂、ブラウンは庫裡)、ヘボンは本堂から仏像を全部とりのけ、そこで安息日の礼拝をとり行った[18]。ブラウンは手紙に書いている。「この国民が、外国人のためにこんなにすぐ寺院を貸してくれるとは、不思議なことです。この寺にあるたくさんの偶像や仏具類は本堂の仏壇の暗い片隅に、板戸でしきりをしてしまわれました。……住職はほかへ移りました。九〇歳かそれ以上と思われるその老僧は、今は隣接の家に住んでいます」。この寺は貧乏寺で庫裡も相当に傷んでおり、住職は宣教師たちの払う家賃に満足だったらしいが、それにしても仏壇仏像がいともあっさり撤去されたのには、ブラウン自身「驚きました」と述懐している[*19]。これは安政年間の出来ごとである。

しかしこれは欧米人にとって、たんに寛容というにとどまらぬ意味をもつ出来ごとであったに違いない。聖職者自身が自己の守護する聖域を異教の神に譲り渡して何の苛責も疑いもおぼえぬというのは、いったいいかなる宗教であるのか。それはそもそも宗教の名に値するのか。寛容とは命をかけるべき信仰をもたぬことの結果ではないのか。そのような疑念は必ず彼らをとらえたに違いない。メーチニコフは東京外国語学校に奉職中、一学生からニコライ露語学校へ転校したいという申出を受けた。「だがあそこへ行ったら、洗礼を受けて正教徒にならねばならないよ」とメーチニコフが言うと、少年は「日本の少年に格別の魅力を与えるあの憂いを含んだ愛くるしい表情」で答えた。「洗礼されるのを、ぼくは見たことがあります。夏ならまだ我慢できますけれど、冬じゃたまりませんね」。亡命ナロードニキであるメーチニコフは言う。「あきらかに、彼の頭のなかには、冷水に対する恐怖しかなかったのだ。宗教の方面で、日本人はかくも無関心であればこそ、彼らの前進的運動も容易なのである」[*20]。しかし、彼自身無信仰の人であるメーチニコフからかく評価された少年は、信仰というものに自己の生命のみならず社会の根幹を見出していたヴィクトリア朝人やピューリタン的な米人からすれば、日本人が宗教の第一義を知らず、それを単なる便宜的な社会慣習とみなしていることの動かぬ証拠であったろう。

全国を通じてどんな僻地山間にも見受けられる厖大な数の寺社と住民の関係、とくにその祭礼のありかたを一見したとき、彼らの喉を突いて出たのは「日本では宗教は娯楽だ」という叫びだった。オールコックは言う。「宗教はどんな形態にせよ、国民の生活にあまり入りこんでおらず、上層の教育ある階級は多かれ少なかれ懐疑的で冷淡である。彼らの宗教儀式や寺院が大衆的な娯楽と混じりあい、それを助長するようにされている奇妙なやりかたこそ、私の確信を裏づける証拠のひとつである。寺院の境内では芝居が演じられ、また射的場や市《いち》や茶屋が設けられ、花の展示、珍獣の見せ物、ベーカー街のマダム・タッソー館のような人形の展示が行われる。こういった雑多な寄せ集めは、敬虔な感情や真面目な信仰とほとんど両立しがたい」[*21]。むろん彼は浅草のことを言っているのだ。バードはもっと簡潔に断定する。「私の知る限り、日本人は最も非宗教的な国民だ。巡礼はピクニックだし、宗教的祭礼は市である」[*22]。彼女は寺院が広大な敷地を所有していることから、「かつては東京にも、敬虔な精神が存在したに違いない」と言っている。しかし徳川期から、巡礼は物見遊山とセットされていたし、祭礼に市はつきものだったのだ。

「〝宗教――キリスト教徒が知るような宗教において不可欠とされるものを伝え保存すること、それによって心の最も高い願望と、知性の最も高貴な着想とをかき立てること、迷信の力を削ぎ寛容を説くにとどまらず、生きた信仰と行動への正しい動機、つまりは人間性に許された最高のものを最優先の地位につけること〟――これが文明であるとするならば、日本人は文明をもたない」[*23]。このように言うときオールコックはキリスト教文明以外の文明のありようを頭から否定しているのではない。だが、彼がキリスト教文明を最高の文明と考えていたのは確実である。そしてもし宗教がこのようなものとして定義されるならば、日本の宗教がおよそ宗教の名に値せぬ迷信と娯楽の混合物に見えるのはあまりに当然だった。オールコックだけのことではない。当時の欧米人観察者の大多数は、神との霊的な交わりによって、個人の生活と社会のいとなみにより高い精神的水準がもたらされるものとして、宗教を理解していたのである。すなわちそれは人間性の完成と道徳的進歩という十九世紀的理念に浸透された宗教観だった。そんなとほうもない基準を適用されたとき、幕末・明治初期の日本人が非宗教的で信仰なき民とみえたのは致しかたもないことだった。

しかし、彼らのうちのある者は、自分たちの宗教概念には収まらぬにせよ、日本人に一種独特の信仰の形態が厳として存在することに気づいていた。チェンバレンが『日本事物誌』の「宗教」の項で、日本人は「気質としては信仰心が薄い（undevotional）」と書いたことは、ハーンの激怒を招いた。[*24] ハーンが日本庶民の信仰について、独自の考察を行ったのは周知の事柄である。だがこの際、特異な思想家であるハーンにはご遠慮を願おう。W・G・ディクソンは一八八三（明治十六）年日本を再訪した際富士山に登ったが、八合目で一泊した翌朝、ご来迎を伏し拝む巡礼たちを見た。彼らの平伏は三分に及んだ。彼らのうちには年老いた女も含まれていた。[*25] 巡礼たちにとって、登山はピクニックではなかったのだ。時代は降るがポンティングも明治三十年代に富士に登り、火口で七十を越えた老婆に出会った。彼女は山頂に達するのに七日かかったということで、仲間の巡礼にもすっかり遅れ、たった一人で火口縁を回っているのだった。「彼女の皺だらけの姿は、本当は気高い不屈の魂を包み隠す俗世間の衣に過ぎないのだ」。ポンティングは英国婦人の中に、「この老婆の年齢の半分しか年を取っていないとしても、こういう目的でこれだけの仕事に取り組もうとする者が一体何人いるだろうか」と疑った。[*26] ブスケは一八七五（明治八）

年中禅寺湖を訪れ、巡礼の群れに出会った。彼らは到着するや「湖の氷のように冷たい水」に浸かり、手を合わせて祈りを唱えた。「これは私が日本で見た本当に感動的な唯一の礼拝行為である」[*27]と彼は書いている。

オールコックも先の引用の直後に、「にもかかわらず日本人が、表向きは宗教的目的をもつ巡礼に病みつきだということは、一方では、少くとも下層の人びとの間にある程度生き生きとした宗教感情が存在することの明らかな証拠と考えてよい」[*28]と認める。巡礼だけではない。W・G・ディクソンは京都で再建成ろうとする東本願寺の偉容を観た。これは信者の自発的な寄付によるもので、拠金は二千万円にのぼるといわれている。正門では地搗きが行われていた。ひとつは機械によるものだったが、もうひとつには三十人ばかりの男がロープにとりついていた。彼は信者たちがロープを曳く機会にあずかろうとしている様子に注目した。正門の傍らには、直径三インチの大きなロープが、高さ三フィート、さし渡し六フィートのコイル状に巻かれて、ふたつ置かれていた。これは女の信徒たちが捧げた黒髪でできたロープなのである。ディクソンは言う。「日本に個人的な宗教感情は存在しないと考えるのは誤りだ。男女ともに寺院でたえず祈っている姿が見られる。さらに、朝の夜明け近い頃でさえ、一家の誰彼とか旅館の誰彼とかが、朝日に向って祈っているのが見受けられるだろう。私の日本人の知り合いの話では、宮ノ下のホテルの女中が彼に、『私たちがときどき障子に唾をつけ指で穴をあけてのぞくと、若い異人さんがひざまずいて顔をベッドに伏せているのですが、あれはいったい何をしているのですか』と尋ねた。『ああ、あれはあの人たちの神に祈るやりかたなのさ』と答えると、彼女は言った。『異人さんも祈るんですか。そんなことはしないとばかり思っていた』[29]」。

一八六一（文久元）年六月の終りから七月一日にかけて、フォーチュンの神奈川の寄宿先に隣接する小さな寺は参詣者で溢れた。その十分の九は女だった。顔の赤い娘たちを連れた陽気な農婦たちに交って、華やかな衣裳をまとい、顔を白く塗った茶屋女の姿も見られた。彼女らはそれぞれ座布団に坐り、前に小さな鉦を置いていた。僧が読経を始めると、全会衆が加わり、鉦を叩き「南無、南無……」とフォーチュンには訳のわからぬ文句を唱えた。お勤めは一時間あまり続くが、休みには彼女らは元気づけに酒を一杯やるのだった。七月二日、また鉦を鳴らす音と「南無、南無」の声が聞えたので、彼は様子をのぞきに行った。二、三分いて自分の家に帰ろうとすると、全会衆があとについて来た。思うに、彼の訪問へのお返しのつもりであるらしかった。中にはやっと歩けるぐらいの老爺も何人かいたが、大部分は女と子どもだった。女どもはフォーチュンの衣服や本や標本を調べにかかった。蝶や甲虫や陸貝がおどろきと疑問の的となった。この人は何をする人なのかという訳である。少し知恵のありそうなのが「薬を作るのさ」とのたもうた。歳はいくつだろう、結婚はしているのか。「疑いもなく、私を種にして、気のいい冗談が彼女らの間に飛び交っていた」。「わたしが嫁さんになってやろうかね」などと言い出すものもいた。お勤めが残っているのを思い出して、彼女らはお辞儀をたっぷりして帰って行った。勤行の声がまた聞え出した。

「突然、声がやんだので、今日のお勤めは終ったのだと私は思った。だが間違いだった。しばらくして、これまでのお勤めの声とはまったく異なる楽しげな声があがるのが聞えた。そこで私は好奇心を満たすために、もう一度会衆を訪ねる気になった。お寺の前庭に入ると、奇妙な光景が眼前に現われた。さきほどまで敬虔な祈りを捧げていたのとおなじその部屋で、そしておなじその会衆が、いまや酒を飲んでいた。わき起る大きな笑い声や陽気な大騒ぎからして、早くも利き目が現われているらしかった。私が戸口にいるという情報はすぐ部屋中に伝わった。よろこびの叫び声とともに、私は会衆から迎え入れられた。酒に関する限り、この人たちのもてなしのよさは限度がなかった。いろんなグループから、いっしょにやろうという誘いがかかった。……定められた刻限に僧侶が衣を着て現われると、飲み残しの酒は片づけられ、会衆の顔つきは陽気から厳粛へと一変した。もっとも何人かの顔は赤くなっていたけれど。そしてお勤めがまた始まった」[*30]。

徳川期において、日蓮宗と並んでもっともよく民衆を組織した真宗寺院の信仰の実態はこのようなものだった。しかし何と明るく楽しげな雰囲気であることだろう。寺詣りは「後生の一大事」(蓮如)のためであるのみならず、このように村人どうしの心が融けあうための行事だったのだ。スミス主教は迷信と現世利益と娯楽の混りあったような日本の宗教のありかたにもちろん批判的だったが、にもかかわらず、日本の寺社が聖域というかた苦しさをもたぬことに気づいた。神社の境内は子どもの遊び場になっていた。一団の子どもが「社殿のすぐ傍で踊ったり、跳躍したり、取り組み合ったり、とんぼ返りをしたりした。そしてたがいに足を掛け合ってひとりが地響きを立てて倒れると、愉快そうな笑い声が社殿の屋根を揺るがすのだった」。彼らはそれどころか社殿の前面にかかっている鈴も見逃さなかった。綱をよじ登って天井に着くのを競い合うのである。

大人が見ているのに、注意する者は誰ひとりいなかった。主教はこの点では寺はもっと厳しいと聞いていたが、寺でも子どもたちが騒々しく遊んでいるのを目撃した。[*31] 大人同様、子どもにとっても寺や神社は楽しいところだったのだ。またあるとき主教は隣の寺に、十歳から二十歳ばかりの娘たちが五十人ほど集まっているのを見かけた。彼女らは主教とウィリアムズ師に、祭日（a Zondag）を楽しみに来たのだと告げた。華やかな絹の着物をまとい、広い帯をお太鼓に結び、厚化粧して、笑い声で寺の屋根を揺るがせていた。[*32] 寺は娘たちにとっても、娯しみの場だったのだ。いずれも一八六〇（万延元）年、長崎での見聞である。

スミス主教は仏教は神道より陰鬱できびしい宗教だと感じた。なぜならそれは生を悲嘆から免れえぬものとみなしているからである。「一方、神道の信者は現世の楽しみにおける幸せを最大の目的としており、人間の生活についてもっと楽しい見方をし、現世の出来ごとのより明るい側面に注目することを好む」。神道は祭礼を休日《ホリデイ》に変えてしまったと彼は言う。しかしそれは仏教においてもおなじことだった。教義の面において確かにスミスのいうような対照が認められはするものの、民衆の意識においては、寺もまた神社とおなじく、彼らの現世の人生に幸福とよろこびを与えるものだった。一八七六（明治九）年、ギメは横浜の浅間神社を訪うたとき、「すべて生気があり、明るく愛嬌がある」と感じた。「ここでは神々は恐れさせず、親しみがある」[*33]。しかし彼は浅草寺を訪うたときにも、「すべての見世物に宗教が関係している」のを見て、「感じのよい、心安い、気難しくない、ギリシャ人の宗教に似ていて、煩わしくない、楽しむことを少しも妨げない宗教[*34]」だと、仏教のことを感じたのである。

スミスは言う。「平常の時は日本人の宗教的熱意は低調で、寺院はほとんど見捨てられている。毎日の勤行に信徒が出席することは稀で、ふつうは僧侶も勤行をとりやめる。特定の祭日がめぐってくると、大衆の迷信的な信心がことごとく呼びさまされる。こういった例年の祭礼には、厖大な群衆が寺の儀式につめかける。飲食と歓楽が彼らの宗教の少なからざる部分をなしている」[*35]。だがエドウィン・アーノルドは、こういった日本人の信仰のありかたを、格別怪しからぬとも劣等とも考えはしなかったようだ[*36]。彼はリゴリスティックなプロテスタンティズムを嫌って、むしろ仏教に理想の宗教を見出した人だった。彼が「彼らはあらゆる縁日や祭——すなわち彼らの〝聖者の日〟を、市《いち》や饗宴と混ぜあわせる」といい、さらに「宗教と楽しみは日本では手をたずさえている」というとき、それが非難ではなくむしろ讃嘆に近いのは、彼のそういう祭の描写がよろこびに満ちていることで知れよう。「彼らは熱烈な信仰からは遠い（undevotional）国民である。しかしだからといって非宗教的（irreligious）であるのではない」と彼がいうのは注目すべき言表だろう。つまり彼は、神に身心を捧げるような熱烈な信仰は好きではなかったのである。彼にとって望ましい宗教とは、日本人がその例を示しているような、生活のよろこびと融けあった、ギメ風にいえば心安く親しみのある宗教だったと言ってよかろう。

日本人にとって、神仏は神社仏閣にだけおわしたのではない。フォーチュンは野仏に捧げられた素朴な信心の姿を伝えている。「神奈川宿の近傍の野面にはたいてい、小さな路傍の祠があって、住民はそれに線香をたき、石に粗く刻まれた小さな神に塩や銅貨などのお供えをする。あるとき私は、かなり立派な身なりで上流階級に属するかと思われる三人の女性に出会った。召使が一人ついていて、その男は神へのお供えとして、手に一束の線香と紙を持っていた。彼女らは外国人に逢ったのが嬉しかったらしく、とても丁寧な様子で、どちらから来てどこまで行かれるのか、お国はどこかと尋ねてきた。おなじ質問をすることで社交辞令のお返しをすると、神奈川からやって来て、数百ヤード前方の路傍にある小さな祠に線香をあげるところですと教えてくれた。その儀式が見たくてたまらず、私は祠まで彼女らについて行った。小さな石仏のところに着くと、身分の高そうな一人が召使の手から線香を取って火をつけ、仏像の前の石盤にそれを活けた。彼女は祠の前に深くぬかずき、手にした数珠をずっとこすりあわせながら何やら祈りを呟いた。二番目の身分らしい女が敬虔な態度で彼女のうしろに立っており、さらにそのうしろには三番目が立っていたが、これはちょっとばかりお祈りをすると、他の二人はまだ祈り続けているのに、私に笑いながら話しかけるのだった。儀式は

●道端の祠（Alcock，前掲書）

二分ばかりかかっただけで、それが終ると三人のご婦人は懐ろから短い煙管をとり出し、煙草入れに入っていた煙草をそれに詰め、私にシガーの火を貸してくれるよう頼んだ。私はよろこんで頼みに応じ、しばらくいっしょに煙草を吸って、仲よくお別れした」[*37]。文久元年の出来ごとである。

もちろんこの女には心願の筋があったのだろう。石仏は霊験あらたかな地蔵であったに違いない。すなわち彼女の行為は、ヴィシェスラフツォフやスミスが、宗教とは無縁のものとして排撃する〝迷信〟であった。しかし、天にましますⅡ一神に祈れば迷信でなく、路傍の石仏に願をかければ迷信だという区別が、いったいどうして可能なのかという疑問はともかくとして、この女たちが地蔵に線香を供えることで、具体的な現世利益を願ったことは確かだとしても、それと同時に、彼女らがこの世を包含するさらに大いなる神秘の世界と交感したのであることは疑いようのない事実だ。

ブラントは東京医学校教授のミュラーとホフマンを伴って、小紫と権八の墓を見物に出かけたが、そこで、病に効験があるという青銅の天狗像を熱心に足でさすっている老婆を目撃した。聞くと、彼女の孫の足が悪いので、天狗さまに願をかけているのだという。その子は下の茶屋で待っているとのことだった。ブラントは早速、二人の医師にその子を診察してもらった。少年はこの縁で医学校付属病院で手術を受け完治するに至ったが、婆さんが礼を言いに来たとき、ブラントが「天狗のところへ行くかわりに、すぐに医者へ行くほうがよくはなかったか」と問うと、彼女は「そうかも知れませんけれども、天狗さまにお詣りしませんでしたら、あなたさまにもお目にかかれませんでしたろう」と答えた。「以来私は迷信打破の努力をやめることにした」とブラントは書いている。[*38] すなわちこの老女は彼に、この世界を構成する複雑な連鎖の神秘を示唆したのだった。

●愛宕山の石像（Humbert，前掲書）

フォーチュンもブラントも、日本人の宗教意識を理解する入口に立っていたのである。リースは歴史学者らしくそれを分析する。不動、地蔵、閻魔、観音、賓頭盧《びんずる》の五神をあげながら彼は言う。「広く大衆に受けいれられている五柱の神々に対する信仰を、日本の庶民や女子供たちはけっして失うことはない。自分は自由精神の持ち主だという日本人がいたとしたら、かれは乳母の語ってきかせる童話の世界と同時に、以前のこのような信仰からも解放されたことを言っているのである」。[*39] つまり彼にとって、庶民や女子どもの信仰世界は、それなりの効用はもつものの、結局はそれから解き放たれるべき「迷信」なのである。折角、民衆の宗教意識への門口に立ちながら、彼はそれを放り出して、日本人の「政治的宗教」、すなわち古代から連綿として続く先祖崇拝を論じ始める。このランケの直弟子に、『流竄の神々』を書いた同国人ハイネのような民衆信仰への感受性を期待するのはもともと酷なのだろう。

結局、日本庶民の信仰の深部にもっとも接近したのは、アリス・ベーコンであったようだ。彼女は二度目の訪日（明治二十二年から二年間）の際、とある山間の湯治場に二、三週間滞在したことがあった。そこで彼女は村はずれで小さな茶屋をいとなむ老夫婦と仲よしになった。夫の方は木の根で天狗とかさまざまの奇怪な動物などを細工する〝芸術家〟で、陽気な老女はいつも山中に入って、夫のためにしかるべき木の根を探してくるのだった。アリスたちが店を訪れると、彼女は岩から湧き出る冷たい水を汲んでくるやら、お茶をいれるやら、羊羹を出すやら大奮闘を開始するのだったが、アリスたちは彼女からここいら一帯の民話を聞き出すのが面白かった。彼女は村を見おろしている岩の頂上は天狗が作ったのだと教えてくれ、天狗の風穴のところまで彼女たちを案内してくれた。天狗はもうこの森から去っていまはいないと彼女は言うのだった。というのは、夜、店を閉めるときにあたりを窺ってみても、その姿が見えないからである。猿たちも少なくなりましたと彼女は言った。アリスたちは彼女から、森の中にいるマムシをとらえて酒に浸たすと薬になるのだという話を聞いた。なるほど村の八百屋の棚には、とぐろを巻いた蛇の入った壜が置かれていた。ある日彼女はアリスたちを呼びとめて、もうちょっと早くおいでになるとよかったのにと言った。山の神様の使いである大きな黒蛇がいましがたここを通ったというのだ。彼女自身はそれを以前も見たことがあって、珍らしくはなかったけれど、アリスたちがきっと興味をもつにちがいないと彼女は考えたのだった。「いとしき小さな老女よ、その親切な顔つきと心地よい物腰よ、そして彼女のやさしいしわがれ声よ。神秘で不可思議な事物に対する彼女のかたい信念は、かしこい人々はとっくに脱ぎすてているものだけれど、わが民族の幼年時代に立ち合うような気持に私たちを誘なってくれたし、さらに、すべての自然が深遠な神秘に包まれているという文化のありかたへの共感を、私たちの心に湧きあがらせてくれた」[*40]。

日本人の宗教心を仏教や神道の教義の中に求めたり、またそれら宗教組織の活動のうちにたずねたりするのは無駄な努力というものだった。僧侶の社会的地位は高かったが、人びとからは軽蔑されていた。「およそ精気のない目つき、白痴のような顔つきをした彼ら僧侶や神官には、ただ驚ろかされるばかりであった。とくに仏僧が神官よりもひどかった」[*41]とヴェルナーは言う。しかし、そのような無気力な仏教界を改革しようとする新世代の僧侶の場合でさえ、彼らの活動は日本人の基層的な宗教感情といささかの関わりももたなかったのだ。バードは京都の西本願寺で赤松連城（一八四一〜一九一九）と会い、日本の宗教の現状について彼の意見を徴した[*42]。赤松は明治五年に英国に留学した改革派の学僧である。「迷信的な慣習は存在するけれども、私には日本人は最も非宗教的な国民としか思えない」とバードが水を向けると、赤松は答えた。「孔子の哲学は以前から上流階級にひろまっていて、教育ありかつものを考える人間は生命の不滅を否認し、あなたのいうところの唯物主義者になった。彼らの不信仰は次第に平民にも及んでいる。だから日本には、迷信はいまだに多く存在するけれども、真の信仰はほとんど存在しないのだ」。「あなたの同胞のうちに最もひろがっている悪徳は何だと思うか」とバードが問うと、赤松は「虚偽と好色」と答えた。この問答で興味あるのは、赤松の宗教に関する判断基準が欧米人のそれとまったく一致している点である。彼はバードに対して「仏教は復活するでしょう。それは人びとに純潔を教えますからね。仏教は高潔な行いの目的はやすらぎであることを示すのです。純潔はやすらぎに至る大道です。仏教の道徳的な教えはキリスト教のそれより高いのです」と応戦これつとめるが、こういう言辞は彼の念頭にある宗教理念がまったくキリスト教モデルに従うものであることを示すと同時に、彼が日本民衆の信仰世界にいささかの理解ももたず、それを侮蔑していたことを暴露している。

古き日本人の宗教感情の真髄は、欧米人や赤松のような改革派日本人から迷信あるいは娯楽にすぎぬものとして、真の宗教の埒外にほうり出されたもののうちにあった。篠田鉱造は「八十八ヶ所のお大師さん参り」の楽しみを語った老女の話を『明治女百話』に採録している。[*43]「悴に嫁でも迎えたら、この御参詣《おまいり》に加わって、大勢男女打連立て、浮世話や軽口を聞いて、ご信心をしますと、胸がスッキリして、頭がスーッとするんです」というこの老女の「ご信心」とはいったい何だったのだろうか。一日十二里をきまって歩くというこの強行軍の楽しみは、仲間との浮世話や軽口もさることながら、行く先々での人びととの交歓にあったようだ。練馬では「村の衆が沢庵の厚切と、野菜の煮たのを用意して」迎えてくれる。「こっちのお弁当はまた、あっちへ開いてやります。ソレを村の衆は、楽しみにしているんだそうで、お海苔巻やごもくずしといったのを盤台へもらい溜めて、村中大喜びでした」。

これはたんなる物見遊山ではない。信心の行為であるゆえに村人は一行を歓待したのだし、一行もまた純化された感情のなかで村人の厚意に応えたのだ。その信心とはべつに仔細あるものではなかろう。無事に嫁を迎えることのできる歳まで生きながらえたことへの報謝であり、さらに一家の今後の浄福をねがう心であったろう。しかしそれは日常を越える聖なるもの大いなるものの存在を感知する心でもあった。だからこそ胸も頭も晴れやかだったのである。ここには、「巡礼姿の寺社参詣人たちは、俗の世界の往来においても、神仏と結縁した存在と認められ、俗界のもろもろの縁や絆と切れた存在とな」るという中世以来の伝統[*44]がまだ強力に働いている。お大師詣りの人びとと村人との交歓はこういう非日常的次元に成り立っていたのだ。

ロシア正教日本大主教のニコライは、欧米のプロテスタント宣教師とは違って、日本庶民の地蔵や稲荷に寄せる信仰に、キリスト教の真髄に近い真の宗教心を見出していた[*45]。田舎を旅行すると彼はいつも着飾って地蔵や稲荷にお詣りする女こどもに出会った。それは「宗教的感情が生き生きとしているということだ」と彼は受けとった。お寺の釈迦の誕生祭で、甘茶を仏像に注ぐ人びとの行為に彼は共感した。彼はそういう行為は迷信だとか、たんなる行楽であるとは考えなかった。「純朴な行楽は民衆からとりあげてはならないものだということも知るべきだ。新しい生き生きした魂が彼らに与えられるものなのだ。ロシアのキリスト教徒にもこれはある」。中村健之介によれば、宗教改革もルネサンスも知らず、世俗化の波にさらされることのなかったロシア正教は、前近代的なキリスト教信仰の本質を保持していた。ニコライが日本にもたらそうとしたのはそのような本物の宗教だった。彼はプロテスタンティズムは合理化された正義と実践道徳を説くだけで、真の信仰を持たないと考えていた。しかもそれは文明の魅力をふり撒くことで、日本人を信仰に誘うという邪道に陥っていた。そういう彼の眼には、日本の知識層は西洋文明に魅かれてプロテスタントとなるのであって、要するにそれは無神論と異ならなかった。ニコライの希望は日本の下層階級にあった。なぜなら、彼らは「魂の消し難い要求を満たすものが宗教だと率直に正直に認めている」からだ。中村は言う。「ロシア正教はキリスト教ではあるが、むしろ明治の日本の庶民のいわば前近代的な宗教心、宗教感情に接合しうる信仰だった。少なくともニコライ自身はそう感じた」。

ニコライが、プロテスタント系の観察者が宗教とは無縁なものとみなした庶民の俗信を、かえって真の宗教心の発露と解することができたのは、母国ロシアのキリスト教信仰の実態をよく知っていたからであろう。ドストエフスキーがキリスト教の真の精神を、ロシアの無知な農民《ムジーク》の聖者崇拝や巡礼に見出していたのは周知の事柄に属する。ニコライはドストエフスキーと精神的交流があった。しかし話はなにもロシアに限らない。中世に溯るならば、日本庶民の俗信の世界と変らぬ民衆信仰の実態をヨーロッパ全土に見出すことができる。十九世紀の欧米人訪日者は、みなその記憶を失っていたのである。ただ彼らは、日本の仏教寺院の雰囲気がいちじるしくカトリック聖堂を思わせることには気づいていた。その類似を指摘している例は枚挙にたえぬほど多い。一例だけ挙げると、オールコックがこう書いている。「こういった仏教寺院のひとつに入ると、私はカトリックと同じだという確信を抱かざるをえないし、のちに仏教徒がローマ教会から借用したか、あるいはローマ教会が初期に仏教から借用したかのどちらかだという考えが、どうしても浮かんでしまう。……私たちのあとから出入りする人びとが、礼拝の場所に大した敬意も払わずに、ひどい騒音を立てているのも、両者の類似した一特徴といってよいようだ。というのは、私はローマの聖ペテロ寺院で、大切な祭日に、子どもや犬が群衆に交って、寺院にも祀られている神にも全く同様に敬意を示さず、出たり入ったりしているのを見たことがあるからだ[*46]」。しかしオールコックの口振りからわかるように、彼らはこういう注目すべき類似から、民衆信仰のありかたについて何の示唆も受けなかったのである。

　観察者たちは武士階級に信仰はないと見た。これは一面当った観察だろう。なぜなら、徳川期に儒学的合理主義が武士階級に浸透し、それが彼らの倫理の世俗化を完成したというのは定説だからである。しかし、江戸期の武士の手になる随筆や紀行文のたぐいを読むと、彼らの思考が合理主義一点ばりで、神仏も含めた神秘な世界への感受力を欠いていたとはとても信じられない。彼らは単に、形骸化した既成宗教を軽蔑していただけだろう。杉本鉞子が回想する長岡藩元家老稲垣家の盆行事[*47]を見ると、武士の「無神論」なるものが事実の一面しか伝えていないことがよく理解される。彼女の回想は、古き日本人にとって盆がいかに厳粛かつ生命にみちた行事であったか実感するための最高の手引きといってよかろう。それは彼女の数え齢七、八歳頃、つまり明治十二、三年の経験であった。

　数日前から準備が始まる。庭木、生垣を刈り整え、庭石を洗い床下まで掃ききよめる。畳もあげて掃除し、天井板、桟、柱、欄間など、すべてお湯で雑巾がかけられる。「家中は屋根の上から床下まできよめられる」のである。仏壇は行事の

●杉本鉞子

中心である。当日、爺やは夜があけぬうち蓮池へ降りてゆく。これは朝日のさし初める光とともに花が開くからである。仏壇には茄子や胡瓜で作った牛馬が供えられ、蓮の葉に野菜が盛られる。女中が「盆燈籠を高々と掲げ」る。火を灯すと、中の切紙が小鳥の群れが羽ばたくように揺れ動く。「どこの子供も同じことで、私もご先祖さまをお迎えするのは何となく心うれしく感じておりましたが、父の亡くなりました後は、身にしみて感慨もふかく、家族一同仏前に集いますと、心もときめくのを覚えるのでありました」。お精霊さまは死の国から白馬に跨って来るといい伝えられていた。

黄昏には一家揃って大門のところで、二列に分れて精霊を待つ。召使にいたるまで全員新調の着物を着てこうべを垂れる。「街中が暗く静まりかえり、門毎に焚く迎え火ばかり、小さくあかあかと燃えておりました。低く頭をたれていますと、まちわびていた父の魂が身に迫るのを覚え、遥か彼方から、蹄の音がきこえて、白馬が近づいてくるのが判るようでございました」。迎え火が消えると仏前へ戻り、「なつかしい客を迎えた喜び」に包まれながらぬかずく。「それからつづく二日は町中がお燈籠で満ち満ちていました。……家の中は心愉しい空気に満たされ、わがままな業をする者もなく、笑いさえ嬉しげでした。それも、皆が新調の着物を着、お互いに作法正しく、お精進料理を頂いて楽しみあうことをご先祖さまも喜んでいて下さると思うからでございます」。

精霊が家を去る日は「いいがたい別れの悲しさが胸に迫」った。精霊舟を作って、夜の明けぬうち川べりへ行く。「鳥の啼く声のほか、辺りの静けさを破るものはありませんでした。すると、突如として朝日の光が山の端から射し出ました。待ちかまえていた人々の手は一斉に蓆舟をはなちました。……朝日はいよいよ光をまし、山の端をのぼりきる頃、川辺に頭をたれた人々の口からは静かに深い呟きがおこるのでございます。『さようなら、お精霊さま、また来年も御出なさいませ。おまち申しております』。……母も私も、浄福とでも名附けたい、穏かさを胸に湛えて川辺を立去りました」。

これは宗教の原始的段階を示すとされる先祖崇拝の一例にすぎぬのだろうか。なるほど先祖は崇敬されているに違いないが、ここに提示されているのはむしろ魂の永生への確信であろう。なによりも痛切に覚知されているのは、現世を超えつつしかもそれと浸透しあう霊の世界の存在である。それとの年一度の接触は、宗教の枢軸ともいうべき救済をもたらす。鉞子は書いている。「お盆を迎えて以来、にこやかに見えた母の面には、父を見送った後も、以前のような憂わしげな色は戻って参りませんでした。それをみるにつけましても、父は、私共のところへ参って慰め、また舟出された今も、私共に平和をのこして行って下さったのだと、しみじみ感じさせられたことでした」。しかしこのような魂の救済は、前に見たような、厳格に儀礼化された行事の手続きを踏んでこそもたらされたのだった。つまりこれは、儀礼を否定し個人の神との直接の交流を重んじる近代プロテスタンティズムの対極にある宗教意識、確立した儀礼によってこそ神との合一がもたらされるとする、かのニコライの宗教理念とまさしく一致する信仰の形態なのだった。そして見逃してならぬことだが、武士階級に属する稲垣家の人びとと庶民である使用人とは、まったく心をひとつにしてこの信仰行事にたずさわったのである。

観察者たちが日本の葬列の陽気さに呆れたことは前章で述べた。ベーコンも言っている。「葬式の行列は印象深い見ものだ。しかも知識のない外国人の目には陽気な光景である。参列者の白い衣や明るい色の着物、僧侶の衣、白布と金で飾られた棺、高く掲げられた赤や白の旗、陽気な色の沢山の花束には、悲しげで陰気なものは何もないからだ。白い絹の装いをした会葬者は見たところ一向悲しそうな顔つきに見えず、西欧人の心には行列の目的がまったく思い浮かばない。それは葬列よりむしろ婚礼の行列のように見える」。このように述べたあと彼女は、しかし墓場までついてゆけば、棺にぬかずいて榊や線香を捧げる人びとの悲嘆が痛切に感じられ、今後葬列に出会うと、それが悲しい光景に見えてくるとつけ加えている[*48]。

日本人が死者に対して敬虔な追慕の情を抱いているのは、墓地を見るとわかった。オールコックは言う。「日本の墓地は、かれらの宗教のなかではもっとも注目にあたいし、かつまた心地よいものであって、死者のいこいの場所にたいしてわれわれが当然いだく神聖な感じともっともよく調和している[*49]」。彼が見たのは英国公使館の置かれた東禅寺の墓地である。「死者に係わるあらゆる点で、日本人はキリスト教諸国以外では期待できない洗練をみせる[*50]」というのはパンペリーである。トロンソンは長崎の墓地を見て「死者の棲家に対して、西洋の最も文明化された国民が示すのと変らぬほど、たっぷりしたあたたかい配慮」が示されていると感じた[*51]。長崎の墓地の美しさは多くの訪問者の嘆賞の的となっている。ブラントンは、燈台設置のための調査航海の途上で死亡した英人士官候補生を、広島の浜辺に埋葬したときの出来事を記録している。艦の全乗員と日本の役人によって葬儀が行われた直後、「数人の老人が手に手に灌木の小枝を捧げて墓に近づき、恭しく墓前に置く姿は、見ていて大変に美しい光景であった」。日本人に対してしばしばむかっ腹の立つことのあった彼は「この度は、日本人の性質に非常に快い賞賛に値する側面を見た」と書いている。[*52]
寺社につきものの祭礼が、観察者の眼に宗教的な真面目さを欠いたたんなる娯楽、気晴らしにすぎぬものに映ったことは先述のとおりだ。日本人は世界一遊び好きの国民で、宗教まで遊びの対象とするというのが彼らの実感だった。「大きな『マツリ』の日とか宗教上の休日に、派手に着飾った老若男女が群れをなしている光景」に、マーガレット・バラは圧倒された。それは神奈川の豊顕寺の祭日だったが、参道の両側には「小屋掛けの売店がびっしり並んでい」た。「娘をつれた農夫は参拝をすませると、にこっとして娘のほうを振り向」くが、「その顔には髪油か鏡を買ってあげると書いてあ」った。本堂に入ると、「この壮大な建物がけっして『神聖なものでも清浄なものでもない』のが見てとれ」た。「人間の魂に崇敬の念を呼び覚ますようなものが何もない」のである。仏像に唾で丸めた紙つぶてを投げているものもいた。うまくくっつけば吉兆というのだ。仏像が紙つぶてで真白になるのを防ぐために金網で囲いがしてあった。[*53]
しかし、祭礼のそのような楽しさはこの世を超えるものへの厳粛な心と矛盾するものだったろうか。バードは関西旅行の途次、大津の祭に出会った。旅館で夕食を終えて群衆に交ると、町は変貌していた。「というのは、みすぼらしい長い通りは光と色彩によって荘厳され、店舗の正面は消えうせて、色鮮やかな燈籠のアーチと花綱が通り全体を妖精の国に変えていたのだ」。軒ごとに三フィートの長さの燈籠がかけられ、表には神名、裏には巴紋がついている。店々の襖がとり払われて広々とした店々の中には、金地に葵や蓮やあやめを描いた屏風が立てまわされていた。お伽話の光景としか見えない家もあった。中には御輿の飾りものが展示されていて、そのうちの古代刺繡で表わされた神話の情景は彼女には描かれたものとしか思えなかった。床にはすばらしい菊の鉢が置かれている。あきらかに人びとは飾りつけの美を競い合っているのだ。何千という秩序正しい群衆が、家々の正面の活人画を比較したり、賞めたりしてそぞろ歩いていた。道路の交差点には、二十五フィートの高さに燈籠が組み上げられている。もちろん通りには夜店が出、人びとはさんざめいていた。だが一言にしていうと、町にはこの世ならぬ雰囲気が充満していたのである。[*54]

注

＊1——ヴィシェスラフツォフ前掲書七六〜七ページ
＊2——Tilley, ibid., p. 116
＊3——ヒュースケン前掲書一六九ページ
＊4——ホジソン前掲書一一ページ
＊5——フィッシャー前掲書四四ページ
＊6——ベルク前掲書『上巻』一八三ページ
＊7——ハリス前掲書『中巻』二五五ページ
＊8——ヴィシェスラフツォフ前掲書七七ページ
＊9——ムンツィンガー前掲書一五一、一五五ページ

＊10――ゴローヴニン『日本幽囚記・下巻』（岩波文庫・一九四六年）四八～五〇ページ
＊11――ヒューブナー前掲書一〇一～二ページ
＊12――Bird, ibid., vol. 1, p. 314　邦訳書では省略。
＊13――リンダウ前掲書四四～七ページ
＊14――スエンソン前掲書一五八～九ページ
＊15――チェンバレン前掲書『2』一八六ページ
＊16――カッテンディーケ前掲書一六一ページ
＊17――Smith, ibid., pp. 13～4
＊18――ヘボン前掲書一九ページ
＊19――ブラウン前掲書一七、四六ページ
＊20――メーチニコフ『亡命』一〇九～一一〇ページ
＊21――Alcock, ibid., vol. 2, p. 303　邦訳書は『下巻』二〇四ページ
＊22――Bird, ibid., vol. 2, p. 181　邦訳書では省略。
＊23――Alcock, ibid., vol. 2, p. 265　邦訳書は『下巻』一五七～八ページ
＊24――Chamberlain, ibid., p. 437　邦訳書は『2』一八五ページ
＊25――Dickson, ibid., p. 58
＊26――ポンティング前掲書一五〇～一ページ
＊27――ブスケ前掲書『2』六二二ページ
＊28――Alcock, ibid., vol. 2, p. 303　邦訳書は『下巻』二〇四ページ
＊29――Dickson, ibid., pp. 290～2

＊30――Fortune, ibid., pp. 215～20
＊31――Smith, ibid., pp. 50～1
＊32――Smith, ibid., p. 124
＊33――ギメ『かながわ』四二ページ
＊34――ギメ『東京・日光』五九ページ
＊35――Smith, ibid., p. 216
＊36――Arnold, Japonica, p. 15, p. 68
＊37――Fortune, ibid., pp. 206～7
＊38――ブラント前掲書二四二ページ。これはブラント、ミュラー、ホフマンの在日期間からして、明治五年から八年の間の出来ごとである。
＊39――リース前掲書一三七～四〇ページ
＊40――Bacon, JWG, pp. 465～8
＊41――ヴェルナー前掲書六九ページ
＊42――Bird, ibid., vol. 2, pp. 250～2　邦訳書は省略。
＊43――篠田前掲書『上巻』五一～四ページ
＊44――勝俣鎮夫『戦国時代論』（岩波書店・一九九六年）二一七ページ
＊45――中村健之介『宣教師ニコライと明治日本』（岩波新書・一九九六年）第五章。以下の引用は同書中に紹介されているニコライの日記である。
＊46――Alcock, ibid., vol. 2, pp. 309～11　邦訳書は『下巻』二一三～四ページ
＊47――杉本前掲書五六～六一ページ

＊48――Bacon, JWG, pp. 347〜8
＊49――オールコック前掲書『下巻』二三〇ページ
＊50――パンペリー前掲書一〇〇ページ
＊51――Tronson, ibid., p. 405
＊52――ブラントン前掲書四一〜二ページ
＊53――バラ前掲書一一四〜六ページ
＊54――Bird, ibid., vol. 2, pp. 296〜8　邦訳書では省略。

第十四章　心の垣根

リンダウは一八五九（安政六）年初めて江戸を訪れたとき、アメリカ公使館付きの通訳ヒュースケンと川崎で出会い、彼の案内で江戸に通じる田舎道を通った。「そこでは全てが安寧と平和を呼吸していた」と彼はいう。「村々も、豊かな作物に覆われた広大な平野も、野良仕事に携わっている農夫達もである」。碧い海の上を滑りゆく帆かけ舟、緑の庭園のような田圃、樹齢何百年の木立に包まれた寺院、花の香を運ぶそよ風、滲み通る静けさ、「全てが休息を招いていた。今まで私はこれほどまでに自然のさなかに生きる人間の幸せを感じたことはなかった」[*1]。安寧と平和というのは、たんに戸締りがいらぬとか、鍵をかけずとものを盗られないということではなかった。風景と人びとのうえに、このような輝くばかりの幸福感がみちみちているということだった。リンダウはその幸福感に酔い痴れたのである。

ジョージ・スミスは一八六〇（万延元）年長崎に滞在中、大村領まで遠乗りに出かけ、その帰途日中の暑さを避けるために、とある茶屋で四時間の休憩をとった。茶屋は行楽客や旅人で溢れていたが、中には行楽帰りらしい僧侶の一行があり、その連れの十歳ばかりの女の子は、歌ったり舞ったりして客を楽しませ、ご褒美にお菓子をもらっていた。一室は両刀を差した役人と五、六人の従者で占められていた。やがて店を出て行くのを見ると、彼らは徒歩で旅をしているのだった。馬に乗った通行人も多かった。彼らはこの店で馬の草鞋を替えた。茶屋の前には道路をまたがって藤棚がしつらえてあり、美しい花房が涼しげな蔭を作っていた。スミスは、旅人や行楽客がお菓子とお茶でゆっくりくつろいでいるこういった清潔な茶屋の情景を目にするのは、この国での楽しみのひとつだと思った。茶屋の客たちはスミスたちに花を摘んできてくれたり、いろ

●茶屋のある街道（P. E. O）

いろな品物の名を教えてスミスたちを会話にひき込もうとしたりした。彼らはスミスたちが慣れぬ姿勢で畳の上に坐っている有様や、椅子もテーブルもなしに不自由そうに食事するのを見て面白がっていた。[*2]
ジェフソン＝エルマーストら英国第九連隊の将校は、慶応年間、鎌倉の大仏を訪れる途中、旅芸人の一行と出会った。彼らは横浜へ行くところだった。二分か三分の報酬で、全レパートリを披露するという取り引きがすぐ成り立った。将校たちは馬をつなぎ、道ばたの木蔭の草原に坐った。あたりの眺めは美しく、陽は輝かしかった。芸人たちは外国人の前で演技するのはこれが初めてで、道具を地面におろして準備をしている間も、将校たちを盗み見してくすくす笑ったりした。

彼らが演じたのは、あらゆる種類の独楽廻し、手品、蝶々のトリックなどおなじみのものだった。独楽の芸は素晴らしかった。蝶々の芸は美しかった。すべてが完璧だった。演技が終って別れを告げ、それぞれの途をたどり始めると、芸人たちは何度も何度も振り返って「さよなら」と叫んだ。ジェフソンたちが道の曲り角まで来たとき、叫び声と気違いじみた身ぶりで芸人たちは彼らの歩みをとどめた。立ちどまって振り返ると、彼らのうちの四人が太鼓と笛で別れの曲をやり始めた。みんな手を振っていた。ジェフソンたちも帽子をとってそれに応えた。ジェフソンたちはこれまで豪華な劇場や応接間で、世界各地の奇術を見たことがあった。「しかし、あの静かな小さな木蔭で、柔らかい草堤にもたれて、香り高い葉巻をふかし、透明な小川の水で渇きをいやしながら、この独楽廻したちと三十分間楽しんだときほど、何かを楽しんだということはこれまでになかった」[*3]。

凧あげはめざましい光景だった。一八六一（文久元）年の春、前年に続いて再び日本を訪れたフォーチュンは、長崎の市街と郊外の上空に凧が群れているのを見た。彼は最初、それを鷗の群れと見間違えた。凧はダイヤモンド型をしていて、赤、白、青といった鮮やかな色が塗られていた。「通りという通りで、屋根の上で、丘の中腹で、野原で、あらゆる年齢の男女が大勢、うち興じていた。みんな陽気で、満ち足り、しあわせそうだった」[*4]。ヴェルナーはおなじ年の四月、長崎の金比羅様の祭礼の行事である凧あげを見た。金比羅山の頂上に至る一・六キロの参道は、「ぎっしりと数珠つなぎになった人で一筋の線のようになっていた」。二時間半のしんどい登りのあと頂上に着くと、そこは円形の台地になっていて、「すでに何千という凧が三〇メートル上空

●元日の風景（ワーグマン画／I. L. N　1865年）

で入り乱れ、うなり声を上げていた。……少なくとも一万人が群れ集まっていた。……台地は豊かな緑におおわれ、そこに家族連れが休息場所をつくり、持参した弁当をひろげていた」。ヴェルナーたちは「行く先々で手をひかれ草の上に坐らされた」。日本人たちは酒、茶、食事、煙草などでもてなし、何とか彼らに楽しんでもらおうとやっきになっていた。ヴェルナーは感動した。「ここには詩がある。ここでは叙情詩も牧歌もロマンも、人が望むありとあらゆるものが渾然一体となって調和していた。平和、底抜けの歓喜、さわやかな安らぎの光景が展開されていた」[*5]。

幕末日本を訪れた観察者の前に現われたのは、こういう平和と安息の世界だったのである。それは彼らの期待と夢想によって異常に拡大された明るい側面にすぎない、という批判が聞えてくる。しかし、暗い側面をあげつらうのは批判者にゆだねよう。混沌、逸脱、不調和、異常、無秩序を積極的に評価し、そういう様相を幕末・明治初期の社会の裏面からひろい出すような志向は、私がそれに追随せずとも、現代の時代構造そのものが生み出す流行の言説となっている。私はただ、それが明るいか暗いかは別として、異邦人の眼に映ったものを述べよう。それが圧倒的に明るい像だとするならば、像をそのように明るくあらしめた根拠について思いをはせよう。ダーク・サイドのない文明はない。また、それがあればこそ文明はゆたかなのであろう。だが私は、幕末、日本の地に存在した文明が、たとえその一側面にすぎぬとしても、このような幸福と安息の相貌を示すものであったことを忘れたくない。なぜなら、それはもはや滅び去った文明なのだから。

その安息と親和の世界には、狂者さえ参入を許されていた。フォーチュンはディクソンら友人とともに鎌倉を訪ねたが、町中に入ると女が一人道路の真中に坐りこみ、着物を脱いで裸になって煙草を吸い始めた。明らかに気が違っているのだった。フォーチュンらが茶屋で休んでいると、彼女がまた現われて、つながれているフォーチュンらの馬に草や水を与え、両手を合わせて馬を拝んで何か祈りの言葉を呟いていた。彼女は善良そうで、子どもたちもおそれている風はなかった。フォーチュンたちはそれから大仏を見物し、茶屋へ帰って昼寝したが、フォーチュンが目ざめて隣室を見やると、さっきの狂女が、ぐっすり寝こんでいる一行の一人の枕許に坐って、うちわで煽いでやっていた。そしてときどき手を合わせて、祈りの言葉を呟くのだった。彼女はお茶を四杯とひとつかみの米を持って来て、フォーチュン一行に供えていた。「一行がみんな目をさまして彼女の動作を見つめているのに気づくと、彼女は静かに立ち上がって、われわれを一顧だにせず部屋を出て行った」[*6]。狂女は茶屋に出入り自由で、彼女のすることを咎める者は誰もいなかったのだ。当時の文明は「精神障害者」の人権を手厚く保護するような思想を考えつきはしなかった。しかし、障害者は無害であるかぎり、当然そこに在るべきものとして受け容れられ、人びとと混りあって生きてゆくことができたのである。

人びとを隔てる心の垣根は低かった。彼らは陽気で人なつこくわだかまりがなかった。モースが言っている。「下層民が特に過度に機嫌がいいのは驚く程である。一例として、人力車夫が、支払われた賃銀を足りぬと信じる理由をもって、若干の銭を更に要求する時、彼はほがらかに微笑し哄笑する。荒々しく拒絶した所で何等の変りはない、彼は依然として微笑しつつ、親切そうにニタリとして引きさがる」[*7]。その事実にはすでに一八一〇年代に、ゴローヴニンが蝦夷の獄舎で気づいていた。「日本人は至って快活な気風を持っている。私は親しい日本人たちが暗い顔をしているのを見たことは一度もない。彼らは面白い話がすきで、よく冗談をいう。労働者は何かする時には必ず歌を歌う。またたとえば艪をこぐとか、重い荷をあげるとか云ったような歌の調子に乗る仕事なら、皆が歌うのである」[*8]。

一九〇五（明治三十八）年二月、ベルツは横浜近郊の梅の名所杉田を散策した。梅はまだ開いておらず、風は刺すように冷たかった。彼は、重い籠や桶をひきずるようにして運んでくる一群の女に出会った。浅瀬での貝とりから帰るところなのだ。冷たい向い風が彼女らをさいなんでいるのに、彼女らの一団からは「楽しげなおしゃべりと、高い笑い声があたりに響いていた」。ベルツは書いている。「なんというしあわせな素質を、この人たちは天から授っているのだろう」[*9]。おなじ年の三月、ベルツは静岡県静浦の御用邸で東宮（のちの大正天皇）を診察した。沼津駅には折からロシア兵捕虜を乗せた列車が到着し、「押寄せて来た群衆は極めて静粛で、むしろこれ等の憐れな連中にすっかり同情しているような態度だった」。診察を終え、東京へ帰る汽車に乗ると、沿線には人びとの群れが捕虜を一目見ようと待ち構えていた。ベルツが乗った汽車が近づくと「人々は皆、首を伸ばして爪立ちになった。だが、乗客が普通の日本人にすぎないことに気づくと、その顔には先ずがっかりした色が現れ、次の瞬間一同は、まんまと一杯くったことに、どっと笑い崩れるのであった」。西洋人ならばこういう時、腹立ちまぎれにののしるだろうに、「この国では陽気に笑って、そのまま次の汽車を根気よく待つのだ」。「幸福な国民だ。幸福な気質だ」とベルツは思わずにはおれなかった[*10]。

この屈託のなさは彼らのユーモアのセンスと結びついていた。ベルツは草津温泉の薬効を大いに認め賞揚した人であったが、ある夜草津の家主一同から茶屋に招待された。町の名士連が怪しい踊をやったり、おかしい歌をうたったりするにつけ、彼は「おどけたり茶化したりする才能を、いかにこの国民が豊富に持ち合せているか」、感心しないわけにはいかなかった。もっとも彼はこの人びとを「いささか軽々しい」と思った。時世は不景気で、この人びとはたいてい借金を抱えこんでいるというのに、この子どもっぽさは何なのであろう。これが日露の大戦に際して、国の危難に敢然と赴いたおなじ国民とは、彼には信じられぬ気がした[*11]。時代ははるかに溯るが、カッテンディーケは長崎の精霊流しを見物し、その光景を「永遠に忘れ難いもの」と感じた。しかし同時に、「幟にすこぶる奇妙な思い付きの絵を描いたもの」があるのを見て「日本人はこういう場合、何か茶目心を満足させずにはいられない性分である」という感想を禁じえなかった。[*12]オールコックは独楽廻しの芸を見せられたとき、その腕前に感心してしまったが、「日本人の性格には、たしかにユーモアと滑稽さがあって、そのためにこういう見世物はすべて倍もおもしろくなるのだ」と思った。[*13]
しかし人びとはただ軽々しくおどけているのではなかった。彼らの笑いには往々にして、自分自身のすることやありかたにおかしみを感じるという、自己客観視のセンスが表われていた。ベルツが目撃した鉄道沿線での群衆の笑いはそういう笑いだった。「日本人の笑いは、古代ローマのお祭りのときの馬鹿騒ぎをわれわれに連想させる。野卑な冗談、無礼な駄洒落、悪質なあてこすり、騒々しい馬鹿笑い」というとき、チェンバレンはたしかに真実の一面を見ていた。だが「日本人の笑いには、英国人のユーモアに見られる隠された涙、自己批判、というものが欠けている。それには皮肉もなければ、言外の味もない」[*14]と言うに至っては、彼はまったく誤っていた。チェンバレンという人は知性も感情もゆたかではあったが、自己の西欧的思考枠から脱けられず、さらに物事の感受においていささか鈍感なところがあった。日本人の笑いにもビターな味わいはあった。ゴンチャロフによれば、長崎でロシア人から世界地図を見せられた日本人たちは、「日本が如何に小さいかを知って、人の好い笑いを立て」たとのことだ。[*15]おなじ反応はベルクも記録している。幕府の外国奉行たちがオイレンブルク使節団の人びとから、使節一行がたどった航路を地球儀で示されたとき、彼らは「日本の諸島が消えて見えないくらい小さいのには心から笑った」[16]。これは幕吏たちの江戸人らしい洒脱な感覚を表わしているのかも知れない。自国を世界の中に置けば粟粒のように小さいということは、劣等感を誘うことでも、逆にそれがどうしたと肩をそびやかすことでもなかった。それはひたすらおかしみを誘う事実だった。ここにはまぎれもなく、自己客観視にもとづくユーモアが香っている。その笑いはこの時代らしくいかにも明るかったが、その底にビターな味わいがたたえられていなかったと誰がいえよう。

ゴローヴニンはその虜囚記に、たびたび日本人の笑いを記録している。奉行の取調べに当って、ロシア語を知っていると称する人足が通訳に起用された。奉行がまずその男に何事か話すと、そいつはゴローヴニンに向い、「お前は人間だ、俺は人間だ。ほかのも人間だ、どんな人間か話せ」というような、訳のわからないことを言い出した。そのうちこの男は、ロシア語で父を何というかも知らないことを暴露してしまったのだが、そのとき奉行と役人たちは腹を抱えて笑ったのである[17]。これは何の笑いだろうか。ロシア語をろくに知りもせぬのに、しゃしゃり出て通訳をつとめるという、その滑稽さが彼らを笑わせたのは確かだろうけれど、その底には、民族がちがえば言語がちがって、おなじ人間どうしが種々の滑稽を演じなければならぬという事実のおかしさがあったのではなかろうか。それにしてもこれは、寛容でおおらかな笑いである。ゴローヴニンは奉行荒尾但馬守の日頃からの好意に厚く感謝していた。荒尾と新奉行の交替に当って、彼は荒尾への感謝状を草したが、それを読んだ七十四歳の新奉行小笠原伊勢守は「不幸にも虜囚の身となったが、運命はわれわれに苛酷なばかりではなかった。何となれば奉行がこの地方を統治しているときにこの事件が起ったからである」という一節まで来ると笑い声をあげ、「他の日本の高官が荒尾但馬守の職についていたら、彼ほどその方どもに好意を持ってくれなかったとどうして分るかな」と問うた。[*18] これは頭のよい、そして良質なユーモアである。
この陽気でユーモアある民はまた、苦難に際して平然としている人びとでもあった。ベルツは一八七九（明治十二）年七月、友人宅で昼食中、猛烈な雷雨に見舞われた。「われわれの前方二百歩ばかりの海上に、黄赤色を帯びた煙のかすかに明滅するのが見えた。それは一隻のジャンクから出ていた。帆柱は落雷で打ちくだかれていた。すぐさまわれわれは、気付薬にコニャックを携え、ボートに乗ってこぎつけたのである。ところが、われわれはそこで、有り得べからざることを見た！　折れた帆柱のまわりに、その大きな破片が到るところ散乱している中で、全く落着きはらって煙管をくゆらしながら、船の乗組員たちは、まるで何事もなかったかのように平然とすわっていたのである。かれらは明らかに、異人種の訪問を怪しんでいたようで、われわれが、けがはなかったかと質問したのに驚いていた。『いいえ別に』だが『ビックリシマシタ』と。ただそれだけだった」。[*19]
一八七五（明治八）年、フランス海軍士官デュバールは大阪から伏見まで船に乗った。小型のスティームボートで機関の具合が悪いらしく、そのうち船体が真っぷたつに折れそうなすさまじい音が続いた。最後に大音響がとどろき、船体はぞっとするほど揺れたが、その拍子に故障が直ったらしく、あとは順調に船は進んだ。「この騒ぎのあいだ、私は同行者たちの様子をずっと観察していた。とくにご婦人や娘さんの表情には注意を怠らなかったが、彼女らは眉ひとつ動かさなかった。フランスの女性ならこんなとき、現実、非現実を問わず、どんなに些細な危険にも、かならず不快で有害な金切り声を上げるものだが、同乗した日本女性の小さな口からは、ついに一言もその種の声は洩れなかった」。デュバールはさらにこんな話も追加している。彼は政府高官の屋敷に招かれて、その夜そこに泊った。隣室は夫人の部屋だったが、夜中その部屋で何人かの足音や話し声がした。翌朝デュバールは、主人から「昨夜はお耳触りでしたでしょう。家内が男の子を産んだのです」と聞かされた。「足音や小声はたしかに聞えましたが、つらそうなお声のようなものには、まったく気づきませんでした」と答えながら、彼は信じられぬ気分だった。夫人に会ってその勇気を賞讃すると、彼女は言下に答えた。「このようなときに声を立てる女はバカです」[20]。われわれはむろん、そのようなときに声を立てる女がバカでも何でもないことを認めるべきだろう。しかしこの自制と沈着には、やはり人の胸を打つものがあったのである。

幕末に異邦人たちが目撃した徳川後期文明は、ひとつの完成の域に達した文明だった。それはその成員の親和と幸福感、あたえられた生を無欲に楽しむ気楽さと諦念、自然環境と日月の運行を年中行事として生活化する仕組みにおいて、異邦人を讃嘆へと誘わずにはいない文明であった。しかしそれは滅びなければならぬ文明であった。徳川後期社会は、いわゆる幕藩制の制度的矛盾によって、いずれは政治・経済の領域から崩壊すべく運命づけられていたといわれる。そして何よりも、世界資本主義システムが、最後に残った空白として日本をその一環に組みこもうとしている以上、古き文明がその命数を終えるのは必然だったのだと説かれる。リンダウが言っている。「文明とは、憐れみも情もなく行動する抗し得ない力なのである。それは暴力的に押しつけられる力であり、その歴史の中に、いかに多くのページが、血と火の文字で書かれてきたかを数え上げなければならぬかは、ひとの知るところである」[*21]。むろんリンダウのいう文明とは、近代産業文明を意味する。オールコックはさながらマルクスのごとく告げる。「西洋から東洋に向う通商は、たとえ商人がそれを望まぬにしても、また政府がそれを阻止したいと望むにしても、革命的な性格をもった力なのである」[*22]。だが私は、そのような力とそれがもたらす必然についていまは何も論じまい。政治や経済の動因とは別に、日本人自身が明治という時代を通じて、この完成されたよき美しき文明と徐々に別れを告げねばならなかったのはなぜであったのか。その点について、文明の保証する精神の質という面から、いくらか思いつきを書きつけるにとどめよう。

欧米人観察者は、たとえば『オイレンブルク日本遠征記』の筆者が、「日本人の間で、むつまじく明るい家庭生活、老人、女子供への尊敬と配慮、社交に際してのふさわしい丁寧さなどを見た者は、日本人が多くの弊害をもっているにもかかわらず、道徳的な教育の上では高い段階にいるという見解に目をつぶることはできないだろう」[*23]と述べたように、また古き日本人の最大の擁護者であるモースが彼らの数々の「善徳」を賞揚したように、日本人の道徳水準に高い評価を与えるのが一般だった。ところが一方、彼らの多くは日本人の道徳の質について深刻な疑念を抱かないわけにはいかなかったのである。

彼らをまずなやませたのは、十六、七世紀のイエズス会士の報告以来、もはや伝説と化した観のある「日本人の嘘」であった。日本の商人のイカサマぶりは彼らからすれば言語道断だったが、これは商人のこととて大目に見てもよかった。似たようなことはヨーロッパにもあるからである。オールコックやハリスが許すことができなかったのは幕吏の常習的な「嘘」だった。ハリスは

「彼らは地上における最大の嘘つき」だと憤慨し、オールコックは「日本人の悪徳の第一にこの嘘という悪徳をかかげたい」と嘆いているほどだ。だがこの問題は主として外交交渉の過程に関わることだから、その検討は後続の巻にゆずることにしよう。
オールコックは、日本人が「裕福で隆盛な進歩する国民であって、何世代も何世紀にもわたって、尊敬にあたいする知的教養や社会道徳を保持してきている」ことを認めながらも、にもかかわらず彼らの生活を、「崇高な原理やロマンチックな幻想や活動的な没我的信仰によってすこしも啓発されない、本質的に下劣な官能的生活」と感じないではいられなかった。[*24] 物質文明に関しては、機械設備と応用科学の知識が貧弱なことを除けば、日本はヨーロッパ諸国に比肩すると評価しつつ、[*25] なおかつ彼は「かれらの知的かつ道徳的な業績は、過去三世紀にわたって西洋の文明国において達成されたものとくらべてみるならば、非常に低い位置におかなければならない」と断定している。[*26]
つまりオールコックは、日本人の賞揚すべき美徳とは社会生活の次元にとどまるもので、より高次の精神的な志向とは無縁のものだといいたかったのだ。そのことをブスケはより直截に表現した。すなわち彼によれば、日本の社会にはすぐれてキリスト教的な要素である精神主義、「内面的で超人的な理想、彼岸への憧れおよび絶対的な美と幸福へのあの秘かな衝動」が欠けており、おなじく芸術にも「霊感・高尚な憧れ・絶対への躍動」が欠けているのである。[*27] そのことと、日本語が「本質的に写実主義的であり、抽象的な言葉や一般的で形而上的な観念について全く貧困である」[*28] こととは、密接な関連があるとブスケは考えていた。ローエルが日本の文明は成長が途中でとまった文明で、没個性的で想像力を欠いていると力説するのも、ムンツィンガーが［29］「日本人が好きなのは現実のことや具体的なこと」で、形而上的、観念的な問題に関心を示さないと慨嘆するのも、［30］せんじ詰めればオールコックやブスケとおなじく、現実に埋没していて精神の高い飛翔を知らぬと言いたいのであろう。西洋の衝撃に直面して、幕末思想家の何人かは東洋の精神的道徳と西洋の物質的技術の統合を夢見たが、当の西洋人は日本の特長は物質的生活にあり、それに反して西洋の特長は精神のダイナミクスにあると考えていたのだ。

観察者たちは日本の庶民のうちに、数々のよきもの美しきものを発見した。だが同時に、彼らのあっけらかんとした表情のうちに、なにか野卑なもの、ほとんど白痴性にいたりかねないものを嗅ぎつけてもいた。民衆芸術はアンベールのいうように「開花したばかりの文化の真の新鮮さ」をもっていたが、「ある種の子供っぽさ」も免れていなかった。［31］オールコックのヴィクトリア朝人的センスからすれば、「日本の芸術は、教養のもっとも低い多くの人びとの低級な欲望を煽り、しばしば野卑に駆り立てる働き」［32］をするものに見えた。

さらに明治に入り、観察者たちが宿屋に泊るようになると、彼らがまず呆れたのは、日本人が隣室の客のことなどいささかも考えず、芸者を呼んで夜明けまでドンチャン騒ぎをやることだった。芸者を呼ばずとも、彼らは仲間どうしで夜を徹して騒いだ。巡礼とてその騒々しさの例外ではなかった。彼らの旅行記で、日本人客に悩まされて眠れなかったとぼやいていないものは稀である。しかしこれは徳川期からの伝統だった。文化年間に諸国を廻遊した修験者野田成亮は、柳川の商人宿に泊ったときのことを、「終夜呑むやら歌ふやら博奕を打つやら言語道断、乱れ騒ぎ、吾々どもは夜も寝られず。放埒なる城下なり」[*33]と記した。また彼は水俣の宿でも、六、七人の同宿者が終夜博奕を打って、主人が制しても聞き入れなかったと記している。[*34]後の長岡藩家老河井継之助（一八二七〜六八）は安政六（一八五九）年から翌年にかけて長崎まで旅をしたが、京の三条大橋たもとの旅館に泊ったとき、雲助どもが三十人ばかり博奕を始め、ついに寝られなかった。[*35]まことに旅の恥はかきすてだったのである。

旅の恥といえば思い出すのはかの『東海道中膝栗毛』だろう。この物語はまず発端が異常である。弥次郎兵衛は駿河国府中の「親の代より相応の商人」だったが、遊興に身をもちくずし、果は鼻之助という蔭間に入れこんで身代に穴をあけ、二人して府中を駆け落ちして江戸へ出た。この鼻之助というのが喜多八で、これは商家に奉公し、弥次郎兵衛は八丁堀の長屋で硯蓋や重箱に絵を描いてその日暮らし、そのうち屋敷奉公をして年のいった女を嫁にすえ、うかうかと十年が過ぎたという設定である。ところがある夜弥次郎方に、女連れの侍が現われ、妹をひきとれとの強談判。この女は弥次郎が府中で関係のあった女で、いろいろ事情があって弥次郎の妻にせねば侍の面目がたたぬという。十年という月日が経っているのにおかしな話もあるものだが、それを聞いた弥次郎の妻はいたってものわかりがよく、それでは私が身をひきましょうとあっさり家を出てゆく。これが汐時と見切りをつけたのかも知れない。しかしこれは実は弥次郎の仕組んだ狂言で、この二人は彼の悪い遊び仲間、さる旗本の隠居が腰元に手をつけて孕ませたので、十五両の金をつけて片づけ先を探しているという話があって、それをいただく魂胆で、邪魔者の嫁を追い出したという訳だった。なぜ十五両がほしいかといえば、喜多八がそれだけの使いこみをしたからで、それを埋めてやらねば、彼の計画がおしゃかになってしまう。喜多八の奉公する店の主人は若い美人の女房をもらって精気衰え、今日か明日かの容態。主人が死んだらこの若後家を手に入れ主人に納まる算段で、そのためにはまず使いこみの穴を埋めておかねばと弥次郎は泣きつかれた。ともかくその十五両つきの女がやって来て、弥次郎ほくほくのところ、こんどは喜多八の策略がばれてしまう。実はこの女、喜多八のつとめる店の女中で、彼とねんごろになって妊娠し、仕末に困った喜多八が十五両の金をつけて隠居のお手つきといつわり、弥次郎に押しつけようとしたので、店の金を使いこんだなどというのは真赤な嘘だった。

この十五両という金は不思議な代物である。弥次郎は隠居お手つきの腰元からそれをいただいて喜多八に廻すつもりだ。ところがこの女についているという十五両は喜多八からすると弥次郎が工面してくれるはずの金なのである。この蛇が蛇をのみこんだような循環は滑稽というより、あっけらかんとした無責任感を示していて無気味だ。要するにすべて手前に都合のいい話で、うまくゆけば上乗、ゆかなくてももともとという気楽な、というより徹頭徹尾チャランポランな精神の所産なのである。しかも話はこれだけではない。喜多八の嘘がばれて立ち廻りの真最中、女が産気づいて苦しみ始め、あっけなく死んでしまう。仮にも一人の人間が死んだのである。しかし、そんなことはこの両人にとっては何でもない。肴と酒を買って来させて酒盛りのあげく、「サア〳〵この元気で仏を桶へさらけこんでしまおう」といった具合。「時に寺はどこだ」「馬鹿ァ言え。おいらが内に寺があってたまるものか」といった問答の末、なんでも持ち出しさえして、呼ばわって歩けば葬礼の買手もあるだろうなどと、悪い冗談がとび出す。そのうち呼びにやった女の父親が現われて桶をのぞきこみ、首がない上に胸に毛が生えているから、うちの娘ではないと言い出す。屍体をさかさまに入れていたので早とちりしたというこれも悪い趣向である。万事がこの調子で、喜多八の奉公先の主人もその夜死んだが、あの男の日頃私を見る眼がいやらしい、やめてもらいましょうと、若後家の意向で喜多八は首になった。えいいまいましい、げん直しだというので二人は伊勢詣りの旅に出るのである。*36

もちろんこの物語は滑稽譚であるから、主人公は少々タガのはずれたお調子者でなければならない。それにこの種の猥雑とアナーキーは、西欧の中世ないし近世初頭の物語にも珍らしくはない。だが、それにしても連れ添った女房をいともやすやすと追い出したり、自分が孕ませた女が死んだというのに馬鹿騒ぎをやらかしたりするこの精神は、いったいどういう構造になっているのだろうと、現代人たるわれわれは問わずにはおれないところだ。むろんこれは男尊女卑の物語ではない。弥次郎の女房が出ていったのは、男に見切りをつけたのかも知れないし、この女房にせよ孕み女にせよ、弥次郎や喜多八が死んだからといって、くよくよするような女たちではなさそうだ。弥次郎や喜多八は女の生だけを軽んじているのではない。自分の生をも軽んじているのだ。そこから生れる無責任な浮揚感こそこの物語の勘どころである。要するにこの物語を貫いているのは、この世を真面目にとる奴は阿呆だという精神だろう。この世も人間もたかが知れている。だとすると万事こだわらずに、この世を茶にしながら短い一生を気楽に送った方が勝というものだ。こういう一種つき抜けた感覚が主人公たちを支配しているのだが、それはニヒリズムという背中合わせの感覚であるだろう。といってもこれは明るいニヒリズムである。人間という存在を吹けば飛ぶようなものと感じる感覚は、一転して人間性への寛容となる。弥次郎と喜多八はかつては念友の関係だったのだから、その結びつきはつよいはずなのに、自分の利益のためにはやすやすと相手を裏切る。しかし裏切っても二人の関係が何事もなかったように続いてゆくのは、俺だってあいつの立場ならそうするという、人間性についての見極めがあるからだ。しかもこの見極めは暗いニヒリズムに帰結するのではなく、かえって人間という存在の自分勝手さへのおかしみ、たがいにそういうおかしい存在であることへの寛容に帰結するのだった。だからこの先の道中は低俗で野卑ではあるが、いたって罪のない莫迦話の連続となる。登場人物たちは勝手放題なことを言い合いつつ、それが深刻なトラブルをかもすことなど一切なく、のどかでしかも互いに情のある世界がくり展げられる。まさに旅は道連れ、世は情けだった。

むろん徳川期の庶民がみんながみんなこんな野放図な極楽とんぼであったはずはなく、その大多数が律儀で真面目な暮らしを心掛けていたのはいうまでもない。弥次郎兵衛・喜多八は惰民遊民のたぐいであって、そのことは彼らの閲歴から一目瞭然である。しかし二人の物語はそういう庶民たちから圧倒的に歓迎されたのである。というのは、彼らの心性には弥次郎兵衛・喜多八に通底するものがあったということだ。現代の読者にとってはこの物語、とくに発端の部分はいちじるしく倫理感覚にさからうものを含んでいるが、この物語が世に行われた頃、この主人公たちは怪しからぬなどと言い出す者があったとすれば、それは度しがたい野暮天とみなされたことだろう。しかしなお今日のわれわれは、この物語のユーモアに不気味なもの、なにか胸を悪くするようなものを感じる。それはわれわれがおのれという存在、したがって他者をも含むわれわれという存在に、個としてのたしかな証明を求めるようになったから、換言すれば西欧近代のヒューマニズムの洗礼を受けたからである。むろん今日このヒューマニズムは、世界を固定化してきた価値観として十字砲火を浴びつつある。にもかかわらず、われわれは生きるという感覚において、ヒューマニズム以前へひき返すことはできない。われわれは弥次郎兵衛・喜多八のように生きることはできないし、またそう生きたいとも願わないだろう。

おのれという存在にたしかな個を感じるというのは、心の垣根が高くなるということだった。宿屋の話に戻るなら、同宿の客が騒ぎ始めたとき、まあ俺だって仲間連れならあんなふうに騒ぎたくもなるだろうと観念すれば、一晩を悶々と過すことはないのだった。あるいは「賑やかですな」と襖を開けて声をかければ、連中は「どうぞご一緒に」と歓迎してくれるのだった。それができぬのが、あるいはしたくないのが個の自覚というものだった。エドウィン・アーノルドのように、日本の庶民世界ののどかさ気楽さにぞっこん惚れこんだ人は、西欧的な心の垣根の高さに疲れた人だった。しかし、心の垣根は人を疲れさせるだけではなかった。それが高いということは、個であることによって、感情と思考と表現を、人間の能力に許される限度まで深め拡大して飛躍させうるということだった。オールコックやブスケは、そういう個の世界が可能ならしめる精神的展開がこの国には欠けていると感じたのである。

杉本鉞子はアメリカ在住中に夫に死なれ、二人の娘を連れて日本へ帰った。しかし彼女はやがてアメリカへ戻らねばならなかった。というのは長女の花野の上に現われた変化に心うたれたからだった。「はたして花野はほんとに幸福になれるのであろうか。ちょっとも悲しそうには見えないけれど、すっかり変ってしまいました。眼はもの柔かになりましたが、昔のように輝いてはおりませず、口許はやや下《さが》って、晴やかな快活な話しぶりは消え、もの静かに和らいできました。これが上品な、しとやかなというものでございましょうか。左様に違いありません。けれども、私の一声に答えて、飛上ってくるすばやさはどこへ行ったのでございましょう。見たい、聞きたい、したいのあの愉快さ、熱心さはどこへ行ったのでございましょう。生活の一切に興味をそそられて、元気一杯だった、あのアメリカ生れの娘の姿はどこへ行ったのでございましょう[*37]」。

これはたんなる女子のしつけ方の相違ではあるまい。鉞子の家が上流であったために、伝統的な婦徳が花野という少女に求められたというだけでもあるまい。これはこの少女の魂に育ちかけた個の世界が、環境の変化によって窒息させられたということだろう。鉞子自身、若き日青山学院に学んだとき、外国人教師の「表情の豊かさに驚くばかり」だった。彼女の「幼時の思い出の中にある人々は表情が欠けて」いた[*38]。モースは言う。「日本人の顔面には強烈な表情というものがない[*39]」。強烈な表情を獲得することがしあわせだったか、確乎たる個の自覚を抱くことがそれほどよいことであったか、現代のわれわれはそのように問うこともできる。花野のエピソードは無限のものの思いにわれわれを誘う。しかし、人類史の必然というものはある。古きよき文明はかくしてその命数を終えねばならなかった。

注

＊1――リンダウ前掲書一五二～三ページ

＊2――Smith, ibid., pp. 185〜8
＊3――Jephson and Elmhirst, ibid., pp. 81〜3
＊4――Fortune, ibid., pp. 171〜2
＊5――ヴェルナー前掲書一六二〜四ページ
＊6――Fortune, ibid., pp. 228〜9, pp. 233〜4　この狂女についてはディクソンが後日譚を伝えている。それによると、彼女はその後病から回復して、ある中国人と結婚し男の子をもうけたが、中国人が男の子を連れて帰国したあと再び狂気に陥り、ディクソンが明治十六年に再来日したとき、以前より悪い状態で生存していたという（Dickson, ibid., p. 136）。
＊7――モース『その日・1』三九〜四〇ページ
＊8――ゴローヴニン前掲書『下巻』一〇九ページ
＊9――ベルツ前掲書『下巻』三一八〜九ページ
＊10――同前三五八〜六一ページ
＊11――同前一八一ページ
＊12――カッテンディーケ前掲書一八九ページ
＊13――オールコック前掲書『下巻』二二五ページ
＊14――チェンバレン前掲書『1』二五一ページ
＊15――ゴンチャロフ前掲書六八ページ
＊16――ベルク前掲書『上巻』二二〇ページ
＊17――ゴローヴニン『日本俘虜実記・上巻』（講談社学術文庫・一九八四年）二〇七〜八ページ
＊18――同前『下巻』一〇九ページ

＊19――ベルツ前掲書『上巻』九〇～一ページ
＊20――デュバール前掲書一四四～七ページ
＊21――リンダウ前掲書一六ページ
＊22――オールコック前掲書『下巻』二七七ページ
＊23――ベルク前掲書『上巻』一九五～六ページ
＊24――オールコック前掲書『中巻』一一五～六ページ
＊25――オールコック前掲書『下巻』一四九ページ
＊26――同前二〇一ページ
＊27――ブスケ前掲書『2』五六三、七三三ページ
＊28――同前三七五ページ
＊29――ローエル前掲書第一章、第八章
＊30――ムンツィンガー前掲書六九ページ
＊31――アンベール前掲書『下巻』九五ページ
＊32――オールコック前掲書『下巻』一四五ページ
＊33――野田前掲書三九ページ
＊34――同前一二ページ
＊35――河井継之助『塵壺』（『日本庶民生活史料集成・第二巻』＝三一書房・一九六九年）四〇四ページ
＊36――十返舎一九『東海道中膝栗毛・上巻』（岩波文庫・一九七三年）「発端」の章。表記は新仮名遣いに改めた。
＊37――杉本前掲書一九六～七ページ

＊38――同前九八ページ
＊39――モース『その日・1』一一一ページ

あとがき

日本近代について長い物語を書きたいという途方もない願いが、いつ、どうして自分の心に宿るようになったものやら、今となっては正確に思い出すことができない。

ひとつのきっかけが、真宗寺というお寺で、日本近代史の題目で月二回話をするようになったことにあるのは確かだ。これは一九八〇年十月から一一〇回続いて、八五年五月に打ち止めとなった。その間、今は亡き葦書房社長久本三多君から、本にしたいという話もあったのかと思う。むろん、お寺に集う若者あいての話をそのまま本にする気はなかった。私が書きたいのは昭和という時代についてであった。『暗河』という雑誌に『昭和の逆説』と題して連載を始め、種々の事情から中絶したこともあった。私が昭和というのは一九四五年までを指している。よかれ悪しかれ、私はその時代の子であった。一九八〇年に私は五十歳であったが、自分の一生の意味を納得するためにもこの時代の構造を解析せねばという思いは、すでに自分の中に熟していた。

一方、近代という人類史の画期が終焉を迎えつつあることは、当時誰の目にもあきらかであった。八〇年代の日本はポストモダンの言説に席巻されていたが、私の耳には、それはポストと銘打ちながら、近代というプロセスがすでに完了したことの意味を解さないウルトラ近代的言説にしか聞えなかった。近代という人類史的プロセスが歩み尽されたというのは、日本近代というプロセスの意味を客観化する条件が整ったということなのに、ウルトラ近代的価値観からする日本近代解釈はかえって横行の度を加えたのである。

私は一九八二年から熊本短期大学で、「日本文化論・西洋文化論」というとんでもない講座を非常勤講師として担当させられ、幕末・明治初期の外国人による日本観察記のいくつかを初めて通読する機会を得たのだが、彼らが描き出す古き日本の形姿は実に新鮮で、日本にとって近代が何であったか、否応なしに沈思を迫られる思いがした。昭和の意味を問うなら、開国の意味を問わねばならず、開国以前のこの国の文明のありかたを尋ねなければならぬ。ペリーを証人第一号として極東軍事裁判の法廷へ喚問せよという石原莞爾の言葉が、新たな意味を帯びて胸に甦ったのはその時である。

日本近代を主人公として長い長い物語を書きたいという私のねがいを知った久本三多君は、それを自分の手で出版するのをたのしみにしてくれていた。いまその第一巻を葦書房から上梓するのは、もとより故人との生前の約を履むのである。しかし、私のねがいがとにもかくにも実現の緒に就くにあたっては、三十年来の知己首藤宣弘君の尽力があったことを明記しておかねばならぬ。本書の第一稿は彼が編集長を勤める『週刊エコノミスト』（毎日新聞社）に、一九九五年から翌年にかけて連載された。首藤君の厚意と鞭撻がなければ、遅鈍な私はいまだに未練がましく文献の山に埋れていたことだろう。

『エコノミスト』には、本書に当る「序章」「第一章」を掲載したあと、「第二章・徳川の平和」の中途で連載を打切ることになった。最初から一年の約束であったのに、四ヵ月余り延長してなおこの始末だった。少なくとも私の物語の「第一部」に当る分だけは載せられると思っていたのに、書き出してみるとその三分の一にも達しなかったのである。

ここで私の物語の全貌について触れておくと、それが何巻になるやら自分でも見当がつかない。一応一九四五年まで語り継ぎたいとは思っているものの、自分の年齢を考えて、それがお笑い草であることは十分承知している。通史を書くつもりはないので、『日本近代素描』と題したのではあるが、幕末を語るためには徳川時代を概観せねばならず、徳川期を語るには室町期へ溯らねばならぬとあっては、全体が何巻になるやら、いつ完了するやら、一切目途は立たぬ。むろん、始めるのが少なくとも十年は遅かったのだ。日暮れて道遠しどころではない。最初の数巻を出しただけに終っても、それは致しかたもないことと観念している。

この巻は前記したように『エコノミスト』連載の「序章」「第一章」を一本にまとめたのであるが、加筆の結果、連載分の倍くらいに分量がふくらんでいる。通史を書くつもりはないのであるから、この一巻は独立した著作として読んでもらって結構である。ちなみに私の『日本近代素描』は続き物というより、一巻一巻が独立した連作として構想されている。

この巻では、未邦訳の英米人著作をかなり利用することができた。これは大学図書館相互利用サービスのおかげであり、熊本大学付属図書館情報サービス課の諸氏のご尽力に厚く御礼申しあげたい。今日では稀覯本となっている原書を貸与して下さった各大学図書館にも、いちいち名は挙げないが深甚の謝意を表したい。また、マクレイについてご教示いただいた北原かな子氏、ラファージ、アーノルドの雑誌掲載論文をご送付いただいた北沢栄氏にもご厚意を謝する次第である。三原浩良社長以下葦書房の皆様は、偏屈な著者の言い分を我慢して面倒な仕事をしていただき、ありがたく思っている。山田雅彦・梨佐夫妻には心から謝意を述べたい。二人の献身的協力がなければ、この仕事は事実上不可能であった。
最後に外国人訪日記の翻訳状況について一言しておきたい。たいして重要でなく中味も貧弱なものが、時には過大な鳴物入りで紹介されているのに、基準的な著作が未翻訳という、いちじるしく跛行的な状態が見受けられる。オズボーン、ジョージ・スミス、トロンソン、ティリーなど、開国直後の記録は貴重な観察・証言を数々含んでいるし、ジェフソン＝エルマーストも読み物として面白い。アーノルドの滞日記が訳されていないのも不思議である。ベーコンは主著が訳されていないし、バードの大著の完訳もない。フォーチュンは改訳が望ましい。本書がこの状況の改善にいくらかでも役立ってくれたらと望むのは不遜というものだろうか。

一九九八年六月

著者識

平凡社ライブラリー版　あとがき

『逝きし世の面影』を平凡社ライブラリーに加えて下さることになってほっとしている。版元が重版をしなくなってから、この本は幻の本になりおうせたとのことで、古本屋を探したが手に入らぬ、何とかならぬかという問いあわせをずいぶんと受けた。手許にいくらか持っていたのも方々から召しあげられ、私自身一冊しか持ちあわせない有様である。平凡社ライブラリーになれば、問いあわせを受けて心苦しい思いをすることもない。そういう次第で、この本に目をつけて下さった平凡社の編集者二宮善宏さんに深く御礼申しあげたい。

私はずっと売れぬ本の著者であった。それでよいと思っていた。ときには選書になったり文庫化されたりして、部数が万の台に乗ることもなかったわけではないが、私が本筋と思っている著書はだいたい初刷三千、重版なしというのが常態だった。ところがこの本は売れた。ひとつにはそれは、一文の得にもならぬのにことあるごとにこの本を推賞して下さった方が何人もあったからだと思うが、とにかく、葦書房の社長で私の売れぬ本を数々出してくれた故久本三多さんに、彼の生きているときには間に合わなかったとはいえ、少しは申し訳の立った気がした。また刊行当時の社長三原浩良氏にも、三十数年間迷惑ばかりかけて来た相手ゆえ、いくらか負債を返せた思いだった。

しかし、自分の本を買って下さる人がこんなにたくさんいるというのはありがたいのはもちろんだけれど、罰当りな言い草とは思うものの何だか落着かぬ気分でもあった。紹介や批評もたくさん出た。これも落着かぬ気分だった。というのは、私の隠れ願望のことは言わぬにしても、世間には、私が日本はこんなにいい国だったのだぞと威張ったのだと思う人、いや思いたい人が案の定いたからである。

私はたしかに、古き日本が夢のように美しい国だという外国人の言説を紹介した。そして、それが今ばやりのオリエンタリズム云々といった杜撰な意匠によって、闇雲に否認されるべきではないということも説いた。だがその際の私の関心は自分の「祖国」を誇ることにはなかった。私は現代を相対化するためのひとつの参照枠を提出したかったので、古き日本とはその参照枠のひとつにすぎなかった。この本はそれまで私が重ねて来た仕事からすれば、突然の方向転換のような感じを持った人びともいたらしいが、私の一貫した主題が現代という人類社会の特殊なありように落着かぬ自分の心であった以上、そういったものでもあるまいと自分では思っている。だが、そういうくだくだしたことはこれ以上書くまい。この本が呼び起した反応とそれに対する答は、すでに「逝きし世と現代」(『渡辺京二評論集成Ⅲ・荒野に立つ虹』所収。葦書房、一九九九年刊)と題する小論で述べておいた。

「日本」ということについていえば、私はことごとに「日本」を問題にしなければならぬ状況にうんざりしている。私は「日本」などともう言いたくない。ただ狭くとも自分が所有している世界があるだけで、もちろん国民国家の区分のもとに政治・経済・文化の諸事象が生成している「現実」には責任ある対応が必要と承知はするものの、それはことの一面にすぎないと思っている。私が生きている現実は歴史的な積分としての日本に違いないが、それは私が良くも悪しくも、人類の所有する世界にそういう分出型を通じて参与せざるを得ぬということにすぎない。

近頃は伝統といえば、それはごく近代になって創られたフィクションだというのがはやりである。むろん、そういうことはあろう。では自分は過去とは無縁のまっさらな存在かといえば、そんなことは事実としてありえないので、伝統と呼ぶかどうかは別として、自分とは過去の積分上に成り立ち、そこから自己の決断の軌跡を描こうとする二重の存在でしかない。その意味で私は自分が日本人であることを改めて認める。だが、それは国民国家日本の一員として自分を限定することとは異なる。自分が日本という風土と歴史のなかで形成されたものとして、人類の経験に参与する因縁を自覚するというだけのことである。

因縁はなつかしくもうとましい。私は北京・大連という異国で育った人間である。そういう私にとって、日本は桜咲く清らかな国であった。大連にも桜は咲く。しかし桜より杏の方が多くて、その青みがかった白い花は桜に先がけて開き、桜に似てはいるもののもっとはかなげで、私の好みはこの方にあった。春の盛りにはライラックが咲き、アカシヤの花が匂う。夏はそれこそ群青というほかはない濃い青空。秋が立つのは港から吹く風でわかった。冬はぶ厚い雪雲が垂れこめて、世界は沈鬱なブラームスのように底光りする。中学の八級先輩の清岡卓行さんだけでなく、大連は私にとっても故郷だった。

しかし、それはあくまで異郷であって因縁ではなかった。私はやがて桜咲く「祖国」へ帰った。それは良くも悪しくも因縁であるけれども、私はずっと半ば異邦人としてこの国で過した気がする。といっても、私は日本に対して今ばやりの反逆をしたわけではない。日本に反逆すると称して意気がっている連中は、おのれの無知をさらけ出しているにすぎない。私はただなじめなかったのである。まず第一に、この国の知識人社会の雰囲気になじめなかった。このことはこれ以上今は言わぬとして、自然にも異質さを覚えた。

私は十八歳のとき結核療養所に入って、四年半そこにいた。熊本市から北東へ十キロばかり行ったところにあって、まわりは御代志野という高原状の林野だったが、私はそこで初めてこの国の自然の美しさを感じた。しかし、それは宮沢賢治のイーハトーブふうの美しさで、この国の自然一般とはかなり異なった情趣であったかもしれない。それでも、空のコバルト色の淡さはもの足りなかった。早春はそれでよくても、真夏の淡い青空は気が抜けて感じられた。

それ以来、この国の自然のいろんな情趣に接して、この本の中で外国人が嘆賞しているような自然の美しさの諸相に、私自身気づかなかったわけではないが、それでもこの国の山河をほんとうに心の故郷と思うには、なにか隙間がありすぎた。

私は湿っぽい自然がだめであった。有名な神社仏閣を訪ねて、みんなが苔のみごとさに感心しているとき、私はその苔の湿っぽさがいやなのだから話にならない。渓谷を歩いていても、上を見ている分には樹木が美しいが、踏んでいる地面の落葉の積み重なった湿っぽさがたまらない。野に霞がかかり谷に霧がわく、そんな山水画ふうの幽邃《ゆうすい》さに深く惹きこまれることはあっても、日本の山河はあまりにも寂しくて、こんなところで死んだらと思うと背中が薄ら寒く感じられる。だから私はこの本を書いたとき、この中で紹介した数々の外国人に連れられて日本という異国を訪問したのかもしれない。彼らから視られるというより、彼らの眼になって視る感覚に支配されていたのだろうか。私はひとつの異文化としての古き日本に、彼ら同様魅了されたのである。

その古き日本とは十八世紀中葉に完成した江戸期の文明である。その独特の雰囲気については私はその後一冊、本を書いた（『江戸という幻景』弦書房、二〇〇四年刊）。渡辺が描き出すのびやかな江戸時代が一面にすぎず、その反面に暗黒があったのは誰それの著書を見てもわかるという批評を案の定見かけたけれど、それがどうしたというのだ。ダークサイドのない社会などないとは、本書中でも強調したことだ。いかなるダークサイドを抱えていようと、江戸期文明ののびやかさは今日的な意味で刮目に値する。問題はこういうしゃらくさい「批評」をせずにはおれぬ心理がどこから生ずるかということで、それこそ日本知識人論の一テーマであるだろう。

完成した形の江戸期社会の構造と特質については、一度きちんと論じてみたい誘惑を感じないでもない。しかし、残り少い時と精力がそれを許すかどうか。ただ次のことだけは言っておこう。少年の頃、私は江戸時代に生れなくてよかったと本気で思っていた。だが今では、江戸時代に生れて長唄の師匠の二階に転がりこんだり、あるいは村里の寺子屋の先生をしたりして一生を過した方が、自分は人間として今よりまともであれただろうと心底信じている。

この本を出した功徳のひとつは、私の本を読んで下さる人びとの層がいくらか拡がったことだ。以前はごく狭い読者しか意識していなかった。本気で私の本を読んで下さる方は多くて数百人で、それで十分と思っていた。しかし今ではもう少し広い読者の方々が眼に浮かんでいて、そんなふうになれたことが自分では嬉しい。

最後にお断りをひとつ。葦書房から出した元版には、『日本近代素描1』というサブタイトルがついていたが、これはペーパーバック版の性質上はずした。そもそもこういうサブタイトルをつけたのが、私の誇大妄想に由来する大失敗であった。むろん連作として第二巻以降を書くつもりだったのだが、この本の副産物として二冊本を書くのにひまどっているうちに(一冊は前記の『江戸という幻景』、もう一冊は弓立社、二〇〇四年刊の『日本近世の起源』)、なにやらうんざりした気分になって来た。日本近代はもういい、とくに日本知識人の思想とやらはもういいという気分に陥るのだから始末が悪い。先々気分が立直るときもあろうし、それに読者に対して第二巻以降を予告したのだから責任を果すつもりはあるけれど、とにかくあんなサブタイトルは無用のことだったと後悔している。それにしても私は、あと何年生きる気なのだろうか。

なお、元版のあとがきでバード、スミス、オズボーン、アーノルドが訳本になっていない(バードの場合は完訳が出ていない)ことに遺憾の念を書きつけたが、これらはいずれもその後雄松堂出版の『新異国叢書　第三輯』に収められた。よろこばしいことである。

二〇〇五年七月

著者識

解説——共感は理解の最良の方法である

平川祐弘

『逝きし世の面影』という情緒豊かな標題の本書は、我が国が西洋化し近代化することによって失った明治末年以前の文明の姿を追い求めたものである。著者はおびただしい幕末・明治年間の来日外国人の記録を博捜・精査することによって、それをこの分厚い一冊にまとめた。西洋人という鏡に映った旧日本の姿に新鮮な驚きを感じた著者の、イデオロギーや先入主にとらわれない、率直な反応が、美しい日本語に表現されていて、本書を価値あるものとした。共感は批評におとらず理解の良き方法であることを本書は実証している。しかし本書は単なる過去追懐の百科全書的な調べ物ではない。本書には著者ならではのある問題提起も含まれている。では本書を生気あらしめ、文章に熱気を与えている渡辺京二氏の情念とは何か。

著者は一九三〇年生まれ、九州に住む在野の思想史家で、本書も最初は一九九八年に福岡の当時は名書肆であった葦書房から出版された。著者渡辺氏は学問世界の本道を進んだ人ではないが、その歩き方には一歩一歩力がこもって、どっしどっしという足音が読者の耳にも伝わるような大著である。著者は「昭和の意味を問うなら、（中略）開国以前のこの国の文明のありかたを尋ねなければならぬ」（五八二頁）という立場に立つ。その際、渡辺氏は、文明とは「歴史的個性としての生活総体のありよう」（一〇頁）で「独自の社会構造と習慣を具現化し、それらのありかたが自然や生きものとの関係にも及ぶようなもの」（同）と定義する。いいかえると渡辺氏は、文化は滅びることなく変容するだけのものだが、生活様式などに示された文明は滅びるものと考える。そして日本近代は前代の文明の滅亡の上にうち立てられた、という風に歴史を認識する。すなわち幕末日本について「一回かぎりの有機的な個性としての文明が滅んだ」（同）という見方なのだ。そしてその「失われた文明を求めて」著者は過去の再構成を試みる。それというのは、その文明にはそれだけの尊ぶべき価値があったから、と著者は愛着をこめて感じているからである。こうして復元された過去の文明世界は、著者の思い込みによる単なる幻であるのか、それとも美しい実体のあるものの面影であるのか。

滅んだ古い日本文明の在りし日の姿を偲ぶには、私たちは異邦人の証言に頼らなければならない、と著者はいう。そして日本人自身は見慣れているために必ずしも自覚せず、西洋人旅行者のみがひとしく注目した明治初年の生活の特徴を、「陽気な人びと」「簡素とゆたかさ」「親和と礼節」など十数章に著者は分類し、詳説する。開国当時の日本の社会誌ともいえる本書には、欧米人が驚きをもって記録した、日本という異なる文明の国の「子どもの楽園」、その「信仰と祭」「女の位相」「裸体と性」などが、上手に整理され、解説され、平明な文章で記されている。それが与える印象は、本書中にちりばめられたレガメやワーグマンなどの挿絵のように、懐かしい。二五七頁に掲載のレガメ画の江ノ島の茶屋の女など、ルネサンス・イタリアのマリア様と見まごうほどである。

ところでこのような「外国人の見た日本」という視角は戦後いちはやく加藤周一氏なども利用した。しかし骨太の渡辺氏は、ここで本書に独自の価値を賦与する、次のような指摘をあえてした。「日本の知識人には、この種の欧米人の見聞記を美化された幻影として斥けたいという、強い衝動に動かされて来た歴史があって、こういう日本人自身の中から生ずる否認の是非を吟味することなしには、私たちは一歩も先に進めないのが実情といってよい」(二〇頁)。

ではなぜ否認の衝動が生じたのか。西洋思想の新ファッションを追う官学・私学のスマートな教授ジャーナリストたちの多くにとっては、過去の日本は捨て去るべきものであった。自分が日本人であることに自信が持てず、日本の過去が価値がないと思えたからこそ、それだけ安直に新思想に「ウイ、ウイ、セサ」と飛びつきもしたのだろう。戦後いち早く「抵抗の文学」を紹介し、サルトルの実存主義を唱え、思想界のパリ・モードを追うことで、東京の大新聞の御用評論家となり名をなして今日に及んでいる人もいる。それは日本の過去を美化された幻影として否認することによってのみ可能な思想運動の形態であった。だがそのような論壇新左翼の新しがり屋には痼疾ともいうべきまやかしがあった。それなのに論壇の主流はそうした人士によって占められてきたのである。「知新」のみが重視されて「温故」が蔑《ないがし》ろにされてしまった。ところが渡辺氏は違う。そんな浅薄な主流が裸の王様であることを平然と口にした。

『逝きし世の面影』は異国趣味を羅列して売物とする書物ではない。しかし著者は西洋人の記録を美化された幻影として否認することはしない。戦後日本の論壇を支配してきたフランス文学出身者が、観念先行でもって日本の前近代性を全否定した。そのような態度に違和感を覚えていた人は、逆に渡辺氏の指摘に同感したのであろう。インテリの日本嫌いに愛想をつかしたらしい石原慎太郎氏が本書を高く評価する理由も、あるいはその辺にあったのではあるまいか。

著者は自己の感性に忠実な人である。それだから昨今評判の悪い異国趣味についても、それを一概に否定しない。サイードのオリエンタリズム批判にも時に反批判を浴びせる。「エキゾティシズムは見慣れぬこまごまとした生活の細部に目を注ぐ。従ってそれはある文明の肌ざわりを再現することができる」（三二〇頁）と評価する。実感のこもった発言ではないか。

明治日本の生活様式は多面的である。それでいて多くの外国人の目がおのずと集中する点がある。そこに旧文明の面影は宿る。その過去は私たちの心性の中で死に絶えてはいない。かすかに囁き続けるものがあるからこそ、逝きし日の面影は懐かしいのである。

（ひらかわ　すけひろ／比較文化関係論）

東田雅博　大英帝国のアジア・イメージ（ミネルヴァ書房　1996年）
平川祐弘・鶴田欣也編　内なる壁――外国人の日本人像・日本人の外国人像（TBSブリタニカ　1990年）
ボダルト＝ベイリー　ケンペルと徳川綱吉（中公新書　1994年）
宮崎正明　知られざるジャパノロジスト――ローエルの生涯（丸善ライブラリー　1995年）

モンブラン　モンブランの日本見聞記（新人物往来社　1987年）
ヤング　グラント将軍日本訪問記（雄松堂出版　1983年）
ラファージ　画家東遊録（中央公論美術出版　1981年）
リース　ドイツ歴史学者の天皇国家観（新人物往来社　1988年）
リュードルフ　グレタ号日本通商記（雄松堂出版　1984年）
リンダウ　スイス領事の見た幕末日本（新人物往来社　1986年）
リンデン　日本印象記（「長崎談叢」所収）
ルサン　フランス士官の下関海戦記（新人物往来社　1987年）
外国人の見た日本　1、2、3、4、5（筑摩書房　1961〜62年）
レガメ　日本素描紀行（雄松堂出版　1983年）
ローエル　極東の魂（公論社　1977年）
ロティ　お菊さん（岩波文庫　1929年）
ロティ　秋の日本（角川文庫　1953年）
ロティ　ロティのニッポン日記（有隣堂　1979年）

＊

磯野直秀　モースその日その日（有隣堂　1987年）
太田雄三　ラフカディオ・ハーン（岩波新書　1994年）
太田雄三　B・H・チェンバレン（リブロポート　1990年）
太田雄三　E・S・モース（リブロポート　1988年）
川崎晴朗　幕末の駐日外交官・領事官（雄松堂出版　1988年）
楠家重敏　ネズミはまだ生きている――チェンバレンの伝記（雄松堂出版　1986年）
久野明子　鹿鳴館の貴婦人・大山捨松（中公文庫　1993年）
クライナー編　ケンペルのみたトクガワ・ジャパン（六興出版　1992年）
小堀桂一郎　鎖国の思想（中公新書　1974年）
佐伯彰一・芳賀徹編　外国人による日本論の名著（中公新書　1987年）
白幡洋三郎　プラントハンター（講談社　1994年）
武内博編　来日西洋人名事典（日外アソシエーツ　1995年）
チェックランド　明治日本とイギリス（法政大学出版局　1996年）
チェックランド　イザベラ・バード 旅の生涯（日本経済評論社　1995年）
富田仁編　事典・外国人の見た日本（日外アソシエーツ　1992年）
中西啓　長崎のオランダ医たち（岩波新書　1975年）
中村健之介　宣教師ニコライと明治日本（岩波新書　1996年）

フォーチュン　江戸と北京（廣川書店　1969年）
ブスケ　日本見聞記　1、2（みすず書房　1977年）
ブラウン　S・R・ブラウン書簡集（日本基督教団出版局　1965年）
ブラック　ヤング・ジャパン　1、2、3（平凡社東洋文庫　1970年）
ブラント　ドイツ公使の見た明治維新（新人物往来社　1987年）
ブラントン　お雇い外人の見た近代日本（講談社学術文庫　1986年）
フレイザー　英国公使夫人の見た明治日本（淡交社　1988年）
フロイス　日欧文化比較（岩波書店　1965年）
ベーコン　華族女学校教師の見た明治日本の内側（中央公論新社　1994年）
ヘボン　ヘボン書簡集（岩波書店　1959年）
ヘボン　ヘボンの手紙（有隣堂　1976年）
ペリー　日本遠征日記（雄松堂出版　1985年）
ベルソール　明治滞在日記（新人物往来社　1989年）
ベルツ　ベルツの日記　上、下（岩波文庫　1979年）
ヘールツ　日本年報（雄松堂出版　1983年）
ペルリ　ペルリ提督日本遠征記　1、2、3、4（岩波文庫　1948〜55年）
ホイットニー　クララの明治日記　上、下（中公文庫　1996年）
ボーヴォワル　ジャポン1867年（有隣堂　1984年）
ホジソン　長崎函館滞在記（雄松堂出版　1984年）
ボードウァン　オランダ領事の幕末維新（新人物往来社　1987年）
ポルスブルック　ポルスブルック日本報告1857〜1870（雄松堂出版　1995年）
ポンティング　英国特派員の明治紀行（新人物往来社　1988年）
ポンペ　日本滞在見聞記（雄松堂出版　1968年）
マクドナルド　日本回想記（刀水書房　1979年）
ミットフォード　ある英国外交官の明治維新（中央公論新社　1986年）
ミットフォード　英国貴族の見た明治日本（新人物往来社　1986年）
ムンチンガー　ドイツ宣教師の見た明治社会（新人物往来社　1987年）
メーチニコフ　亡命ロシア人の見た明治維新（講談社学術文庫　1982年）
メーチニコフ　回想の明治維新（岩波文庫　1987年）
モース　日本その日その日　1、2、3（平凡社東洋文庫　1970〜71年）
モース　日本人の住まい（八坂書房　1991年）
モラエス　明治文学全集49　内村鑑三集（筑摩書房　1967年）
モラエス　定本モラエス全集　1、2、3、4、5（集英社　1969年）
モール　ドイツ貴族の明治宮廷記（新人物往来社　1988年）

東洋文庫　1981年）
シーボルト（ハインリヒ）　小シーボルト蝦夷見聞記（平凡社東洋文庫　1996年）
シュピース　プロシア日本遠征記（奥川書房　1934年）
シュリーマン　日本中国旅行記（雄松堂出版　1982年）
シュワルツ　薩摩国滞在記（新人物往来社　1984年）
スエンソン　江戸幕末滞在記（新人物往来社　1989年）
スノー　千島列島黎明記（講談社学術文庫　1980年）
スミス　ゴードン・スミスのニッポン仰天日記（小学館　1993年）
セーリス　日本渡航記（雄松堂出版　1970年）
ダヌタン　ベルギー公使夫人の明治日記（中央公論新社　1992年）
チェンバレン　日本事物誌　1、2（平凡社東洋文庫　1969年）
チェンバレン　明治旅行案内（新人物往来社　1988年）
ヅーフ　日本回想録（奥川書房　1941年）
ツュンベリー　江戸参府随行記（平凡社東洋文庫　1994年）
ディアス　日本旅行記（雄松堂出版　1983年）
ティチング　日本風俗図誌（雄松堂出版　1970年）
デュバール　おはなさんの恋――横浜弁天通り1875年（有隣堂　1991年）
トゥアール　フランス艦長の見た堺事件（新人物往来社　1993年）
ドンケル=クルチウス　幕末出島未公開文書（新人物往来社　1992年）
ニコライ　ニコライの見た幕末日本（講談社学術文庫　1979年）
ネットー、ワグナー　日本のユーモア（刀江書院　1971年）
ハイネ　世界周航日本への旅（雄松堂出版　1983年）
バード　日本奥地紀行（平凡社東洋文庫　1973年）
バラ　古き日本の瞥見（有隣堂　1992年）
パーマー　黎明期の日本からの手紙（筑摩書房　1982年）
ハラタマ　オランダ人の見た幕末・明治の日本（菜根出版　1993年）
ハリス　日本滞在記　上、中、下（岩波文庫　1953～54年）
ハーン　神国日本――解明への一試論（平凡社東洋文庫　1976年）
パンペリー　日本踏査紀行（雄松堂出版　1982年）
ピゴット　断たれたきずな（時事通信社　1951年）
ヒューブナー　オーストリア外交官の明治維新（新人物往来社　1988年）
ヒュースケン　日本日記（岩波文庫　1989年）
フィッシャー　100年前の日本文化（中央公論新社　1994年）
フィッセル　日本風俗備考　1、2（平凡社東洋文庫　1978年）

オリファント　エルギン卿遣日使節録（雄松堂出版　1968年）
オリファント、ウィリス　英国公使館員の維新戦争見聞記（校倉書房　1974年）
オールコック　大君の都　上、中、下（岩波文庫　1962年）
カッテンディーケ　長崎海軍伝習所の日々（平凡社東洋文庫　1964年）
ギメ　1876ボンジュールかながわ（有隣堂　1977年）
ギメ　東京日光散策（雄松堂出版　1983年）
ギルデマイスター　ギルデマイスターの手紙（有隣堂　1991年）
クライトナー　東洋紀行　1（平凡社東洋文庫　1992年）
クラーク　日本滞在記（講談社　1967年）
グリフィス　明治日本体験記（平凡社東洋文庫　1984年）
グリフィス　ミカド（岩波文庫　1995年）
クロウ　日本内陸紀行（雄松堂出版　1984年）
クローデル　朝日の中の黒い鳥（講談社学術文庫　1988年）
ケーベル　ケーベル博士随筆集（岩波文庫　1928年）
ケンペル　江戸参府旅行日記（平凡社東洋文庫　1977年）
ケンペル　日本誌　上、下（霞ケ関出版　1989年）
コータッツィ　ある英人医師の幕末維新W・ウィリスの生涯（中央公論新社　1985年）
コータッツィ　維新の港の英人たち（中央公論新社　1988年）
コトー　ボンジュール・ジャポン（新評論　1992年）
ゴロヴニン　日本幽囚記　上、中、下（岩波文庫　1943〜46年）
ゴロヴニン　日本俘虜実記　上、下（講談社学術文庫　1984年）
ゴロヴニン　ロシア士官の見た徳川日本（講談社学術文庫　1985年）
ゴンチャロフ　日本渡航記（岩波文庫　1941年）
ゴンチャロフ　日本渡航記（雄松堂出版　1969年）
サトウ　一外交官の見た明治維新　上、下（岩波文庫　1960年）
サトウ　アーネスト・サトウ公使日記　1、2（新人物往来社　1989〜91年）
サトウ　日本旅行日記　1、2（平凡社東洋文庫　1992年）
サトウ　明治日本旅行案内　上、中、下（平凡社　1996年）
サンソム　東京に暮す（岩波文庫　1994年）
ジェーンス　熊本回想（熊本日日新聞社　1978年）
シッドモア　日本・人力車旅情（有隣堂　1986年）
ジーボルト　日本　1、2、3、4（雄松堂出版　1977〜79年）
ジーボルト　江戸参府紀行（平凡社東洋文庫　1967年）
ジーボルト（アレクサンダー）　ジーボルト最後の日本旅行（平凡社

Notices of Other Places, Comprised in a Voyage of Circumnavigation in the Imperial Russian Corvette "Rynda" in 1858-1860 (London, 1861)
Tronson, J. M. *Personal Narrative of a Voyage of Japan, Kamtschatka, Siberia, Tartary, and Various Parts of Coast of China in H. M. S. Barracouta* (London, 1859)

*

Beauchamp, Edward R. *An American Teacher in Early Meiji Japan* (Hawaii, 1976)
Cortazzi, Hugh. *Victorians in Japan : In and Around the Treaty Ports* (London, 1987)
Schwantes, Robert S. *Japanese and Americans : A Century of Cultural Relations* (New York, 1955)
Yokoyama, Toshio. *Japan in the Victorian Mind : A Study of Stereotyped Images of a Nation 1850-80* (London, 1987)

邦語文献

アームストロング　カラカウア王のニッポン仰天旅行記（小学館　1995年）
アルミニヨン　イタリア使節の幕末見聞記（新人物往来社　1987年）
アンベール　幕末日本図絵　上、下（雄松堂出版　1969～70年）
ヴィシェスラフツォフ　ロシア艦隊幕末来訪記（新人物往来社　1990年）
ウィリアムズ　ペリー日本遠征随行記（雄松堂出版　1970年）
ウイル　ウイル船長回想録（北海道新聞社　1989年）
ヴィルマン　日本滞在記（雄松堂出版　1970年）
ウェストン　ウェストンの明治見聞記（新人物往来社　1987年）
ウェストン　日本アルプス登攀日記（平凡社東洋文庫　1995年）
ウェストン　日本アルプス（平凡社ライブラリー　1995年）
ウェストン　日本アルプス再訪（平凡社ライブラリー　1996年）
ヴェルナー　エルベ号艦長幕末記（新人物往来社　1990年）
オイレンブルク　第一回独逸遣日使節日本滞在記（日独文化協会　1940年）
オイレンブルク　日本遠征記　上、下（雄松堂出版　1969年）

参考文献

（外国人の日本見聞記ならびに関連研究のみに限定）

英語文献

Alcock, Rutherford. *The Capital of the Tycoon : A Narrative of a Three Years' Residence in Japan*, 2 vols. (London, 1863)
Arnold, Edwin. *Seas and Lands* (London, 1891)
Arnold, Edwin. *Japonica* (London, 1891)
Bacon, Alice Mabel. *Japanese Girls and Women*, revised and enlarged edition (Boston and New York, 1902)
Bird, Isabella Lucy. *Unbeaten Tracks in Japan : An Account of Travels on Horseback in the Interior*, 2 vols. (New York, 1880)
Chamberlain, Basil Hall. *Things Japanese*, complete edition (Tokyo, 1985)
Dickson, W. G. *Gleanings from Japan* (Edinburgh and London, 1889)
Dixon, William Gray. *The Land of the Morning : An Account of Japan and Its People, Based on a Four Years' Residence in That Country* (Edinburgh, 1882)
Faulds, Henry. *Nine Years in Nipon : Sketches of Japanese Life and Manners* (London and Paisley, 1885)
Fortune, Robert. *Yedo and Peking : A Narrative of a Journey to the Capitals of Japan and China* (London, 1863)
Holmes, Henry. *My Adventures in Japan : Before the Treaty Came into Force, February, 1859* (London, 1904)
Jephson, R. Mounteney and Elmhirst, Edward Pennell. *Our Life in Japan* (London, 1869)
Maclay, Arther Collins. *A Budget of Letters from Japan : Reminiscences of Work and Travel in Japan* (New York, 1886)
Osborn, Sherard. *A Cruise in Japanese Waters* (Edinburgh and London, 1859)
Smith, George. *Ten Weeks in Japan* (London, 1861)
Tilley, Henry Arthur. *Japan, The Amoor, and The Pacific : With*

ヤ行

ラ行

ワ行

タ行

ナ行

ハ行

マ行

人名索引

ア行

カ行

サ行

平凡社ライブラリー　552
逝《ゆ》きし世《よ》の面影《おもかげ》

発行日…………2005年9月9日　初版第1刷
2010年6月8日　初版第21刷
著者……………渡辺京二
発行者…………下中直人
発行所…………株式会社平凡社
〒112-0001　東京都文京区白山2-29-4
電話　東京(03)3818-0743［編集］
東京(03)3818-0874［営業］
振替　00180-0-29639
印刷・製本 ……藤原印刷株式会社
装幀……………中垣信夫

ISBN978-4-582-76552-6
NDC分類番号210.6
B6変型判（16.0 cm）　総ページ606

平凡社ホームページ http://www.heibonsha.co.jp/
落丁・乱丁本のお取り替えは小社読者サービス係まで
直接お送りください（送料小社負担）。

平凡社ライブラリー　既刊より

【日本史・文化史】

岩崎武夫……さんせう太夫考――中世の説経語り
廣末　保……芭蕉――俳諧の精神と方法
服部幸雄……大いなる小屋――江戸歌舞伎の祝祭空間
前田　愛……樋口一葉の世界
前田　愛……近代日本の文学空間――歴史・ことば・状況
高取正男……神道の成立
高取正男……日本的思考の原型――民俗学の視角
堀　一郎……聖と俗の葛藤
倉塚曄子……巫女の文化
村山修一……日本陰陽道史話
秋月龍珉……現代を生きる仏教
飯倉照平 編……柳田国男・南方熊楠　往復書簡集　上・下
宮田　登……白のフォークロア――原初的思考
鶴見俊輔……柳宗悦
鶴見俊輔……アメノウズメ伝――神話からのびてくる道
鶴見俊輔……太夫才蔵伝――漫才をつらぬくもの
氏家幹人……江戸の少年

【思想・精神史】

林　達夫……………………林達夫セレクション1　反語的精神
林　達夫……………………林達夫セレクション2　文芸復興
林　達夫……………………林達夫セレクション3　精神史
林　達夫＋久野　収…………思想のドラマトゥルギー
藤田省三……………………精神史的考察
エドワード・W・サイード……オリエンタリズム　上・下
エドワード・W・サイード……知識人とは何か
渡辺京二……………………逝きし世の面影

【エッセイ・ノンフィクション】

イザベラ・バード　…………ロッキー山脈踏破行
イザベラ・バード　…………日本奥地紀行
菅江真澄……………………菅江真澄遊覧記（全5巻）